黄彦 主编

孙文全集

公牍（中）

第十四册

SPM
南方出版传媒
广东人民出版社
·广州·

孙文全集编辑委员会

本 册 目 录

公牍（中）

着安北舰长暂留省河待命令（一九二三年五月一日） ·············· 3

命伍汝康克日赴任令（一九二三年五月一日） ·············· 3

饬发给杨希闵犒劳费手令（一九二三年五月二日） ·············· 3

饬查民团兜剿沈逆功绩并慰劳令（一九二三年五月三日） ·············· 4

给先施公司借款收据（一九二三年五月三日） ·············· 4

饬发给梁醉生旅费令（一九二三年五月四日） ·············· 4

饬发给夏醉雄旅费令（一九二三年五月四日） ·············· 5

着周之贞即撤消八邑绥靖处令（一九二三年五月四日） ·············· 5

裁撤绥靖处令（一九二三年五月五日） ·············· 5

着古应芬周之贞即裁撤绥靖处令（一九二三年五月五日） ·············· 6

饬发给梁醉生旅费手令（一九二三年五月六日） ·············· 6

饬发给卢师谛军队伙食费手令（一九二三年五月六日） ·············· 6

饬发给杨希闵伙食费手令（一九二三年五月八日） ·············· 7

收回印花指令（一九二三年五月九日） ·············· 7

饬发给黄骚取消定船赔补费手令（一九二三年五月九日） ·············· 7

饬发给西江军队军费手令（一九二三年五月九日） ·············· 8

饬发给长洲要塞司令伙食费手令（一九二三年五月十日） ·············· 8

官产归大本营办理令（一九二三年五月十日） ·············· 8

饬发给海军委员等公费手令（一九二三年五月十日） ·············· 9

饬发给吴世英常庭兰旅费手令（一九二三年五月十日） ·············· 9

饬查明讨逆有功乡团分别颁奖令（一九二三年五月十日） ·············· 9

通缉黄大伟手令（一九二三年五月十日） ·············· 10

饬各军通缉附逆军长黄大伟令（一九二三年五月十日） ·············· 10

饬滇军赴韶关令（一九二三年五月十日）　⋯⋯⋯⋯⋯⋯⋯⋯⋯⋯⋯⋯ 11

着杨旅长将前借之炮交回李福林军长令（一九二三年五月十一日）　⋯⋯ 11

饬伍汝康调查沿海盐务事宜令（一九二三年五月十一日）　⋯⋯⋯⋯⋯ 11

饬陆续发给刘玉山军费手令（一九二三年五月十二日）　⋯⋯⋯⋯⋯⋯ 12

着沿海盐场驻军协同办理盐务调查令（一九二三年五月十二日）　⋯⋯ 12

饬发给周伯甘谢愤生二旅长出发费手令（一九二三年五月十三日）　⋯ 12

饬发给海军委员李元箸杂费手令（一九二三年五月十四日）　⋯⋯⋯⋯ 13

饬会计司长王棠补发广东无线电报总局增聘工程师月薪旅费令

　　（一九二三年五月十四日）　⋯⋯⋯⋯⋯⋯⋯⋯⋯⋯⋯⋯⋯⋯⋯⋯ 13

准兵站总监分设三路支部令（一九二三年五月十四日）　⋯⋯⋯⋯⋯⋯ 14

饬王棠如数发给广东无线电报总局临时费令（一九二三年五月十四日）　⋯ 15

周少棠部拨归兵站总监指挥令（一九二三年五月十四日）　⋯⋯⋯⋯⋯ 15

饬兵站总监指挥周少棠所部令（一九二三年五月十四日）　⋯⋯⋯⋯⋯ 16

批罗翼群厘定兵站路线统筹接济请通令各军查照呈（一九二三年五月十四日）　⋯ 16

批朱和中请将每日所制枪弹照旧章解交军械局呈（一九二三年五月十四日）　⋯ 17

饬发给黄昌谷公费手令（一九二三年五月十五日）　⋯⋯⋯⋯⋯⋯⋯⋯ 17

饬发给徐于旅费手令（一九二三年五月十五日）　⋯⋯⋯⋯⋯⋯⋯⋯⋯ 18

饬发给徐树荣军费手令（一九二三年五月十五日）　⋯⋯⋯⋯⋯⋯⋯⋯ 18

谢文炳部着归军政部编制令（一九二三年五月十六日）　⋯⋯⋯⋯⋯⋯ 18

准将广州登记局直接由大理院考核令（一九二三年五月十六日）　⋯⋯ 19

饬发给刘玉山军费手令（一九二三年五月十七日）　⋯⋯⋯⋯⋯⋯⋯⋯ 19

着秘书处将盖印之手令编号注册令（一九二三年五月十七日）　⋯⋯⋯ 20

饬发给无线电局经费令（一九二三年五月十七日）　⋯⋯⋯⋯⋯⋯⋯⋯ 20

饬发给肇庆赏恤费手令（一九二三年五月十八日）　⋯⋯⋯⋯⋯⋯⋯⋯ 20

着杨希闵等严拿假冒军人令（一九二三年五月十八日）　⋯⋯⋯⋯⋯⋯ 21

　　附：严拿假冒军人令　⋯⋯⋯⋯⋯⋯⋯⋯⋯⋯⋯⋯⋯⋯⋯⋯⋯⋯ 21

批范石生需款出发签呈（一九二三年五月十八日）　⋯⋯⋯⋯⋯⋯⋯⋯ 21

饬发给刘玉山军费五千元手令（一九二三年五月十九日）　⋯⋯⋯⋯⋯ 22

　　附：刘玉山电文（一九二三年五月十八日）……………………………… 22

饬发给杨如轩紧急费手令（一九二三年五月十九日）………………………… 22

饬魏邦平即着邓演达所部即日来省电令（一九二三年五月十九日）………… 23

饬准李福林派员收容旧部令（一九二三年五月十九日）……………………… 23

饬王棠发给建设部职员薪俸令（一九二三年五月十九日）…………………… 24

饬王棠发给财政部职员薪俸令（一九二三年五月十九日）…………………… 24

饬王棠照发财政部职员薪俸令（一九二三年五月十九日）…………………… 25

批傅秉常为德侨请求发还个人私有房屋请指令祗遵呈（一九二三年五月十九日）…… 25

批廖仲恺为现役军人崔尚战前犯杀人罪是否仍由法庭处理呈

　　（一九二三年五月十九日）……………………………………………… 26

着杨总司令严禁各师旅处决人犯及严行拿办招摇舞弊者手令

　　（一九二三年五月二十日）……………………………………………… 26

给广州市政厅的命令（一九二三年五月二十日）……………………………… 27

饬王棠发给建设部职员薪俸令（一九二三年五月二十一日）………………… 27

饬杨希闵拿办招摇分子令（一九二三年五月二十一日）……………………… 28

饬各师旅不得自行处决人犯令（一九二三年五月二十一日）………………… 28

饬王棠发给财政部职员薪俸令（一九二三年五月二十一日）………………… 29

批大理院长兼司法行政事务赵士北报减刑办法呈（一九二三年五月二十一日）… 29

饬悬赏购拿杨坤如令（一九二三年五月二十二日）…………………………… 30

饬拿办李耀汉令（一九二三年五月二十二日）………………………………… 30

饬严拿陈逆余孽沈子良杨梅宾令（一九二三年五月二十二日）……………… 31

饬王棠发给战地通信总分所信差饷令（一九二三年五月二十二日）………… 31

饬兵站总监部及所属编造薪饷表令（一九二三年五月二十二日）…………… 32

饬廖仲恺嘉奖广宁县长讨贼有功令（一九二三年五月二十二日）…………… 33

饬发给金华林旅费手令（一九二三年五月二十三日）………………………… 33

饬发给李健民旅费手令（一九二三年五月二十三日）………………………… 34

饬发给喻毓西旅费手令（一九二三年五月二十三日）………………………… 34

饬会计司发给审计局追加经临各费令（一九二三年五月二十三日）………… 34

饬管理俘虏处重编经费清册令（一九二三年五月二十三日）　……………… 35

饬无线电报总局更正编造预算令（一九二三年五月二十三日）　…………… 36

饬发给海军伙食费手令（一九二三年五月二十三日）　……………………… 37

饬发给徐永丰旅费手令（一九二三年五月二十四日）　……………………… 37

饬发给刘玉山军费手令（一九二三年五月二十四日）　……………………… 37

饬兵站总监由各分站直接核发出征各军米粮令（一九二三年五月二十四日）　…… 38

饬发给地雷队出发费手令（一九二三年五月二十四日）　…………………… 38

饬提前发给刘震寰部军费手令（一九二三年五月二十五日）　……………… 38

饬加发涂震亚旅费手令（一九二三年五月二十七日）　……………………… 39

饬发给岑静波用费手令（一九二三年五月二十七日）　……………………… 39

饬发给徐树荣火食费手令（一九二三年五月二十七日）　…………………… 39

饬发给马伯麟公费手令（一九二三年五月二十七日）　……………………… 40

饬袁良骅接收江固舰令（一九二三年五月二十七日）　……………………… 40

命马伯麟会同长洲要塞司令严防海军各舰自由出入省河令

　　（一九二三年五月二十七日）　……………………………………………… 40

着发给邓慕韩杂费令（一九二三年五月二十八日）　………………………… 41

饬王棠支付审计局五月份薪工及办公费令（一九二三年五月二十八日）　…… 41

批伍岳请变卖所存省行纸币以应急需呈（一九二三年五月二十八日）　…… 42

饬杨西岩速将金库券余额交由纸币监督接管令（一九二三年五月二十九日）　…… 42

海军兵舰暂由大元帅直接管辖令（一九二三年五月三十一日）　…………… 43

饬王棠发给建设部长邓泽如交卸前该部职员薪俸令

　　（一九二三年五月三十一日）　……………………………………………… 43

饬海军各舰官兵照常供职令（一九二三年五月三十一日）　………………… 44

着廖湘芸放行肇平舰令（一九二三年五月三十一日）　……………………… 45

着长洲要塞司令苏从山放行永翔楚豫两舰令（一九二三年五月）　………… 45

饬虎门要塞司令查明放行李福林军所乘民船过境令（一九二三年五月）　…… 45

饬卫戍总司令部等协同缉拿不法之徒令（一九二三年五月）　……………… 46

着航空局派机察看石滩石下军情令（一九二三年五月）　…………………… 46

饬酌量接济梁鸿楷部火食手令（一九二三年六月二日）…………………… 47

饬发给孙勇公费令（一九二三年六月二日）……………………………… 47

饬发给孙文元公费令（一九二三年六月二日）…………………………… 47

批伍汝康整顿盐税情形呈（一九二三年六月二日）……………………… 48

饬发给伏彪旅费令（一九二三年六月三日）……………………………… 48

饬发给陈汉公费令（一九二三年六月三日）……………………………… 48

饬王棠照发东较场无线电台四五两月经费令（一九二三年六月四日）…… 49

饬廖仲恺慰劳兜剿沈逆出力民团令（一九二三年六月五日）…………… 49

饬发给胡霖川资令（一九二三年六月六日）……………………………… 50

饬发给孙勇特别公费令（一九二三年六月七日）………………………… 50

饬将造币厂废铜料移交兵工厂接收令（一九二三年六月八日）………… 50

饬王棠发给广东宪兵司令部服装费令（一九二三年六月八日）………… 51

饬王棠补发广东宪兵司令部开办及修缮费令（一九二三年六月八日）…… 51

饬王棠发给讨贼军第一师第三团驻省炮兵薪饷令（一九二三年六月八日）…… 52

饬王棠发给萧萱医药费令（一九二三年六月九日）……………………… 53

饬王棠发给陈杰夫公费令（一九二三年六月九日）……………………… 53

饬广东省长等查办冒名侦缉人员并严订取缔章程令（一九二三年六月九日）…… 53

饬黄骚早日接收广东造币厂会计收支各表册令（一九二三年六月九日）…… 54

饬邓泽如拨发广韶电话线路经费令（一九二三年六月九日）…………… 55

饬黄骚积欠员司薪水应由政府负责不得向卸职人员追索令

　　（一九二三年六月九日）………………………………………………… 56

饬广东省长等照兵站所拟变通募伕办法令（一九二三年六月十一日）…… 56

饬傅秉常照会香港政府取销杨西岩离港令（一九二三年六月十一日）…… 58

批邹鲁廖仲恺来电（一九二三年六月十一日）…………………………… 59

　　附一：邹鲁电文（一九二三年六月十一日）………………………… 59

　　附二：廖仲恺电文（一九二三年六月十一日）……………………… 59

饬王棠发给财政部经费令（一九二三年六月十二日）…………………… 60

饬陈可钰添造一份六月份预算书呈府备案令（一九二三年六月十二日）…… 60

着罗翼群饬属改正并添造预算书呈核令（一九二三年六月十二日）　…………… 61

饬发给广东宣传局开办费令（一九二三年六月十三日）　………………………… 62

饬发给刘民畏医药费令（一九二三年六月十三日）　……………………………… 62

批四川省议员为熊克武祸川告父老书（一九二三年六月十三日收到）　………… 63

饬赵士觐等将俘虏处报销案中之办事员开支贰百元开列细目并补足收据令

　　（一九二三年六月十四日）　………………………………………………… 63

批广东财政厅长邹鲁报就职日期及广东财政困难情形呈

　　（一九二三年六月十五日）　………………………………………………… 64

批李福林请准将西江护商事宜由保商卫旅营统领专办呈（一九二三年六月十五日）　…… 64

饬筹给参军处伤兵费手令（一九二三年六月十六日）　…………………………… 65

饬严办运动军队不法之徒令（一九二三年六月十六日）　………………………… 65

着刘成禺前往汉口调查吴佩孚没收民产实情密令（一九二三年六月十七日）　…… 66

饬发给孙万乘等公费令（一九二三年六月十八日）　……………………………… 66

着会计司发给宋绍殷医药费令（一九二三年六月十九日）　……………………… 66

饬发给杜羲公费手令（一九二三年六月十九日）　………………………………… 67

饬王棠速发广东无线电总局六月份经费令（一九二三年六月十九日）　………… 67

批程潜请准予变卖所属军械局所存废铁废弹以充军饷呈

　　（一九二三年六月十九日）　………………………………………………… 68

饬发给航空局买料费手令（一九二三年六月十九日）　…………………………… 68

饬每日发给刘玉山军队火食费令（一九二三年六月十九日）　…………………… 69

饬清理金库券呈报缴销令（一九二三年六月二十日）　…………………………… 69

饬王棠发给广东无线电总局肇庆分局购置及修理费令

　　（一九二三年六月二十日）　………………………………………………… 70

饬各军应以正式手续向兵站索取车船令（一九二三年六月二十日）　…………… 71

批黄隆生请免职并责成财政厅自行清理其未交之库券呈

　　（一九二三年六月二十日）　………………………………………………… 72

批赵士北为清理庶狱遵将犯罪轻微人犯列册请鉴核明令减免呈

　　（一九二三年六月二十日）　………………………………………………… 73

批徐绍桢请褒扬寿民陈缉承呈（一九二三年六月二十日）　…………　73

命许崇智等先克复惠城令（一九二三年六月二十日）　…………　74

批廖仲恺为古应芬请设置西江船舶检查所呈（一九二三年六月二十一日）　…………　74

饬为伍廷芳周年忌辰祭奠并优议褒扬令（一九二三年六月二十二日）　…………　75

饬王棠发给中央直辖讨贼军第一师第三团垫支费用令

　　（一九二三年六月二十三日）　…………　75

饬财政厅保管造币厂公物令（一九二三年六月二十四日）　…………　76

官产沙田两清理处仍归财政厅管辖令（一九二三年六月二十五日）　…………　76

着函知邓泽如等每日午后到大本营筹商各事令（一九二三年六月二十五日）　……　77

饬官产清理处不得投变郡学宫墙界内地方令（一九二三年六月二十五日）　……　77

着刘甫臣等嘉勉川军扫清残寇申讨国贼令（一九二三年六月二十五日）　…………　78

批王棠请将各军饷项及各机关经费划归财政部发给呈

　　（一九二三年六月二十五日）　…………　78

饬发给杨大实公费及川资手令（一九二三年六月二十六日）　…………　79

饬市政厅提前垫给永翔楚豫两舰火食公费令（一九二三年六月二十七日）　…………　79

饬王棠发给建设部开办费令（一九二三年六月二十七日）　…………　80

饬王棠发给财政部开办费令（一九二三年六月二十七日）　…………　80

饬各军不得截留厘税饷捐令（一九二三年六月二十七日）　…………　81

饬照会各国设立西江船舶检查所令（一九二三年六月二十八日）　…………　82

饬司长王棠发给财政部职员六月二十四天薪俸及经费令

　　（一九二三年六月三十日）　…………　82

饬取消湘粤联军总司令名义令（一九二三年六月三十日）　…………　83

批罗翼群为湘粤联军总司令张开儒所部应否给发给养物品呈

　　（一九二三年六月三十日）　…………　83

饬发给航空局修理机场费令（一九二三年六月三十日）　…………　84

电令长洲要塞司令（一九二三年六月三十日）　…………　84

饬发给平刚徐昌侯川资手令（一九二三年七月一日）　…………　85

饬发给邱鸿钧医药费手令（一九二三年七月二日）　…………　85

命朱卓文周之贞来大本营电（一九二三年七月二日）　⋯⋯⋯⋯⋯⋯　85

命追赠并优恤杨锦堂陈培鎏令（一九二三年七月二日）　⋯⋯⋯⋯⋯　86

批刘纪文修理审计局办公处工料银请准予核销支发呈

　　（一九二三年七月三日）　⋯⋯⋯⋯⋯⋯⋯⋯⋯⋯⋯⋯⋯⋯⋯⋯　86

复焦易堂电（一九二三年七月三日刊载）　⋯⋯⋯⋯⋯⋯⋯⋯⋯⋯⋯　87

　　附：焦易堂电文　⋯⋯⋯⋯⋯⋯⋯⋯⋯⋯⋯⋯⋯⋯⋯⋯⋯⋯⋯⋯　87

批复汪精卫胡汉民答臧致平电（一九二三年七月三日）　⋯⋯⋯⋯⋯　87

饬发内地侦探处经费令（一九二三年七月四日）　⋯⋯⋯⋯⋯⋯⋯⋯　88

着官产处速筹发何成濬部伙食令（一九二三年七月五日）　⋯⋯⋯⋯　88

饬发给赴北江军费手令（一九二三年七月五日）　⋯⋯⋯⋯⋯⋯⋯⋯　89

批梅光培为该处奉财政部令直辖财政部缘由请鉴核呈

　　（一九二三年七月五日）　⋯⋯⋯⋯⋯⋯⋯⋯⋯⋯⋯⋯⋯⋯⋯⋯　89

饬发给无线电总局修理费手令（一九二三年七月五日）　⋯⋯⋯⋯⋯　90

着李天德会同朱培德等迅拿劫车土匪令（一九二三年七月六日）　⋯⋯　90

着制弹厂发给陈理明部子弹令（一九二三年七月六日）　⋯⋯⋯⋯⋯　90

饬查办副官处径向兵工厂提取子弹令（一九二三年七月六日）　⋯⋯　91

饬王棠发给广东宣传局六月份薪工及办公费令（一九二三年七月六日）　⋯⋯　92

批罗翼群报站务繁难情形并拟定办公时间请通令各军呈

　　（一九二三年七月六日）　⋯⋯⋯⋯⋯⋯⋯⋯⋯⋯⋯⋯⋯⋯⋯⋯　92

饬发给赏滇军款手令（一九二三年七月六日）　⋯⋯⋯⋯⋯⋯⋯⋯⋯　93

饬取销禁止使用军用钞票令（一九二三年七月七日）　⋯⋯⋯⋯⋯⋯　93

饬江门办事处不得干涉公产令（一九二三年七月八日）　⋯⋯⋯⋯⋯　94

饬发给徐树荣军费手令（一九二三年七月九日）　⋯⋯⋯⋯⋯⋯⋯⋯　94

饬发给胡文溶公费令（一九二三年七月九日）　⋯⋯⋯⋯⋯⋯⋯⋯⋯　94

饬发给军政部长旅费手令（一九二三年七月十日）　⋯⋯⋯⋯⋯⋯⋯　95

饬发给谭延闿回湘费手令（一九二三年七月十日）　⋯⋯⋯⋯⋯⋯⋯　95

遣散冗兵令（一九二三年七月十一日）　⋯⋯⋯⋯⋯⋯⋯⋯⋯⋯⋯⋯　95

饬将红花岗公地拨与公医校令（一九二三年七月十二日）　⋯⋯⋯⋯　96

饬借给李天德伙食费手令（一九二三年七月十二日） …………………… 96

饬发给三山水陆各军伙食费令（一九二三年七月十二日） …………………… 97

命查办卢象森令（一九二三年七月十二日） …………………… 97

批程潜称阵亡指挥张惟圣恤金与定章不符呈（一九二三年七月十二日） …… 97

饬发给宣传委员四人办公费手令（一九二三年七月十三日） …………………… 98

饬发给朱世贵津贴手令（一九二三年七月十三日） …………………… 98

饬发给张兆基旅费手令（一九二三年七月十四日） …………………… 99

着朱培德调离驻兵工厂兵士令（一九二三年七月十五日） …………………… 99

饬发给孙祥夫公费手令（一九二三年七月十五日） …………………… 99

着官产处拨四邑官产价四成予江门办事处令（一九二三年七月十五日） …… 100

饬发给永丰舰回省费令（一九二三年七月十六日） …………………… 100

取消巩卫军令（一九二三年七月十六日） …………………… 100

通缉金汉鼎黄毓成令（一九二三年七月十六日） …………………… 101

饬发还陈群欠款手令（一九二三年七月十七日） …………………… 101

着将香山缴款拨交会计司急用令（一九二三年七月十八日） …………………… 101

着王棠发给广东无线电报总局七月份经常费令（一九二三年七月十八日） …… 102

饬王棠发给张介眉等奖金令（一九二三年七月十八日） …………………… 102

着周之贞将各部调回顺德令（一九二三年七月十九日） …………………… 103

着财政厅发给任鹤年医药费令（一九二三年七月十九日） …………………… 103

速增兵平定东江谕（一九二三年七月十九日） …………………… 104

批谭延闿报宁路筹备军饷情形并拟具办法请核示呈

（一九二三年七月十九日） …………………… 104

饬搭成使用镍币令（一九二三年七月二十日） …………………… 105

饬发给向炯旅费手令（一九二三年七月二十日） …………………… 105

批赵士北拟由各级法院造具囚犯名册呈请明令宣告呈

（一九二三年七月二十日） …………………… 106

着市政厅提前垫给航空局杂费手令（一九二三年七月二十一日） …………… 106

着蒙仁潜等部编入中央广西讨贼军令（一九二三年七月二十四日） …… 107

饬按月发给伤废士兵饷项令（一九二三年七月二十四日）………… 107

令会计司每月拨交二千元以作住院费用令（一九二三年七月二十四日）……… 108

非经大元帅签字不准支款令（一九二三年七月二十四日）………… 109

着拟文奖励西江海陆军令（一九二三年七月二十四日）………… 109

着会计司发给大元帅室杂支令（一九二三年七月二十六日）………… 110

饬陈策制止吴赵械斗令（一九二三年七月二十七日）………… 110

饬邹鲁清发财厅旧员欠薪令（一九二三年七月二十七日）………… 111

饬西江善后督办办理地方善后事宜令（一九二三年七月二十八日）………… 111

批罗翼群请令饬广州市政厅征收码头租捐专解兵站以济军需呈

　　（一九二三年七月二十八日）………… 112

　　附：罗翼群原呈（一九二三年七月十八日）………… 112

饬军法处讯办林瀛洲案令（一九二三年七月三十日）………… 113

批程潜请饬发广九铁路军车管理处经费呈（一九二三年七月三十日）………… 114

批罗翼群请发给谭启秀部军米额数呈（一九二三年七月三十日）………… 114

饬财政厅派员赴江接办筹发饷项事宜令（一九二三年七月三十一日）………… 115

饬廖仲恺转饬周鹤年办清手续令（一九二三年七月三十一日）………… 115

批叶恭绰为故员谢廷俊请恤呈（一九二三年七月三十一日）………… 116

饬民产保证局担任每日子弹费令（一九二三年七月）………… 116

批陈天太设立护商队情形呈（一九二三年八月一日）………… 117

饬刘纪文有关兵站总监加委人员查照备案令（一九二三年八月二日）………… 117

令邓泽如查明办理缴造具经手收支报销清册请予核销一案

　　（一九二三年八月二日）………… 118

西江军事结束应即宣布解严令（一九二三年八月三日）………… 118

饬程潜点验谢良牧部令（一九二三年八月三日）………… 119

批黄建勋请该所应否办理结束呈（一九二三年八月三日）………… 120

批财政部请支援湘军及臧致平呈（一九二三年八月三日）………… 120

饬叶恭绰大理院迁移费及月租准作正支销令（一九二三年八月四日）………… 121

批徐绍桢拟请褒扬节妇王严氏呈（一九二三年八月四日）………… 121

着汇马素美金贰千元令（一九二三年八月五日）………………………… 122

饬各军广九路除运兵外不得勒用专车令（一九二三年八月七日）………… 122

饬大理院遵照前令分行司法机关办理司法官书记官之派任令

　　（一九二三年八月七日）………………………………………………… 123

饬罗翼群等广九路火车应按规定时刻行驶令（一九二三年八月七日）…… 124

着廖仲恺转饬财政厅查办江门东口会河厘金厂承商双包案令

　　（一九二三年八月七日）………………………………………………… 124

批朱和中呈报该厂巡查队成立日期并表册四本文（一九二三年八月八日）…… 125

批韶州地方绅商爱国爱乡文（一九二三年八月八日）…………………… 126

着实施整理纸币各项办法令（一九二三年八月九日）…………………… 126

批汪精卫报告臧致平情况来电（一九二三年八月上旬）………………… 127

饬发给李肖廷旅费手令（一九二三年八月十一日）……………………… 128

着黄绍竑部暂归李济深节制调遣令（一九二三年八月十三日）………… 128

饬厘定航空局编制令（一九二三年八月十三日）………………………… 128

批杨仙逸缴七月份预算书呈（一九二三年八月十三日）………………… 129

追赠并优恤萧觉民令（一九二三年八月十四日）………………………… 130

批许崇智请抚恤萧觉民并追给少将呈（一九二三年八月十五日）……… 130

饬发萧觉民恤费手令（一九二三年八月十五日）………………………… 131

着兵工厂长赶造碰火交东江刘军应用令（一九二三年八月十五日）…… 131

批罗翼群请拨专款办理结束西北两江兵站等机关呈

　　（一九二三年八月十五日）……………………………………………… 131

着航空局拨机开往淡水侦探敌情令（一九二三年八月十六日刊载）…… 132

着熊克武节制四川讨贼各军令（一九二三年八月十六日）……………… 132

　　附一：熊克武电文之一（一九二三年七月十五日）………………… 132

　　附二：熊克武电文之二（一九二三年八月十六日）………………… 134

着梅光培等设法供足无线电局月需并另筹三万应急令

　　（一九二三年八月十六日）……………………………………………… 135

饬广东财政厅按月拨给广东电政监督五千元经费令

（一九二三年八月十六日）……………………………………………135

批邓泽如请裁撤缉私舰队办事处呈（一九二三年八月十六日）…137

批范其务因经费困难请准予拨款以维电政呈（一九二三年八月十六日）…137

批姚雨平缴中央直辖警备军旗帜图式请备案呈（一九二三年八月十六日）…138

优恤陆兰清令（一九二三年八月十七日）………………………………138

饬邓泽如等如额交付兵站之款不得延宕积欠令（一九二三年八月十七日）…139

饬范其务从速修复梧州电报局所属线路令（一九二三年八月十七日）…140

饬梁鸿楷协同高雷捍御桂盗余孽令（一九二三年八月十七日）………141

批程潜优恤陆兰清呈（一九二三年八月十七日）……………………141

批姚雨平请设立行署及后方办事处请饬兵站接济呈

　　（一九二三年八月十七日）……………………………………142

批程潜查明冼善之等案请将其家产变卖充饷呈（一九二三年八月十七日）…142

着总参议及秘书长发训令与蒋光亮招降李根云残部令

　　（一九二三年八月十八日）……………………………………143

准李国柱所请代造步枪令（一九二三年八月十八日）…………………143

着廖仲恺谕令广州总商会转知各行商及商业团体踊跃输将令

　　（一九二三年八月十八日至十九日间）………………………144

饬发给孙扶邦路费手令（一九二三年八月十九日）……………………145

准变卖冼善之等附逆分子家产令（一九二三年八月二十日）…………145

饬姚雨平招抚东江散兵令（一九二三年八月二十日）…………………147

批杨仙逸为东江水涨拟将陆机二架装成水机以备赶赴前敌呈

　　（一九二三年八月二十日）……………………………………148

饬发给行营金库长万元手令（一九二三年八月二十一日）……………148

着军政各机关迅行依式编补各预算书令（一九二三年八月二十二日）…149

准西江善后督办补充团改易名称令（一九二三年八月二十二日）……150

批古应芬请将补充团收归中央直辖暂归李济深节制呈

　　（一九二三年八月二十二日）…………………………………151

批刘纪文请通令各文武机关迅行依式编造各预计算书表呈

（一九二三年八月二十二日）…………………………………… 151

命将程天斗交军法裁判令（一九二三年八月二十三日）……………… 152

着邓泽如拨陆军医院五千元令（一九二三年八月二十三日）………… 152

批程潜请拨款维持陆军医院呈（一九二三年八月二十三日）………… 153

着按月发给北京法文报津贴令（一九二三年八月二十三日）………… 154

批罗翼群称广东工团海面货船协会严月生等营私舞弊请核办呈

　　（一九二三年八月二十四日）………………………………… 154

　　附：罗翼群原呈（一九二三年八月二十一日）……………… 154

着克日筹款十万元拨交兵站总监令（一九二三年八月二十五日）…… 157

着按日如数拨足兵站之款以利军行令（一九二三年八月二十五日）… 158

批罗翼群报告该部款项竭蹶请予补助呈（一九二三年八月二十五日） 159

批梅光培请转饬将查封冼善之等逆产案卷咨送过处以便投变呈

　　（一九二三年八月二十五日）………………………………… 160

着廖行超速率部赴博罗解围令（一九二三年八月二十六日）………… 160

着程潜将查封逆产卷宗移交广东全省官产清理处办理令

　　（一九二三年八月二十七日）………………………………… 161

着酌派军队保护电政令（一九二三年八月二十七日）………………… 162

着冯侠民将运船押回石龙令（一九二三年八月二十八日）…………… 163

着各军如需派报生随营应先呈请帅府核饬令（一九二三年八月二十九日）…… 163

饬罗翼群转饬第二支部依原定预算编造再行呈核令

　　（一九二三年八月三十日）…………………………………… 164

饬徐绍桢更正补造该部三四月份预算令（一九二三年八月三十日）… 165

批刘纪文审查内政部十二年度全年预算书情形呈（一九二三年八月三十日）…… 166

批刘纪文请饬更正兵站第二支部饷册呈（一九二三年八月三十日）… 166

着财政机关等酌拨饷械接济黄明堂令（一九二三年八月）…………… 167

饬将无线电机送回博罗令（一九二三年八月）………………………… 167

饬转前敌飞机人员听从调遣令（一九二三年八月）…………………… 168

批谭延闿报告沈鸿英窜扰汝城请调兵入湘事（一九二三年八月） 168

着各军节省伕力并在原驻地代为招募令（一九二三年九月一日）·········· 168

饬廖仲恺严缉黄公汉等令（一九二三年九月一日）··········· 170

饬叶恭绰补缮该部三至六月份预算表送交审计局备案令

　　（一九二三年九月一日）············ 170

饬林森补缮该部各月份预算书送交审计局令（一九二三年九月一日）·········· 171

饬蒋光亮严缉彭嗣志叶其森等令（一九二三年九月一日）·········· 172

批徐绍桢请褒扬贞妇邓黎氏并题字给章呈（一九二三年九月一日）·········· 172

着廖仲恺转饬将举报官产产价之半拨归粮管处令（一九二三年九月三日）······· 173

批张开儒称陆军测量局局长黄为材请辞职并给发积欠薪饷呈

　　（一九二三年九月三日）············ 174

批邹鲁等称所有收支概照国币条例前令搭收二成镍币办法准予取消呈

　　（一九二三年九月三日）············ 174

派赵西山赴陕传谕各军将一致讨贼令（一九二三年九月四日）·········· 175

命胡汉民杨庶堪慰问日灾及田中将军令（一九二三年九月一至四日间）······· 175

着廖仲恺督催香山等县每日照数解款令（一九二三年九月五日）········· 175

批伍朝枢为义大利赠送叶恭绰勋章呈（一九二三年九月五日）·········· 176

批朱和中请予滇军第三军拟备价制造手机关枪呈（一九二三年九月五日）······ 177

批赵梯昆称完全克复藤县呈（一九二三年九月六日）··········· 177

批胡汉民等为审判程天斗侵吞公款案情形呈（一九二三年九月八日）······· 178

　　附：胡汉民等呈（一九二三年九月八日）··········· 178

批魏邦平请示程天斗赃款无法全数交出呈（一九二三年九月上旬）········ 179

着财政厅备送一万元奖赏滇军杨廷培部令（一九二三年九月十日）········ 179

批罗翼群关于刘玉山请设军医院案据查无设立必要令

　　（一九二三年九月十日）············ 180

饬王棠发第三旅职员川资令（一九二三年九月十二日）·········· 180

饬各军不得任意苛责电局人员令（一九二三年九月十三日）········· 182

饬查明虎门要塞土药废炮变卖是否可行令（一九二三年九月十三日）······· 183

批罗翼群报告忠信电船公司抗匪军需租用呈（一九二三年九月十三日）·········· 184

准予协缉张合等令（一九二三年九月十四日） ……………………………… 184

饬各机关禁止滥发商业牌照令（一九二三年九月十五日） ………………… 185

令蒋光亮不得据收商业牌照费（一九二三年九月十五日） ………………… 186

着徐天琛率部赴增城归胡谦指挥令（一九二三年九月十七日） …………… 187

为陈天太在桂召集旧部来粤补充电饬各军及刘玉山令

　　（一九二三年九月十七日） …………………………………………… 187

饬各军长官派员至后方医院将病愈士兵提回前方服务令

　　（一九二三年九月十八日） …………………………………………… 188

饬廖仲恺转知财政厅长撤销广三铁路附近财政处布告令

　　（一九二三年九月十八日） …………………………………………… 189

着王棠妥筹善法利便运输以纾民困令（一九二三年九月十八日） ………… 190

批廖仲恺为捕获连山县长彭嗣志应解送军政部依法审办呈

　　（一九二三年九月十八日） …………………………………………… 190

饬伍朝枢为爪哇华侨惨遭杀伤事向英抗议令（一九二三年九月十九日） … 191

批赵士北请将广州及茂名等三十厅庭具报已决人犯核明减刑呈

　　（一九二三年九月十九日） …………………………………………… 192

致电博罗各军限三日内先复惠州城令（一九二三年九月二十日） ………… 193

特赦程天斗令（一九二三年九月二十一日） ………………………………… 193

着廖仲恺转饬公安局释放程天斗令（一九二三年九月二十一日） ………… 193

撤销鱼雷局令（一九二三年九月二十六日） ………………………………… 194

饬廖仲恺保留佛山镇碉楼令（一九二三年九月二十六日） ………………… 194

优恤杨仙逸等令（一九二三年九月二十七日） ……………………………… 195

饬程潜查办阙应麟等有无冒充军官等罪行令（一九二三年九月二十八日） … 196

饬李济深毋得截留关款以重国库令（一九二三年九月二十八日） ………… 196

批罗翼群为该部职员月薪在三十元以下者准予免折及裁撤分站呈

　　（一九二三年九月二十八日） …………………………………………… 197

批廖仲恺请令饬西江善后督办毋得截留关款以重国库呈

　　（一九二三年九月二十八日） …………………………………………… 198

饬罗翼群按照审计局呈开各节明白声叙并将改编各表列呈候核令

　　（一九二三年九月二十九日）························ 198

饬杨希闵转饬驻广州至韶关各军嗣后悬挂电话线须一律搭挂第二线令

　　（一九二三年九月二十九日）························ 199

批赵士觐请采办沿海余盐二十万包运省呈（一九二三年九月二十九日）····· 200

着兵工厂长按价代刘震寰造枪令（一九二三年九月三十日）········· 201

着秘书处分别拟令予许崇智古应芬（一九二三年九月三十日）········ 201

派许崇智秉公查办兵站令（一九二三年九月三十日）············ 201

着古应芬查核各机关一切公款出纳情形令（一九二三年九月三十日）····· 202

饬邓泽如每月由盐余项下支付烈士墓场经费令（一九二三年九月三十日）··· 202

着何克夫即率部进攻富贺令（一九二三年九月）·············· 203

批杨文焰函（一九二三年九月）······················· 204

　　附：杨文焰原函（一九二三年九月二十一日）·············· 204

颁给郑螺生奖凭证明（一九二三年十月一日）··············· 205

批徐绍桢请褒扬寿妇郑黄氏呈（一九二三年十月一日）··········· 205

邓卓两部伙食饬由第一师发给令（一九二三年十月二日）·········· 206

饬设大本营筹饷总局县设筹饷局令（一九二三年十月二日）········· 206

着廖仲恺转饬各善堂筹赈惠州惠阳灾黎令（一九二三年十月三日）····· 207

通缉吕春荣令（一九二三年十月五日）··················· 207

着护法各省通缉惩办附逆国会议员令（一九二三年十月五日）········ 208

饬孙科暂行接收保管军用公债券令（一九二三年十月五日）········· 208

谕代支罗劲夫款令（一九二三年十月五日）················· 209

批复杨希闵呈永捷轮船究应何属令（一九二三年十月五日）········· 210

批叶恭绰查核抽收广州市防务馆馆租以充警饷事属可行请鉴核呈

　　（一九二三年十月五日）··························· 210

批孙科查明红花冈公地业经全段划拨广东公医校院乞赐备案呈

　　（一九二三年十月六日）··························· 211

一致声讨曹锟共赴国难令（一九二三年十月八日）········· 211

着杨希闵等禁止痞棍假借名义干涉地方行政令（一九二三年十月八日）············ 212

饬撤销滇军在九江所设财政局令（一九二三年十月八日）·········· 212

批叶恭绰请明令施行出洋华茶减免税厘续展期限至十四年底为止呈

　　（一九二三年十月八日）················· 213

邹鲁因滇军在九江设立财政局阻碍税收情形请察核指令祗遵呈

　　（一九二三年十月八日）················· 214

饬广九路沿线两旁十里内其他部队不准驻扎令（一九二三年十月九日）········ 214

批李福林请令饬陈冠海邝鸣相两部他调令（一九二三年十月九日）······ 215

发给陈荣广治丧费令（一九二三年十月十一日）············· 216

着财政厅官产处仍按日各发五百元给制弹厂令（一九二三年十月十一日）······· 216

发给惠州攻城重炮拉火令（一九二三年十月十一日）·········· 216

命李福林将所获火药悉交梅湖重炮应用令（一九二三年十月十一日）············ 217

向澳门警厅取回李安邦步枪令（一九二三年十月十一日）·········· 217

批香山县长林警魂汇报当地治安电（一九二三年十月十二日）·········· 217

　　附：林警魂电文（一九二三年十月十二日）············· 217

给朱和中的命令（一九二三年十月十二日）·············· 218

命给予李安邦所部利便通过令（一九二三年十月十二日）·········· 218

命兵站总监部将办公物品拨交商运局接收令（一九二三年十月十二日）········ 218

徐树荣所部归王棠指挥调遣令（一九二三年十月十二日）·········· 219

着发给参谋部特别费令（一九二三年十月十二日）············ 219

派邓演达为惠城安抚委员会同地方士商妥筹安抚人民办法令

　　（一九二三年十月十二日）················· 219

饬各军不得向民间征发及强勒令（一九二三年十月十二日）········· 220

着审计局公布大本营成立以来各财政机关收支数目令

　　（一九二三年十月十三日）················· 221

批复刘震寰呈请拨给积欠该军军饷令（一九二三年十月十三日）······ 221

命朱培德备价造机关枪弹令（一九二三年十月十三日）··········· 222

着湘军调至广东等令（一九二三年十一月十四日）············ 222

着梧防准李根沄军队通过令（一九二三年十月十四日）……… 222

命发给许总司令子弹令（一九二三年十一月十四日）…… 223

给梁鸿楷的命令（一九二三年十一月十四日）…… 223

给梁鸿楷赵梯昆等的命令（一九二三年十一月十四日）…… 223

着发给滇军所辖东江各兵站给养及草鞋费令（一九二三年十月十五日）……… 224

着发给野战病院及卫生队给养费令（一九二三年十月十五日）…… 224

通令东江各军不得勒收商船来往费令（一九二三年十月十五日）…… 224

饬剿邓本殷部并通缉附逆县长令（一九二三年十月十五日）…… 225

批刘震寰报告邓本殷残杀琼民请迅予通令各军一体协剿呈

　　（一九二三年十月十五日）……… 226

着将海防舰队饷项煤价归行营金库长支发令（一九二三年十月十六日） 227

饬各军严禁任意拉伕以充输卒令（一九二三年十月十六日）…… 227

批陈兴汉请辞职呈（一九二三年十月十六日） 228

批邹鲁报告派员接收蒋光亮交还各征收机关呈（一九二三年十月十六日）…… 228

命发给朱培德子弹令（一九二三年十月十六日） 229

命稿存行营参谋处令（一九二三年十月十六日） 229

命发给许总司令部子弹令（一九二三年十月十六日） 230

饬停发邓卓两部伙食费令（一九二三年十月十七日） 230

着兵工厂长先将机关枪一挺移交朱培德令（一九二三年十月十七日） 230

饬各机关迅行补造编造预算书以重计政令（一九二三年十月十七日） 231

饬驻扎东江各军禁止勒收商船费令（一九二三年十月十七日） 232

批廖仲恺报告筹饷局组织办法及总分局简章呈（一九二三年十月十七日） 232

批廖仲恺请通令各军嗣后勿再干预市政厅处理市产呈

　　（一九二三年十月十七日）……… 233

批广东省长公署呈报承租跑马场地事（一九二三年十月十七日刊载） 233

着公安局将各捐解缴军政部令（一九二三年十月十八日） 233

饬各军所有往来电文不得超过百字令（一九二三年十月十八日） 234

着建设部停止执行收管宁阳铁路令（一九二三年十月十八日）…… 235

给罗翼群的命令（一九二三年十月十八日） …………………………………… 235

着邓泽如等接收长堤旧官纸局速办革命纪念会令（一九二三年十月十九日） …… 235

命拨给旧官纸局为革命纪念会会址令（一九二三年十月十九日） …………… 236

给陈友仁的命令（一九二三年十月十九日） ……………………………………… 236

给冯伟的命令（一九二三年十月十九日） ……………………………………… 236

给朱培德的命令（一九二三年十月十九日） …………………………………… 237

批朱培德报告蒋应澍质疑何福昌通敌案各节不符呈

　　（一九二三年十月二十日） …………………………………………………… 237

饬各军勿再干预市政厅处理市产事项令（一九二三年十月二十二日） ………… 238

着各军严密截缉进口私盐以维盐税而肃军纪令（一九二三年十月二十二日） …… 239

饬严拿包庇私盐进口不法军人令（一九二三年十月二十二日） ……………… 239

着廖仲恺饬各县调查粤籍受贿议员令（一九二三年十月二十三日） ………… 240

给罗翼群的命令（一九二三年十月二十四日） ………………………………… 241

发给范石生子弹令（一九二三年十月二十四日） ……………………………… 241

广北舰开赴西江令（一九二三年十月二十四日） ……………………………… 241

给梁鸿楷的命令（一九二三年十月二十四日） ………………………………… 242

给赵成梁的命令（一九二三年十月二十四日） ………………………………… 242

给程潜的命令（一九二三年十月二十四日） …………………………………… 242

给胡思舜的命令（一九二三年十月二十四日） ………………………………… 243

给刘震寰的命令（一九二三年十月二十四日） ………………………………… 243

饬查办王道令（一九二三年十月二十五日） …………………………………… 243

饬朱卓文即将其泰轮船交由兵站部接收以清手续令（一九二三年十月二十五日） …… 244

令廖仲恺饬顺德、香山两县长保护沙田（一九二三年十月二十五日） ……… 245

给徐树荣的命令（一九二三年十月二十五日） ………………………………… 245

给粤汉铁路公司的命令（一九二三年十月二十五日） ………………………… 245

着兵工厂造步枪令（一九二三年十月二十六日） ……………………………… 246

给徐树荣的命令（一九二三年十月二十六日） ………………………………… 246

给路孝忱的命令（一九二三年十月二十六日） ………………………………… 246

批徐绍桢为李仲岳因公殒命请题给匾额呈（一九二三年十月二十六日）……246

着广东盐务稽核分所改名为两广盐务稽核所令（一九二三年十月二十七日）……247

饬严拿往来莲花山一带著匪李海东令（一九二三年十月二十七日）……247

发给朱培德张民达手榴弹令（一九二三年十月二十七日）……248

给廖行超的命令（一九二三年十月二十七日）……249

裁撤闽赣边防督办令（一九二三年十月二十八日）……249

给廖湘芸马伯麟的命令（一九二三年十月二十八日）……249

着发给李烈钧特别费令（一九二三年十月二十九日）……250

批廖仲恺关于召变官产市产登记期限为十五日呈

　　（一九二三年十月二十九日）……250

给喻毓西的命令（一九二三年十月二十九日）……251

给范石生的命令（一九二三年十月二十九日）……251

给陈策的命令（一九二三年十月二十九日）……251

着兵工厂长提前发水机关枪令（一九二三年十月二十九日）……252

给梁鸿楷的命令（一九二三年十月三十日）……252

给军政部长的命令（一九二三年十月三十日）……252

给廖行超的命令（一九二三年十月三十日）……253

各部局处支发经费表自十一月起实行令（一九二三年十月三十一日）……253

解决军需困难重定给养办法令（一九二三年十月三十一日）……253

给航空局长的命令（一九二三年十月三十一日）……254

给吴铁城的命令（一九二三年十月三十一日）……255

给林伟成的命令（一九二三年十月三十一日）……255

着徐天琛代理旅长率部讨贼令（一九二三年十月）……255

着赖心辉迅率所部扫清残寇奠定川局令（一九二三年十月）……256

饬范其务加设公安局直达前方专线令（一九二三年十一月一日）……256

批孙科为该厅收入窘竭请将每日原担军费半数移归运财两署分任呈

　　（一九二三年十一月一日）……257

批王棠请征收运脚保护费并拟输运费价目表请鉴核呈

（一九二三年十一月一日）…………………………………………257

亲临石龙督战令（一九二三年十一月一日）……………258

饬赵士觐暂行停采沿海余盐令（一九二三年十一月二日）…………258

批林森遵令停止执行管理新宁铁路请予备案呈（一九二三年十一月二日）……260

着林森随时切实监督收管新宁铁路经理事宜令（一九二三年十一月二日）…260

着张国威金华林出差令（一九二三年十一月二日）……………261

着江固舰归盐运使差遣令（一九二三年十一月二日）……………261

派杨虎办理海军事务令（一九二三年十一月三日）……………261

召开紧急会议通知（一九二三年十一月三日）……………262

批王棠送该司本年四五六七等月收支计算并单据簿请核销呈

　　（一九二三年十一月四日）………………………262

批叶恭绰为发行整理纸币奖券拟由政府切实保障呈

　　（一九二三年十一月四日）………………………263

嘉奖范石生令（一九二三年十一月四日）……………263

就关余问题致北京外交使团函（英译中）（一九二三年十一月五日）………264

　　附：大本营外交部长伍朝枢照会

　　（英译中）（一九二三年十二月十八、十九日刊载）……………264

给杨廷培的命令（一九二三年十一月六日）……………267

给游击司令的命令（一九二三年十一月六日）……………267

给樊钟秀等的命令（一九二三年十一月六日）……………268

饬知叶恭绰广东宣传局职员薪俸及公费核处方式令（一九二三年十一月六日）…268

准免借拨奖券现金令（一九二三年十一月六日）……………269

批徐绍桢请褒扬节妇冯吕氏李梁氏贞妇李张氏呈（一九二三年十一月六日）……269

着廖仲恺孙科转饬广州市公安局再向市内房东业主借房租一月令

　　（一九二三年十一月七日）………………………270

批财政部请立案无论何人不能借拨奖券现金呈（一九二三年十一月七日刊载）…271

给吴铁城的命令（一九二三年十一月七日）……………271

命发给朱卓文子弹令（一九二三年十一月七日）……………271

着李元著点收器物令（一九二三年十一月七日）…………………………… 272

所有高雷讨贼事宜着归高雷绥靖处处长林树巍办理令

　　（一九二三年十一月八日）……………………………………………… 272

饬熊克武四川应解中央税款拨充讨贼军费令（一九二三年十一月八日）…… 272

饬四川讨贼军经费由熊克武经收令（一九二三年十一月八日）…………… 273

批赵士觐拟订该处职员俸给额表呈请核遵呈（一九二三年十一月八日）… 273

拨给蒋光亮伙食费令（一九二三年十一月八日）………………………… 274

饬知粮食管理处系营业机关令（一九二三年十一月九日）……………… 274

饬转切实保护电线令（一九二三年十一月九日）………………………… 275

批廖仲恺请注销曾介眉举报黄沙官产一案呈（一九二三年十一月九日）… 276

批李济深西江防务吃紧请暂准留用定海等三舰呈（一九二三年十一月九日）…… 276

批范其务请通饬四会广宁等处军政各官保护电线呈

　　（一九二三年十一月九日）……………………………………………… 277

批赵士觐请令饬军政内政两部通令各军暨地方官吏团体妥为护助呈

　　（一九二三年十一月九日）……………………………………………… 277

着参军处赶制出入证令（一九二三年十一月九日）……………………… 278

为反攻陈炯明叛军调配各军令（一九二三年十一月十日）……………… 278

饬知廖仲恺滇军早已回防并未设立财政局令（一九二三年十一月十日）… 279

批罗翼群呈报所属第一支部收束情形文（一九二三年十一月十日）…… 280

批叶恭绰奉令筹发各部局处经费请展缓实行呈（一九二三年十一月十日）… 280

批邓慕韩请免于取消戏捐呈（一九二三年十一月十日）………………… 281

附载：惠州已被攻克通令（一九二三年十一月十一日）………………… 281

饬杨廷培部沿铁道截击溃兵令（一九二三年十一月十二日）…………… 282

急电谭延闿率湘军星夜来援令（一九二三年十一月十二日）…………… 282

着谭延闿率湘军向龙门之敌攻击前进令（一九二三年十一月十二日）… 282

着广东高审厅将登记费拨交军政部应用令（一九二三年十一月十二日）… 283

着查明广州地审厅诉讼费及高审厅登记费项下存款一律提充军饷令

　　（一九二三年十一月十二日）…………………………………………… 283

饬知黄隆生在财政部未筹发经费前各部局处每月经费仍由该司拨付令

　　（一九二三年十一月十二日）………………………………… 283

饬豫军讨贼军总司令樊钟秀转谕所部努力讨贼令（一九二三年十一月十二日）…… 285

批伍朝枢函知各国领事戒严期内禁止中外船只夜间通过在案请察核呈

　　（一九二三年十一月十二日）…………………………………… 285

　　附：伍朝枢原呈（一九二三年十一月八日）………………… 286

着广九铁路工程师修通铁路令（一九二三年十一月十三日）………… 287

着卢师谛部调往虎门令（一九二三年十一月十三日）………………… 287

发给杨廷培部子弹令（一九二三年十一月十三日）…………………… 287

给杨参军派员的命令（一九二三年十一月十三日）…………………… 287

给杨廷培的命令（一九二三年十一月十三日）………………………… 288

着梁鸿楷饬令广北运船回省令（一九二三年十一月十三日）………… 288

饬停止伤兵特别调养费令（一九二三年十一月十四日）……………… 288

批杨希闵请发奖金案（一九二三年十一月十四日）…………………… 289

　　附：另一版本 ………………………………………………… 289

饬发给马伯麟火食费令（一九二三年十一月十四日）………………… 289

给谭延闿的命令（一九二三年十一月十四日）………………………… 290

协同廖湘芸防虎门要塞令（一九二三年十一月十四日）……………… 290

着周之贞都赴虎门令（一九二三年十一月十四日）…………………… 290

给谭延闿的电令（一九二三年十一月十四日）………………………… 291

着杨廷培师长停止缴枪令（一九二三年十一月十五日）……………… 291

着朱和中仍回复各军备价领取枪枝办法令（一九二三年十一月十五日）………… 291

饬各军限于最短期内驱除逆众各财政机关当竭力筹措军需毋得稽延令

　　（一九二三年十一月十五日）…………………………………… 292

命派船往救日本商船令（一九二三年十一月十五日）………………… 293

论克敌之道并着杨希闵速遣主力增援以肃清东江令

　　（一九二三年十一月十六日）…………………………………… 293

饬各军收复博罗令（一九二三年十一月十六日）……………………… 294

饬伍汝康筹拨积欠兵工厂款项令（一九二三年十一月十六日）·············· 294

饬将广海舰探海灯及发电机借给宝璧运舰令（一九二三年十一月十六日）······ 295

批林云陔呈报登记局八月份收入项下曾提解大本营驻江办事处毫银一千

　　五百元请准予抵解并备案文（一九二三年十一月十六日）············· 296

批程潜呈报陈达生等逆产请令由部查实变卖以应要需文

　　（一九二三年十一月十八日）·············· 296

着谭延闿所部为总预备队令（一九二三年十一月十八日）·············· 297

着军政部长酌量发给李福林部给养费令（一九二三年十一月十九日）······· 297

着军政部长酌量发给徐树荣部给养费令（一九二三年十一月十九日）······· 298

饬各军将领乘胜穷追务扫庭穴令（一九二三年十一月十九日）············ 298

批马伯麟呈报裁减炮兵编练守备兵造具预算请予核准文

　　（一九二三年十一月十九日）·············· 299

批伍学煜筹办广东全省船民自治联防事宜呈（一九二三年十一月十九日）····· 299

　　附：伍学煜原呈（一九二三年十一月十六日）·············· 300

着北江各部队暂归谭延闿指挥令（一九二三年十一月二十日）············ 300

批陈兴汉请酌抽临时附加军费呈（一九二三年十一月二十日）············ 301

各军每日额支改由公安局在借租项下发给令（一九二三年十一月二十一日）··· 301

批张开儒请示处理葡商永捷轮船案办法呈（一九二三年十一月二十一日）····· 302

饬拨发德国技师制造炸药经费令（一九二三年十一月二十二日）··········· 302

饬黄隆生发给卫士队十月份薪饷令（一九二三年十一月二十二日）········· 303

批郑润琦请嘉奖封川县德坊联团团总叶瑞烘呈

　　（一九二三年十一月二十二日）·············· 303

嘉奖川军克复重庆令（一九二三年十一月二十三日）················ 304

饬知各军凡属粤军范围统归许总司令编整节制调遣令

　　（一九二三年十一月二十三日）·············· 305

饬知各军凡属桂军范围统归刘震寰编整节制调遣令

　　（一九二三年十一月二十三日）·············· 305

批伍汝康请添设广东省垣盐警指挥办事处呈（一九二三年十一月二十三日）··· 306

批程潜请举办南番等县人民自卫枪炮执照及酌抽照费呈

（一九二三年十一月二十三日）……………………………………… 306

批黄桓请准予严办男司机生联合罢工事件呈（一九二三年十一月二十四日）…… 307

复电胡谦嘉奖守土有功将士令（一九二三年十一月二十五日）……… 307

饬程潜查明增城战役出力人员从优议赏令（一九二三年十一月二十五日）…… 308

着徐树荣防地即由朱卓文部接防令（一九二三年十一月二十五日）…… 309

中国国民党临时中央执行委员会第十次会议关于创办军官学校及召集全国

代表大会等决议（一九二三年十一月二十六日）…………………… 309

着徐天琛所部开回黄埔候命令（一九二三年十一月二十六日）……… 310

取消通缉定海舰长何固江平舰长郑星槎令（一九二三年十一月二十六日）…… 311

嘉奖增城县长黄国民令（一九二三年十一月二十六日）……………… 312

着军政部从优发给李明扬部伙食手令（一九二三年十一月二十六日）…… 312

通缉刘湘等令（一九二三年十一月二十七日）………………………… 313

广东高等师范学校改为国立高等师范学校令（一九二三年十一月二十七日）…… 313

即行裁撤粮食管理处令（一九二三年十一月二十七日）……………… 314

着兵工厂代蒋光亮陆续造水机关枪五挺令（一九二三年十一月二十七日）…… 314

饬拨田土业佃保证局收入为国立高等师范学校经费令

（一九二三年十一月二十八日）…………………………………… 314

饬参军处人员不得兼职令（一九二三年十一月二十八日）…………… 315

着张开儒严饬参军处人员不执务者查实即行免职令

（一九二三年十一月二十八日）…………………………………… 315

饬发给谷雨三旅费令（一九二三年十一月二十九日）………………… 316

饬将黄埔船坞局交长洲要塞兼管令（一九二三年十一月三十日）…… 316

命胡谦黄国民等努力疆场共襄大业策勋至有厚期令

（一九二三年十一月下旬）………………………………………… 317

着军政部发给林树巍部给养费令（一九二三年十二月一日）………… 318

饬转各民业保证机关遵照地方善后委员会办法办理令

（一九二三年十二月一日）………………………………………… 318

饬交还盐船以便运销令（一九二三年十二月一日）·················· 319

饬发给程潜公费令（一九二三年十二月一日）····················· 319

饬邹鲁将台山县所筹借一万元核入收支俟该县有款再行抵解令

　　（一九二三年十二月一日）··································· 320

饬知广东财政厅西江财政仍交该厅接管令（一九二三年十二月一日）·· 320

着朱培德迅速分兵开赴北江作战令（一九二三年十二月二日）········ 321

批国民党广东支部邓泽如等弹劾共产党文（一九二三年十二月三日）·· 321

　　附：原呈（一九二三年十一月二十九日）······················ 321

裁撤增城命令传达所令（一九二三年十二月三日）················· 325

追赠梁沾鸿为陆军少将令（一九二三年十二月四日）··············· 325

裁撤党务处宣传委员会及宣传局令（一九二三年十二月四日）········ 326

饬整修韶广间电线令（一九二三年十二月四日）··················· 326

裁撤官产清理处令（一九二三年十二月五日）····················· 327

着官产处撤销后制弹费改归民产保证局担任缴解令

　　（一九二三年十二月五日）··································· 327

徐天琛即调所部返黄埔令（一九二三年十二月五日刊载）··········· 328

批程潜请追赠阵亡团长梁沾鸿少将并给恤呈（一九二三年十二月六日）· 328

程潜请褒扬封川县德坊联团团总叶瑞烘呈（一九二三年十二月六日）·· 328

饬转各税契及发照机关务劝人民赴局领证令（一九二三年十二月七日）· 329

饬民事诉讼凡关于不动产争执者呈验契据须领民产保证令

　　（一九二三年十二月七日）··································· 330

饬发卢师谛部欠款令（一九二三年十二月七日）··················· 331

饬会计司于财政部未筹发各部局处经费前仍照拨令

　　（一九二三年十二月七日）··································· 331

批孙科请饬转各发照税契机关劝告人民赴局领证呈

　　（一九二三年十二月七日）··································· 332

批孙科请令饬司法机关凡市内不动产须领有民业保证方为有效呈

　　（一九二三年十二月七日）··································· 333

批谭曙卿借款签呈（一九二三年十二月八日） ………………………… 333

着傅秉常给与证明俾遇害华侨领取恤金令（一九二三年十二月八日） 334

饬接收兵站过海水线赶为装置令（一九二三年十二月八日） ………… 334

指派滇军湘军分别防守两江北江令（一九二三年十二月八日刊载） 335

严禁军队干政令（一九二三年十二月十日） ……………………………… 336

饬谭延闿派队前往英德镇慑并提解颜国华来营候办令（一九二三年十二月十日） … 336

饬刘纪文交朱本富叁拾元（一九二三年十二月中旬） ………………… 337

嘉奖北江大捷出力官兵令（一九二三年十二月十一日） ……………… 337

批伍汝康称俟收入稍裕即行解缴兵工厂欠款呈（一九二三年十二月十一日） … 338

告诫各军禁运私盐令（一九二三年十二月十一日刊载） ……………… 338

批徐绍桢请褒扬寿妇杨欧氏呈（一九一二年十二月十一日） ………… 338

批徐绍桢因华侨陆运怀捐资兴学请特予褒奖呈（一九一二年十二月十一日） … 339

饬市政厅长筹垫煤价令（一九二三年十二月十二日） ………………… 339

准发克复始兴奖款并准南雄筹款抵纳田赋令（一九二三年十二月十三日） … 340

饬知黄埔船坞局所封存机器及该局呈覆情形令（一九二三年十二月十三日） … 340

批谭延闿请发给克复始兴奖款并准南雄筹助湘军之款作抵田赋呈

　　（一九二三年十二月十三日） ……………………………………… 341

批赵士北呈总检察长卢兴原辞职请以胡云程兼任文

　　（一九二三年十二月十三日） ……………………………………… 342

批卢兴原因经费短绌无法维持请辞职呈（一九二三年十二月十三日） 342

饬拨给黄明堂军费令（一九二三年十二月十五日） …………………… 343

饬高凤桂部归谭延闿节制调遣令（一九二三年十二月十五日） ……… 343

饬杨锦龙部速回原防令（一九二三年十二月十五日） ………………… 344

着兵工厂将每日造交范石生军长枪拨半数交杨希闵领取令

　　（一九二三年十二月十六日） ……………………………………… 344

批谭延闿呈报南始之役该部第一军作战概况及人员战功事

　　（一九二三年十二月十六日） ……………………………………… 345

饬廖仲恺孙科五元以下房租一律照借令（一九二三年十二月十七日） 345

饬廖仲恺孙科沿岸码头再借一月租金令（一九二三年十二月十七日） …… 346

批陈独秀呈报遵令结束及移交日期事（一九二三年十二月十七日） …… 347

　　附：陈独秀原呈（一九二三年十二月十四日） …… 347

致粤海关税务司的照会（一九二三年十二月十八日刊载） …… 348

致广州领事团的照会（一九二三年十二月十八日刊载） …… 348

饬妥拟催收旧欠预征新粮及清丈田亩办法令（一九二三年十二月十九日） …… 348

批广东地方善后委员会奉发杨仕强等条陈田亩借租办法呈

　　（一九二三年十二月十九日） …… 350

着派张翼鹏为慰劳使宣慰来归赣军高凤桂部令（一九二三年十二月二十日） …… 350

批李烈钧所拟勉励各军训令（一九二三年十二月二十日） …… 351

　　附：李烈钧原呈（一九二三年十二月二十日） …… 351

勉励各军振革命精神勤于治军令（一九二三年十二月二十日） …… 352

附载：伍朝枢叶恭绰致海关总税务司的照会（一九二三年十二月二十一日刊载）…… 352

饬广东宪兵司令陈可钰将所部移交公安局接收改编令

　　（一九二三年十二月二十一日） …… 353

饬吴铁城收编陈可钰所部为治安警察队令（一九二三年十二月二十一日） …… 353

饬转各军不得滥开专车并禁军人无票乘车令（一九二三年十二月二十一日） …… 354

着程潜筹发解散宪兵部队官兵一月全饷令（一九二三年十二月二十一日） …… 355

批程潜请核定官佐士兵治丧费数目呈（一九二三年十二月二十一日） …… 355

就关余问题饬粤海关税务司三项训令（一九二三年十二月二十二日） …… 356

批萧湘名片（一九二三年十二月二十二日） …… 356

着陈策将香山部队增援前线令（一九二三年十二月二十二至二十三日） …… 356

饬李济深按月酌支海防部队饷项令（一九二三年十二月二十四日） …… 357

给程潜准予优恤已故团长陈飞鹏令（一九二三年十二月二十六日） …… 357

饬查复直达大本营电线情形令（一九二三年十二月二十六日） …… 358

批罗翼群复该部架设之省河南北过海水线已由军政部接收呈

　　（一九二三年十二月二十六日） …… 359

批谭延闿请优恤已故团长陈飞鹏呈（一九二三年十二月二十六日） …… 360

命拟通缉李鸿祥令（一九二三年十二月二十七日）…………………… 360

饬提前补足刘玉山所部给养费令（一九二三年十二月二十七日）…… 361

批罗翼群承领李务本堂码头款恳准抵解兵站部欠款呈

（一九二三年十二月二十七日）…………………… 361

给杨希闵等的训令（一九二三年十二月二十八日）………………… 361

饬徐绍桢按照计画切实拓展广州市区令（一九二三年十二月二十八日）…… 362

批廖仲恺呈广州市长所拟展拓市区计画文（一九二三年十二月二十八日） 363

命追赠并优恤梁国一令（一九二三年十二月三十一日）……………… 363

着廖仲恺通令各县预征新粮并拟清丈田亩章程令（一九二三年十二月下旬）…… 364

批姚观顺呈着参军长预备待颁发奖牌及阵伤奖章（一九二三年十二月下旬）…… 364

附：呈文 …………………………………………………………… 364

饬转各善堂认借军饷由各总司令直接收取令（一九二三年）………… 366

着杨希闵等各向商户善堂收取借饷令（一九二三年）………………… 366

饬转商会各商户将认借军饷余款由滇军总部直接收取令（一九二三年）…… 366

着发布海军舰队往北海收回广金广玉等舰并予奖赏令（一九二三年）…… 367

着拟派黄隆生至海防办药料令（一九二三年）………………………… 367

饬虎门长洲要塞司令放行永翔楚豫二舰令（一九二三年）…………… 368

着蒋光亮交回缉私船平南与招桂章令（一九二三年）………………… 368

着分兵攻取赣南手谕（一九二三年）…………………………………… 368

批东路讨贼军第三军司令部函（一九二三年）………………………… 368

批某某司令部来函（一九二三年）……………………………………… 369

着调周之贞所部驻广三路沿线令（一九二三年）……………………… 369

批答联陈一事决无商量余地（一九二三年）…………………………… 369

批兵站总监罗翼群请示李明杨在乐昌招抚之谢部应否接济案（一九二三年）…… 370

批李寿乾来函（一九二三年）…………………………………………… 370

批安庆史推恩等反对管鹏电（一九二三年）…………………………… 370

通电声明未派王鸿勋为代表谕（一九二三年）………………………… 371

批第七军第二师第四旅强占医院布告（一九二三年）………………… 371

附：原布告 ……………………………………………………………………… 371

批田桓呈请接济张国威等八人（一九二三年） …………………………… 372

批程璧金名片（一九二三年） ……………………………………………… 372

批大本营兵站总监函（一九二三年） ……………………………………… 372

命电促蒋介石伍朝枢速来粤令（一九二三年） …………………………… 373

批张冈函（一九二三年） …………………………………………………… 373

批宋鹤庚函（一九二三年） ………………………………………………… 373

批林支宇函（一九二三年） ………………………………………………… 374

命吴铁城即日开赴增城令（一九二三年） ………………………………… 374

给程潜的命令（一九二三年） ……………………………………………… 374

命吴铁城寸性奇派员驻守广九车站令（一九二三年） …………………… 375

给马伯麟的命令（一九二三年） …………………………………………… 375

给冯伟的命令（一九二三年） ……………………………………………… 375

关于高雷讨贼军归属的命令（一九二三年） ……………………………… 376

给徐树荣的命令（一九二三年） …………………………………………… 376

颁给陈龙韬讨贼奖章执照（一九二四年一月一日） ……………………… 376

着军政部筹拨杨希闵架桥垫款一千元令（一九二四年一月二日） ……… 377

批林翔请将大本营宣传委员会开办费暨十二年七月至十二月上旬计算书发还
　　更造呈（一九二四年一月二日） …………………………………… 377

批东路讨贼军总司令许崇智请追赠优恤阵亡指挥梁国一呈
　　（一九二四年一月二日） …………………………………………… 378

饬陈独秀更造开办费计算书及单据粘存簿令（一九二四年一月二日） … 378

令军政部程潜筹拨杨希闵款项（一九二四年一月二日） ………………… 379

着查拿刘凯招摇敛钱令（一九二四年一月三日） ………………………… 379

发给李安邦养费令（一九二四年一月三日） ……………………………… 380

拨给杨希闵架桥费令（一九二四年一月三日） …………………………… 380

令刘震寰转饬韦冠英停办东宝两属经界事务令（一九二四年一月四日） … 380

饬程潜廖仲恺通饬各军长官无论何项机关不得任意提借田土保证照费令

（一九二四年一月四日） ……………………………………… 382

批梅光培请令行刘震寰转饬韦冠英停止派员开办东宝两属经界事务呈

（一九二四年一月四日） ……………………………………… 383

批邹鲁奉令指拨经费恳请通令不得提借并请协助呈（一九二四年一月四日） … 383

批程潜据广九铁路洋总工程司函复非将军事运输费拨交该路不能将车辆修理

完好呈（一九二四年一月四日） ……………………………… 384

批伍学煜拟支配船民自治联防经费办法呈（一九二四年一月四日） 384

饬杨希闵蒋光亮严饬所部以王秉钧为戒力矢忠诚令（一九二四年一月五日） … 385

饬杨希闵发还石滩元洲联团自卫枪枝令（一九二四年一月五日） ……… 386

批廖仲恺请令行杨希闵转饬所部交还石滩元洲联团枪枝呈

（一九二四年一月五日） ……………………………………… 387

着杨希闵酌量分配奖金手令（一九二四年一月六日） …………… 387

饬议奖南雄筹措军米出力绅商令（一九二四年一月八日） ……… 388

饬严缉劫车匪徒以安行旅令（一九二四年一月八日） …………… 389

批陈兴汉报告客货车在永利石场被匪劫掠情形乞通令各军长官认真缉拿呈

（一九二四年一月八日） ……………………………………… 390

批谭延闿关于南雄绅商曾攀荣等急公仗义乞特颁奖章呈

（一九二四年一月八日） ……………………………………… 390

饬筹发廖韶光垫借款项令（一九二四年一月九日） ……………… 391

饬转驻防军队军人应按搭车办法乘车令（一九二四年一月九日） … 392

批叶恭绰拟筹付各部局经费变通办法乞示遵呈（一九二四年一月九日） … 392

批陈宜禧请重申前令责成驻防军队务须切实奉行军人搭车办法呈

（一九二四年一月九日） ……………………………………… 393

饬撤去北江商运局分局及停止收费令（一九二四年一月九日） …… 393

饬切实整顿北江电政令（一九二四年一月十日） ………………… 394

饬惩治妄报官产令（一九二四年一月十日） ……………………… 394

批谭延闿报告南雄至广州电报迟滞贻误军情关系极大请严饬电政监督极力整顿

北江一带电线呈（一九二四年一月十日） …………………… 395

批赵士觐议复伍学煜办理盐商预缴现饷及补恤各程船损失一案

　　（一九二四年一月十日）　………………………………………　396

着财政委员会筹给何雪竹出发费（一九二四年一月十日）　………　397

着财政委员会筹给邓家彦旅费（一九二四年一月十日）　…………　397

着财政委员会提议筹赔谭细船价（一九二四年一月十日）　………　397

饬韦荣熙停收铁路运商费并撤除各车站分局令（一九二四年一月十一日）　……　398

饬查封变卖中国银行地址物业令（一九二四年一月十一日）　……　398

命叶恭绰通缉挟款潜逃之中国银行行长凌骥令（一九二四年一月十一日）　…　399

批经理宋子文请津贴中央银行代收盐税手续费乞备案呈

　　（一九二四年一月十一日）　……………………………………　400

批宋子文请通缉中国银行行长凌骥归案究办并饬陈其瑗将该行地址物业查封

　　变卖以偿公款呈（一九二四年一月十一日）　…………………　400

批伍学煜拟先行开办分局权委分局局长呈（一九二四年一月十一日）　…　401

批廖仲恺复邓宏顺请设立全省联保治安会一案窒碍难行呈

　　（一九二四年一月十二日）　……………………………………　401

批叶恭绰廖仲恺报告委员会成立并启用关防日期请察核备案呈

　　（一九二四年一月十二日）　……………………………………　402

批赵士觐遵令饬知各商及盐务征收机关解款交由中央银行代收请备案呈

　　（一九二四年一月十二日）　……………………………………　402

批孙科呈送十二年四月十六日起至十二月份筹付大本营军费收支日计表请备案令

　　（一九二四年一月十二日）　……………………………………　403

着范石生开回原防努力图功令（一九二四年一月十二日）　………　403

批饶宝书等呈（一九二四年一月十二日刊载）　……………………　404

命蒋光亮将某部截留交回主管机关接收（一九二四年一月十三日）　…　404

准湖南省推选代表列席国民党第一次大会（一九二四年一月十四日）　…　405

饬杨希闵严办师长王汝为自由移动部曲令（一九二四年一月十四日刊载）　…　405

增加朱培德部每日给养费令（一九二四年一月十四日）　…………　406

着赠恤潘宝寿令（一九二四年一月十五日）　………………………　406

批张开儒报十二年十一月份办公各费并附列清册请备案呈

　　（一九二四年一月十五日）…………………………………………… 407

批张开儒报十二年十二月份各员出差旅费及弁兵服装等费并附清册呈

　　（一九二四年一月十五日）…………………………………………… 407

批赵士觐为中央银行代收盐税拟照原案倍支手续费案前后办理情形候核定

　　令遵呈（一九二四年一月十五日）…………………………………… 408

饬北江各军将领严禁部下勒索商人阻留货物令（一九二四年一月十六日）…… 408

饬大本营参谋处转达前敌将领整军备战令（一九二四年一月十六日）…… 409

饬知李济深赣军李明扬部第一梯团长覃寿乔率部来省应准其通过令

　　（一九二四年一月十六日刊载）……………………………………… 409

批杨鹤龄求职函（一九二四年一月十六日）……………………………… 410

着赠恤陈飞鹏令（一九二四年一月十六日）……………………………… 410

暂缓筹备建国政府令（一九二四年一月十六日）………………………… 411

为优恤潘宝寿给伍朝枢的训令（一九二四年一月十七日）……………… 411

为优恤潘宝寿给程潜的训令（一九二四年一月十七日）………………… 412

饬知谭延闿追赠陈飞鹏陆军少将并依例给恤令（一九二四年一月十七日）…… 413

批程潜议复已故湘军团长陈飞鹏拟请追赠陆军少将并照少将例给恤呈

　　（一九二四年一月十七日）…………………………………………… 414

批杨希闵请例恤伤亡团长潘宝寿并饬发护照运柩回乡呈

　　（一九二四年一月十七日）…………………………………………… 414

批廖仲恺呈香山县长朱卓文请撤销香山田土业佃保证局碍难照准乞示遵令

　　（一九二四年一月十七日）…………………………………………… 415

饬杨希闵将娱乐捐火柴捐横水渡捐仍归主管机关办理令

　　（一九二四年一月十八日）…………………………………………… 415

饬刘震寰转饬所部严兆丰撤销东莞沙捐员以统一财政令

　　（一九二四年一月十八日）…………………………………………… 416

批财政委员会请饬广州卫戍总司令将经收杂捐撤销仍归主管机关办理呈

　　（一九二四年一月十八日）…………………………………………… 417

批叶恭绰廖仲恺请训令刘震寰转饬严兆丰将东莞沙捐兼清佃局员撤销呈

（一九二四年一月十八日）……………………………………………… 417

批东三省王秉谦等请划哈尔滨为特别区呈（一九二四年一月十八日）…… 418

饬彻究军人封用车辆令（一九二四年一月十九日）……………………… 418

严禁驻军勒索商人阻留货物令（一九二四年一月十九日）……………… 419

批徐绍桢请褒扬寿妇黄赵氏呈（一九二四年一月十九日）……………… 419

批叶恭绰遴员暂署本部局长科长等职呈（一九二四年一月十九日）…… 420

批廖仲恺预借新粮办法妨碍滋多乞鉴核呈（一九二四年一月十九日）… 420

批陈兴汉为中央直辖讨贼第三军游击第二梯团部勒封车卡运柴请转令查究

　　以维路务呈（一九二四年一月十九日）……………………………… 421

饬许崇智将派赴各县收粮委员撤销令（一九二四年一月二十日）……… 421

批廖仲恺拟将香山一县收入全数拨解东路军部其余广属各县仍照派定数目

　　解交省署呈（一九二四年一月二十日）……………………………… 422

组织国民政府之必要决议案（一九二四年一月二十日）………………… 423

着财政委员会筹发朱培德经费令（一九二四年一月二十一日）………… 423

饬严办吉昌庄等私贩盐斤令（一九二四年一月二十一日）……………… 424

纪律问题决议案（一九二四年一月二十二日）…………………………… 424

海关问题决议案（一九二四年一月二十二日）…………………………… 426

着财政委员会筹给许卓然办事费令（一九二四年一月二十三日）……… 427

着财政委员会筹发陆军军官学校开办费令（一九二四年一月二十三日）… 427

饬杨希闵撤销联和公司承办省河横水渡捐令（一九二四年一月二十四日）… 428

派汪精卫向第一次全国代表大会提出宣言补遗手谕

　　（一九二四年一月二十四日）………………………………………… 429

　　附：汪精卫发言 ……………………………………………………… 429

批孙科请令饬卫成总司令部撤销联和公司承案呈（一九二四年一月二十四日）… 430

批赵士觐为盐斤每包增抽军饷一元一案碍难遵行恳请准予取销呈

　　（一九二四年一月二十四日）………………………………………… 430

哀悼列宁提案（一九二四年一月二十五日）……………………………… 431

着财政委员会筹给马伯麟要件费令（一九二四年一月二十五日）……… 431

饬五邑驻军不得径向征收机关提款令（一九二四年一月二十五日）…………… 431

饬军费须由军政部核定再行交议支配令（一九二四年一月二十五日）………… 432

批梅光培请令军政部转饬西江五邑各属驻防军队不得任意提拨税款呈

　　（一九二四年一月二十五日）…………………………………………… 433

批叶恭绰廖仲恺请将该会议决财政部提出凡一切军费须由军政部核定再行

　　交议支配以昭划一一案核准施行呈（一九二四年一月二十五日）…… 434

准程潜所呈追赠梁寿恺陆军炮兵中校并给恤令（一九二四年一月二十五日）… 434

饬市政厅长即汇旅费贰千元令（一九二四年一月二十五日）…………………… 435

饬严禁扶溪地方团防阻抗驻军令（一九二四年一月二十六日）………………… 435

严缉杨少甫朱泽民季树萱归案究办令（一九二四年一月二十六日）…………… 436

批谭延闿请令饬仁化县转令扶溪团防不得拒绝防军驻扎及通过呈

　　（一九二四年一月二十六日）…………………………………………… 437

批范石生为该军第三师军需处长杨少甫等挟款潜逃请通缉归案究办呈

　　（一九二四年一月二十六日）…………………………………………… 438

着盐运使来商各军擅自设局收税盐商罢市对策令（一九二四年一月二十八日）……… 438

着筹发黄明堂军费谕（一九二四年一月二十八日）…………………………… 439

命发航空局经费令（一九二四年一月二十八日）……………………………… 439

命发庶务司经费令（一九二四年一月二十八日）……………………………… 439

缉拿卸任香安局长梅放洲归案究办令（一九二四年一月二十八日）………… 440

批赵士觐为卸任香安局长梅放洲抗不交代私发渔票恳请令饬许总司令拿办呈

　　（一九二四年一月二十八日）…………………………………………… 441

着谭延闿代职令（一九二四年一月二十九日）………………………………… 441

饬赖天球严行淘汰并约束邓跳山部令（一九二四年一月二十九日）………… 442

批杨希闵查办南雄匪首邓跳山历次劫掳一案该匪现受赖天球收编请示办法呈

　　（一九二四年一月二十九日）…………………………………………… 443

饬滇军担任卫戍湘粤边境令（一九二四年一月二十九日）…………………… 443

批赵士北拟请将琼山罗定等十七厅庭已决人犯减刑列册请指令遵行呈

　　（一九二四年一月二十九日）…………………………………………… 444

批张开儒为副官黎工伙于伪造行使印花税票案确无嫌疑请免予处分呈

　　（一九二四年一月二十九日）·················· 444

批赖天球为所部伙食困迫请即给发并指拨长期的款呈

　　（一九二四年一月二十九日）·················· 445

关于感化游民土匪及殊遇革命军人之决议案（一九二四年一月二十九日）······ 445

增补代表大会宣言对外政策条款之临时动议（一九二四年一月三十日）········ 446

着财政委员会筹汇上海事务所经费令（一九二四年一月三十一日）········· 447

着财政委员会筹给李福林所部军毡费令（一九二四年一月三十一日）······· 448

批广东地方善后委员会议决惩治妄报官产及李文恩等禀陈利弊各案呈

　　（一九二四年一月）······················· 448

批俄大使加拉罕道谢国民党哀悼列宁函（一九二四年一月）··········· 449

着财政委员会筹给宋品三旅费令（一九二四年二月二日）··········· 449

着财政委员会筹给吴稚觉公费令（一九二四年二月二日）··········· 449

着财政委员会每日发给北伐讨贼军第一、二军办公费令（一九二四年二月二日）····· 450

批叶恭绰广东省长廖仲恺为发行短期手票五十万元请予照准并分令各军队

　　一体遵照毋得借此骚扰呈（一九二四年二月三日）··········· 450

饬发行短期手票并停办官产市产举报令（一九二四年二月三日）········· 451

饬各军不得骚扰发行短期手票令（一九二四年二月三日）··········· 451

批统一财政委员会接管财政办法呈（一九二四年二月三日）··········· 452

着将高师法大农专合并为国立广东大学令（一九二四年二月四日）········· 452

饬严缉附逆中央直辖滇军师长王汝为令（一九二四年二月六日）········· 453

准赠恤潘宝寿令（一九二四年二月六日）················· 453

批蒋光亮通缉王汝为呈（一九二四年二月六日）··············· 454

批程潜为西路讨贼军第二师严兆丰拟备价购领兵工厂新制步枪一千杆水机关枪

　　四尊呈乞核示文（一九二四年二月六日）··············· 454

批陈融呈解该厅十二年十一二月各职员提俸充饷文（一九二四年二月七日）··· 455

着将上海分部改为上海第一分部手令（一九二四年二月八日）········· 455

着发湘军五军长旅费令（一九二四年二月八日）··············· 456

着发陆军军官学校开办经费令（一九二四年二月八日）……………… 456

着发上海议员旅费令（一九二四年二月八日）…………………………… 457

饬查究商团枪杀持用短期手票之滇军排长班长令（一九二四年二月八日）…… 457

饬速修广韶电线令（一九二四年二月八日）……………………………… 459

饬将司法收入平均摊发厅院职员令（一九二四年二月八日）…………… 460

饬各军不得派员至桂境收编匪类令（一九二四年二月八日）…………… 460

批杨希闵为广州市商团因行使手票击毙所部排长蔡海清等情形乞令有司严密

　　防范呈（一九二四年二月八日）…………………………………… 461

批樊钟秀请设法维持票币呈（一九二四年二月八日）………………… 462

批谭延闿请严令广东电政监督从速修理广韶电线以利戎机呈

　　（一九二四年二月八日）…………………………………………… 462

批罗翼群请发给兵站第一支部员兵欠饷及商款呈（一九二四年二月八日）…… 463

批伍学熀呈报十二年十二月下半月及十三年一月上半月预垫经费数目情形文

　　（一九二四年二月八日）…………………………………………… 463

批梅光培为原办江门东口会河厘厂商人冯耀南呈请收回成命应如何办理呈

　　乞示遵呈（一九二四年二月八日）………………………………… 464

批梅光培为湘军总司令谭延闿等于黄沙地方设立盐务局等情一案应否分饬

　　各税厂遵照办理呈（一九二四年二月八日）……………………… 464

批叶恭绰点交宁波会馆契件情形乞备案并附清折呈（一九二四年二月八日）… 465

复程潜呈告已赠恤潘宝寿令（一九二四年二月八日）………………… 465

命筹给上海烈士家属每月特别费和每年学费谕（一九二四年二月八日）……… 466

饬国立高师等校所有用人行政悉由广东大学筹备处办理令

　　（一九二四年二月九日）…………………………………………… 466

饬邹鲁从速筹备成立广东大学令（一九二四年二月九日）…………… 467

饬妥筹应付商团干涉行使手票办法令（一九二四年二月九日）……… 467

饬滇军勿擅提粤汉路附加军费令（一九二四年二月九日）…………… 468

批赵士觐请令饬取消黄沙设立临时附加协饷总局以维辚政呈

　　（一九二四年二月九日）…………………………………………… 469

批中央财政委员会筹备员郑德铭等请结束中央财政委员会请示指遵呈

　　（一九二四年二月九日） …………………………………………… 469

批杨西岩拟定本署与各机关来往公文程式乞令遵呈（一九二四年二月九日） … 470

批陈兴汉为滇军第一师在韶逼缴粤汉路附加军费请示办法呈

　　（一九二四年二月九日） …………………………………………… 470

命每日暂发海防舰队伙食公费令（一九二四年二月十一日） ………… 471

饬各军毋得借词截留禁烟收入款项令（一九二四年二月十一日） …… 471

批程潜遵令议复南雄筹措军米出力绅商曾攀荣等应得奖章乞予核准施行呈

　　（一九二四年二月十一日） ………………………………………… 472

批林森为广三铁路因滇军第四师风潮被毁派员调查暨滇军蒋军长具报各情形

　　恳鉴核呈（一九二四年二月十一日） ……………………………… 473

批杨西岩请通令各军毋得藉词截留收入款项呈（一九二四年二月十一日） ……… 473

批樊钟秀为该部兵士董福昌因行使手票失踪情形暨布告该军暂不行用手票

　　以维秩序呈（一九二四年二月十一日） …………………………… 474

批交焦易堂印刷费函（一九二四年二月十一日） ……………………… 474

批赵士觐遵令组织两广盐政会议成立日期及讨论宗旨呈

　　（一九二四年二月十二日） ………………………………………… 475

设筹饷总局之通令（一九二四年二月十三日） ………………………… 475

饬军人不得干涉司法令（一九二四年二月十三日） …………………… 476

批程潜遵令议复已故滇军中校参谋白正洗应得恤典呈

　　（一九二四年二月十五日） ………………………………………… 477

饬程潜通缉叛降敌军之余立奎令（一九二四年二月十三至十六日间） ……… 477

着秘书处函约谢英伯等辩护手谕（一九二四年二月十五日） ………… 478

赠恤夏重民王贯忱令（一九二四年二月十六日） ……………………… 479

饬知统一财政委员会虎门要塞向未经管民财两政令

　　（一九二四年二月十六日） ………………………………………… 479

批廖湘芸为虎门区内民财两政向未经管情形呈（一九二四年二月十六日） ……… 480

批李济深为所辖西江财政已于一月十五日完全交还广东财政厅派员接管呈

（一九二四年二月十六日）⋯⋯⋯⋯⋯⋯⋯⋯⋯⋯⋯⋯⋯⋯⋯⋯⋯⋯　480

批徐绍桢为广州市公安局侦缉课长吴国英缉匪有功请晋给一等五星奖章呈

　　（一九二四年二月十六日）⋯⋯⋯⋯⋯⋯⋯⋯⋯⋯⋯⋯⋯⋯⋯⋯⋯　481

着统一财政委员会据大本营财政部呈报遵批办理广三路附近财政统一情形令

　　（一九二四年二月十八日）⋯⋯⋯⋯⋯⋯⋯⋯⋯⋯⋯⋯⋯⋯⋯⋯⋯　481

饬朱培德筵席捐仍由市政厅办理令（一九二四年二月十八日）⋯⋯⋯⋯　482

批叶恭绰遵批办理广三路附近财政统一情形呈（一九二四年二月十八日）⋯⋯　483

批叶恭绰廖仲恺请令饬朱军长培德将筵席捐一案完全由市政厅办理以充省市

　　教育经费呈（一九二四年二月十八日）⋯⋯⋯⋯⋯⋯⋯⋯⋯⋯⋯　483

给郑洪年等命令（一九二四年二月十九日）⋯⋯⋯⋯⋯⋯⋯⋯⋯⋯⋯　484

谕饬广州商团枪枝弹药受广州市公安局检查令（一九二四年二月十九日）⋯⋯　484

饬知杨希闵商团枪枝弹药应呈由广州市公安局存案给证令

　　（一九二四年二月十九日）⋯⋯⋯⋯⋯⋯⋯⋯⋯⋯⋯⋯⋯⋯⋯⋯⋯　485

饬知吴铁城随时检查商团枪枝弹药以防流弊令（一九二四年二月十九日）⋯⋯　485

批陈其瑗等请准予委托广州市财政局代办测绘及发照事宜呈

　　（一九二四年二月十九日）⋯⋯⋯⋯⋯⋯⋯⋯⋯⋯⋯⋯⋯⋯⋯⋯⋯　486

批杨西岩拟违犯烟禁人犯所科罚金以六成充公二成赏给线人以二成奖励出力

　　人员乞予核示遵办呈（一九二四年二月十九日）⋯⋯⋯⋯⋯⋯⋯⋯　487

裁撤大本营筹饷总局令（一九二四年二月二十日）⋯⋯⋯⋯⋯⋯⋯⋯　487

饬划黄花冈一带为坟园并禁附葬令（一九二四年二月二十日）⋯⋯⋯⋯　488

饬范石生克日设局办理抽收防务经费令（一九二四年二月二十日）⋯⋯⋯　489

批林森等拟将黄花冈一带地方划为七十二烈士坟园并请谕令军民长官会同

　　出示禁止附葬以崇先烈呈（一九二四年二月二十日）⋯⋯⋯⋯⋯⋯　489

批廖仲恺为改组国立广东大学一案业经分行各该校遵照呈

　　（一九二四年二月二十日）⋯⋯⋯⋯⋯⋯⋯⋯⋯⋯⋯⋯⋯⋯⋯⋯⋯　490

批廖仲恺为各属盗匪滋炽拟请准援用军令办理呈（一九二四年二月二十日）⋯⋯　490

批杨希闵为美国教会在石龙车站附近设学校被匪掳去数人奉令查缉遵办情形呈

　　（一九二四年二月二十日）⋯⋯⋯⋯⋯⋯⋯⋯⋯⋯⋯⋯⋯⋯⋯⋯⋯　491

饬杨希闵拿办石龙土匪令（一九二四年二月二十日）·················· 491

批马伯麟请添筑炮垒并投变鱼雷排废铁轨以作修理建筑经费呈

　　（一九二四年二月二十日）······················· 492

批梁鸿楷为遵办统一财政情形呈（一九二四年二月二十日）········· 492

准虎门太平要塞派员协助征收令（一九二四年二月二十一日）······· 493

设立筹饷总局抽收全省防务经费令（一九二四年二月二十一日）····· 494

各军未奉核准名目之部队一并裁汰不得扩充军队令

　　（一九二四年二月二十一日）····················· 494

勉励孔庚的指令（一九二四年二月二十一日刊载）··············· 495

饬转烟酒公卖局停抽火酒取缔费令（一九二四年二月二十二日）····· 495

饬分段梭巡莲花山狮子洋河面令（一九二四年二月二十二日）······· 496

批郑洪年请迅予烟酒公卖局遵照停抽火酒取缔费呈（一九二四年二月二十二日）······ 496

核赵士觐为租轮巡缉暨支拨该轮经费及租项等情乞察核备案呈

　　（一九二四年二月二十三日）····················· 497

批赵士觐为误报余存巨款确非事实据实呈明呈（一九二四年二月二十三日）······ 497

批童理璋请愿北伐请赐训诲函（一九二四年二月二十四日）········· 498

　　附：童理璋原函（一九二四年二月二十四日）··············· 498

制止滇军撤退令（一九二四年二月二十四日）·················· 499

饬勿在市内马路交通地点处决人犯令（一九二四年二月二十五日）····· 499

批孙科请通令各军嗣后处决人犯勿得在市内马路交通地点执行以重市政呈

　　（一九二四年二月二十五日）····················· 500

饬将香山酒税交还有兴公司办理令（一九二四年二月二十六日）····· 500

批郑洪年请饬东路讨贼军将香山全属酒税交还有兴公司办理呈

　　（一九二四年二月二十六日）····················· 501

批叶恭绰拟将市桥口白蔗税减为每百把征银六钱呈（一九二四年二月二十六日）····· 502

饬伍朝枢保护照料美国人由沪来粤参观手令（一九二四年二月二十六日）····· 502

追赠杜龄昌令（一九二四年二月二十七日）··················· 502

饬转撤销合济公司试办火酒取缔费案令（一九二四年二月二十七日）···· 503

严禁各军私运烟土令（一九二四年二月二十七日）·················· 504

饬各军迅赴前敌令（一九二四年二月二十七日）··················· 505

饬湘军迅速出发东江令（一九二四年二月二十七日）··············· 505

为查验各军实数事致军政部令（一九二四年二月二十七日刊载）····· 505

批郑洪年请迅饬烟酒公卖局将批准合济公司试办火酒取缔费案撤销呈

　　（一九二四年二月二十七日）······························· 506

批程潜为议复杜龄昌李文彩拟请分别追赠给恤呈（一九二四年二月二十七日）····· 506

批何成濬函（一九二四年二月二十七日收到来稿）················ 507

　　附：何成濬原函（一九二四年二月二十四日）················ 507

着筹给简让之恤费令（一九二四年二月二十八日）················ 508

着发朱培德部饷糈令（一九二四年二月二十八日）················ 508

着发张兆基旅费令（一九二四年二月二十八日）·················· 508

批林森拟将权度法及一切附属法令内农商部三字一律改为建设部禀字一律

　　改为呈字乞明令核准呈（一九二四年二月二十八日）··········· 509

批陈兴汉请将临时附加军费续办三月呈（一九二四年二月二十八日）····· 509

给驻粤滇湘军的训令（一九二四年二月二十八日刊载）············· 510

追赠简让之陆军少将令（一九二四年二月二十九日）··············· 510

饬彻查兵站总监所属报销有无浮冒令（一九二四年二月二十九日）····· 511

批罗翼群缴交通局十二年九月份报销暨单据粘存簿呈

　　（一九二四年二月二十九日）······························· 512

批罗翼群缴所属第三支部第三分站第一运输站十二年十月份支出计算书暨

　　单据等件呈（一九二四年二月二十九日）····················· 512

批罗翼群为缴所属第三支部第三分站第一派出所十二年九十两月份计算书

　　暨收发粮食表单据呈（一九二四年二月二十九日）············· 513

批罗翼群为缴第三支部第三分站十二年九月二十二日至十一月五日支出计算书

　　暨单据等件呈（一九二四年二月二十九日）··················· 514

批徐绍桢请褒扬节妇杨朱氏呈（一九二四年二月二十九日）········· 514

饬知廖仲恺西江善后督办已将财权交还财厅接管令（一九二四年二月）········ 515

批杨西岩请组织水陆侦缉队荐任队长呈（一九二四年二月） ·········· 516

批续西峰述先取山西为宜函（一九二四年二月） ·········· 516

　　附：续西峰函摘抄 ·········· 516

批程潜呈（一九二四年三月一日） ·········· 517

批徐绍桢请褒扬寿民彭才德及妻韦氏呈（一九二四年三月一日） ·········· 517

着湘军准备出发迅行攻击令（一九二四年三月三日） ·········· 518

批廖仲恺为遵令办理林森等请禁止黄花冈附葬一案情形呈

　　（一九二四年三月三日） ·········· 518

批程潜请仍由各该部派员续办邮电报纸检查事宜并拨款清垫呈

　　（一九二四年三月四日） ·········· 519

饬军政部将后方勤务各交通机关交参谋处管辖令（一九二四年三月四日） ······ 519

批赵士觐为拿获包庇走私人犯陈兆兰罚款除照章一半充赏外余数拟悉拨充

　　盐政会议经费呈（一九二四年三月四日） ·········· 520

着秘书处等议订办法即行撤销西江督办处另设广西善后处令

　　（一九二四年三月五日） ·········· 520

饬各军不得擅征捐税令（一九二四年三月五日） ·········· 521

裁撤西江善后督办令（一九二四年三月五日） ·········· 521

饬秉公查算兵站总监经理局收支款项令（一九二四年三月五日） ·········· 522

批罗翼群为缴经理局十二年四月至十月收支款项及负欠债项数目总册暨

　　第二支部缴煤单请予发还欠项呈（一九二四年三月五日） ·········· 523

饬广州市公安局拘传温雄飞到案令（一九二四年三月五日刊载） ·········· 523

饬广州市公安局宽赦温雄飞令（一九二四年三月五日刊载） ·········· 524

着后方卫生勤务仍由军政部管理军车管理处及运输处改隶中央军需处管理令

　　（一九二四年三月五日） ·········· 524

着调刘玉山部先赴三罗协同肃清南路令（一九二四年三月五日） ·········· 525

着筹解湘军开拔费令（一九二四年三月五日） ·········· 525

着发广西总司令临时费令（一九二四年三月六日） ·········· 525

饬确定筵席捐为中上七校及市教育经费令（一九二四年三月六日） ·········· 526

批范石生请特派专员莅局稽查以示大公并通令各军不得直接到局索款呈

（一九二四年三月六日） …………………………………………… 526

批叶恭绰请令饬北江商运局暨小北江护商事务所停抽柴艇费用呈

（一九二四年三月六日） …………………………………………… 527

饬北江商运局及财政部转令小北江护商事务所停抽柴艇费用令

（一九二四年三月六日） …………………………………………… 527

批罗翼群请发给兵站第二支部欠款呈（一九二四年三月六日） …… 528

批程潜为中央直辖广东讨贼第四军团长蔡炳南积劳病故请准予给恤呈

（一九二四年三月六日） …………………………………………… 528

批王棠为前在大本营会计司任内支付命令已送审计局呈（一九二四年三月六日）

…………………………………………………………………………… 529

咨参议院请议决统一政府办法文（一九二四年三月六日） ………… 529

饬程潜核明前兵站总监罗翼群转呈收发弹械报销表册等件呈复核夺令

（一九二四年三月七日） …………………………………………… 530

饬知程潜转知各军由大元帅派员随时莅临筹饷总局稽核收支以示大公各军

不得直接向该局索取饷需令（一九二四年三月七日） …………… 531

批罗翼群为缴经理局十二年十月份收发械弹月报表暨对照表单据请予核销呈

（一九二四年三月七日） …………………………………………… 532

批克兴额履历函（一九二四年三月七日） …………………………… 532

饬东路讨贼军听候出发令（一九二四年三月八日） ………………… 533

饬樊钟秀等准备入赣令（一九二四年三月八日刊载） ……………… 533

饬花地地方税捐应由广州市公安局经办令（一九二四年三月八日） … 533

饬许崇智查算前兵站总监罗翼群呈缴所属交通局等报销单据等令

（一九二四年三月八日） …………………………………………… 534

批罗翼群缴交通部经理局龙冈办事处电信大队部报销表册暨单据又交通局收发

煤炭表暨单据储藏所收发物品日报表暨单据呈（一九二四年三月八日） … 535

饬各军长官毋得借词截留禁烟收入款项令（一九二四年三月八日刊载） ………… 536

特许试办台山自治批（一九二四年三月八日） …………………… 536

饬粤军总司令部驻防肇庆令（一九二四年三月九日）…………… 537

派朱晋经胡威临赶速筹办民国学校令（一九二四年三月十日）…… 537

饬知赵士北嗣后所有发行状纸状面准由总检察厅办理令

　　（一九二四年三月十日）……………………………………… 537

饬叶恭绰派员审查清理并公布军政部经手各机关伙食给养收支事项令

　　（一九二四年三月十日）……………………………………… 538

批程潜请指派财政部专员审查清理军需局以前收支事项呈

　　（一九二四年三月十日）……………………………………… 539

批卢兴原请将发行状纸状面权划归该厅办理并将该款拨充厅费呈

　　（一九二四年三月十日）……………………………………… 539

批林森为查明广东电政监督何家猷被控各节乞鉴核示遵呈

　　（一九二四年三月十、十一日）……………………………… 540

着冯肇铭即率江固等舰来省候命令（一九二四年三月十一日）…… 541

优恤林震令（一九二四年三月十一日）…………………………… 541

饬王棠禁止勒收程船保护费令（一九二四年三月十一日）……… 541

批赵士觐请令行东江商运局禁止勒收程船保护费呈（一九二四年三月十一日）… 542

着筹设禁烟人犯裁判所并拟具条例令（一九二四年三月十二日）… 543

裁撤东江北江商运局令（一九二四年三月十二日）……………… 543

饬杨希闵撤销交商抽收广州粪溺出口捐令（一九二四年三月十二日）… 543

饬开办省外筵席捐拨充国立广东大学经费令（一九二四年三月十二日）… 544

批财政委员会请令行滇军总司令转饬赵师长撤销批准鸿源公司承收粪溺出口

　　捐案呈（一九二四年三月十二日）…………………………… 545

批财政委员会请令行中央军需处照拨警卫团应领军费呈

　　（一九二四年三月十二日）…………………………………… 546

饬知蒋尊簋拨付警卫团军费令（一九二四年三月十二日）……… 546

批邹鲁请将省外各县筵席捐永远作为教育经费并请通令军民各机关不准截留呈

　　（一九二四年三月十二日）…………………………………… 547

着发姚雨平部队解散费令（一九二四年三月十三日）…………… 547

着发何雪竹伙食费令（一九二四年三月十三日）…………………………… 548

饬杨希闵转知师长赵成梁克日撤销鸿源公司抽收粪溺捐以维市政令

　　（一九二四年三月十三日）…………………………………………… 548

饬知蒋光亮佛山房捐应由南海县公署征收报解令（一九二四年三月十三日）…… 550

批孙科请令行滇军总司令饬赵师长撤销鸿源公司承捐案呈

　　（一九二四年三月十三日）…………………………………………… 551

饬杨庶堪严办滥承捐务之奸商查明滥批捐务之军队令

　　（一九二四年三月十三日）…………………………………………… 552

批程潜为大本营高级参谋陆军中将林震拟照中将积劳病故例给恤呈

　　（一九二四年三月十三日）…………………………………………… 552

批郑洪年为滇军第三军军需筹备处在佛山征收房捐请示办法呈

　　（一九二四年三月十三日）…………………………………………… 553

给东江左右两翼各军手令（一九二四年三月十三日）…………………… 553

追赠洪锡龄令（一九二四年三月十四日）………………………………… 553

饬各军严禁征收船只各种捐费令（一九二四年三月十四日）…………… 554

饬一律撤销有奖义会令（一九二四年三月十四日）……………………… 555

批赵士觐称香安督缉局专为查缉私盐屏蔽省配而设并非征收机关应由运署

　　直接派员经管除咨复许总司令外乞察核备案呈（一九二四年三月十四日）…… 556

饬招抚使不得设署令（一九二四年三月十四日）………………………… 556

批广东财政厅加二征缴粤省厘税并着无论何项军政要需概不得截留拨用令

　　（一九二四年三月十四日）…………………………………………… 557

饬吴铁城严办黄大汉等令（一九二四年三月十五日刊载）……………… 557

派舰扫清河道不准再有巧立名目擅收保护费令（一九二四年三月十五日）…… 557

批杨希闵请撤销北江商运局呈（一九二四年三月十五日）……………… 558

批王棠请展限一月暂缓撤局呈（一九二四年三月十五日）……………… 558

批程潜议复已故广州卫戍总司令部副官长洪锡龄应得恤典呈

　　（一九二四年三月十五日）…………………………………………… 559

饬详查船民自治联防事宜成效令（一九二四年三月十七日）…………… 559

饬新任禁烟督办邓泽如剔除弊端切实办理令（一九二四年三月十七日）·········560

饬知韶关与民冲突之弁兵已分别惩处令（一九二四年三月十七日）·········560

饬核议警监学校校长应否由高等检察厅任免令（一九二四年三月十七日）·········561

批樊钟秀为驻韶兵士肇事已将肇事马弁李书纪依法枪决副兵王文彬押办暨

各该管长官免职留任呈（一九二四年三月十七日）·········562

饬各军长官派员会同公安局长等立即解散各军在河面所设勒收机关令

（一九二四年三月十七日刊载）·········563

批韦荣熙遵令撤局日期呈（一九二四年三月十七日）·········563

批林云陔请广东公立警监专门学校校长归该厅任免呈

（一九二四年三月十七日）·········564

着财政部长制印统一收条分发使用以便稽查令（一九二四年三月十八日）·········564

着发湘军给养费令二件（一九二四年三月十八日）·········565

着发许崇智紧急费令（一九二四年三月十八日）·········565

着速拨何雪竹伙食费令（一九二四年三月十八日）·········566

饬程潜分令各军不得封用盐船令（一九二四年三月十八日）·········566

着李福林克期扑灭东莞番禺一带匪患令（一九二四年三月十八日）·········567

批卢振柳缴卫士姓名清册呈（一九二四年三月十八日）·········568

批李福林为该军所驻防地向无在河面到处设立机关征收各种捐费情事呈

（一九二四年三月十八日）·········568

批赵士觐请通令各军禁封盐船以维盐业而顾饷源呈（一九二四年三月十八日）···569

批石托勒敦来函（一九二四年三月十八日）·········569

批黄焕记煤炭费收据（一九二四年三月十八日）·········570

饬查拿假冒各军名义滥事收费不肖之徒令（一九二四年三月十九日）·········570

饬解散私立机关勒收保护费令（一九二四年三月十九日）·········571

批赵士北奉令停止发行状纸碍难遵办并拟变更办法呈

（一九二四年三月十九日）·········571

下达东江总攻击令（一九二四年三月十九日）·········572

批徐绍桢请褒扬寿民王开清呈（一九二四年三月十九日）·········572

着成立广东省警卫军以吴铁城为司令所呈编制薪饷表册指令照准令

  （一九二四年三月二十日）　⋯⋯⋯⋯⋯⋯⋯⋯⋯⋯⋯⋯⋯⋯　573

饬规画商民呈拟附加军费以济饷需办法令（一九二四年三月二十日）　⋯⋯⋯　573

在广州市征收租捐一月及拨交国立广东大学充开办费令

  （一九二四年三月二十日）　⋯⋯⋯⋯⋯⋯⋯⋯⋯⋯⋯⋯⋯⋯　574

批叶恭绰整理纸币奖券结束情形及由部派员兼管委员会事务呈

  （一九二四年三月二十日）　⋯⋯⋯⋯⋯⋯⋯⋯⋯⋯⋯⋯⋯⋯　574

严禁各军擅抽柴捐令（一九二四年三月二十日刊载）　⋯⋯⋯⋯⋯⋯⋯　575

饬广州市政厅续征租捐一月令（一九二四年三月二十一日）　⋯⋯⋯⋯⋯　576

着财政厅拨款接济闽南讨贼军令（一九二四年三月二十一日）　⋯⋯⋯⋯　576

饬严办私卖枪械图利令（一九二四年三月二十一日）　⋯⋯⋯⋯⋯⋯⋯　576

着取消一切抽剥商船名目令（一九二四年三月二十一日）　⋯⋯⋯⋯⋯⋯　577

饬杨庶堪并案核议警监学校归属及改办令（一九二四年三月二十一日）　⋯⋯　577

批许崇智复已遵谕转饬各部队对于税厘加二之款不得截留呈

  （一九二四年三月二十一日）　⋯⋯⋯⋯⋯⋯⋯⋯⋯⋯⋯⋯⋯⋯　578

批陈兴汉办理广东地方善后委员会等暨柴行代表赖星池等呈请救济柴荒

  一案情形呈（一九二四年三月二十一日）　⋯⋯⋯⋯⋯⋯⋯⋯⋯⋯　579

批吴铁城请将警监学校拨归该处管辖改办高等警察学校呈

  （一九二四年三月二十一日）　⋯⋯⋯⋯⋯⋯⋯⋯⋯⋯⋯⋯⋯⋯　579

饬详查广州市内驻军地点人数兵房筑好即移驻郊外他处部队禁止来省令

  （一九二四年三月二十二日）　⋯⋯⋯⋯⋯⋯⋯⋯⋯⋯⋯⋯⋯⋯　580

批叶恭绰杨庶堪请迅令刘总司令转饬严师长取消征收东莞护沙费并将沙捐清佃局

  收入划拨五成为严部军费余五成实行解交沙田清理处呈

  （一九二四年三月二十二日）　⋯⋯⋯⋯⋯⋯⋯⋯⋯⋯⋯⋯⋯⋯　580

为西江防务事致粤军总司令部令（一九二四年三月二十三日）　⋯⋯⋯⋯　581

着补给林树巍部伙食费令（一九二四年三月二十四日）　⋯⋯⋯⋯⋯⋯　581

命发潘正道公费令（一九二四年三月二十四日）　⋯⋯⋯⋯⋯⋯⋯⋯　581

着财政委员会迅拨款湘军令（一九二四年三月二十四日）　⋯⋯⋯⋯⋯　582

批李福林遵令剿匪谨将获犯起掳情形报请察核呈（一九二四年三月二十四日）…… 582

饬刘震寰转饬严师长兆丰取消征收东莞各属护沙费令

（一九二四年三月二十一至二十六日）………………………… 583

饬知东路第一路司令所部改编为省警卫兵军令（一九二四年三月二十六日）…… 583

饬裁撤禁烟会办帮办令（一九二四年三月二十六日）……………………… 584

着赶制军服拨给张贞所部令（一九二四年三月二十六日）……………………… 584

批程潜为湘军少校参谋梁达道拟请追赠陆军步兵中校呈

（一九二四年三月二十六日）……………………………… 585

批程潜为遵令议复夏重民等应得恤典乞予示遵呈（一九二四年三月二十六日）……… 585

着筹拨军乐队服装费令（一九二四年三月二十七日）……………………… 586

饬并案确查省河船民应否免收自治联防经费令（一九二四年三月二十七日）…… 586

饬广州市政厅拨款湘军手令（一九二四年三月二十七日）………………… 587

饬海防司令迅即撤销甘竹容奇拦河收费令（一九二四年三月二十七日刊载）…… 588

批国民党华侨联合办事处等呈（一九二四年三月二十七日）………………… 588

批吴铁城为省河船艇应否免收自治联防经费呈（一九二四年三月二十七日）…… 589

饬解散禁烟督办署原设之水陆侦缉联合队令（一九二四年三月二十八日）…… 589

批蒋尊篡请示恤金葬埋费办法呈（一九二四年三月二十八日）………………… 590

饬石龙各驻军认真保护无线电站令（一九二四年三月二十八日）……………… 590

着无线电局在大南洋轮装置无线电令（一九二四年三月二十八日）…………… 591

驻新塘湘军克日开赴前线令（一九二四年三月二十八日）………………… 591

大本营秘书处将全省民团条例呈候察核施行令（一九二四年三月二十八日）…… 591

批陈兴汉请转饬各军勿拉该路工役充伕免碍运输呈

（一九二四年三月二十九日）……………………………… 592

批程潜遵令饬海防司令撤销甘竹容奇等处抽费机关呈

（一九二四年三月二十九日）……………………………… 592

批卢兴原遵令发行状纸日期并附呈改用民刑状面样式乞备案呈

（一九二四年三月二十九日）……………………………… 593

支配各军饷费办法令（一九二四年三月二十九日刊载）………………… 593

核复程潜着追赠杜龄昌陆军少将并发恤金令（一九二四年三月二十九日刊载） ··· 594

饬各军勿将铁路员工拉充伕役令（一九二四年三月二十八至三十一日） ·············· 594

批广东地方善后委员会请严令各军不得强行保释暴徒呈

　　（一九二四年三月三十一日） ·············· 595

饬指定切实机关按日拨付滇军兵站经费令（一九二四年三月三十一日） ·············· 595

饬财政委员会解散原有水陆侦缉联合队令（一九二四年三月三十一日） ·············· 596

撤销查办杨西岩案令（一九二四年三月三十一日） ·············· 596

裁撤禁烟署会办帮办各职令（一九二四年三月三十一日） ·············· 596

饬各军不得强行保释暴徒令（一九二四年三月三十一日） ·············· 597

令军政部财政委员会为卫饷源事通行各军一体保护

　　（一九二四年三月三十一日） ·············· 598

批杨庶堪遵令转饬所属解散征收来往船只捐费各机关情形呈

　　（一九二四年三月三十一日） ·············· 598

公牍（中）

韵目代日表

日 期	韵 目					日 期	韵 目			
	上平	下平	上声	去声	入声		上声	去声	入声	替代
一日	东	先	董	送	屋	十六日	铣	谏	叶	
二日	冬	萧	肿	宋	沃	十七日	篠	霰	洽	
三日	江	肴	讲	绛	觉	十八日	巧	啸		
四日	支	豪	纸	寘	质	十九日	皓	效		
五日	微	歌	尾	未	物	二十日	哿	号		
六日	鱼	麻	语	御	月	二十一日	马	箇		
七日	虞	阳	麌	遇	曷	二十二日	养	祃		
八日	齐	庚	荠	霁	黠	二十三日	梗	漾		
九日	佳	青	蟹	泰	屑	二十四日	迥	敬		
十日	灰	蒸	贿	卦	药	二十五日	有	径		
十一日	真	尤	轸	队	陌	二十六日	寝	宥		
十二日	文	侵	吻	震	锡	二十七日	感	沁		
十三日	元	覃	阮	问	职	二十八日	俭	勘		
十四日	寒	盐	旱	愿	缉	二十九日	豏	艳		
十五日	删	咸	潸	翰	合	三十日		陷		卅
						三十一日				世、引

着安北舰长暂留省河待命令

（一九二三年五月一日）

着"安北"舰长暂留省河，以待后命。此令。

孙文

民国十二年五月一日

据原件，北京、中国国家档案馆藏

命伍汝康克日赴任令

（一九二三年五月一日）

大元帅训令第一一二号

令广东盐务稽核分所经理伍汝康

查广东盐务稽核分所经理一职，前经委任该员接任在案。现已日久，未据将到任日期具报，合行令仰该经理克日赴任具报，勿得迟延。切切。此令。

（中华民国陆海军大元帅之印）

中华民国十二年五月一日

据《大元帅训令第一一二号》，载广州《陆海军大元帅大本营公报》第十号，一九二三年五月十一日

饬发给杨希闵犒劳费手令

（一九二三年五月二日）

着会计司发给杨总司令犒赏费壹万元。此令。

孙文

中华民国十二年五月二日

据原件，广州、中山大学孙中山纪念馆藏

饬查民团兜剿沈逆功绩并慰劳令

（一九二三年五月三日）

大元帅训令第一一八号

令广东省长徐绍桢

此次沈逆叛乱，各军奋勇杀贼，迭奏肤功。而北江一带各处民团，亦能乘机出奇，协同兜剿，毙敌无算，殊堪嘉许。仰该省长详查所有得力民团立功较著者，一律转令慰劳，并将所有战绩分别切实呈报，以凭核办。此令。

（中华民国陆海军大元帅之印）

中华民国十二年五月三日

据《大元帅训令第一一八号》，载广州《陆海军大元帅大本营公报》第十号，一九二三年五月十一日

给先施公司借款收据

（一九二三年五月三日）

兹借到先施公司双毫银贰万元正。

孙文

十二年五月三日

据原件照片，上海革命历史博物馆筹备处藏

饬发给梁醉生旅费令

（一九二三年五月四日）

着会计司发给梁醉生旅费贰百元。此令。

孙文

中华民国十二年五月四日

据原件，台北、中国国民党文化传播委员会党史馆藏

饬发给夏醉雄旅费令

（一九二三年五月四日）

着会计司发给夏醉雄旅费五百元。此令。

孙文

中华民国十二年五月四日

据原件，台北、中国国民党文化传播委员会党史馆藏

着周之贞即撤消八邑绥靖处令

（一九二三年五月四日）

八邑绥靖处着即撤消，并着将该处所驻各县之队伍悉调赴前敌。此令周之贞。

孙文

据原件影印件，台北、中国国民党文化传播委员会党史馆藏

裁撤绥靖处令

（一九二三年五月五日）

大元帅令

四邑、两阳、香、顺八属绥靖处应即裁撤，所有善后事宜，着该地方官切实办理。此令。

（中华民国陆海军大元帅之印）

中华民国十二年五月五日

据《大元帅令》，载广州《陆海军大元帅大本营公报》第十号，一九二三年五月十一日

着古应芬周之贞即裁撤绥靖处令

（一九二三年五月五日）

大元帅训令第一二〇号

令大本营驻江办事处全权主任古应芬，四邑、两阳、香、顺八属绥靖处处长周之贞

四邑、两阳、香、顺八属绥靖处应即裁撤，该处所属分驻各县队伍，着一律调赴前敌。此令。

（中华民国陆海军大元帅之印）

中华民国十二年五月五日

据《大元帅训令第一二〇号》，载广州《陆海军大元帅大本营公报》第十号，一九二三年五月十一日

饬发给梁醉生旅费手令

（一九二三年五月六日）

着会计司发给梁醉生旅费叁百元。此令。

孙文

中华民国十二年五月六日

据原件，台北、中国国民党文化传播委员会党史馆藏

饬发给卢师谛军队伙食费手令

（一九二三年五月六日）

着会计司发给卢师谛军队伙食三千元。此令。

孙文

中华民国十二年五月六日

据原件，南京、中国第二历史档案馆藏

饬发给杨希闵伙食费手令

（一九二三年五月八日）

着会计司发给滇军总司令伙食贰万元。此令。

孙文

中华民国十二年五月八日

据原件，南京、中国第二历史档案馆藏

收回印花指令

（一九二三年五月九日）

自印花一千万元，并收回造币厂。

据一九二三年五月九日天津《大公报》

饬发给黄骚取消定船赔补费手令

（一九二三年五月九日）

着会计司发给黄骚取消定船赔补费贰千五百元港币。此令。

孙文

中华民国十二年五月九日

据原件，台北、中国国民党文化传播委员会党史馆藏

饬发给西江军队军费手令

（一九二三年五月九日）

着会计司发给西江军队军费壹万元。此令。

孙文

中华民国十二年五月九日

据原件，南京、中国第二历史档案馆藏

饬发给长洲要塞司令伙食费手令

（一九二三年五月十日）

发给长洲要塞司令伙食费壹千元。此令。

孙文

中华民国十二年五月十日

据原件，南京、中国第二历史档案馆藏

官产归大本营办理令

（一九二三年五月十日）

即日要收回官产，归大本营办理。

民国十二年五月十日

据原件影印件，台北、中国国民党文化传播委员会党史馆藏

饬发给海军委员等公费手令

（一九二三年五月十日）

着会计司发海军委员三人公费壹千五百元，另孙祥夫往汕头宣慰公费壹千元。此令。

孙文

中华民国十二年五月十日

据原件，台北、中国国民党文化传播委员会党史馆藏

饬发给吴世英常庭兰旅费手令

（一九二三年五月十日）

着会计司发给吴世英、常庭兰二人旅费共贰百元。此令。

孙文

中华民国十二年五月十日

据原件，台北、中国国民党文化传播委员会党史馆藏

饬查明讨逆有功乡团分别颁奖令

（一九二三年五月十日）

大元帅令

沈逆叛变，勾结北军，进窥粤垣，冀危大局，赖我各军将士勠力同心，勇猛杀贼，不兼旬而追奔逐北，逆氛以戢，西北两江名城大邑，次第克复。诸将士劳苦功高，一俟残贼肃清，自应另案一体分别从优叙奖。惟查此次讨逆军兴，沿粤汉铁路各地乡团，深明大义，乘机杀贼，或协助我军作战，或扰乱逆敌后方，致收迅克之功，该乡团等为国效命，甚属可嘉。着军政部调查明确，分别呈候颁给

匾额，以彰义声，而昭激劝。此令。

（中华民国陆海军大元帅之印）

中华民国十二年五月十日

据《大元帅令》，载广州《陆海军大元帅大本营公报》第十一号，一九二三年五月十八日

通缉黄大伟手令

（一九二三年五月十日）

命令通缉黄大伟。

民国十二年五月十日

据原件影印件，台北、中国国民党文化传播委员会党史馆藏

饬各军通缉附逆军长黄大伟令

（一九二三年五月十日）

大元帅令

　　前东路讨贼军第一军军长黄大伟，近受北廷嗾使，挟陈逆重金潜伏香港，派遣党羽，散布谣言，运动军队，希图扰乱治安，破坏大局。该前军长以青年学子，受本大元帅训诲培植十有余年，内预机要，外参戎行，优渥隆重，鲜有伦比。乃桀骜放纵，屡抗军令，善诱严督，迄无悛改，本大元帅犹曲予优容，冀终悔悟。前讨贼军进驻福建，该前军长一意孤行，刚愎自用，上级长官命令，均等弁髦，本大元帅为统一军令起见，不获已饬令解职，并拟任以他项重寄，以酬前劳。乃该前军长毫不思过，倒行逆施，悍然无忌，以至此极。兹特宣布罪状，交各军长官一体传令通缉，务获究办，以儆背叛而肃军纪。此令。

（中华民国陆海军大元帅之印）

中华民国十二年五月十日

据《大元帅令》，载广州《陆海军大元帅大本营公报》第十一号，一九二三年五月十八日

饬滇军赴韶关令

（一九二三年五月十日）

大总统令

驻省滇军全部乘粤汉路车赴韶关，预备大举进攻。

十日

据《本社专电》，载一九二三年五月十二日上海《民国日报》

着杨旅长将前借之炮交回李福林军长令

（一九二三年五月十一日）

着杨旅长廷培将前借李福林军长之炮贰门交回该军长应用。此令。

孙文

民国十二年五月十一日

据原件影印件，台北、中国国民党文化传播委员会党史馆藏

饬伍汝康调查沿海盐务事宜令

（一九二三年五月十一日）

大元帅令

着广东盐务稽核分所经理伍汝康，派员乘"安北"舰前往广东沿海产盐场所调查盐务事宜，仰各该处所驻军队，一体协同办理。此令。

（中华民国陆海军大元帅之印）

中华民国十二年五月十一日

据《大元帅令》，载广州《陆海军大元帅大本营公报》第十一号，一九二三年五月十八日

饬陆续发给刘玉山军费手令

（一九二三年五月十二日）

着会计司陆续发给刘玉山军费壹万元。此令。

孙文

中华民国十二年五月十二日

据原件，台北、中国国民党文化传播委员会党史馆藏

着沿海盐场驻军协同办理盐务调查令

（一九二三年五月十二日）

兹着稽核分所经理，派员乘安北舰前往广东沿海产盐场所调查盐务事宜，仰各该处驻防军队一体协同办理。此令。

孙文

据原件影印件，台北、中国国民党文化传播委员会党史馆藏

饬发给周伯甘谢愤生二旅长出发费手令

（一九二三年五月十三日）

着会计司发给周伯甘、谢愤生二旅长出发费共贰千元。此令。

孙文

中华民国十二年五月十三日

据原件，台北、中国国民党文化传播委员会党史馆藏

饬发给海军委员李元箸杂费手令

（一九二三年五月十四日）

着会计司发给海军委员李元箸杂费叁百元。此令。

孙文

中华民国十二年五月十四日

据原件，台北、中国国民党文化传播委员会党史馆藏

饬会计司长王棠补发广东无线电报总局
增聘工程师月薪旅费令

（一九二三年五月十四日）

大元帅训令第一二五号

令大本营会计司司长王棠

据广东无线电报总局局长冯伟呈称："窃职局每月经常费业经按月编造预算书呈报在案。惟自去年陈军败走时，各局机件多被损坏，现又值军事加紧时期，亟应从速修理；更兼汕头创设分局，工程一门尤不能不特别注意。前月特在上海聘工程师两员：一黎福强，月薪三百元；一林心泉，月薪二百元；另由上海来粤旅费二百元。该两员均于四月一日到差。查前缴四月份预算书内并无列入该两员月薪及旅费等项，理合追加专文呈报钧帅察核备案，伏乞俯准令行会计司补发给领，实为公便。一俟军事稍松，再行酌量裁撤"等情前来。除指令照准外，合行令仰该司长即便补发给领。此令。

（中华民国陆海军大元帅之印）

中华民国十二年五月十四日

据《大元帅训令第一二五号》，载广州《陆海军大元帅大本营公报》第十一号，一九二三年五月十八日

准兵站总监分设三路支部令

（一九二三年五月十四日）

大元帅训令第一二六号

令大本营军政部长程潜、中央直辖滇军总司令兼广州卫戍总司令杨希闵、大本营巩卫军司令朱培德、中央直辖西路讨贼军总司令刘震寰、东路讨贼军第三军军长李福林、中央直辖第三军军长卢师谛、中央直辖第七军军长刘玉山、大本营驻江办事处全权主任古应芬、广东海防司令陈策

据大本营兵站总监罗翼群呈称："为厘定兵站路线统筹接济，恳请通令各军查照，以明统系，而免虚糜，恭呈仰祈鉴核事。窃职部成立以来，已逾旬日，各路站所设置，略有端倪。惟各军旧日有自行设置兵站者，领取物料每不一致，有向职辖各兵站领取者，有直接到职部领取者，亦有由职部直接运送前线供给者，名目歧异，于统系上难归一致，于经济上亦不免虚糜，职总监兵站，愚见所及，应行改革之处，不敢含默。兹由职部略为厘定，以一事权。现拟分为东、西、北三路，各路设支部一处，分站若干处，视兵力之大小、战事之进度如何，逐渐增加站所，以期能达普及任务。北路支部专接济粤汉铁路附近，及琶江口以上大小北江一带作战军队之给养；站所位置，则随前方战况之进步移设，以韶关为支部驻地。西路支部固定位于河口，专接济西江、绥江两河沿岸附近，及清远以下作战军之给养。东路专接济沿广九铁路及石龙增城以上东路作战军之给养。至兵站线所辖区域内之作战军队，统归职部所辖各部站直接供给，其旧日各军原有自行设备之兵站，似无庸设置，亦不再向各方领取，庶省手续繁冗，且免重领滥取浪费之弊。所有以上各缘由，理合厘定计划，附图呈请鉴核，伏乞俯赐通令各军查照职部计划，派员到职部妥协接洽，庶明统系，而省虚糜，是否有当，恭候训示祗遵"等情。并附图前来。据此，除指令照准外，合亟令行各军一体查照办理，队线略图随发。此令。

（中华民国陆海军大元帅之印）

中华民国十二年五月十四日

据《大元帅训令第一二六号》，载广州《陆海军大元帅大本营公报》第十一号，一九二三年五月十八日

饬王棠如数发给广东无线电报总局临时费令

（一九二三年五月十四日）

大元帅训令第一二七号

令大本营会计司司长王棠

据广东无线电报总局局长冯伟呈称："窃职局每月经常费，曾经编造预算书按月呈请准予发给照领。查临时费一门，向来规定每年七千元。自民国十年八月间，奉准每年增加五千元，合共一万二千元。如有开支，届时呈准实报实销，于临时特种活支并修整、添购机件尚不在内，历经遵照办理各在案。现当军事时期，职局为专办军事传达机关，特种活支较诸寻常自必更多，理合将四月份〈临〉时特种活支造册随文呈报钧帅鉴核。伏乞训示祗遵。并请令行会计司发给祗领，实为公便"等语。并造具清册前来。除指令照准外，合行令仰该司长即便如数发给。清册并发。此令。

（中华民国陆海军大元帅之印）

中华民国十二年五月十四日

据《大元帅训令第一二七号》，载广州《陆海军大元帅大本营公报》第十一号，一九二三年五月十八日

周少棠部拨归兵站总监指挥令

（一九二三年五月十四日）

大元帅训令第一二八号

令大本营驻江办事处全权主任古应芬

东路讨贼军第十四路司令周少棠所部，着拨归大本营兵站总监指挥调遣。此令。

（中华民国陆海军大元帅之印）

中华民国十二年五月十四日

据《大元帅训令第一二八号》，载广州《陆海军大元帅大本营公报》第十一号，一九二三年五月十八日

饬兵站总监指挥周少棠所部令

（一九二三年五月十四日）

大元帅训令第一二九号

令大本营兵站总监罗翼群

东路讨贼军第十四路司令周少棠所部，着拨归该总监指挥调遣。此令。

（中华民国陆海军大元帅之印）

中华民国十二年五月十四日

据《大元帅训令第一二九号》，载广州《陆海军大元帅大本营公报》第十一号，一九二三年五月十八日

批罗翼群厘定兵站路线统筹接济
请通令各军查照呈①

（一九二三年五月十四日）

大元帅指令第一六四号

令大本营兵站总监罗翼群

呈为厘定兵站路线统筹接济，请通令各军查照以明统系而免虚糜由。

呈暨略图悉。所拟尚属可行，准予通令各路军事长官一体查照办理。此令。

（中华民国陆海军大元帅之印）

中华民国十二年五月十四日

据《大元帅指令第一六四号》，载广州《陆海军大元帅大本营公报》第十一号，一九二三年五月十八日

---

① 罗翼群时任大本营兵站总监。

批朱和中请将每日所制枪弹照旧章解交军械局呈①

（一九二三年五月十四日）

大元帅指令第一六七号

令广东兵工厂厂长朱和中

呈请将每日制出枪枝子弹照旧章解交军械局由。

呈悉。该厂每日所制枪弹，着暂解交兵站部备用。此令。

（中华民国陆海军大元帅之印）

中华民国十二年五月十四日

据《大元帅指令第一六七号》，载
广州《陆海军大元帅大本营公报》
第十一号，一九二三年五月十八日

饬发给黄昌谷公费手令

（一九二三年五月十五日）

着会计司每月（由四月起）发给黄昌谷公费叁百元。此令。

孙文

中华民国十二年五月十五日

据原件，台北、中国国民党
文化传播委员会党史馆藏

---

① 朱和中时任广东兵工厂厂长。

饬发给徐于旅费手令

（一九二三年五月十五日）

着会计司发给徐于旅费叁百元。此令。

孙文

中华民国十二年五月十五日

据原件，台北、中国国民党文化传播委员会党史馆藏

饬发给徐树荣军费手令

（一九二三年五月十五日）

着会计司发给徐树荣军费壹千元。此令。

孙文

中华民国十二年五月十五日

据原件，台北、中国国民党文化传播委员会党史馆藏

谢文炳部着归军政部编制令

（一九二三年五月十六日）

谢文炳所部着归军政部编制。此令。

孙文

据原件影印件，台北、中国国
民党文化传播委员会党史馆藏

准将广州登记局直接由大理院考核令

（一九二三年五月十六日）

大元帅指令第一六九号

令大理院长兼管司法行政事务赵士北

呈请将广州登记局直接考核，始葛〔易〕统筹兼愿〔顾〕由。

呈悉。现在军需孔急，财厅应支常款，未能照给。所有司法各机关经费，自应先假司法收入，分配应用。所请将广州登记局由该院直接考核，以便统筹兼顾之处，应予照准。仰即知照。此令。

（中华民国陆海军大元帅之印）

中华民国十二年五月十六日

据《大元帅指令第一六九号》，载广州《陆海军大元帅大本营公报》第十二号，一九二三年五月二十五日

饬发给刘玉山军费手令

（一九二三年五月十七日）

着会计司发给刘玉山军费五千元。此令。

孙文

中华民国十二年五月十七日

据原件，台北、中国国民党文化传播委员会党史馆藏

着秘书处将盖印之手令编号注册令

（一九二三年五月十七日）

着秘书处须将盖印之手令编号注册。此令。

孙文

中国民国十二年五月十七日

据原件影印件，台北、中国国民党文化传播委员会党史馆藏

饬发给无线电局经费令

（一九二三年五月十七日）

大元帅令

着会计司发给无线电局经费叁千元。此令。

孙文

中华民国十二年五月十七日

据"国父墨宝"手令原件（孙科赠），台北、"国史馆"藏

饬发给肇庆赏恤费手令

（一九二三年五月十八日）

着会计司发给肇庆赏恤费五千元。此令。

孙文

中华民国十二年五月十八日

据原件，台北、中国国民党文化传播委员会党史馆藏

着杨希闵等严拿假冒军人令

（一九二三年五月十八日）

大元帅训令第一三三号

令广州卫戍总司令杨希闵、大本营兵站总监罗翼群、广州市公安局长吴铁城

查得近有无业痞棍，假冒军人，藉名拉夫，肆行勒索，实属胆玩已极。着广州卫戍总司令杨希闵、大本营兵站总监罗翼群、广州市公安局长吴铁城，即便转令所属，一体严密查拿，务获重究，以儆奸回，而安闾阎。切切。此令。

（中华民国陆海军大元帅之印）

中华民国十二年五月十八日

据《大元帅训令第一三三号》，载广州《陆海军大元帅大本营公报》第十二号，一九二三年五月二十五日

附：严拿假冒军人令①

查得近有假冒军人到处拉夫，藉端讹索，实属罪大恶极。着广州卫戍总司令、兵站总监、广州公安局长严行拿办，不得疏渝。此令。

据谭延闿编：《总理遗墨》第三辑，出版时间不详②

批范石生需款出发签呈③

（一九二三年五月十八日）

着市政厅长垫发贰万元。此批。

孙文

民国十二年五月十八日

据原件照片，台北、中国国民党文化传播委员会党史馆藏

---

① 此手令未署日期，因内容与前训令相似，故附于此。
② 估计于二十世纪三十年代出版。
③ 范石生签呈："现因需款出发，请大元帅发给叁万元，以应急需。师长范石生呈。十八。"

饬发给刘玉山军费五千元手令

（一九二三年五月十九日）

着会计司发给刘玉山军费五千元。此令。

孙文

中华民国十二年五月十九日

据原件，台北、中国国民党文化传播委员会党史馆藏

附：刘玉山电文

（一九二三年五月十八日）

广州大元帅钧鉴：顷入职军第三师师长陈天太报告：我军第九团七连及第十团一营于本日午后三时，将在联和墟溃窜之敌由左侧背包抄，敌势不支，纷向博罗方面溃逃。我军遂于午后四时完全占领福田墟。谨电奉闻。第七军军长刘玉山。文。（印）

据《中央直辖第七军军长刘玉山呈大元帅文电》，载广州《陆海军大元帅大本营公报》第十一号，一九二三年五月十八日

饬发给杨如轩紧急费手令

（一九二三年五月十九日）

着会计司发给杨师长如轩紧急费壹万元。此令。

孙文

中华民国十二年五月十九日

据原件，台北、中国国民党文化传播委员会党史馆藏

饬魏邦平即着邓演达所部即日来省电令

（一九二三年五月十九日）

三水古主任速转魏总指挥鉴：礼大密。希即着邓演达所部即日来省（为大本营卫队）。此令。

孙文

据原件，台北、中国国民党文化传播委员会党史馆藏

饬准李福林派员收容旧部令

（一九二三年五月十九日）

大元帅训令第一三五号

令中央直辖滇军总司令杨希闵

据东路讨贼军第三军军长李福林呈称："去年韶州一役，职部转战入闽，遗下旧部散匿始兴、仁化一带。夏历岁抄〔杪〕，福林返粤，正在派员招集回省，均为沈逆间阻不得下。此次沈军败退，密饬该兵等四处要截，现拟在韶设立办事处，以便整理一切，并派员率领回部，庶免苦战士卒散漫无归，恳请钧座令饬杨总司令，转饬所属一体知照，俾免误会"等情前来。查该军长所陈，尚属实在情形，除指令照准外，合行令仰该总司令，转饬所属一体知照。此令。

（中华民国陆海军大元帅之印）

中华民国十二年五月十九日

据《大元帅训令第一三五号》，载广州《陆海军大元帅大本营公报》第十二号，一九二三年五月二十五日

饬王棠发给建设部职员薪俸令

（一九二三年五月十九日）

大元帅训令第一三七号

　　令大本营会计司司长王棠

　　据大本营建设部长邓泽如呈称："窃职部自四月十一日开始办公，所有各职员四月份薪俸，理合造具预算表，呈请钧帅俯赐鉴核，饬司照发，以便转给"等语。并造具预算表前来。除指令照准外，合行令仰该司长查照发给。预算表并发。此令。

　　　　　　　　　　　　　　（中华民国陆海军大元帅之印）

　　　　　　　　　　　　　　　　中华民国十二年五月十九日

　　　　　　　据《大元帅训令第一三七号》，载广州《陆海军大元帅大本营公报》第十二号，一九二三年五月二十五日

饬王棠发给财政部职员薪俸令

（一九二三年五月十九日）

大元帅训令第一三八号

　　令大本营会计司司长王棠

　　据兼大本营财政部长邓泽如呈称："窃职部自三月二十一日开始办公，所有各职员三月份薪俸，理合造具预算表，呈请钧帅俯赐鉴核，饬司照发，以便转给"等语。并造具预算表前来。除指令照准外，合行令仰该司长查照发给。预算表并发。此令。

　　　　　　　　　　　　　　（中华民国陆海军大元帅之印）

　　　　　　　　　　　　　　　　中华民国十二年五月十九日

　　　　　　　据《大元帅训令第一三八号》，载广州《陆海军大元帅大本营公报》第十二号，一九二三年五月二十五日

饬王棠照发财政部职员薪俸令

（一九二三年五月十九日）

大元帅训令第一三九号

令大本营会计司司长王棠

据兼大本营财政部长邓泽如呈称："窃职部各职员三、四月份薪俸，已编造预算表呈请核发在案。五月份各职员薪俸，理合先期造具预算表，呈请钧帅俯赐鉴核，饬司照发，以便转给支领"等语。并造具预算表前来。除指令照准外，合行令仰该司长查照发给。预算表并发。此令。

（中华民国陆海军大元帅之印）

中华民国十二年五月十九日

据《大元帅训令第一三九号》，载广州《陆海军大元帅大本营公报》第十二号，一九二三年五月二十五日

批傅秉常为德侨请求发还个人私有房屋
请指令祗遵呈①

（一九二三年五月十九日）

大元帅指令第一七八号

令特派广东交涉员傅秉常

呈为德侨纷纷请求发还个人私有房屋，未奉规定明文，不敢擅便，请指令祗遵由。

---

① 五月十日，特派广东交涉员傅秉常就德侨要求发还第一次世界大战期间在广东被封存的财产一事呈请孙文核示处理办法。

呈悉。准予发还可也。此令。

（中华民国陆海军大元帅之印）

中华民国十二年五月十九日

据《大元帅指令第一七八号》，载广州《陆海军大元帅大本营公报》第十二号，一九二三年五月二十五日

批廖仲恺为现役军人崔尚战前犯杀人罪是否仍由法庭处理呈

（一九二三年五月十九日）

大元帅指令第一八二号

令广东省长廖仲恺

呈为崔尚战前犯杀人罪案，又系现役军人，请示可否饬下军政部提审，抑仍由法庭处理，请令祗遵由。

呈悉。应仍由法庭处理，仰即转饬遵照。此令。

（中华民国陆海军大元帅之印）

中华民国十二年五月十九日

据《大元帅指令第一八二号》，载广州《陆海军大元帅大本营公报》第十二号，一九二三年五月二十五日

着杨总司令严禁各师旅处决人犯及严行拿办招摇舞弊者手令

（一九二三年五月二十日）

近日查有各师旅部，有缉获奸细即自行处决，市内大场广众之中而竟至陈尸数日者，殊于文明人道大相违背。着该总司令严行禁止各师旅部自行处决人犯，所获奸细务令解至总司令部办理。此令。

又查各处之有无兵而犹某某司令等名目以招摇舞弊者，着该总司令严行拿办。此令。

孙文

民国十二年五月二十日

据原件影印件，台北、中国国民党文化传播委员会党史馆藏

给广州市政厅的命令

（一九二三年五月二十日）

除商会缴过五万元，其余四十五万由滇军杨希闵直接收取。善堂之五十万元，由刘震寰收二十五万，李福林收十二万五千，刘玉山与〔收〕十二万五千。

据《各地要电》，载一九二三年五月二十四日天津《大公报》

饬王棠发给建设部职员薪俸令

（一九二三年五月二十一日）

大元帅训令第一四〇号

令大本营会计司司长王棠

据大本营建设部长邓泽如呈称："窃职部四月份各职员薪俸，已编造预算表呈请核发在案。五月份各职员薪俸，理合先期编造预算表，呈请钧帅俯赐鉴核，饬司照发，以便转给支领"等语。并造具预算表前来。除指令照准外，合行令仰该司长查照发给。预算表并发。此令。

（中华民国陆海军大元帅之印）

中华民国十二年五月廿一日

据《大元帅训令第一四〇号》，载广州《陆海军大元帅大本营公报》第十三号，一九二三年六月一日

饬杨希闵拿办招摇分子令

（一九二三年五月二十一日）

大元帅训令第一四一号

　　令广州卫戍总司令杨希闵

　　查广州市内及省会附近地方，竟有未经任命自称某某司令等名目，设立机关招摇舞弊情事，殊堪痛恨，仰该总司令一律严行拿办。切切。此令。

（中华民国陆海军大元帅之印）

中华民国十二年五月二十一日

据《大元帅训令第一四一号》，载广州《陆海军大
元帅大本营公报》第十三号，一九二三年六月一日

饬各师旅不得自行处决人犯令①

（一九二三年五月二十一日）

大元帅训令第一四二号

　　令广州卫戍总司令杨希闵

　　查近日各师旅部，缉获奸细即自行处决，并多于市内广众之中执行，甚至陈尸数日，尚未收殓，殊于文明人道，大相违背，仰该总司令严令禁止。嗣后各师旅部毋得自行处决人犯，所获奸细，应一律解至该总司令部办理。切切。此令。

（中华民国陆海军大元帅之印）

中华民国十二年五月二十一日

据《大元帅训令第一四二号》，载广州《陆海军大
元帅大本营公报》第十三号，一九二三年六月一日

---

　　①　此令与五月二十日《着杨总司令严禁各师旅处决人犯及严行拿办招摇舞弊者令》内容大致相同，但日期不同，且无后半部分，故仍录之。

饬王棠发给财政部职员薪俸令

（一九二三年五月二十一日）

大元帅训令第一四三号

令大本营会计司司长王棠

据大本营财政部长邓泽如呈称："窃职部三月份各职员薪俸，已造具预算表呈请核发在案。四月份各职员薪俸，理合造具预算表呈请帅钧鉴核，饬司照发，以便转给"等语。并造具预算表前来。除指令照准外，合行令仰该司长查照发给。预算表并发。此令。

（中华民国陆海军大元帅之印）

中华民国十二年五月廿一日

据《大元帅训令第一四三号》，载广州《陆海军大元帅大本营公报》第十三号，一九二三年六月一日

批大理院长兼司法行政事务赵士北报减刑办法呈

（一九二三年五月二十一日）

大元帅指令第一九二号

令大理院长兼司法行政事务赵士北

呈报减刑办法由。

呈悉。此次申令清理庶狱，重在平反冤狱，省释无辜。凡在疑狱，从宽免刑，轻罪可原，迅予开释。至于减刑一节。除真正命盗要案外，宜详加审查，视其情罪之轻重，与在监执行刑罚之久暂，分别等差，呈请减免，以副本大元帅哀矜庶狱之至意，有厚望焉。此令。

（中华民国陆海军大元帅之印）

中华民国十二年五月廿一日

据《大元帅指令第一九二号》，载广州《陆海军大元帅大本营公报》第十三号，一九二三年六月一日

饬悬赏购拿杨坤如令

（一九二三年五月二十二日）

大元帅令

　　杨逆坤如，反覆无常，奸诡成性，去年陈逆之变，称兵首难，此贼实为祸先。及联军奉命致讨，杨逆窘穷失据，指天誓日，服罪乞降，本大元帅特示优容，恕其既往，委以重任，冀终感化。而狼子野心，怙恶不悛，一面呈请自效，一面阴结逆党，竟于本月十一日，擅自称兵，进窥石龙。赖我将士用命，合力迎剿，逆贼败窜惠城，犹复收合余烬，负嵎固守。似此恣行叛逆，视为固常，恶盈衅积，法所必诛，杨坤如应即褫夺代理警备军军长及第一师师长本兼各职。着各军长官转饬前敌将领，将杨逆坤如悬赏购拿，务获惩办，以伸国法，而快人心。此令。

（中华民国陆海军大元帅之印）

中华民国十二年五月廿二日

据《大元帅令》，载广州《陆海军大元帅大
本营公报》第十三号，一九二三年六月一日

饬拿办李耀汉令

（一九二三年五月二十二日）

大元帅令

　　桂盗余孽李耀汉，于沈逆叛乱之际，竟敢率领丑类，肆行抢劫，骚扰地方，涂炭生灵，实属罪无可逭，仰前敌各军长官，一体悬赏购拿，务获惩办。此令。

（中华民国陆海军大元帅之印）

中华民国十二年五月廿二日

据《大元帅令》，载广州《陆海军大元帅大
本营公报》第十三号，一九二三年六月一日

饬严拿陈逆余孽沈子良杨梅宾令

（一九二三年五月二十二日）

大元帅令

此次陈逆余孽乘沈逆之乱相率背叛，业经分命将士提兵进讨。查有沈子良、杨梅宾，接济叛徒，居中策画，甘心同恶，罪无可逭。着广东省长及各军长官，转令所属一体严拿，务获惩办。此令。

（中华民国陆海军大元帅之印）

中华民国十二年五月廿二日

据《大元帅令》，载广州《陆海军大元帅大本营公报》第十三号，一九二三年六月一日

饬王棠发给战地通信总分所信差饷令

（一九二三年五月二十二日）

大元帅训令第一四五号

令大本营会计司司长王棠

据大本营参军长朱培德呈称："窃据战地通信所长赵育庠呈称：'窃查战地通信总所及一、二、三、四分所，信差各补四名，以资传达，经于四月十九日呈报，当奉批示准补在案。查战地信差饷银，旧章规定每月毫洋十二元。惟通信所自成立以来，该信差火食均由各所长由办公费项下垫发。现据各分所长报称，信差仅发火食均不愿意服务。此间战线较远，若不预为设法，诚恐中途逃逸，有误要公。况作战地区顶补信差尤非易易。务请将其火食饷银照章发下，始有办法。等情。据此，查战时信差传达较为劳苦，自非请发饷项，实不足以固心理。拟请由四月十九日起发饷银一月，以示鼓励，而免误事。除将该信差等姓名造册附呈外，理合具文呈请核转示遵'等情，附名册一本前来。据此，查所呈各节尚属实情，应即具呈缮造清册汇呈备案，并恳补发各所信差月饷，以资鼓励。所有呈请备案及

补发各缘由，理合恭呈鉴核指令祗遵。"据此，除指令呈悉，准予令行会计司照案发给外，合行令仰该司长即行按数发给月饷。清册一本附发。此令。

（中华民国陆海军大元帅之印）

中华民国十二年五月廿二日

据《大元帅训令第一四五号》，载广州《陆海军大元帅大本营公报》第十三号，一九二三年六月一日

饬兵站总监部及所属编造薪饷表令

（一九二三年五月二十二日）

大元帅训令第一四六号

令大本营兵站总监罗翼群

据大本营审计局长刘纪文呈称："窃职局前奉钧帅委办大本营兵站总监部及所属支部分站派出所、运输站、野战病院等，暂行编制薪饷表一案，当即遵令查核。查我国陆军编制，无兵站之名称，不过对于军事上利便起见，临时设立，于编制上无所根据，其用人行政，似应由该部总监负完全责任。惟各薪饷表所列各数，核与军政部所订定各军暂行编制饷章略有不符，根据军政部订定各军暂行编制饷章，则中将月支五百五十元，少将月支四百元，上校月支三百元，中校月支二百二十元，少校月支百六十元，皆八折支给；其余上尉月支八十元，中尉月支五十元，少尉月支四十元，皆九折支给。今该部所列薪饷未有折算，与军政部所定编制不符，殊失军政统一之旨，似应发还更正，饬令依照军政部所订编制办理，再行编造预算，呈由钧帅发局备案，实为公便。除将表册十三本连同原呈二件送交秘书处外，奉委前因，理合具文呈复察核"等情前来。据此，除指令呈悉，已令行该总监依照军政部所定各军暂行编制饷章再行编造呈核外，合行令仰该总监即行依照办理，以期军政一致可也。表册十三本附发。此令。

（中华民国陆海军大元帅之印）

中华民国十二年五月廿二日

据《大元帅训令第一四六号》，载广州《陆海军大元帅大本营公报》第十三号，一九二三年六月一日

饬廖仲恺嘉奖广宁县长讨贼有功令

（一九二三年五月二十二日）

大元帅训令第一四七号

　　令广东省长廖仲恺

　　据驻江门大本营主任古应芬删日快邮代电称："据郑师长快邮称：'广宁县长李济源，对于此次讨贼资助甚力。近日沈逆健飞等，纠率党羽千余，啸聚怀集，图扰广宁，进窥四会，该县长能先事预防，一面飞报敝部戒备。本月真日，匪分两路扑广宁，一由古水，一由大汕，声势浩大，牵动我军后方，该县长又能督率团警，据险截击，毙匪甚多，卒能将敌击散。似此贤明勇敢之县长，实所罕观，自应电呈钧座转呈大元帅，酌予嘉奖，以励贤劳'等语。查该县长李济源，办事热心，智勇兼全，用能御寇安民，应请钧座传令嘉奖，以励贤良，是否可行，仍乞钧裁"等情前来。据此，该县长既能先事预防，又能临阵杀敌，卒以御寇安民，不忝职守，殊堪嘉尚，仰该省长即行传令嘉奖，以励贤良。此令。

（中华民国陆海军大元帅之印）

中华民国十二年五月廿二日

据《大元帅训令第一四七号》，载广州《陆海军大元帅大本营公报》第十三号，一九二三年六月一日

饬发给金华林旅费手令

（一九二三年五月二十三日）

　　着会计司发给金华林旅费贰百元。此令。

孙文

中华民国十二年五月二十三日

据原件，台北、中国国民党文化传播委员会党史馆藏

饬发给李健民旅费手令

（一九二三年五月二十三日）

着会计司发给李建民旅费贰百元。此令。

孙文

中华民国十二年五月二十三日

据原件，台北、中国国民党文化传播委员会党史馆藏

饬发给喻毓西旅费手令

（一九二三年五月二十三日）

着会计司发给喻毓西旅费贰百元。此令。

孙文

中华民国十二年五月二十三日

据原件，台北、中国国民党文化传播委员会党史馆藏

饬会计司发给审计局追加经临各费令

（一九二三年五月二十三日）

大元帅训令第一五〇号

令大本营会计司司长王棠

据大本营审计局长刘纪文呈称："窃职局成立以来，系附设钧府，故当时除仅将职官俸给暨员役薪工开列预算呈请核定外，其余号房、厨役、跑差均无设置，即办公杂费等项，亦均由庶务司直接领用，是以并无编列。现因地方狭隘，不敷办公，经蒙谕准迁往广东省长公署，遵于本月十一日迁移，经具文呈报在案。伏查职局现既迁移，则号房、厨役、跑差等自不能不另为设置，以供差使。其办公

杂费等项，为明统系而资利便起见，亦不便仍前办理。局长一再考虑，拟将必需之费，核计每月第一项追加工食四十二元，及追加第二项办公费二百八十二元，第三项杂支一百九十五元，合计每月追加经常费五百一十九元，本年度由本月起计至六月度止，实追加一千零三十八元。又职局为登记各机关经临预决算数，每年须用簿记极多，故一次径购置簿籍约需二百元。又职局办理决算，于每年度终结，须将审计经过报告，则缮写之件繁多，不能不临时增设雇员，以资因应。惟本年度将届终了，且当军务倥偬〔倥偬〕之时，事务较少，故仅列八十元，若在承平之时，当不敷用，合计临时费拟追加二百八十元，经临统计追加一千三百一十八元。所有呈请追加经临各费缘由，理合具文连同经临预算书各二份呈请鉴核，伏祈俯赐核准，仍乞指令祗遵"等情。据此，除指令呈悉照准，并已令行会计司查照外，合行令仰该司长即便查照按表发给。经临预算书并发。此令。

（中华民国陆海军大元帅之印）

中华民国十二年五月廿三日

据《大元帅训令第一五〇号》，载广州《陆海军大元帅大本营公报》第十三号，一九二三年六月一日

饬管理俘虏处重编经费清册令

（一九二三年五月二十三日）

大元帅训令第一五一号

令大本营管理俘虏主任委员赵士觐

据大本营审计局局长刘纪文呈称："查管理俘虏处经费清册内薪俸及开办费等开列数目，未免过巨，似应节省。查我国陆军编制，未有俘虏处之名称，不过此次战事捕获良多，予以相当之收容，临时设立，实为创举。细查俘虏原敌之军人，败为我获，与罪人无异。职局以为，俘虏处与陆军监狱同，称谓虽别，大致相似。参照粤军军需造报程式汇编内载陆军监狱暂行编制饷章表，其典狱员不过一上尉，月支八十元，且九折支给。今该处职员薪俸表内列明主任委员、委员由大元帅规定外，其余文牍主任等六员，月支百二十元，似应酌予核减，饬令依照

陆军监狱办理。又开办费内修缮费，开列一万六千余元，案会计法第二十八条：凡政府工程，价格在千元以上者，均应公告招人投标，以昭公正。但细案管理俘虏处之设，不过沈逆称兵犯顺，天诱其衷，逆为我获，予以收容，实一时的，并非永久的。现沈逆败亡西江，近将收束，东江小丑，亦旦夕可平，若以一时之俘虏处，修缮费糜至一万六千余元，其余服装寝具等亦费至五千余元，殊非体念国艰，似应酌予核减"等情前来。除指令呈悉，已分别令行管理俘虏主任及无线电报总局查照更正再行编造外，合行令仰该主任委员等，即便查照办理。规程细则暨经费清册一本，连同工程节略价单一本、图式一纸附发。此令。

（中华民国陆海军大元帅之印）

中华民国十二年五月廿三日

据《大元帅训令第一五一号》，载广州《陆海军大
元帅大本营公报》第十三号，一九二三年六月一日

饬无线电报总局更正编造预算令

（一九二三年五月二十三日）

大元帅训令第一五二号

令广东无线电报总局局长冯伟

据大本营审计局局长刘纪文呈称："查无线电报局五月份预算书开列各数，散总不符，应令更正。但局长月支舆马费一百元，谓援照大本营直辖各局之例，实无充分理由。际此财政支绌之秋，似应删节，以免虚糜，是否有当，伏祈明察"等情前来。除指令呈悉，已分别令行管理俘虏主任及无线电报总局查照更正再行编造外，合行令仰该局长即便查照办理。五日〔月〕份支付预算书一本附发。此令。

（中华民国陆海军大元帅之印）

中华民国十二年五月廿三日

据《大元帅训令第一五二号》，载广州《陆海军大
元帅大本营公报》第十三号，一九二三年六月一日

饬发给海军伙食费手令

（一九二三年五月二十三日）

着会计司发给海军伙食叁千元。此令。

孙文

中华民国十二年五月二十三日

据原件，广州、中山大学孙中山纪念馆藏

饬发给徐永丰旅费手令

（一九二三年五月二十四日）

着会计司发给徐永丰旅费贰百元。此令。

孙文

中华民国十二年五月二十四日

据原件，台北、中国国民党文化传播委员会党史馆藏

饬发给刘玉山军费手令

（一九二三年五月二十四日）

着会计司发给刘玉山军费五千元。此令。此款拨为陈天太用。

孙文

中华民国十二年五月廿四日

据原件，台北、中国国民党文化传播委员会党史馆藏

饬兵站总监由各分站直接核发出征各军米粮令

（一九二三年五月二十四日）

近闻出征各军，其留省办事人员有浮领米石屯积甚多，且领之兵站而卖之商人等情弊，着兵站总监此后停止在省发，须将米粮运往前线，由各分站直接核实发给作战队，以省耗费。此令。

孙文

中华民国十二年五月廿四日

据原件影印件，台北、中国国民党文化传播委员会党史馆藏

饬发给地雷队出发费手令

（一九二三年五月二十四日）

发给地雷队出发费叁百元。此令。

中华民国十二年五月廿四日

据原件，广州、中山大学孙中山纪念馆藏

饬提前发给刘震寰部军费手令

（一九二三年五月二十五日）

着会计司提前发给刘震寰部军费五千元。此令。

孙文

中华民国十二年五月二十五日

据原件，台北、中国国民党文化传播委员会党史馆藏

饬加发涂震亚旅费手令

（一九二三年五月二十七日）

着会计司加发涂震亚旅费壹百元。此令。

孙文

中华民国十二年五月二十七日

据原件，台北、中国国民党文化传播委员会党史馆藏

饬发给岑静波用费手令

（一九二三年五月二十七日）

着会计司发给岑静波用费壹百元。此令。

孙文

中华民国十二年五月廿七日

据原件，台北、中国国民党文化传播委员会党史馆藏

饬发给徐树荣火食费手令

（一九二三年五月二十七日）

着会计司发给徐树荣火食费五百元。此令。

孙文

中华民国十二年五月二十七日

据原件，台北、中国国民党文化传播委员会党史馆藏

饬发给马伯麟公费手令

（一九二三年五月二十七日）

着会计司发给马伯麟公费壹百元。此令。

孙文

中华民国十二年五月二十七日

据原件，台北、中国国民党文化传播委员会党史馆藏

饬袁良骅接收江固舰令

（一九二三年五月二十七日）

大元帅训令第一五七号

令江固舰舰长袁良骅

查"江固"舰舰长一职，业经分别任免，并已令行前舰长彭澄克日交代。着该员即日到舰接收，毋负委任，并将接收情形具报。此令。

（中华民国陆海军大元帅之印）

中华民国十二年五月二十七日

据《大元帅训令第一五七号》，载广州《陆海军大元帅大本营公报》第十四号，一九二三年六月八日

命马伯麟会同长洲要塞司令严防
海军各舰自由出入省河令

（一九二三年五月二十七日）

着特务委员马伯麟往长洲，会同该要塞司令苏从山，严防海军各舰自由出入

省河。此令。

孙文

民国十二年五月廿七日

据《孙公历年书牍函电》，上海，三民公司一九二七年五月出版

着发给邓慕韩杂费令

（一九二三年五月二十八日）

着会计司发给邓慕韩杂费壹百零五元。此令。

孙文

中华民国十二年五月廿八日

据原件，台北、中国国民党文化传播委员会党史馆藏

饬王棠支付审计局五月份薪工及办公费令

（一九二三年五月二十八日）

大元帅训令第一六〇号

　　令大本营会计司司长王棠

　　据大本营审计局长刘纪文呈称："窃职局经费当经先后呈奉钧帅核准及追加各在案，兹谨将本年五月份应支俸给薪工及办公杂费等，照案编造支付预算书二份呈请鉴核，伏祈俯赐令行会计司照案支付，俾便领发，实为公便。再，临时费本月暂不请领，故无编造，令〔合〕并呈明"等语。并造具预算书前来。除指令照准外，合行令仰该司长照案发给。预算书并发。此令。

（中华民国陆海军大元帅之印）

中华民国十二年五月廿八日

据《大元帅训令第一六〇号》，载广州《陆海军大
元帅大本营公报》第十四号，一九二三年六月八日

批伍岳请变卖所存省行纸币以应急需呈①

（一九二三年五月二十八日）

大元帅指令第二一五号

　　令代理广东高等审判厅厅长伍岳

　　呈请变卖所存省行纸币，以应急需，请核示令遵由。

　　呈悉。所请应予照准。此命。

（中华民国陆海军大元帅之印）

中华民国十二年五月廿八日

据《大元帅指令第二一五号》，载广州《陆海军大元帅大本营公报》第十四号，一九二三年六月八日

饬杨西岩速将金库券余额交由纸币监督接管令

（一九二三年五月二十九日）

大元帅训令第一六二号

　　令广东财政厅长杨西岩

　　据广东财政厅纸币发行监督黄隆生呈称："窃隆生前奉钧令，饬将财政厅印就之金库券全数收管等因，遵即与财政厅长杨西岩接洽办理。讵磋商往返，时日久稽，延至四月二十五日始准该厅长将金库券开始移交，计至五月十一日止，前后移交金库券额共贰百柒拾陆万陆千柒百叁拾肆元，据金库主任面称尚有贰拾柒万余元存放银号，一时未能收缴等语。当经再行咨催该厅长从速清理，一面布告商民人等，如有收存此项金库券者，限于五月二十二日以前一律缴回该厅，以便清厘各在案。讵现已逾限，未准该厅长咨覆，迭经隆生亲自往催，该厅长托故疲

---

　　① 伍岳时任代理广东高等审判厅厅长，鉴于司法收入异常短绌，厅中各员薪俸已积欠两月，五月二十三日呈请孙文将存省行纸币变换现洋，以清发欠薪。

延，迄无清理办法，似此推延诿卸，不知是何居心。且其从前订印之金库券，总额究竟若干，已发若干，未发若干，数月以来，迄未准该厅长切实开报，迭催罔应，其中如何实情，更属无从稽核。隆生愚昧，自觉进退俱难，既不能任其长此含糊，又不能促其赶行清理，再四思维，迫将奉命收管金库券各情形备文连同表册汇呈钧座，应如何办理之处，伏乞迅赐指令祗遵"等情前来。据此，除指令呈悉，候令广东财政厅从速交管外，合行令仰该厅长即便遵照，从速将该金库券余额悉数交由该监督接管，勿稍延缓。此令。

（中华民国陆海军大元帅之印）

中华民国十二年五月廿九日

据《大元帅训令第一六二号》，载广州《陆海军大元帅大本营公报》第十四号，一九二三年六月八日

海军兵舰暂由大元帅直接管辖令

（一九二三年五月三十一日）

大元帅令

海军舰队司令温树德，业经明令免职，继任舰队司令未经任命以前，所有现驻省河、赤湾、汕头海军各舰，着一律暂由本大元帅直接管辖。此令。

（中华民国陆海军大元帅之印）

中华民国十二年五月三十一日

据《大元帅令》，载广州《陆海军大元帅大本营公报》第十四号，一九二三年六月八日

饬王棠发给建设部长邓泽如交卸前该部职员薪俸令

（一九二三年五月三十一日）

大元帅训令第一六三号

令大本营会计司司长王棠

据大本营建设部长邓泽如呈称："窃泽如前因奉命交代，所有建设部各职员五月份上半月薪俸，已造具预算表呈请核发。经奉钧帅指令照准，饬令发给在案。兹接准谭部长函开，定期本月二十八日到部就职等由。查泽如任内所有各职员五月份下半月薪俸，自交卸前一日止共十二日，应由泽如请领支给，理合造具预算表，具文呈请钧帅俯赐鉴核，饬司照发，以便转给"等语。并造具预算表前来。除指令照准外，合行令仰该司长查照发给。预算表并发。此令。

（中华民国陆海军大元帅之印）

中华民国十二年五月卅一日

据《大元帅训令第一六三号》，载广州《陆海军大元帅大本营公报》第十四号，一九二三年六月八日

饬海军各舰官兵照常供职令

（一九二三年五月三十一日）

大元帅训令第一六五号

令海军各舰长、处长、队长等

据海军舰长、处长、队长等报告："舰队司令温树德于本月三十一日离职他往，不知去向，经该舰长等召集各舰官兵，一致宣言拥护大元帅，服从命令"等语。温树德擅离职守，已有明令免职，海军各舰，暂由本大元帅直接管辖。官长士兵，照常供职服务，应领饷项，由大本营会计司按月发给。各该舰长等追随本大元帅有年，素明大义，此后当益励忠贞，勠力国家，以副本大元帅期望之至意。并着将此传谕士兵，一体周知。此令。

（中华民国陆海军大元帅之印）

中华民国十二年五月三十一日

据《大元帅训令第一六五号》，载广州《陆海军大元帅大本营公报》第十四号，一九二三年六月八日

着廖湘芸放行肇平舰令

（一九二三年五月三十一日）

右令廖司令湘芸

　　兹有"肇平"舰奉命来省，应予通过虎门要塞。此令。

孙文（大元帅章）

中华民国十二年五月卅一日

据原件影印件，载《中华之光》编辑委员会编：《中华之光：纪念孙中山先生诞辰 125 周年》，南京，译林出版社，香港，地平线出版社一九九一年八月初版

着长洲要塞司令苏从山放行永翔楚豫两舰令

（一九二三年五月）①

　　电令长洲要塞司令："永翔"、"楚豫"两舰，开往西江助战，明后两日当过长洲，着该司令放行。此令。孙文。

据原件，台北、中国国民党文化传播委员会党史馆藏

饬虎门要塞司令查明放行李福林军
所乘民船过境令

（一九二三年五月）

　　兹有李福林军队，乘汕头民船（俗名大眼鸡船）十二只，轮船名"南海"一

---

　　①　西江战事于一九二三年五月十八日结束，此令当系战事结束前所发。

只，"绍平"一只回省，一二日当过虎门，到时着该要塞司令查明放行。此令。

孙文

民国十二年五月

据原件影印件，台北、中国国民党文化传播委员会党史馆藏

饬卫戍总司令部等协同缉拿不法之徒令

（一九二三年五月）

兹有不法之徒，专投入各军队，领有军章为护符，无恶不作，致人民与军队日生恶感，此与本大元帅救国爱民之旨，大相违背。今特派大本营侦探长李天德，严为侦察，如查得该匪徒之机关所在，即行报告卫戍总司令部、宪兵司令部并公安局，协同缉拿严究。此令卫戍总司令杨、宪兵司令陈、公安局长吴。

孙文

民国十二年五月

据原件影印件，台北、中国国民党文化传播委员会党史馆藏

着航空局派机察看石滩石下军情令

（一九二三年五月）

今日飞机报石滩与石下之间，见有军士驻扎，着航空局派机飞低察看明白。

民国十二年五月

（李福林报称：有福军四营在增城，现尚无消息，未知是否仍被困，请拨兵往增城探助。）

据原件影印件，台北、中国国民党文化传播委员会党史馆藏

饬酌量接济梁鸿楷部火食手令

（一九二三年六月二日）

着会计司酌量接济梁鸿楷所部火食。此令。

孙文

民国十二年六月二日

据原件，台北、中国国民党文化传播委员会党史馆藏

饬发给孙勇公费令

（一九二三年六月二日）

着会计司发给孙勇公费叁百元。此令。

胡汉民代行

中华民国十二年六月二日

据原件，台北、中国国民党文化传播委员会党史馆藏

饬发给孙文元公费令

（一九二三年六月二日）

着会计司发给孙文元公费壹百元正。此令。

胡汉民代行

中华民国十二年六月二日

据原件，台北、中国国民党文化传播委员会党史馆藏

批伍汝康整顿盐税情形呈

（一九二三年六月二日）

大元帅指令第二三〇号

　　令广东盐务稽核分所经理伍汝康呈报整顿盐税情形由。

　　呈悉。所陈各节，事属可行，仰该经理认真整顿，以裕税源，有厚望焉。此令。

（中华民国陆海军大元帅之印）

中华民国十二年六月二日

据《大元帅指令第二三〇号》，载广州《陆海军大
元帅大本营公报》第十四号，一九二三年六月八日

饬发给伏彪旅费令

（一九二三年六月三日）

　　着会计司发给伏彪旅费贰百元。此令。

汉民代行

中华民国十二年六月三日

据原件，台北、中国国民党文化传播委员会党史馆藏

饬发给陈汉公费令

（一九二三年六月三日）

　　着会计司发给陈汉赴汕公费伍百元。此令。

汉民代行

中华民国十二年六月三日

据原件，台北、中国国民党文化传播委员会党史馆藏

饬王棠照发东较场无线电台四五两月经费令

（一九二三年六月四日）

大元帅训令第一六九号

　　令大本营会计司司长王棠

　　据广东无线电报总局局长冯伟呈称："窃东较场无线电台经费，前奉钧帅手令着电政监督转饬沙面电报局长继续发给，本日接林监督函开：'昨承枉顾，嘱拨款接济一节，经将敝局困难情形向大元帅面陈，蒙俯允着敝局无庸筹拨，贵局果需款孔亟，请另行筹措可也'等由。伏思该台经费，四、五两月尚在停发，各职员到局坐索及面诉家计困难情形，不无可原。查该台经费，向来规定每月毫洋五百元有案，似可毋庸编造预算，所有该台四、五两月经费，合毫洋壹千元，理合呈请鉴核，俯准改饬大本营会计司照发，以便转给，实为公便"等情前来。除指令仰候令行会计司暂行照发外，合行令仰该司长查照办理。此令。

（中华民国陆海军大元帅之印）

中华民国十二年六月四日

据《大元帅训令第一六九号》，载广州《陆海军大
元帅大本营公报》第十五号，一九二三年六月十五日

饬廖仲恺慰劳兜剿沈逆出力民团令

（一九二三年六月五日）

大元帅训令第一七〇号

　　令广东省长廖仲恺

　　此次沈逆叛乱，各军奋勇杀贼，迭奏肤功。而北江一带，民团乘机助力，战绩甚懋，业经令仰该省长传令嘉奖在案。现据报告，我军左翼于四会清远作战及围攻肇庆追击余逆通过广宁大湾等处之际，各该地民团均能出奇应敌，协同兜剿，收效颇多，殊堪嘉许，仰该省长援照前案，详查所有得力民团，一律传令慰劳，

并将所有战绩，分别切实呈报，以凭核办，而励有功。此令。

（中华民国陆海军大元帅之印）

中华民国十二年六月五日

据《大元帅训令第一七○号》，载广州《陆海军大元帅大本营公报》第十五号，一九二三年六月十五日

饬发给胡霖川资令

（一九二三年六月六日）

着会计司发给胡霖川资壹百元。此令。

汉民代行

中华民国十二年六月六日

据原件，台北、中国国民党文化传播委员会党史馆藏

饬发给孙勇特别公费令

（一九二三年六月七日）

着会计司发给孙勇特别公费肆百元。此令。

汉民代行

中华民国十二年六月七日

据原件，台北、中国国民党文化传播委员会党史馆藏

饬将造币厂废铜料移交兵工厂接收令

（一九二三年六月八日）

大元帅训令第一六七号

令广东造币厂监督黄骚、广东兵工厂厂长朱和中

广东造币厂所存废铜料，着即移交广东兵工厂接收。除分令外，合行令仰该监督、该厂长即便遵照办理。此令。

（中华民国陆海军大元帅之印）

中华民国十二年六月八日

据《大元帅训令第一六七号》，载广州《陆海军大元帅大本营公报》第十五号，一九二三年六月十五日

饬王棠发给广东宪兵司令部服装费令

（一九二三年六月八日）

大元帅训令第一七二号

令大本营会计司司长王棠

据广东宪兵司令陈可钰呈称："窃查职部宪兵，自陈逆炯明逃后，粤中军权未归统一，衣服军装绝未补充，迄全〔今〕士兵衣〈着〉褴褛，实有失军容观瞻，更无以执行任服〔务〕。职现接事伊始，诸事亟应整理。为此，恳请发给购置服装费六千元，以便补充。除后造册报销外，理合预先呈请核示祗领"等语。并具印领前来。除指令照准外，合行令仰该司长查照发给。印领并发。此令。

（中华民国陆海军大元帅之印）

中华民国十二年六月八日

据《大元帅训令第一七二号》，载广州《陆海军大元帅大本营公报》第十五号，一九二三年六月十五日

饬王棠补发广东宪兵司令部开办及修缮费令

（一九二三年六月八日）

大元帅训令第一七三号

令大本营会计司司长王棠

据广东宪兵司令陈可钰呈称："前奉钧令批，着会计司照发职部开办及修缮

费三千元，除前领得一千元外，余二千元至今延不发给。查职部重新成立，绝无上手交代器物可用，故修缮费用甚巨。为此，恳请钧座再行指令克日发给，以便军需"等语。并具印领前来。除指令照准外，合行令仰该司长查照发给。印领并发。此令。

（中华民国陆海军大元帅之印）

中华民国十二年六月八日

据《大元帅训令第一七三号》，载广州《陆海军大元帅大本营公报》第十五号，一九二三年六月十五日

饬王棠发给讨贼军第一师第三团
驻省炮兵薪饷令

（一九二三年六月八日）

大元帅训令第一七四号

令大本营会计司司长王棠

据中央直辖广东讨贼军第一师第三团团长邓演达呈称："五月二十九日案奉钧令开：'东路讨贼军驻省炮兵，着暂归邓团长演达指挥，该炮兵伙食由该团长领发。此令'等因。奉此，当将该炮兵营薪饷表按照普通营制函送大本营会计司转呈钧座核准发给在案。惟查该营原有公费等级，系照特种规制，自与普通营制不同，理合按照该营原定饷章，再造官兵员伕名册一本，呈缴钧座核准。恳请饬令会计司自五月二十九日起，照章按日如数发给，俾资转给祗〈领〉"等语，并造具薪饷表前来。除转知照准外，合行令仰该司长查照发给。薪饷表并发。此令。

（中华民国陆海军大元帅之印）

中华民国十二年六月八日

据《大元帅训令第一七四号》，载广州《陆海军大元帅大本营公报》第十五号，一九二三年六月十五日

饬王棠发给萧萱医药费令

（一九二三年六月九日）

着会计司给发萧秘书萱医药费壹百元。此令会计司司长王。

汉民代行

中华民国十二年六月九日

据原件，台北、中国国民党文化传播委员会党史馆藏

饬王棠发给陈杰夫公费令

（一九二三年六月九日）

着会计司发给陈杰夫公费叁百元。此令会计司司长王。

汉民代行

中华民国十二年六月九日

据原件，台北、中国国民党文化传播委员会党史馆藏

饬广东省长等查办冒名侦缉人员
并严订取缔章程令

（一九二三年六月九日）

大元帅训令第一七五号

令广东省长及各军事长官

查侦查等队之设，原期巡缉奸宄，防范逆谋，妥慎保卫地方之安宁。近闻各部署所派出稽查队、巡缉队、侦查队，名目既有不同，办法未能一律，遂致市井无赖窃名招摇，骚扰阎闾，搜取财物，陷害良善，甚至开枪示威，伤及行人，迭

据报告，殊堪痛恨。除分令外，合行令仰该省长、军长、督办、总司令、总指挥、司令、主任切实查办，并严订取缔章程，转饬所属一体遵守，以副除暴安良之至意。切切。此令。

（中华民国陆海军大元帅之印）

中华民国十二年六月九日

据《大元帅训令第一七五号》，载广州《陆海军大元帅大本营公报》第十六号，一九二三年六月二十二日

饬黄骚早日接收广东造币厂会计收支各表册令

（一九二三年六月九日）

大元帅训令第一七七号

令广东造币厂监督黄骚

据卸广东造币厂总办刘焕等呈称："四月二十四日奉钧府手令开：'着黄骚迅往接收广东造币厂。此令'等因。奉此，遵于二十五日先将关防移交黄委员骚接收，并将移交关防、交卸日期分呈财政部、省署在案。除会计表册、收支簿据因手续未完未能即日点交外，其余全厂机械、枪械、军装、原料、物料、家具、合同、文卷、名册，亦于二十七日逐件点交，由黄委员派员点收清楚，签回字据在案。兹会计、收支两处手续，经已办完多时，屡催黄委员收接，均未见到。卸总、会办为清理手续、慎重公事起见，理合具呈钧府，伏乞令知黄委员早日将造币厂会计、收支各表册据簿接收，俾得办理总交代，以重钧令，实为德便"等情前来。除转知照准外，合行令仰该监督查照接收。此令。

（中华民国陆海军大元帅之印）

中华民国十二年六月九日

据《大元帅训令第一七七号》，载广州《陆海军大元帅大本营公报》第十五号，一九二三年六月十五日

饬邓泽如拨发广韶电话线路经费令

（一九二三年六月九日）

大元帅训令第一七九号

令兼大本营财政部长邓泽如

据广东电政监督兼广州电报局局长林直勉呈称："窃直勉于去年电政监督任内准参军处函称：'奉大总统面谕："饬广东电政监督林直勉建设广州至南雄电话线路"等因。奉此，相应面请查照办理'等由前来。当经遵照办理。旋将该项工程所需线料、工运等费及一切杂支，切实估计，共需大洋捌千捌百零捌元，详列清单，函送该参军处转呈大总统核准。奉谕饬'依价办理，该款暂由广州电报局支拨，工竣时核明实数呈报，交财政部给领'等因，接准秘书处函知在案。当时该广韶电话线路工程，确已派员督工购料兴修，经于十一年六月十四日工竣。计由广州局实支付大洋玖千五百元，其时皆有单据数目存案，适工竣后，因陈逆叛变，秩序大乱，单数散失，刻下无可勾稽，当日亦未能报销请领。兹幸逢帅座南旋，日月重光，理合将遵令兴修广韶军用电话线路经过情形，备文呈请鉴核，准予将支拨修造广韶电话费大洋玖千五百元核销，并恳饬部将款如数给领，俾清手续，伏候指令祗遵"等情前来，除指令呈悉准予核销仰候令行财政部查照发给外，合行令仰该部长查照发给。此令。

（中华民国陆海军大元帅之印）

中华民国十二年六月九日

据《大元帅训令第一七九号》，载广州《陆海军大元帅大本营公报》第十五号，一九二三年六月十五日

饬黄骚积欠员司薪水应由政府负责
不得向卸职人员追索令

（一九二三年六月九日）

大元帅训令第一八〇号

　　令广东造币厂监督黄骚

　　据卸广东造币厂总办刘焕等呈称："窃查卸总、会办任内，因公款支绌，积欠员司四月份薪水七千九百余元，工人工食计至四月二十四日止，积欠一万三千一百九十余元，合计二万一千一百余元。此等欠饷，原因政变停工，铸造短少，故经费支绌，遂至拖延。兹据员工等以'停工月余，日用无着，新总、会办尚未接办，无从接洽，请求发给欠饷'等情前来。现卸总、会办既经交卸，欠饷似应由新任办理，惟员工等所禀困难情形亦属实况，不无可矜。查卸总、会办移交项下积存铜仙、铜钱、废铜、废料等项，为数尚多，贮存日久，锈蚀亦归无用，可否仰恳饬令黄委员骚将移交项下积存铜仙、铜钱、废铜、废物等招商投变，清发卸总、会办任内积欠四月份薪工，俾清手续而恤员工。是否之处，伏乞批示饬令祗遵"等情前来。查该厂积欠薪工应由政府担任，不得向卸职人员追索。所存铜料，不得变卖。除转知遵照外，合行令仰该监督知照。此令。

（中华民国陆海军大元帅之印）

中华民国十二年六月九日

据《大元帅训令第一八〇号》，载广州《陆海军大元帅大本营公报》第十六号，一九二三年六月二十二日

饬广东省长等照兵站所拟变通募伕办法令

（一九二三年六月十一日）

大元帅训令第一八一号

　　令广东省长及各军事长官

据大本营兵站总监罗翼群呈称："现据职部交通局长周演明呈称：'现据职局第一科科长梁鸣一折称："窃自战事发生以来，本市人民对于募伕一事，非常惊惧，虽经将本局暂行募伕优待章程分别宣布，务使乐于投效，而人民鉴于前此各役，赴募者仍属寥寥。旬日以来，虽据南、番两县署并各警察区解到伕役数千名，分配各方出发军队，而一种强迫悲苦情形，道路相传，莫可言状。现在默察市面，一般苦力工人几至绝迹，而各军每日要求伕役，又动称千人，窃恐募之不足，出于强拉，拉之不获，行将拘捕，市民有限，而需伕无穷，势必至酿成不可思议之事。伏思自大军出发，本局解送伕役数逾万人，前方军队若能照章优待，必不至动辄逃亡，乃此则募之甚难，彼则弃之甚易，本局既日须备后方出发之伕，又当筹解前方挑运之人，而各方面劝禁止拉伕函件，复纷至沓来，再四思维，几形束手。夫服务国家，虽匹夫有责，而情〈之〉所恶，似亦应略为变通，所有各种困难情形，可否呈请总监转呈大元帅鉴核，准予通令各军，于附近战地各行政长官，及各区署暨各墟市场商会，就近设法招募，以补助后方之不逮，并饬各军长官，嗣后务节省伕力，为地方稍留元气。一面仍查照优待伕役定章办理，庶一伕得一伕之力，而免滥发滥用之忧，本局复极力招募，以备调遣。是否有当，理合呈请转呈察核"等情。据此，查该科长所陈各节，委系实在情形。夫以迭遭政变之五羊城，谋生者实已陷于绝境，而一般苦力，只靠肩挑背负以赡养一家，有儿女累，无隔宿粮，朝去充伕，夕不举火，即使前方优待，而举室经已断炊，强充无罪之徒刑，更受无穷之羁绊，是以每奉募伕之令，四顾彷徨，继闻哭送之声，寸心忐忑，屡欲为伕请命，免市民有伯有之惊；转念一旦停止募伕，则军队必借意强拉，更难收拾，不得不暂行忍谤，补救来兹。况社团工会，多属民党中人，今无伕可拉，则工人势必殃及，固交涉之不已，复罢市之堪虞，尤属筹饷前途，大受影响。迩来冒军拉伕事，迭见报端，若不设法维持，市民宁有安枕？思维再四，惟有查照旧章办法，由各军预定路程，以远近行李军品之多寡，约需伕役若干，优工价，交由就近之区署商会代雇，声明送达地点，立即遣回，军队不得擅行拉伕，夫如是，则乡人必乐于应募，即临时亦可召集，较之强迫募充者，相去奚啻霄壤，一举两善，无逾于此。职目睹情形，难安寝席，重以该科长所陈，不觉有动于中，亟思补救，为此将变通募伕办法各情，据情呈请察核，是否有当，伏候钧裁'等情前来。据此，查近来各军出发，索取伕役，动辄盈千累百，供应稍迟，则曰贻误戎机，强拉充数，又觉骚扰市廛，一月以来，对于各军索取伕役，几穷应付，若不另谋善法救济，将必至行路绝迹，人不聊生，军民交受其影响。迭复迭接各方劝止拉伕信函，核与该局长所陈各节，大致相同，理合据呈察核，俯准通令各军，嗣后应用伕役，查照该局长所拟办法，各交由前方就近警署商会代任雇募，庶本市苦力不偏蒙军输之劳，而各部需伕，亦乐得取携之便，是否有当，祗候指令示遵"等情前来。除指令照准并分令外，合行令仰该省长、军长、督办、总司令、总指挥、司令、主任转饬所属一体遵照。此令。

（中华民国陆海军大元帅之印）

中华民国十二年六月十一日

据《大元帅训令第一八一号》，载广州《陆海军大元帅大本营公报》第十六号，一九二三年六月二十二日

饬傅秉常照会香港政府取销杨西岩离港令

（一九二三年六月十一日）

大元帅训令第一八二号

令特派广东交涉员傅秉常

据大本营内政部次长杨西岩折呈称："为偏听谣言，误令离港，请令饬照会港政府解释，以凭安居，仰祈鉴核事。窃西岩在香港经商二十有余年，安份治生，一向无异，迨去夏省垣政变，西岩遄回港寓，忽奉港官传令离港，遂致往来弗克自由。闻命以来，无任骇诧。窃思省会政变，原属本国政治问题，既无涉于港地治安，港政府何致辄令离境。而西岩在港经商有年，有商业之关系，取得住所，并未违反国际法，当然不受何等制裁。乃港政府无故强谕离港，无非偏听风谣，致滋误会。既值帅座反粤主持政局，中英两国交谊日敦，理合备文呈请钧座，令行特派广东交涉员照会港政府，详加解释，俾西岩此后回港安居乐业，以重两国睦谊，而维通商本旨，实叨德便"等情前来。

查该次长所陈，均属实情，应即照准，合行令仰该员照会香港政府，详加解释，

取销前令，以敦睦谊，并将办理情形具复。此令。

（中华民国陆海军大元帅之印）

中华民国十二年六月十一日

据《大元帅训令第一八二号》，载广州《陆海军大元帅大本营公报》第十六号，一九二三年六月二十二日

批邹鲁廖仲恺来电

（一九二三年六月十一日）

答电：应按法惩办，以警效尤。文。

附一：邹鲁电文

（一九二三年六月十一日）

广州来电

飞鹅岭刘总司令转博罗大元帅行营秘书处石龙大元帅钧鉴：成密。本日十时行礼接事，西岩人印两匿，抗不交代。在鲁任事，厕〔则〕迫于钧命□催，而西岩不交代，实堕政府之信甚。如何惩处之处，请钧座裁施。鲁。真。（印）

附二：廖仲恺电文

（一九二三年六月十一日）

广州来电

探呈大元帅广州胡（代）行职权钧鉴：本日新任财政厅长邹鲁到厅接事，杨西岩匿印不交。现当军事紧急之际，似此儿戏，尚复成何事体。除由省长立饬杨西岩即办交代外，杨西岩违抗命令，应如何处分之处，出自钧裁。墨〔廖〕仲恺叩。真。（印）

据中国第二历史档案馆编：《中华民国史档案资料汇编》第四辑（一），南京，凤凰出版社一九九一年月出版

饬王棠发给财政部经费令

（一九二三年六月十二日）

大元帅训令第一八五号

　　令大本营会计司司长王棠

　　据兼大本营财政部长邓泽如呈称："窃职部每月经费，均经按月造具全月预算表呈请核发祗领，历蒙照准在案。惟五月份因准备交卸，该月预算表只由五月一日起核算至十五日止，并未将下半月经费列入。现在五月份已过，各职员仍照常办公，自应续由五月十六日起核算至月底止，补具预算表呈请鉴核，伏乞准予饬司连前一并发给，实为公便"等语。并具预算表前来。除指令照准外，合行令仰该司长查照发给。预算表并发。此令。

（中华民国陆海军大元帅之印）

中华民国十二年六月十二日

据《大元帅训令第一八五号》，载广州《陆海军大元帅大本营公报》第十六号，一九二三年六月二十二日

饬陈可钰添造一份六月份预算书呈府备案令①

（一九二三年六月十二日）

大元帅训令第一八六号

　　令广东宪兵司令陈可钰

　　据大本营审计局长刘纪文呈称："前文在卷免录。查广东宪兵司令部六月份预算书全部经费内列壹万叁千五百壹拾陆元陆毫，当属核实，似应准予备案。该预算书四本存职局备查，仍请饬令添造一份呈缴钧府备案"等情。据此，除指令

---

　　①　陈可钰时任广东宪兵司令。

照准外，合行令仰该司令即便遵照办理。此令。

（中华民国陆海军大元帅之印）

中华民国十二年六月十二日

据《大元帅训令第一八六号》，载广州《陆海军大元
帅大本营公报》第十六号，一九二三年六月二十二日

着罗翼群饬属改正并添造预算书呈核令①

（一九二三年六月十二日）

大元帅训令第一八七号

　　令大本营兵站总监罗翼群

　　据大本营审计局长刘纪文呈称："前文在卷免录。大本营兵站总监部各饷表所列委员等级，均既列明同准尉，应按照军政部订定各军暂行编制饷章一律九折计算，以昭划一。总监部暂行编制薪饷表内列合计数壹万零壹百叁拾捌元，减准尉折薪壹百贰拾元，实壹万零零壹拾捌元；兵站支部暂行编制薪饷表内列合计数壹千陆百伍拾贰元，减准尉折薪壹拾捌元，实壹千陆百叁拾肆元；分站部暂行编制薪饷表内列合计数柒百伍拾陆元，减准尉折薪九元，实柒百肆拾柒元；派出所暂行编制饷表内列合计数叁百伍拾玖元，减准尉折薪陆元，实叁百伍拾叁元；输运站暂行编制薪饷表内列贰百柒拾伍元，减准尉折薪陆元，实贰百陆拾玖元；电信大队暂行编制薪饷表内列合计数壹千捌百壹拾贰元，卫生局第一卫生队暂行编制薪饷表内列合计数壹千壹百玖拾元；担架队暂行编制薪饷表内列合计数捌百零肆元；第一野战医院暂行编制薪饷表内列合计数壹千肆百叁拾贰元。均尚无浮滥之弊，似应一律准予备案。各表由职局抽存一份，余缴还钧府。其电信大队、第一卫生队、担架队、第一野战病院各表均只得一份，应请饬令添造一份呈缴钧府备案。所有奉委查核兵站总监部薪饷数目完竣情形，理合具文呈复察夺施行。再，该总监部正式支付预算书，仍请饬令速行编造三份呈由钧帅发局办理"等语，并

---

　　① 罗翼群时任兵站总监。

缴呈该兵站总监部薪饷各表五本前来。除指令照准外，合行令仰该总监依照改正并添造预算书呈核。此令。

（中华民国陆海军大元帅之印）

中华民国十二年六月十二日

据《大元帅训令第一八七号》，载广州《陆海军大元帅大本营公报》第十六号，一九二三年六月二十二日

饬发给广东宣传局开办费令

（一九二三年六月十三日）

着发广东宣传局开办费叁百元。此令会计司司长王。

汉民代行

中华民国十二年六月十三日

据原件，台北、中国国民党文化传播委员会党史馆藏

饬发给刘民畏医药费令

（一九二三年六月十三日）

着发给刘民畏（东路讨贼军许总司令部秘书）医费五拾元。此令会计司司长王。

汉民代行

中华民国十二年六月十三日

据原件，台北、中国国民党文化传播委员会党史馆藏

批四川省议员为熊克武祸川告父老书

（一九二三年六月十三日收到）

不答。

饬赵士觐等将俘虏处报销案中之办事员
开支贰百元开列细目并补足收据令

（一九二三年六月十四日）

大元帅训令第一九〇号

令卸任俘虏管理委员主任赵士觐、黄馥生、关汉光

据大本营审计局长刘纪文呈称："现准秘书处第三三四号公函开：'顷奉大元帅发下赵士觐等呈缴余款及清册单据等项呈一件，谕交审计局核办等因。奉此，相应函送贵局查照办理为荷'等由，附原呈及单据清册各一本到局。准此，查俘虏处所开列数目，大致尚属妥协，惟表内列支贰百元一数，事由备考栏内书明'筹办时期各办事员伙食及往返车马等费，本处办事员十员，各支贰拾元共如上数'等字样，只一次支出，并不开列细数，又无经领人签收，未便遽准核销。准函前由，理合呈请钧帅饬令该处将贰百元之数开列细数，补足收据，呈由钧帅转发职局审查，实为德便"等情前来。查审查最重签据，合行令仰该员即便依照办理。此令。

（中华民国陆海军大元帅之印）

中华民国十二年六月十四日

据《大元帅训令第一九〇号》，载广州《陆海军大元帅大本营公报》第十六号，一九二三年六月二十二日

批广东财政厅长邹鲁报就职日期
及广东财政困难情形呈

（一九二三年六月十五日）

大元帅指令第二五四号

令广东财政厅长邹鲁

呈报就职日期及广东财政困难情形由。

呈悉。仰该厅长积极整理，勉为其难，以副厚期。此令。

（中华民国陆海军大元帅之印）

中华民国十二年六月十五日

据《大元帅指令第二五四号》，载广州《陆海军大元帅大本营公报》第十六号，一九二三年六月二十二日

批李福林请准将西江护商事宜
由保商卫旅营统领专办呈

（一九二三年六月十五日）

大元帅指令第二五六号

令东路讨贼军第三军军长李福林

呈请准将西江护商军宜，依照成案，由保卫商旅营统领专办，以维原案令。

呈悉。护商事宜，已准古主任办理在案。目前西江尚在追击余逆之际，未便遽行变更。所请碍难照准。此令。

（中华民国陆海军大元帅之印）

中华民国十二年六月十五日

据《大元帅指令第二五六号》，载广州《陆海军大元帅大本营公报》第十六号，一九二三年六月二十二日

饬筹给参军处伤兵费手令

（一九二三年六月十六日）

着公安局长筹给参军处伤兵费五千元。此令。

孙文

中华民国十二年六月十六日

据原件，台北、中国国民党文化传播委员会党史馆藏

饬严办运动军队不法之徒令①

（一九二三年六月十六日）

大元帅训令第一九四号

令卫戌总司令杨希闵、宪兵司令陈可珏、公安局长吴铁城

近有不法之徒，运动投入各军，领得军章为护符，无恶不作，致人民与军队日生恶感，此与本大元帅救国爱民之旨，大相违背。兹派大本营侦探长李天德严行侦察，如查有此等匪徒机关所在，即行报告卫戌总司令部、宪兵司令部并公安局协同缉拿，严行究办。切切。此令。

（中华民国陆海军大元帅之印）

中华民国十二年六月十六日

据《大元帅训令第一九四号》，载广州《陆海军大元帅大本营公报》第十六号，一九二三年六月二十二日

---

① 据台北中国国民党文化传播委员会党史馆藏原件，五月曾有相同命令发布，但日期不同。

着刘成禹前往汉口调查吴佩孚没收民产实情密令

（一九二三年六月十七日）

密：据报吴佩孚没收汉口刘、周两姓民产，值千余万，着刘成禹前往调查实情具报。此令。

右令大本营谘议刘成禹。

孙文

（大元帅章）

中华民国十二年六月十七日

据原件，台北、中国国民党文化传播委员会党史馆藏

饬发给孙万乘等公费令

（一九二三年六月十八日）

着会计司由六月起，发给孙万乘、端木璜生两谘议各公费贰百元。此令。

孙文

据原件影印件，台北、中国国民党文化传播委员会党史馆藏

着会计司发给宋绍殷医药费令

（一九二三年六月十九日）

着会计司发给宋营长绍殷医药费贰百元。此令。

孙文

中华民国十二年六月十九日

据原件，台北、中国国民党文化传播委员会党史馆藏

饬发给杜羲公费手令

（一九二三年六月十九日）

着发给军事委员杜羲每月公费贰百元，由六月起。此令。

孙文

中华民国十二年六月十九日

据原件，台北、中国国民党文化传播委员会党史馆藏

饬王棠速发广东无线电总局六月份经费令

（一九二三年六月十九日）

大元帅训令第一九七号

令大本营会计司司长王棠

据广东无线电报总局局长冯伟呈称："窃职局经常费业经按月呈报钧帅核准，先后照发在案。兹谨将本年六月份应支经常费照案编造支付预算书一份呈请鉴核，伏乞府赐令行会计司照案支付，俾便颁发"等情前来。据此，查现在军事紧急，无线电用途颇关重要，除指令照准外，合行令仰该司长即便遵照，赶行发给。该局十二年六月份预算书一册并发。此令。

（中华民国陆海军大元帅之印）

中华民国十二年六月十九日

据《大元帅训令第一九七号》，载广州《陆海军大元
帅大本营公报》第十六号，一九二三年六月二十二日

批程潜请准予变卖所属军械局
所存废铁废弹以充军饷呈

（一九二三年六月十九日）

大元帅指令第二六一号

　　令大本营军政部长程潜

　　呈称所属军械局尚存有废铁、废弹等物，可否变卖以充军饷，请察核示遵由。

　　呈悉。该部军械局所存废铁、废弹应准予变卖以充军饷，仰即遵照办理。此令。

（中华民国陆海军大元帅之印）

中华民国十二年六月十九日

据《大元帅指令第二六一号》，载广州《陆海军大元
帅大本营公报》第十六号，一九二三年六月二十二日

饬发给航空局买料费手令

（一九二三年六月十九日）

　　发给航空局买料费五百元。此令。

　　着孙市长①先行垫给。此批。

孙文

中华民国十二年六月十九日

据原件，广州、中山大学孙中山纪念馆藏

---

　　①　即广州市市长孙科。

饬每日发给刘玉山军队火食费令

（一九二三年六月十九日）

大元帅令第一三五号

　　着会计司由本日起每日发给刘玉山军队火食壹千元。此令。

孙文（大元帅章）

中华民国十二年六月十九日

据"国父墨宝"手令原件（孙科赠），台北、"国史馆"藏

饬清理金库券呈报缴销令

（一九二三年六月二十日）

大元帅训令第一九八号

　　令广东财政厅长邹鲁

　　据广东财政厅纸币发行监督黄隆生呈称："窃隆生前奉钧令委充广东财政厅纸币发行监督，业将前后收管金库券各情形呈报钧座核示在案。旋奉钧府指令第二一六号开：'呈悉。候命广东财政厅从速交管可也。此令'等因。隆生经再咨催财政厅扫数清理交管，嗣准财政厅咨开：'查金库券发行总额，当日原定陆百万元，现只印就壹元、伍元、拾元券共叁百零伍万元，内有库券式样壹万陆千元，除由库先后点交贵监督收管连库券式样两共贰百柒拾陆万陆千柒百叁拾四元，又由厅分发各机关暨各代销商号库券式样捌千元外，尚余已发出未收回者，共贰拾柒万伍千贰百陆拾陆元，适符叁百零伍万之数。除饬库详列表册呈缴到厅再行咨送外，准咨前由，相应先行咨覆，希烦查照。再前项未收回库券数目，内有锦全银号领销叁万元，昨据金库呈报，该号经缴回贰万捌千捌百陆拾元，经饬库如数续交贵监督收管'等由。复于六月八日收到金库移交伍元券贰千元，拾元券贰万捌千元，合计前后共收到财政厅移交金库券连式样贰百柒拾九万陆千柒百叁拾四

元，尚余存券数贰拾伍万叁千贰百陆拾陆元，财政厅迄未清交。计隆生自受委以来，数月蹉跎，整理乏术，若仍尸位素餐，扪心实愧；况尚存之库券交管无期，亦未便久事延候，惟有仰恳钧座俯察愚诚，准予免去广东财政厅纸币发行监督职务。其存放库券贰拾伍万余元，责成财政厅自行清理呈报缴销，伏乞俯准施行，实为德便"等情前来。除指令照准外，合行令仰该厅长即行清理呈报为要。此令。

（中华民国陆海军大元帅之印）

中华民国十二年六月廿日

据《大元帅训令第一九八号》，载广州《陆海军大元帅大本营公报》第十七号，一九二三年六月二十九日

饬王棠发给广东无线电总局肇庆
分局购置及修理费令

（一九二三年六月二十日）

大元帅训令第一九九号

令大本营会计司长王棠

据广东无线电报总局局长冯伟呈称："窃此次肇庆兵燹，全城遭殃，敌之狼毒，实为从来所未有。职局肇庆分局内云〔之〕无线电器具暨家私，一切损失殆尽。兹当军事时期，电报传达军情，最关紧要，亟应从速规复，以利戎机。昨经派员前往修理，已可照常通电，所有修理及购置费用，经该委员列单呈报前来，局长复核属实，理合转呈察核，伏乞俯准令行会计司照数支付，俾便领发"等情前来。除指令照准外，合行令仰该司长即便遵照发给。修理费数目清册一本并发。此令。

（中华民国陆海军大元帅之印）

中华民国十二年六月廿日

据《大元帅训令第一九九号》，载广州《陆海军大元帅大本营公报》第十七号，一九二三年六月二十九日

饬各军应以正式手续向兵站索取车船令

（一九二三年六月二十日）

大元帅训令第二〇一号

　　令各军长官

　　据大本营兵站总监罗翼群呈称："现据交通局长周演明呈称：'职局船务股科员刘天眷报称：转据八号轮船主诉称：本月十日下午十一时，滇军第四旅廖旅长副官李宽，带同兵士八九名到船，着即升火开往东江博罗，各船员愈以此船吃水太深，不能开往东江，将理由详细说明，彼不特不听，并诸多恐吓，船中存下粮食，尽行用去。至十一日下午十二时，复将船内各件银物衣服掠夺而逃，迫得呈请局长察核追领。失单一纸粘呈等情。据此，查廖旅长于本月九日来函，借船运子弹往东江，经局长函复以现在无船，请由火车转运去后，乃该副官李宽，恃强于十日下午十一时，率同兵士八九名到局，硬将八号开船证夺去，下船后盘踞两天，将船中各人之衣物银两粮食，于十一日下午十二时尽数夺掠而去。似此藉开差为名，强抢为实，关系船务前途甚巨，理合将实在情形呈请局长查核，转呈究追等情。查迩来各军到局取船、取车、取伕，动以威气凌人，或恃武力威胁，持枪恐吓，数见不鲜。今复以开差为名，既用去船中粮食，复掠去船中银物衣服，此种不肖士兵，实有玷滇军名誉，然事实具在，无可讳言，若不从严究追，后患何堪设想。廖旅长治军素严，想决不肯庇纵一二不肖士兵，致隳全军名望。为此将该轮失单备文粘呈察核，伏恳迅赐转行廖旅长，请其严密押追究办，并将原赃追出，交回职局转给船主领回，庶维军誉，而儆将来，实为公便。抑局长更有不能已于言者，现在军队庞杂，以致冒军拉伕、骑船、掠劫等事，时有所闻。即使正式军队，一经取用，往往去而不返，或任便扣留，若不明定限制，设法维持，本部益蒙其害。兹拟嗣后毋论何军到局取船、取车、取伕备用者，如无正式印信，或高级长官签名盖章，及不声明往返时间，本局概不给与，庶杜假冒，而利军行，是否有当，伏乞分别呈咨令遵等情。并粘抄八号轮船失单、廖旅长原函各一纸前来。'据此，当经咨请滇军杨总司令转饬究追按办在案。惟查现在各江军事方殷，交通勤务至为繁重，该局长拟请设法维持，嗣后各军到取船车、伕役，如无正式印信或高级长官签名盖章，及不声明往返时间者，概不给与，于限制之中，杜冒混之弊，实为利便输运起见，合行仰恳钧座通令各军长官查照办理，于履行兵站任务前途，不无所裨，是否有当，祗候指令示遵"等情前来。除指令照准外，合行令仰该总司令、司令、军长转饬所属一体查照，以肃军纪，而利运输。此令。

（中华民国陆海军大元帅之印）

中华民国十二年六月廿日

据《大元帅训令第二〇一号》，载广州《陆海军大元帅大本营公报》第十七号，一九二三年六月二十九日

批黄隆生请免职并责成财政厅
自行清理其未交之库券呈

（一九二三年六月二十日）

大元帅指令第二六五号

令广东财政厅纸币发行监督黄隆生

呈请免职，并责成财政厅自行清理其未交之库券呈报缴销等由。

呈悉。黄隆生准免本职，其未交之库券，候令行广东财政厅自行清理呈报可也。此令。

（中华民国陆海军大元帅之印）

中华民国十二年六月廿日

据《大元帅指令第二六五号》，载广州《陆海军大元帅大本营公报》第十七号，一九二三年六月二十九日

批赵士北为清理庶狱遵将犯罪轻微人犯列册请鉴核明令减免呈

（一九二三年六月二十日）

大元帅指令第二六八号

令大理院长兼管司法行政事务赵士北

呈为奉令清理庶狱，择情减刑，遵将犯罪轻微、情可原宥之人犯列册，呈请鉴核明令减免，并乞求情由。

呈及清册均悉，应予照准。仰即转令遵照办理。此令。

（中华民国陆海军大元帅之印）

中华民国十二年六月廿日

据《大元帅指令第二六八号》，载广州《陆海军大元帅大本营公报》第十七号，一九二三年六月二十九日

批徐绍桢请褒扬寿民陈缉承呈

（一九二三年六月二十日）

大元帅指令第二六九号

令大本营内政部长徐绍桢

呈请褒扬寿民陈缉承，并题字给章，请察核示遵由。

令大本营内政部长徐绍桢

呈悉。准予题颁"共和人瑞"四字，并给予银质褒章一枚，交该部转给，仰即知照。此令。

（中华民国陆海军大元帅之印）

中华民国十二年六月廿日

据《大元帅指令第二六九号》，载广州《陆海军大元帅大本营公报》第十七号，一九二三年六月二十九日

命许崇智等先克复惠城令

（一九二三年六月二十日）

限于二十五日以前先克复惠城。

据《东北两江战事之趋势》，载一
九二三年七月一日天津《大公报》

批廖仲恺为古应芬请设置西江船舶检查所呈

（一九二三年六月二十一日）

大元帅指令第二七三号

　　令广东省长廖仲恺

　　呈称西江战事方殷，古主任应芬所请设置西江船泊〔舶〕检查所似宜准予设立由。

　　呈悉。已电令该主任准予设立，仰该省长即转令交涉员查照成案，知令驻粤各国领事查照可也。此令。

（中华民国陆海军大元帅之印）
中华民国十二年六月廿一日

据《大元帅指令第二七三号》，载广州《陆海军大元
帅大本营公报》第十七号，一九二三年六月二十九日

饬为伍廷芳周年忌辰祭奠并优议褒扬令

（一九二三年六月二十二日）

大元帅令

前外交总长兼财政总长广东省长伍廷芳，学术闳通，名重中外，民国肇造，翊赞共和，厥功至伟。当督军团作乱，拒绝副署解散国会命令，大节凛然。随本大元帅南来，以护法倡率各省，屡经艰阻，志气不挠，非惟民国之元勋，实乃人伦之模楷。去岁广州之变，愤慨成疾，遂以不起，凡在邦人，所同痛悼。日月云迈，忽已岁周，本大元帅眷怀往事，弥念同心，感国步之多艰，叹斯人之不作，本月二十三日为伍前总长身殉国难之期，应设奠致祭，以申追悼。本大元帅因督师东江，特派总参议胡汉民恭代行礼，并着内政部查取民国成例，优议褒扬之典，昭示崇报，用诏来兹。此令。

（中华民国陆海军大元帅之印）

中华民国十二年六月廿二日

据《大元帅令》，载广州《陆海军大元帅大本营公报》第十七号，一九二三年六月二十九日

饬王棠发给中央直辖讨贼军
第一师第三团垫支费用令

（一九二三年六月二十三日）

大元帅训令第二〇五号

令大本营会计司司长王棠

据中央直辖广东讨贼军第一师第三团团长邓演达呈称："窃职前奉钧令，将东路讨贼军驻省炮兵营拨归职团指挥，所有该炮兵营一切工作，业既准备完毕，其应用器具亦既分别购置，计共垫支银八十二元零七仙，理合列单连同单据汇呈

钧座，恳请核准如数补给，以资归垫"等语。并具清单前来。除令秘书处转知照准外，合行令仰该司长查照发给。清单并发。此令。

（中华民国陆海军大元帅之印）

中华民国十二年六月廿三日

据《大元帅训令第二○五号》，载广州《陆海军大元
帅大本营公报》第十七号，一九二三年六月二十九日

饬财政厅保管造币厂公物令

（一九二三年六月二十四日）

大元帅训令第二○六号

　　令广东省长廖仲恺

　　查广东造币厂久停工作，所有该厂督办、会办、监督等职，应即取销，一切公文物件，着由该省长转令财政厅派员保管。此令。

（中华民国陆海军大元帅之印）

中华民国十二年六月廿四日

据《大元帅训令第二○六号》，载广州《陆海军大元
帅大本营公报》第十七号，一九二三年六月二十九日

官产沙田两清理处仍归财政厅管辖令

（一九二三年六月二十五日）

大元帅令

　　官产清理处及沙田清理处着仍归财政厅管辖处理。此令。

（中华民国陆海军大元帅之印）

中华民国十二年六月廿五日

据《大元帅令》，载广州《陆海军大元帅大本
营公报》第十七号，一九二三年六月二十九日

着函知邓泽如等每日午后到大本营筹商各事令

（一九二三年六月二十五日）

大元帅令

着秘书处函知邓泽如、林云陔、刘纪文、周之贞、罗翼群、朱卓文、吴铁城、赵公璧、谢良牧、李章达、李天德、李卓峰、林丽生，每日午后六时到大本营筹商各事。此令。

据邓泽如：《中国国民党二十年史迹》，上海，正中书局一九四八年出版

饬官产清理处不得投变郡学宫墙界内地方令

（一九二三年六月二十五日）

大元帅训令第二〇八号

令广东全省官产清理处处长梅光培

据大本营秘书处案呈："大本营内政部公函内称：'现接广府学宫明伦堂黄福元等来函：请令行官产清理处，凡郡学宫墙界内地方，勿予投变'等语。查所称未悉已否另呈大元帅钧察，兹将原函送达贵处，即烦转呈大元帅核阅，仍发回为荷"等语，并将黄福元等原函转呈核阅前来。除令秘书处函知内政部，广州学宫墙界内地准予令饬广东全省官产清理处不得投变外，合行令仰该处长即便遵照办理。黄福元等原函抄发。此令。

（中华民国陆海军大元帅之印）

中华民国十二年六月廿五日

据《大元帅训令第二〇八号》，载广州《陆海军大元帅大本营公报》第十七号，一九二三年六月二十九日

着刘甫臣等嘉勉川军扫清残寇申讨国贼令

（一九二三年六月二十五日）①

大元帅训令

　　此次川系军阀，勾结川省不肖军人，扰乱川境，妄希以武力统一全国。逆军所至，闾里骚然，人民何辜，丁兹酷毒。本大元帅和平统一之旨，亦被此辈阴谋阻害进行，不获早与吾民休息。所幸该总司令等赫然振旅，兴师讨贼，不出旬日，成都克复，西北底定，远道闻之，至为嘉慰。惟东路余孽尚未能清，吾民日在水深火热之中，莫由救护，每一念及，忧隐如捣。今北变突兴，黎氏亡走，曹锟觊觎非分，不惜弁髦一切，专恃武力，凶威所播，足召灭亡。仰该总司令等迅率所部，扫清残寇，奠定川局，然后会师东下，申讨国贼，藐彼顽梗，不难平殄，并仰该总司令宣传各师旅团官兵等共体时艰，勉纾国难，本大元帅有厚望焉。此令。

据一九二三年八月九日《广州民国日报》

批王棠请将各军饷项及各机关经费
划归财政部发给呈

（一九二三年六月二十五日）

大元帅指令第二七八号

　　令大本营会计司司长王棠

　　呈请将各军饷项及各机关经费，划归财政部发给由。

　　呈悉。前据呈请再令各收入机关迅速解款，业经分别令催。现值军事紧急之

---

　　① 据一九二三年十一月十三日上海《民国日报》之《大元帅勖川军讨贼》条中《大元帅嘉劳赖总指挥》云："川军总指挥赖心辉昨奉广东大元帅第二〇九号训令……"该训令内容与本令完全相同，故依第二〇九号训令之时间酌定本令为六月二十五日。

际，该司长勿得推延卸责，所请碍难照准。此令。

（中华民国陆海军大元帅之印）

中华民国十二年六月廿五日

据《大元帅指令第二七八号》，载广州《陆海军大元帅大本营公报》第十七号，一九二三年六月二十九日

饬发给杨大实公费及川资手令

（一九二三年六月二十六日）

着会计司发给杨大实六、七、八等月公费六百元，并川资四百元，合共壹千元。此令。

孙文

中华民国十二年六月二十六日

据原件，台北、中国国民党文化传播委员会党史馆藏

饬市政厅提前垫给永翔楚豫两舰火食公费令

（一九二三年六月二十七日）

大元帅令第一九二号

着市政厅提前垫给"永翔"、"楚豫"两舰火食公费共四千元。此令。

孙文（大元帅章）

中华民国十二年六月廿七日

据"国父墨宝"手令原件（孙科赠），台北、"国史馆"藏

饬王棠发给建设部开办费令

（一九二三年六月二十七日）

大元帅训令第二一二号

　　令大本营会计司司长王棠

　　据卸大本营建设部长邓泽如呈称："泽如奉钧命特任为大本营建设部长等因。泽如遵于四月十一日就职，开始办公。除呈报在案外，所有开办费贰千元即由泽如先行借垫开支，该项计算书表容当呈报核销。兹值交代，理合具文及出具印领，呈请钧帅俯赐鉴核，饬司发给，以归垫款而清手续，实为公便"等语。并具印领前来。除指令照准外，合行令仰该司长查照发给。印领并发。此令。

　　　　　　　　　　　　　　（中华民国陆海军大元帅之印）

　　　　　　　　　　　　　　中华民国十二年六月廿七日

　　　　　　据《大元帅训令第二一二号》，载广州《陆海军大元帅大本营公报》第十七号，一九二三年六月二十九日

饬王棠发给财政部开办费令

（一九二三年六月二十七日）

大元帅训令第二一三号

　　令大本营会计司司长王棠

　　据兼大本营财政部长邓泽如呈称："泽如奉钧命特任兼大本营财政部长等因。泽如遵于三月二十一日就任兼职，开始办公。除呈报在案外，所有开办费贰千元即由泽如先行垫借开支，该项计算书表容当呈报核销。兹值交代，理合具文及出具印领，呈请钧帅俯赐鉴核，饬司发给，以归垫款而清手续"等语。并具印领前来。除指令照准外，合行令仰试司长查照发给。印领并发。此令。

　　　　　　　　　　　　　　（中华民国陆海军大元帅之印）

　　　　　　　　　　　　　　中华民国十二年六月廿七日

　　　　　　据《大元帅训令第二一三号》，载广州《陆海军大元帅大本营公报》第十七号，一九二三年六月二十九日

饬各军不得截留厘税饷捐令

（一九二三年六月二十七日）

大元帅训令第二一四号

　　令各军长官

　　据广东财政厅长邹鲁呈称："窃维粤省频年军兴，需饷浩繁，计吏穷于搜括，民力日以颓敝，与言理财，固戛乎其难。矧以此次军兴，义军蜂起，机关分立，事权未能统一，举凡职厅直辖省内外各属厘税饷捐收入，悉为各驻防军队收办，饷款概行截留，省库几同守府，筹饷者智穷力竭，索饷者纷至沓来。无米成炊，巧妇有难为之叹；点金乏术，司农兴仰屋之嗟。若不亟图整理，破碎堪虞，于财政前途，固日形棼乱，而于军民两政，亦关系匪轻。厅长奉命危难之间，受事以来，殚精竭虑，以为当今急务，舍统一财政，其道末由，惟有就据报各军收办厘税饷捐情形，分别开列清单，呈请钧座鉴核，俯赐通令各军司令，对于职厅直辖各属厘税饷捐，如已派员或另招商承者，立予撤销，一律交回职厅办理。饷项应径行缴厅，勿得截留，所有请领各军军饷，应向大本营具领。其距省窵远各军，如须提拨饷项，并应先行报由职厅核准后，方可截留，以维统一，而明系统。除呈请省长察核外，理合具文呈请鉴核，指令祗遵"等情前来。查收入必须统一，支出始有准绳，该厅长所呈，系属实在情形，除指令照准外，合行令仰该总司令、军长、司令转饬所属，一体遵照，凡有截留各属厘税饷捐等项，迅即交回财政厅办理。应领军饷，由该长官造具清册，呈报大本营核发。切切。此令。

（中华民国陆海军大元帅之印）

中华民国十二年六月廿七日

　　据《大元帅训令第二一四号》，载广州《陆海军大元帅大本营公报》第十八号，一九二三年七月六日

饬照会各国设立西江船舶检查所令

（一九二三年六月二十八日）

大元帅训令第二一六号

　　令大本营外交部长伍潮〔朝〕枢

　　据大本营驻江办事处全权主任古应芬漾电称："帅座删电敬悉。所请照九年成案，速设西江船舶检查所，截断敌人交通之处，应予照准等因。奉此，自应遵照筹设，业由本处派琼海关监督兼交涉员黄建勋办理，应请帅座加给委派黄建勋为西江船舶检查所所长，以专责成，并请知会各国领事查照"等情前来，除电复照准并令派外，合行令仰该部长转饬照会各国领事查照。此令。

（中华民国陆海军大元帅之印）

中华民国十二年六月廿八日

　　　　据《大元帅训令第二一六号》，载广州《陆海军大元帅大本营公报》第十八号，一九二三年七月六日

饬司长王棠发给财政部职员六月二十四天薪俸及经费令

（一九二三年六月三十日）

大元帅训令第二一七号

　　令大本营会计司司长王棠

　　据前兼理大本营财政部长邓泽如呈称："窃职部五月份职员薪俸及一切经费，业经列表呈请饬司核发，邀准在案。兹将六月份职员薪俸及一切经费，计自一日起至交卸前之一日止，共二十四天，应由泽如请领支给，理合造具预算表呈请钧核，伏乞俯赐饬司照发，以便转给支领，实为公便"等语。并造具预算表前来。

除指令照准外，合行令仰该司长查照发给。预算表并发。此令。

（中华民国陆海军大元帅之印）

中华民国十二年六月卅日

据《大元帅训令第二一七号》，载广州《陆海军大
元帅大本营公报》第十八号，一九二三年七月六日

饬取消湘粤联军总司令名义令

（一九二三年六月三十日）

大元帅训令第二一八号

令大本营参谋长张开儒、军政部长程潜

据兵站总监罗翼群呈称："窃准中央直辖湘粤联军总司令张开儒公函内开：
'现奉大元帅命令移驻北江，出发在即，所需给养及各种军用物品，列表函请发
给到部。'伏查来表所列给养物品量数，如米、盐、草鞋等物，与职部原有规定
略有出入，且该部系新编军队，所有给养物品等项，应否给予，未奉明令，未敢
擅便。准函前由，理合照录来表，呈请睿鉴衡核，指令饬遵"等情前来。查此等
名称未经任命，应立即取消，除分令外，仰即遵照办理。此令。

（中华民国陆海军大元帅之印）

中华民国十二年六月三十日

据《大元帅训令第二一八号》，载广州《陆海军大元
帅大本营公报》第十九号，一九二三年七月十三日

批罗翼群为湘粤联军总司令张开儒所部
应否给发给养物品呈

（一九二三年六月三十日）

大元帅指令第三〇二号

令大本营兵站总监罗翼群

呈为湘粤联军总司令张开儒所部系新编军队，应否给发给养物品等项，乞指令遵行由。

呈悉。查此等名称，并未经任命，应立即取消。业令行大本营参谋处暨军政部遵照办理。仰即知照。此令。

（中华民国陆海军大元帅之印）

中华民国十二年六月三十日

据《大元帅指令第三〇二号》，载广州《陆海军大元帅大本营公报》第十九号，一九二三年七月十三日

饬发给航空局修理机场费令

（一九二三年六月三十日）

着会计司发给航空局修理机场费五百元。此令。

孙文

中华民国十二年六月三十日

据原件，广州、中山大学孙中山纪念馆藏

电令长洲要塞司令

（一九二三年六月三十日）①

电令长洲要塞司令："永翔"、"楚豫"两舰，开往西江助战。明后两日当过长洲，着该司令放行。此令。孙文。

据原件影印件，载谭延闿编：《总理遗墨》第一辑，一九二八年五月校印

---

① 原电未署时间。换两舰赴西江助战事在七月二日，故定为六月三十日，时长洲要塞司令为苏从山。

饬发给平刚徐昌侯川资手令

（一九二三年七月一日）

着会计司发给平刚、徐昌侯川资各贰百元，共四百元，交周仲良转。此令。

孙文

中华民国十二年七月一日

据原件，台北、中国国民党文化传播委员会党史馆藏

饬发给邱鸿钧医药费手令

（一九二三年七月二日）

着会计司发给邱鸿钧医药费壹千元。此令。

孙文

中华民国十二年七月二日

据原件，台北、中国国民党文化传播委员会党史馆藏

命朱卓文周之贞来大本营电

（一九二三年七月二日）

电令香山朱卓文、顺德周之贞：即来大本营，勿延。孙文。

中华民国十二年七月二日

据原件影印件，载谭延闿编：《总理遗墨》第一辑，一九二八年五月校印①

---

① 校印时间据谭延闿跋。

命追赠并优恤杨锦堂陈培鎏令

（一九二三年七月二日）

大元帅令

据杨总司令希闵东电呈称："此次左翼军第二路李指挥济深所部团长杨锦堂及参谋陈培鎏，于马口墟之役，身先士卒，冲入敌阵，伤中要害，即时阵亡，请从优抚恤，以慰英魂，而励将来"等情。该故团长杨锦堂，努力戎行，历有年所。自讨贼军兴，转战千里，尤著勤劳。此次北江战役，复能率部先登，以身报国，兹闻噩耗，恸惜殊深。杨锦堂着追赠陆军少将，并给治丧费一千元，以慰忠烈，而志哀荣。并着由大本营军政部照少将阵亡例，从优议恤。至该故参谋陈培鎏应如何议恤之处，着并由该部汇案办。

（中华民国陆海军大元帅之印）

中华民国十二年七月二日

据《大元帅令》，载广州《陆海军大元帅大本营公报》第十九号，一九二三年七月十三日

批刘纪文修理审计局办公处工料银
请准予核销支发呈①

（一九二三年七月三日）

大元帅指令第三〇四号

令大本营审计局长刘纪文

呈报修理该局办公处合计工料银七百三十一元五毫，请准予核销，并饬会计司照数支发由。

---

① 刘纪文时任大本营审计局长。

呈悉。准予核销，仰候令行会计司查照发给可也。此令。

（中华民国陆海军大元帅之印）

中华民国十二年七月三日

据《大元帅指令第三〇四号》，载广州《陆海军大元
帅大本营公报》第十九号，一九二三年七月十三日

复焦易堂电

（一九二三年七月三日刊载）

孙电。转易堂兄鉴：删电悉，已派精卫赴沪。关系大计，可与就近筹商一切也。文。漾（二十三）。

附：焦易堂电文

焦电。中山先生钧鉴：黄陂被迫来津，国会同人认北方现象不能自由行使职权，群谋离京，决定南下赴沪。集会者已二百余人，津方旅费，刻已筹得十万元，沪费请即从速筹备，并派人来沪招待。易。删（十五）。

据《国会南下中之孙焦往来电》，载一九二三年七月三日《大公报》

批复汪精卫胡汉民答臧致平电①

（一九二三年七月三日）②

答臧如下：陈逆阴险，非至势穷力竭，岂肯宣布攻曹？其老巢在惠，已至穷蹙而将灭亡，正宜夹攻而歼灭之。此间军队两星期当可尽灭惠敌而至潮梅。务望

---

①　臧致平曾任闽军总司令，是驻福建的皖系将领，当时与陈炯明叛军林虎部直接对抗。

②　原电未署日期。按汪精卫电署江日，即七月三日，而七月四日孙文致故汉民、杨庶堪函已有"臧电已批答"之语，是此批应作于七月三日。

坚持，毋使功亏一篑。幸甚。

据亲笔原件，台北、中国国民党文化传播委员会党史馆藏

饬发内地侦探处经费令

（一九二三年七月四日）

大元帅训令第二二一号

　　令大本营会计司司长王棠

　　据大本营内地侦探长李天德呈称："窃职处五月份、六月份所有各员薪水，及处内暨各区经费，合共欠发两个月，迭经亲踵会计司王司长处具领，始终均未蒙照发。此际各员虽能热心毅力，勉强从公，然长此枵腹，何能久持？况东西北江战务，亟宜严密侦察，而广州市地方秩序，更须异常注意。今各探员既因办公经费无着，所有侦查各事，不免着着为难，此中苦处，可想而知。理合将各探员办事困难情由，备文呈请钧座，体念苦衷，俯赐迅饬会计司设法如数照给，以资办公，而利进行，实为德便"等情前来。据此，除指令照准外，合行令仰该司长即行遵照发给为要。此令。

（中华民国陆海军大元帅之印）

中华民国十二年七月四日

据《大元帅训令第二二一号》，载广州《陆海军大
元帅大本营公报》第十九号，一九二三年七月十三日

着官产处速筹发何成濬部伙食令

（一九二三年七月五日）

　　着官产处长梅，火速筹发何雪竹军队伙食五万元。此令。

孙文

中华民国十二年七月五日

据原件影印件，台北、中国国民党文化传播委员会党史馆藏

饬发给赴北江军费手令

（一九二三年七月五日）

着会计司发给赴北江军费贰万元。此令。

孙文

中华民国十二年七月五日

据原件，台北、中国国民党文化传播委员会党史馆藏

批梅光培为该处奉财政部令
直辖财政部缘由请鉴核呈

（一九二三年七月五日）

大元帅指令第三〇八号

　　令广东全省官产清理处处长梅光培

　　呈报该处奉财政部令，直辖财政部缘由，请鉴核由。

　　呈悉。广东全省官产清理处已令归广东财政厅直辖，仰即知照。此令。

（中华民国陆海空大元帅之印）

中华民国十二年七月五日

据《大元帅指令第三〇八号》，载广州《陆海军大元
帅大本营公报》第十九号，一九二三年七月十三日

饬发给无线电总局修理费手令

（一九二三年七月五日）

着会计司发给无线电总局修理费叁百元。此令。

孙文

中华民国十二年七月五日

据原件，广州、中山大学孙中山纪念馆藏

着李天德会同朱培德等迅拿劫车土匪令

（一九二三年七月六日）

着李天德会同朱培德、卢师谛、徐树荣等，限五日将劫南岗火车之土匪拿获归案。切切。此令。

孙文

据原件影印件，台北、中国国民党文化传播委员会党史馆藏

着制弹厂发给陈理明部子弹令

（一九二三年七月六日）

大元帅令

着制弹厂发给陈理明所部七九子弹三万枚。此令。

孙文

中华民国十二年七月六日

据原件影印件，日本藏

饬查办副官处径向兵工厂提取子弹令

（一九二三年七月六日）

大元帅训令第二二四号

令大本营巩卫军司令朱培德

据大本营兵站总监罗翼群呈称："顷准巩卫军司令部副官处函称：'昨日曾向兵工厂朱厂长领取七九子弹一万发，六八弹七千发，九响五千发，共二万二千发。惟向来领取手续，应由贵总监部向兵工厂领取，再发给敝军，昨因军情紧急，特变通办法，直接向兵工厂领取，当时贵总监部派往兵工厂提解子弹专员亦在场，当面言明，仍由贵总监部补具收据，请将收据交由敝部转交兵工厂查收，以符信用'等由。查兵工厂制出子弹，向迳奉帅令由职部全行提取配发各军，况现值战事方殷，各部队对于子弹，均视为唯一之要品，或函电催取，或派员领取，职部斟酌支配，几费踌躇，尚恐不能将至公无私之苦衷使前敌各职员令行谅解。今该军副官处竟自行向厂截取支领，不惟破坏职部均平配备之计画，窃恐此风一开，各部相率效尤，将启内竞之渐，语曰：星星不绝，将致燎原。职为大局计，为吾党计，用敢函恳俯赐另案通令各军，支领子弹务由职军部配发，毋得自向厂截取"等情前来。查各部军队领取子弹，向须呈经本大元帅允准，然后发给手令，饬由兵站总监拨给，迳经办理在案。该司令部副官处，何得借军情紧急，私自径向兵工厂擅行提取，仰该司令迅予严行查办，以仿效尤，而肃军纪。切切。此令。

（中华民国陆海空大元帅之印）

中华民国十二年七月六日

据《大元帅训令第二二四号》，载广州《陆海军大元帅大本营公报》第十九号，一九二三年七月十三日

饬王棠发给广东宣传局六月份薪工及办公费令

（一九二三年七月六日）

大元帅训令第二二五号

　　令大本营会计司司长王棠

　　据广东宣传局长邓慕韩呈称："职局经费业经呈明钧座察核在案，兹谨将本年六月份应领俸给薪工及办公费等，照案编造预算书一份，呈请鉴核，伏乞俯赐令行会计司照案支付，俾便领发，实为公便。再职局各宣传员，现未经荐任，暂未请领，故无编造，合并呈明"等语。并具预算表前来。除指令照准外，合行令仰该司长查照发给。预算表并发。此令。

（中华民国陆海空大元帅之印）

中华民国十二年七月六日

据《大元帅训令第二二五号》，载广州《陆海军大元帅大本营公报》第十九号，一九二三年七月十三日

批罗翼群报站务繁难情形并拟定
办公时间请通令各军呈

（一九二三年七月六日）

大元帅指令第三一○号

　　令大本营兵站总监罗翼群

　　呈报站务繁难情形，并拟定办公时间，请通令各军，以免延误由。

　　呈悉。所拟办公时间尚属可行，仰即自行通知各军查照可也。此令。

（中华民国陆海空大元帅之印）

中华民国十二年七月六日

据《大元帅指令第三一○号》，载广州《陆海军大元帅大本营公报》第十九号，一九二三年七月十三日

饬发给赏滇军款手令

（一九二三年七月六日）

着会计司发给赏滇军款壹万元。此令。

孙文

民国十二年七月六日

据原件，台北、中国国民党文化传播委员会党史馆藏

饬取销禁止使用军用钞票令

（一九二三年七月七日）

大元帅训令第二二六号

令广东省长廖仲恺、文武各机关

据大本营审计局长刘纪文呈称："窃纪文前由财政部委办发行大本营度支处军用钞票事宜，当经印就壹元、伍角、贰角各种军用钞票，以便北伐时利便军用。惟后经去年六月十六日之变，该票因而散失，但该票面有经加盖大本营度支处及刘兆铭印章，虽未经公布发行，诚恐不法之徒，持票吓诈商民，流弊不堪设想，理合具文呈请钧座，伏乞通令各文武机关，布告军民人等，一律取销禁止使用，如有持该前大本营度支处印就而未发行之军用钞票强行勒使者，严行究办，以维信用，而杜弊端"等情前来。除指令照准外，合行令仰该省长转饬所属并布告军民人等，两广盐运使转饬所属，总司令、部长、处长转饬所属，一体遵照勿违。切切。此令。

（中华民国陆海空大元帅之印）

中华民国十二年七月七日

据《大元帅训令第二二六号》，载广州《陆海军大元帅大本营公报》第二十号，一九二三年七月二十日

饬江门办事处不得干涉公产令

（一九二三年七月八日）

江门官产公产，由官产处长梅光培全权办理，着江门大本营办事处不得干涉，所得款项，尽数解缴帅府，不得截留。此令。

孙文

中华民国十二年七月八日

据原件影印件，台北、中国国民党文化传播委员会党史馆藏

饬发给徐树荣军费手令

（一九二三年七月九日）

着会计司发给徐树荣军费壹千元。此令。

孙文

中华民国十二年七月九日

据原件，台北、中国国民党文化传播委员会党史馆藏

饬发给胡文溶公费令

（一九二三年七月九日）

大元帅令

着市政厅长发给胡舰长①公费壹千元。此令。

孙文（大元帅章）

中华民国十二年七月九日

据"国父墨宝"手令原件（孙科赠），台北、"国史馆"藏

---

① 胡文溶，"楚豫"舰舰长。

饬发给军政部长旅费手令

（一九二三年七月十日）

着会计司发给军政部长旅费叁百元。此令。

孙文

民国十二年七月十日

据原件，台北、中国国民党文化传播委员会党史馆藏

饬发给谭延闿回湘费手令

（一九二三年七月十日）

着会计司发给谭延闿回湘费拾万元。此令。

孙文

民国十二年七月十日

据原件，广州、中山大学孙中山纪念馆藏

遣散冗兵令

（一九二三年七月十一日）

大元帅令

被裁之兵于二十四小时内离城。

据《孙大元帅着手裁兵》，载一九二
三年七月十二日上海《民国日报》

饬将红花岗公地拨与公医校令

（一九二三年七月十二日）

大元帅训令第二三〇号

令广州市市政厅市长孙科

为训令事：据大本营兵站总监罗翼群呈称："现接广东公医校院长函称：自讨贼军兴，由各军先后送到伤兵留院医治者，每日药膳等费，垫支约数百金，数月积计，其数甚巨。现留医者，尚多需款，接济孔亟，迭经呈明贵总监拨款接济在案。惟贵总监以财政困难，现款难拨，只有划拨公产，准予任便择取呈请给领抵偿。兹查有市内红花岗地段，纵横约有四十亩，与校院附近，堪为扩充校院地址之用。该地原为丛葬坟场，有数千之多，将来择地迁葬，需费亦巨，现因本校议决，年内九月开办医科大学，扩充地址，亟应预早筹备，迫得函恳贵总监，据情转呈帅座核准，饬令市厅执行，早日将红花岗给领发照管业，以维公益"等情。据此，除指令照准外，合行令仰该市长即便遵照办理。此令。

（中华民国陆海空大元帅之印）

中华民国十二年七月十二日

据《大元帅训令第二三〇号》，载广州《陆海军大元帅大本营公报》第二十号，一九二三年七月二十日

饬借给李天德伙食费手令

（一九二三年七月十二日）

着庶务科长借给李天德伙食壹千五百元。此令。

孙文

民国十二年七月十二日

（已由会计司交妥，七月十四日，王棠。）

据原件，台北、中国国民党文化传播委员会党史馆藏

饬发给三山水陆各军伙食费令

（一九二三年七月十二日）①

着发给三山水陆各军伙食费□②币五千元。此令。

孙文

七月十二日

据原件照片，台北、中国国民党文化传播委员会党史馆藏

命查办卢象森令

（一九二三年七月十二日）

闻参谋处副官卢象森，在外有干涉官产处行政之行为，着该参谋长张严行查办。此令。

孙文

据档案，台北、中国国民党文化传播委员会党史馆藏

批程潜称阵亡指挥张惟圣恤金与定章不符呈

（一九二三年七月十二日）

大元帅指令第三二二号

令大本营军政部长程潜

呈报据张汪镜清呈称阵亡指挥张惟圣恤金业蒙准给五千元核与定章不符，乞

---

① 原令未署年份。经考酌定一九二三年。
② 此字模糊。原件上有"银毫伍佰，粤币四千五佰，冯侠民收"的加签处理字样，应为"毫"字。

鉴核示遵由

　　呈悉。张惟圣着照追赠陆军中将，准给恤金二千元，并从优赠给三千元。仰即知照。此令。

（中华民国陆海军大元帅之印）

中华民国十二年七月十二日

据《大元帅指令第三二二号》，载广州《陆海军大元帅大本营公报》第二十号，一九二三年七月二十日

饬发给宣传委员四人办公费手令

（一九二三年七月十三日）

　　着会计司发给宣传委员四人办公费壹千元。此令。此款交谢良牧分配。

孙文

中华民国十二年七月十三日

据原件，台北、中国国民党文化传播委员会党史馆藏

饬发给朱世贵津贴手令

（一九二三年七月十三日）

　　着会计司发给朱世贵津贴贰千元。此令。

孙文

中华民国十二年七月十三日

据原件，台北、中国国民党文化传播委员会党史馆藏

饬发给张兆基旅费手令

（一九二三年七月十四日）

着会计司发给张兆基旅费叁百元。此令。

孙文

中华民国十二年七月十四日

据原件，台北、中国国民党文化传播委员会党史馆藏

着朱培德调离驻兵工厂兵士令

（一九二三年七月十五日）

着朱培德将驻扎兵工厂之兵士调离，免与新派保护该厂之部队混杂为要。此令。

孙文

中华民国十二年七月五日

据原件影印件，台北、中国国民党文化传播委员会党史馆藏

饬发给孙祥夫公费手令

（一九二三年七月十五日）

着会计司发给孙祥夫公费五百元。此令。

孙文

中华民国十二年七月十五日

据原件，台北、中国国民党文化传播委员会党史馆藏

着官产处拨四邑官产价四成予江门办事处令

（一九二三年七月十五日）

着官产处长将四邑所投官产之价，拨四成归江门办事处支用。此令。

孙文

据原件影印件，台北、中国国民党文化传播委员会党史馆藏

饬发给永丰舰回省费令

（一九二三年七月十六日）

着会计司发给"永丰"舰回省费贰千元并煤炭贰百顿①。此令。

中华民国十二年七月十六日

据原件，广州、中山大学孙中山纪念馆藏

取消巩卫军令

（一九二三年七月十六日）

大元帅令

大本营巩卫军应即取消。此令。

（中华民国陆海军大元帅之印）

中华民国十二年七月十六日

据《大元帅令》，载广州《陆海军大元帅大本营公报》第二十号，一九二三年七月二十日

---

① "顿"通作"吨"。

通缉金汉鼎黄毓成令

（一九二三年七月十六日）

大元帅令

　　据报：金汉鼎串同黄毓成暗降吴佩孚，妄冀作乱。金汉鼎着即免去大本营高级参谋本职，与黄毓成一并通缉，以儆愚顽而申国纪。此令。

（中华民国陆海军大元帅之印）

中华民国十二年七月十六日

据《大元帅令》，载广州《陆海军大元帅大本营公报》第二十号，一九二三年七月二十日

饬发还陈群欠款手令

（一九二三年七月十七日）

　　着会计司十五日后发还陈群欠款四千贰百元。此令。

孙文

中华民国十二年七月十七日

据原件，台北、中国国民党文化传播委员会党史馆藏

着将香山缴款拨交会计司急用令

（一九二三年七月十八日）

　　着财政厅长将香山县长今日解省之壹万五千元拨交会计司以应急用。此令。

孙文

民国十二年七月十八日

据原件，台北、中国国民党文化传播委员会党史馆藏

着王棠发给广东无线电报总局七月份经常费令

（一九二三年七月十八日）

大元帅训令第二三二号

　　令大本营会计司长王棠

　　据广东无线电报总局局长冯伟呈称："窃职局经常费向系按月编造预算书，缴呈钧帅核准，令行会计司照发在案。兹届十二年七月份理合将该月应支经常费，援案编造支付预算书呈请鉴核，伏乞俯赐令行会计司照案支付，俾便领发，以资办公"等情前来。据此，除指令照准外，合行令该司长即便查照办理为要。广东无线电报总局七月份预算书一册附发。此令。

（中华民国陆海空大元帅之印）

中华民国十二年七月十八日

据《大元帅训令第二三二号》，载广州《陆海军大元帅
大本营公报》第二十一号，一九二三年七月二十七日

饬王棠发给张介眉等奖金令

（一九二三年七月十八日）

大元帅训令第二三三号

　　令大本营会计司长王棠

　　据广东无线电报总局局长冯伟呈称："窃职局韶州分局前于沈逆背叛时，该局职员密受机宜，已能随机应付，克尽厥职，业经呈请准予赏给奖章在案。此次沈、北两军复犯韶关，痛恨无线电报〈局〉前次所为，下令缉拿该局领班张介眉等，幸该领班闻风潜逃，躲匿乡间，得免于难。机生陈炳楷卒被拿获，监禁二十七天，敌退始出。所有该局机件器具，多所损失。而于该领班、机生各职员，衣服、行李抢掠殆尽。及至敌人败走，报生胡荣首先返局，将仍存未失机件查点保管，尤为异常出力。至所失机件，现有在韶州有线电报局内查起，是否该局乘机

攫取，抑买自敌人，应请下令从严查究，以儆将来。所有此次沈、北两军复犯韶关，职局韶关分局在事人员，遽遭缉拿监禁及损失情形，合并仰恳帅座俯准查照前敌奖励士兵例，奖赏该领班张介眉毫洋五十元，机生陈炳楷三十元，报生胡荣二十元，以资鼓励，藉补损失。如荷核准，请即令行会计司如数发给，并乞指令祗遵"等情前来。据此，除指令照准外，合行令仰该司长即便查照发给，以资奖劝。此令。

（中华民国陆海空大元帅之印）

中华民国十二年七月十八日

据《大元帅训令第二三三号》，载广州《陆海军大元帅
大本营公报》第二十一号，一九二三年七月二十七日

着周之贞将各部调回顺德令

（一九二三年七月十九日）

着周之贞将驻扎四邑各部队全数调回顺德驻防。此令。

孙文

据原件影印件，台北、中国国民党文化传播委员会党史馆藏

着财政厅发给任鹤年医药费令

（一九二三年七月十九日）

着财政厅长发给任旅长鹤年医药费五百元。此令。

孙文

据原件影印件，台北、中国国民党文化传播委员会党史馆藏

速增兵平定东江谕

（一九二三年七月十九日）

大元帅谕

　　西北江已肃清，东江尚危，宜速增兵定之，如轻敌，恐稍有挫失，则西北又有事矣。潮汕初有进步，现颇滞。我能于十日内下惠、潮、梅，则北方亦无从捣乱。若持久，则即不败于兵，亦必败于财政。滇军年来辛苦，不可失之，于十日内战事平，则财政即可整理。

据《会议录》，台北、中国国民党文化传播委员会党史馆藏

批谭延闿报宁路筹备军饷情形
并拟具办法请核示呈①

（一九二三年七月十九日）

大元帅指令第三三〇号

　　令大本营建设部长谭延闿

　　呈报宁路筹借军饷情形，并拟具办法请核示由。

　　呈折均悉。仰该部长酌量办理可也。此令。

（中华民国陆海空大元帅之印）

中华民国十二年七月十九日

据《大元帅指令第三三〇号》，载广州《陆海军大元帅
大本营公报》第二十一号，一九二三年七月二十七日

---

　　① 七月十一日，大本营建设部长谭延闿向孙文呈报：鉴于向新宁路筹借军饷一事，该公司经理把持路事，以致饷项无着，贻误戎机。根据民业路法第六十一条及援引美国政府战时总统可宣布暂时管理民业铁路之权，拟具对该公司采取暂时收管之办法。

饬搭成使用镍币令

（一九二三年七月二十日）

大元帅训令第二三四号

令大本营财政部长叶恭绰、大本营军政部长程潜、大本营兵站总监罗翼群、广东省长廖仲恺、两广盐运使邹鲁、各军民长官

为令遵事：照得国家货币定制，向以银元为主币，小银币、镍币、铜币为辅币，主辅相济，意美规良。粤省自八年发行镍币以来，市面流通，商民称便。乃日前市面遽尔停止行使，致辅币缺少，人民生活程度复因之顿高，殊非维持币政、调剂金融之道。查此项镍币，现散存民间实居多数，亟应疏通壅滞，规定收支搭成办法，以利推行。应自八月一日起，所有政府征收税捐及支发款项，均搭镍币二成。至市面零星交易，概照额面半毫计算，不得低折歧视，以维币政。除分令外，合行令仰该部长、省长、总司令、运使、总监、军长即便遵照办理，并转令所属暨布告商民人等一体遵照。此令。

（中华民国陆海军大元帅之印）

中华民国十二年七月廿日

据《大元帅训令第二三四号》，载广州《陆海军大元帅大本营公报》第二十一号，一九二三年七月二十七日

饬发给向炯旅费手令

（一九二三年七月二十日）

着会计司发给向炯旅费贰百元。此令。

孙文

中华民国十二年七月二十日

据原件，台北、中国国民党文化传播委员会党史馆藏

批赵士北拟由各级法院造具囚犯名册
呈请明令宣告呈

（一九二三年七月二十日）

大元帅指令第三三六号

　　令大理院长兼管司法行政事务赵士北

　　呈请由院转行各级法院造具囚犯名册，逐一记明情罪轻重、执行欠暂及应予减免之刑期，呈请明令宣告由。

　　据呈所拟，仍由该院转行各级法院造具囚犯名册，逐一记明情罪轻重、执行久暂，及应予减免之刑期，呈请明令宣布等情，自系正当办法，仰即转饬造册，报由该院转呈听候核示可也。此令。

（中华民国陆海军大元帅之印）

中华民国十二年七月二十日

据《大元帅指令第三三六号》，载广州《陆海军大元帅大本营公报》第二十一号，一九二三年七月二十七日

着市政厅提前垫给航空局杂费手令

（一九二三年七月二十一日）

　　着市政厅长提前垫给航空局由港运机杂费四千元，至急勿延。此令。

孙文

中华民国十二年七月二十一日

据原件，台北、中国国民党文化传播委员会党史馆藏

着蒙仁潜等部编入中央广西讨贼军令

（一九二三年七月二十四日）

大元帅令

编蒙仁潜、冯葆初等部为中央广西讨贼军。

据《本社专电》，载一九二三年七月二十五日上海《民国日报》

饬按月发给伤废士兵饷项令

（一九二三年七月二十四日）

大元帅训令第二三六号

令大本营军政部长程潜

据大本营参军长朱培德呈称："请令行军政部按期发给前粤军伤废士兵月饷以资接济而示体恤事。案奉帅府谕交广州市市长孙科呈称：'为呈请鉴核事：窃据普济三院长巍畅茂呈称：奉案钧厅市字第四二六号训令开：现奉粤军总司令部第五四四号训令开：照得伤废官兵，业经资遣回籍，该所亦已饬令裁撤，以节糜费在案。惟该所内一等伤废士兵徐中华等十八名，或则肢体全废，已失动作之机能，或则亲友俱无，难觅一枝之寄托。此伤废士兵，皆从征有年，殊可悯念，亟应妥筹安置，以励有功。查男老人院，地方宽敞，足资容纳，合行令仰该市长即便转饬普济三院院长巍畅茂，拨出房舍妥为收留。至该士兵等服装，每年发给冬夏衣各二袭，士兵伙食每名每月十元，按期具册来部请领可也。仰即转饬遵照。此令。计附伤废士兵姓名一纸。等因。奉此，合行令仰该院长即便查照办理具报。此令。等因，计抄发伤废士兵姓名一纸。奉此，又本年一月十五日，由粤军总司令部先后函送伤废士兵李玉林等共七名，送院收留，业将该伤废士兵徐中华等十八名及李玉林七名，拨出房舍妥为收养，而服装伙食等，因粤军总司令部久已解散，无从请领转给，仍由医院供给伙食。现该士兵等以无饷发给，日夕聚众滋闹，谓陆军医院各伤兵等均有饷发，独令彼等向隅等语。查该士兵等既饱食暖衣，自应安分以守规，不当纠众而滋闹，院长不堪其扰，并恐有意外之事发生。第该伤废士兵徐中华等，前奉钧厅发下收养，理合呈请察核，迅将伤废士兵徐中华、李玉林等共二十五名另行安置，或资遣回籍，以免骚扰而杜意外，实为公便等情。据此，理合备文呈请鉴核，伏乞请示祇遵，实为公便’等由下处。窃查伤废官兵徐中华等二十五名，向隶属粤军，由前粤军总司令部令行市政厅，转饬普济三院长巍畅茂收容，并按月发给该士兵等每名每月伙食费十元，每年发给冬夏衣各二袭在案。现粤军总司令部名义既已取销，该伤废士兵等亦无从领取此项费用，饥寒堪虞，情殊可悯。窃念该伤废士兵等，虽隶属前粤军总司令部，与此次受伤官兵微有区别，然皆从征有年，因战负伤，以致残废，无计谋生，倘不设法维持，任其坐以待毙，殊失我大元帅体恤伤兵之至意。且该士兵等既属残废，而废兵院尚未筹设安置，无从资遣回籍，需款又属不资〔赀〕，且仍不能久远生活，职再四思维，不如留养该院，较为便妥，伏恳令行军政部，仍援前粤军总司令部前例，发给该伤废士兵等月费十元，并衣服等项，以示格外体恤，一视同仁。在该士兵等雨露普沾，敢忘覆载之恩，而我大元帅仁声远播，大张怀柔之义，是否有当，理合呈请鉴核，训示祇遵，实为德便”等情前来。据此，除指令照准外，合行令仰该部长即便遵照，按月发给该伤废士兵月饷，以示体恤为要。此令。

（中华民国陆海军大元帅之印）

中华民国十二年七月廿四日

据《大元帅训令第二三六号》，载广州《陆海军大元帅大本营公报》第二十二号，一九二三年八月三日

令会计司每月拨交二千元以作住院费用令

（一九二三年七月二十四日）

大元帅训令第二三八号

令大本营会计司司长王棠

据大本营参军长朱培德呈称：“窃职处办理伤兵事宜，派驻医院各员，前所

规定驻院办公费月计约近千元。关于传达命令及其他特别任务出差者，旅费亦属不赀。若每遇一事须向会计司领取一事之费，手续既属繁难，时间必至迟滞。职处求事实利便起见，特派副官一员，专司庶务一切事项。凡关于领取上项各费者，径向庶务副官领取，但此费用非用存储难应仓卒，拟请钧座令饬会计司每月提前拨交职处二千元，以作驻院办公费及旅费等项之用。每届月终若有盈余或短绌，当造具清册，据实呈请钧核，庶几便于应付。是否有当，理合备文呈请钧座察核施行"等情前来。除指令照准外，仰该司长即便遵照办理。此令。

（中华民国陆海军大元帅之印）

中华民国十二年七月廿八日

据《大元帅训令第二三八号》，载广州《陆海军大元帅大本营公报》第二十二号，一九二三年八月三日

非经大元帅签字不准支款令

（一九二三年七月二十四日）

无论何人，非经大元帅签字，不准支款。

孙文

据原件影印件，台北、中国国民党文化传播委员会党史馆藏

着拟文奖励西江海陆军令

（一九二三年七月二十四日）

着拟文奖励西江海陆军，并犒二万元（海军四千，余万六千，指定一二机关限期筹拨）。海军此次最出力者升海军中将，次者升少将，余分为升级。

孙文

据原件影印件，台北、中国国民党文化传播委员会党史馆藏

着会计司发给大元帅室杂支令

（一九二三年七月二十六日）

着会计司发给大元帅室杂用贰百元。此令。

孙文

民国十二年七月二十六日

据原件影印件，台北、中国国民党文化传播委员会党史馆藏

饬陈策制止吴赵械斗令①

（一九二三年七月二十七日）

着该司令即带得力军队，督同地方长官及调和团代表吴东启、余斌臣、高亮清前赴古井，实力调息，制止吴、赵两姓械斗，监视其立约息争，解散帮斗匪徒。如不遵令息斗，准其便宜行事，并相机责令罚款缴械，毁拆炮台，以安地方。此令。

据《帅令陈策制止吴赵械斗》，载一九二三年七月二十八日广州《现象报》

---

① 新会县（今江门门新会区）古井乡吴、赵两姓械斗久未停息，而江门大本营所派军队调停无方，反有助斗之嫌。故孙文特令海防司令陈策率领得力军队即往古井调处，以靖地方。发令时间据报载"昨特令"酌定。

饬邹鲁清发财厅旧员欠薪令①

（一九二三年七月二十七日）

着财政厅长邹鲁，提前清发前任各职员薪俸。此令。

孙文（大元帅印）

据《帅令清发财厅旧员欠薪》，载一
九二三年七月三十日广州《现象报》

饬西江善后督办办理地方善后事宜令

（一九二三年七月二十八日）

大元帅训令第二三九号

令大本营驻江办事处全权主任兼西江筹饷督办古应芬、兼西江善后督办李济深

大本营驻江办事处暨西江筹饷督办，着一并克日裁撤，所有西江流域由梧州至江门以及四邑各处地方，一切善后事宜，应责成西江善后督办切实办理，除分令外，仰即遵照。此令。

（中华民国陆海军大元帅之印）

中华民国十二年七月廿八日

据《大元帅训令第二三九号》，载广州《陆海军大元帅大本营公报》第二十二号，一九二三年八月三日

---

① 五月十八日孙文任命邹鲁为广东财政厅长，七月二十四日接任。孙文获悉前任厅长杨西岩属下职员颇多欠薪，久未清发，特为体恤解职人员起见，于二十七日发出此令。

批罗翼群请令饬广州市政厅征收
码头租捐专解兵站以济军需呈

（一九二三年七月二十八日）

大元帅指令第三四〇号

　　令大本营兵站总监罗翼群

　　呈请令饬广州市政厅征收码头租捐，专解兵站以济军需由。

　　呈悉。照准。此令。

（中华民国陆海军大元帅之印）

中华民国十二年七月廿八日

附：罗翼群原呈

（一九二三年七月十八日）

　　呈为呈请事：据职部交通局长周演明呈称："窃惟兵站之设，关系接济前方军食、输送军品，至为重要。而筹办一切，在在需款。本部自开办以来，数月于兹，接济东、西、北三江作战，各军粮食、用品，需款极巨。迩来财政奇绌，的款无着，罗掘俱穷，莫能应付，而前方接济，不容稍缓，加以逆氛未靖，战事迁延，自不得不亟思筹措方法，尤于无扰于民，有益于事者方易举办。查本市沿岸码头数百座，其可湾泊船渡者，每一码头辄泊数艘，月租数千元；即不能湾泊大船或仅上落货物、租赁横水渡等，其月租亦逾百金。兹拟照铺主捐租办法，通通各码头业主捐租两月，由租客代缴，计此项收入，可得数万金，虽杯水车薪，然亦可稍资挹注。且历次军兴，捐助铺租，各码头均未与列，即使捐助两月租金，取之无伤，亦属所应。谨将管见所及具陈察核，可否转呈大元帅令行公安局限期缴收，指定作兵站用度之处，伏候钧裁"等情。据此，查兵站来款，已成弩末，经职部送开财政会议，尚无简捷办法，该局长所陈征收码头租捐，虽增益无多，而义协均输，事无骚扰，尚属切近可行，应请令行广州市政厅转饬公安局，克日举办，拟定办法，限期征集，专解兵站，不得挪作别用，庶来源较活，挹注有资，于军食前途不无裨益。是否有当，理合备文呈请衡核，祗候令遵。谨呈大元帅。

大本营兵部总监罗翼群（印）

中华民国十二年七月十八日

据《大元帅指令第三四〇号》，载广州《陆海军大元
帅大本营公报》第二十二号，一九二三年八月三日

饬军法处讯办林瀛洲案令

（一九二三年七月三十日）

大元帅训令第二四一号

　　令大本营军政部长程潜

　　据大本营秘书处案呈转大本营兵站总监罗翼群函称："兹寄上审判厅看守所在押人林瀛洲函乙件，恳代为转报帅座，请予提交军法处集讯彻办，以维军纪，至祷。"并附转林瀛洲函称："窃瀛于去年十二月，受中央直辖警备军第一路司令罗伟疆委充该部参议官兼军事委员长，瀛于本年三月，因拟组织新开事业，故将职务辞去。后罗司令奉大元帅改为东路警备军第一司令官，瀛因事业不成，本拟不往，奈罗司令频招到部，瀛不忍太拂人情，故于六月十四日到黎村大凹乡该司令部，相机进退。嗣见其全军兵额不满十名，查其在黎村樟木头、石龙等兵站所领之军米，由该司令授意该部副官长李及英、书记余子光、委员罗进兴等贱价而沽，瀛聆悉种种弊端，恐被其拖累，故不肯受其委任，遂于六月二十日遄返广州。临别时该司令罗伟疆亲自送瀛至山凹，然后折回，并给瀛以军人乘车券一张。二十三日罗司令来省，寓南汉旅店二十二号房，瀛闻悉之下，登即到访，并劝其不可私卖军米，致干罪戾，讵料罗司令因瀛苦谏再三，至老羞成怒，乃于二十四日俟瀛到南汉旅店，即唤警将瀛带回警察五区一分署讯办，诬瀛窃去劈仔手枪一枝，并冒称委员长四出招摇等语。查军营重地，窃枪事宜岂作平常，如果确系知瀛所为，奚以送瀛回省时不为处置？假使因细查以致延缓，何以瀛初次到访不为拘拿？且罗司令自云失枪，又不知失枪时日，此其情虚者一也；况毫无证据，任意诬陷，揆其用心，不过惧瀛发泄其所为，即架以大题，欲杀瀛以灭口。今瀛于本月五日由公安局送瀛至地方审判厅审讯，瀛不幸蒙冤被押，情实不甘，伏恳先生垂念公

谊私情，早日代瀛昭雪，倘瀛若有巧言以图漏网者，愿受军法无辞。事关无辜被害，故敢沥情呼吁，恳即俯为昭雪，则感德靡涯矣"等情前来。据此，查林瀛洲一案，既涉及军事，应由军法处审办，合行令仰该部，即将林瀛洲提交军法处严密讯办，以维军纪为要。此令。

（中华民国陆海军大元帅之印）

中华民国十二年七月卅日

据《大元帅训令第二四一号》，载广州《陆海军大元帅大本营公报》第二十三号，一九二三年八月十日

批程潜请饬发广九铁路军车管理处经费呈①

（一九二三年七月三十日）

大元帅指令第三四八号

令大本营军政部长程潜

呈请饬发广九铁路军本管理处经费由。

呈悉。已令行广州市公安局按日发给该处经费矣。仰即知照。此令。

（中华民国陆海军大元帅之印）

中华民国十二年七月卅日

据《大元帅指令第三四八号》，载广州《陆海军大元帅大本营公报》第二十三号，一九二三年八月十日

批罗翼群请发给谭启秀部军米额数呈

（一九二三年七月三十日）

大元帅指令第三四九号

令本营兵站总监罗翼群

---

① 七月十七日，程潜转呈广九铁路军车管理处公费、伙食费待支孔亟，呈请按造具编制预算表册，按期发给该处每月经常费，俾资维持。

呈请示发给谭启秀部军米额数由。

呈悉。着该总监查明该部兵额再行酌量发给。此令。

（中华民国陆海军大元帅之印）

中华民国十二年七月三十日

据《大元帅指令第三四九号》，载广州《陆海军大元帅大本营公报》第二十三号，一九二三年八月十日

饬财政厅派员赴江接办筹发饷项事宜令

（一九二三年七月三十一日）

大元帅训令第二四二号

令广东省长廖仲恺、大本营驻江办事处全权主任古应芬、西江善后督办李济深

大本营驻江办事处业经明令裁撤，所有向由该处直接筹发各部队饷项事宜，着广东省长转饬财政厅遴派专员，迅赴江门暂行接办，除分令外，仰即遵照。此令。

（中华民国陆海军大元帅之印）

中华民国十二年七月卅一日

据《大元帅训令第二四二号》，载广州《陆海军大元帅大本营公报》第二十二号，一九二三年八月三日

饬廖仲恺转饬周鹤年办清手续令

（一九二三年七月三十一日）

大元帅训令第二四三号

令广东省长廖仲恺

据广东兵工厂长朱和中呈称："职厂三等军需正周鹤年，现因就广东全省官产清理处总务科长，未遑兼顾兵工厂军需正职务，呈请辞职前来，业经呈报钧座察核，并请另委周梓骥接充该职在案。乃查卸职三等军需正周鹤年，在厂所办军

需各项经手账目，迁延多日，尚未结算清楚，竟行离职他去，致使职厂无从报销，迫得备文呈请钧座察核，伏乞令行广东全省清理处长，转饬前广东兵工厂三等军需正、现任广东全省官产清理处总务科长周鹤年遵照，刻日回厂，务将任内经手各项账目结算清楚，方能卸职，俾重公款而清手续"等情。据此，除指令照准外，合行令仰该省长即便令行财政厅，转饬官产清理处查照办理。此令。

（中华民国陆海军大元帅之印）

中华民国十二年七月卅一日

据《大元帅训令第二四三号》，载广州《陆海军大元帅大本营公报》第二十三号，一九二三年八月十日

批叶恭绰为故员谢廷俊请恤呈

（一九二三年七月三十一日）

大元帅指令第三五四号

令大本营财政部长叶恭绰

呈为故员谢廷俊请恤由。

呈悉。应照准。即由该部给与恤金二百四十元可也。此令。

（中华民国陆海军大元帅之印）

中华民国十二年七月卅一日

据《大元帅指令第三五四号》，载广州《陆海军大元帅大本营公报》第二十三号，一九二三年八月十日

饬民产保证局担任每日子弹费令

（一九二三年七月）

官产处撤销，所担任每日子弹费贰千元，拨归民产保证局担任缴款。此令。

孙文

民国十二年七月

据原件影印件，台北、中国国民党文化传播委员会党史馆藏

批陈天太设立护商队情形呈

（一九二三年八月一日）

大元帅指令第三五八号

　　令中央直辖第七军第三师师长陈天太

　　呈报设立护商队情形乞鉴核由。

　　呈悉。查该军方在前敌，对于护商事务，自属无暇兼顾，据报拨兵设立护商队一事，着即取销。此令。

（中华民国陆海军大元帅之印）

中华民国十二年八月一日

据《大元帅指令第三五八号》，载广州《陆海军大元帅大本营公报》第二十三号，一九二三年八月十日

饬刘纪文有关兵站总监加委人员查照备案令

（一九二三年八月二日）

大元帅训令第二四七号

　　令大本营审计局局长刘纪文

　　据大本营兵站总监罗翼群呈称："案据第三支部罗桂芳呈称：'窃以现值军务倥偬，运输接济日不暇给，职部责任綦重，对于前方接济事宜，务须统筹兼顾，不容稍涉缓怠，致滋贻误。惟查职部委员十名，日夜从公，异常劳苦，因劳致病者，日繁有徒；且战线延长，分站及派出所、运输站，日益增加，派员押运及调查情况，在在需人。值此军务紧急之时，实有不敷差遣。前经将困难情形，面禀察核，蒙谕酌予增加。业经由职部暂时增派李泽民、温泽华、冯式如、卫景遒、杨梓任五员，为职部额外委员，俾资佐理，而免贻误，理合备文呈请钧核，伏乞准予加给委任，并准照准尉职一律支薪，伫俟指令祗遵，实为公便'等情。据此，当经六月七日指令照准并加委转饬到差供职在案。除印发外，理合备文呈报

钧帅察核，俯准转饬审计局备案"等情。据此，除指令照准外，合行令仰该局长即便查照办理。此令。

（中华民国陆海军大元帅之印）

中华民国十二年八月二日

据《大元帅训令第二四七号》，载广州《陆海军大元帅大本营公报》第二十三号，一九二三年八月十日

令邓泽如查明办理缴造具经手收支
报销清册请予核销一案

（一九二三年八月二日）

大元帅指令第三六三号

令前驻港办事机关财政员邓泽如

呈缴造具经手收支报销清册，请予核销一案。

令厅查明办理，仍将遵办情形，随时呈报备查。此令。

计发钞册一本。

据邓泽如：《中国国民党二十年史迹》，上海，正中书局一九四八年六月出版

西江军事结束应即宣布解严令

（一九二三年八月三日）

大元帅训令第二四八号

令大本营外交部长伍朝枢

据外交部广东特派交涉员傅秉常呈称："窃前奉大本营外交部令转奉大元帅训令：'因西江战事，宣布西江为戒严区域，并制定西江沿岸警备区域临时戒严条例，饬部行知交涉员照会各领事查照'等因。附发戒严条例到署。遵经照会驻广州各国领事暨函粤海、三水等关税务司查照各在案。现查梧州经已克复，西江

一带，似应解严，恢复原状，以维持华洋商务。兹又接日本总领事来函询问，惟未奉明令行知；且属军事范围，应如何办理之处，理合备文呈请帅座察核指令祗遵，俾得照会各领事知照，实为公便"等情。据此，查西江军事现经结束，所有前颁发西江沿岸警备区域临时戒严条例，着即撤销，西江沿岸区域，应即宣布解严，合行令仰该部长即便令行该交涉员遵照办理。此令。

（中华民国陆海军大元帅之印）

中华民国十二年八月三日

据《大元帅训令第二四八号》，载广州《陆海军大元帅大本营公报》第二十三号，一九二三年八月十日

饬程潜点验谢良牧部令

（一九二三年八月三日）

大元帅训令第二四九号

令大本营军政部长程潜

据大本营兵站总监罗翼群呈称："准中路讨贼军总司令谢良牧咨开：'前奉大元帅命令，收编东江附义军队，当经令饬总指挥杨直夫遵办去后，兹据该总指挥呈报奉令前往东江收编军队，着手以来，附义归编者，极形踊跃，现已陆续编就十余营，分扎石龙、永湖、博罗附近各处，听令开拔前敌讨贼。惟粮食为行军命脉，亟应呈请转咨兵站部，源源接济米菜，以应需求。附呈部队现扎地点人数，逐日应发米菜斤两清单一纸前来，用特咨请迅赐令行供给'等由。并人数地点清单一纸到部。准此，查职部供支甚巨，领款极难，竭蹶情形，久在洞鉴。兹据谢总司令咨请给养前来，为数甚巨，未便率予照拨，应请钧座饬照来单人数，按照驻扎地点，派员点验，并将应否准照前方军队一体给养，俯赐核明指令饬遵"等情。据此，除指令外，合行令仰该部长即便派员按照单列地点人数，分别前往点验，据实呈候核办。单发。此令。

（中华民国陆海军大元帅之印）

中华民国十二年八月三日

据《大元帅训令第二四九号》，载广州《陆海军大元帅大本营公报》第二十三号，一九二三年八月十日

批黄建勋请该所应否办理结束呈

（一九二三年八月三日）

大元帅指令第三六六号

　　令西江船舶检查所所长黄建勋

　　呈请指令该所应否办理结束由。

　　呈悉。西江军事，现已告竣，所有往来华洋船舶，应即停止检查。西江船舶检查所着即裁撤，并将结束情形呈报。关防并缴。此令。

（中华民国陆海军大元帅之印）

中华民国十二年八月三日

据《大元帅指令第三六六号》，载广州《陆海军大元
帅大本营公报》第二十四号，一九二三年八月十七日

批财政部请支援湘军及臧致平呈

（一九二三年八月三日）①

　　要求杭州②助湘军子弹二百万发；助臧和斋③款十万元。

据原件，广州、中山大学孙中山纪念馆藏

---

①　原件未署年份。封套上注"八月三日"。按内容当在一九二三年。
②　杭州指浙江督军卢永祥。
③　臧和斋即臧致平，时臧部与许崇智在闽联合抗击陈炯明。

饬叶恭绰大理院迁移费及月租准作正支销令

（一九二三年八月四日）

大元帅训令第二五○号

令大本营财政部长叶恭绰

据大理院长兼管司法行政事务赵士北呈称："查院务关系重要，迭次停顿，人民实深受累。且闻滇军不日又将返省来院驻扎，而该天平街水师行台，迭经有人测量地址，据称系拨给总商会投抵米价等情。无论如何，本院均应即早迁移。士北筹划再三，择定市内司后街小东营第四号房屋一所，业于本年八月一日迁移该处照常办理公务，以便司法进行。至所租民房每月月租七十八元，经与订立合同，理合备文呈报鉴核，并乞俯赐令行财政部备案，准将迁移费及按月租银作正支销，实为公便"等情。据此，除指令已令行财政部备案，准予作正支销外，合行令仰该部长即便遵照办理。此令。

（中华民国陆海军大元帅之印）

中华民国十二年八月四日

据《大元帅训令第二五○号》，载广州《陆海军大元帅大本营公报》第二十四号，一九二三年八月十七日

批徐绍桢拟请褒扬节妇王严氏呈

（一九二三年八月四日）

大元帅指令第三六八号

令大本营内政部长徐绍桢

呈为拟请褒扬节妇王严氏乞察核由。

呈悉。应准题颁"节孝可风"四字，发由该部转给。余照所拟办理。仰即

知照。

（中华民国陆海军大元帅之印）

中华民国十二年八月四日

据《大元帅指令第三六八号》，载广州《陆海军大元帅大本营公报》第二十四号，一九二三年八月十七日

着汇马素美金贰千元令

（一九二三年八月五日）

着汇马素美金贰千元。此令。

孙文

中华民国十二年八月五日

据"国父墨宝"手令原件（孙科赠），台北、"国史馆"藏

饬各军广九路除运兵外不得勒用专车令

（一九二三年八月七日）

大元帅训令第二五一号

令各军长官

查广九路火车，业经定有开车时刻及来往次数，嗣后除各军运兵准予随时开用专车外，其他办事各员因公往来，当乘定期来往各车，不得勒用专车，以示限制，而利交通。除分令大本营兵站总监暨广九铁路军车管理处遵照外，合行令仰该总司令、军长即便饬属一体遵照。此令。

（中华民国陆海军大元帅之印）

中华民国十二年八月七日

据《大元帅训令第二五一号》，载广州《陆海军大元帅大本营公报》第二十四号，一九二三年八月十七日

饬大理院遵照前令分行司法机关
办理司法官书记官之派任令

（一九二三年八月七日）

大元帅训令第二五二号

令大理院长兼管司法行政事务赵士北

据代理广东高等审判厅厅长林云陔鱼日快邮代电呈称："广州大元帅钧鉴：伏读大本营第二十二号公报第三百五十号指令，大理院呈拟司法官任用暨甄别法官办法请鉴核公布由：'令开呈及章程均悉，所拟任用及甄别法官办法，应俟详加核议，再行饬遵。现时本省高等所辖各地方审检厅长，除业经任命外，应由院派署。其高等各厅及各厅庭长、推检、高厅书记官长等，应由各该厅直辖高等厅审检长先行分别派代，俟考核确能胜任，再呈院核明转呈任命。至各厅庭书记官长、书记官，概由该直辖高等厅直接任免，以专责成而利进行，仰即遵照，并分令高等厅一体遵照办理'等因。现尚未奉大理院转行到厅，应否遵照办理，除呈大理院外，谨电请示遵。代理高等审判厅厅长林云陔叩。鱼。（印）"等情前来。据此，查前项命令，送达该厅业经多日，何延搁至今，尚未遵照办理，殊属非是，除指令该厅长仰候严饬大理院迅予转行外，合行令仰该院长立即遵照前令，分行高等审检各厅一体遵照办理，毋得再事延搁，致干未便。切切。此令。

（中华民国陆海军大元帅之印）

中华民国十二年八月七日

据《大元帅训令第二五二号》，载广州《陆海军大元帅大本营公报》第二十四号，一九二三年八月十七日

饬罗翼群等广九路火车应按规定时刻行驶令

（一九二三年八月七日）

大元帅训令第二五四号

令大本营兵站总监罗翼群、广九铁路军车管理处长冯启民

查广九路火车业经定有开车时刻及来往次数，嗣后除各军运兵准予随时开用专车外，其他办事各员因公往来，当乘定期来往各车，不得勒用专车，以示限制，而利交通。除分令各军长官饬属一律遵照外，合行令仰该总监、处长遵照办理。此令。

（中华民国陆海军大元帅之印）

中华民国十二年八月七日

据《大元帅训令第二五四号》，载广州《陆海军大元
帅大本营公报》第二十四号，一九二三年八月十七日

着廖仲恺转饬财政厅查办江门东口会河
厘金厂承商双包案令

（一九二三年八月七日）

大元帅训令第二五五号

令广东省长廖仲恺

据大本营内政部次长杨西岩呈称："案据承商冯耀南呈称：'窃商前奉次长任财政厅任内批准，年认大洋饷银拾贰万元，承办江门东口会河厘金厂，以两年为期，奉给示谕，经于四月二日接办，呈报有案。嗣又接四月五日训令内开：大本营驻江办事处批准恒源公司商人郭民发承办江门东口会河厘厂，令厅给谕一事，业经转呈大元帅察核，饬令取销在案。现奉大元帅令："呈悉，所请应即照准，仰候令行大本营驻江办事处遵照办理可也等因。奉此，合就转行该商知照，此令。

等因在案。乃接办未及一旬，忽接大本营驻江办事处四月十一日令，着即移交郭民发接办。溯商接办之初，大本营驻江办事处曾通饬驻江各军，予以实力保护，嗣又半途纵令郭民发凭藉武力威迫交代，朝令夕更，破坏信守，虽经电诉，未蒙示复，迫得交代。嗣大本营驻江办事处，接奉大元帅令，着取销郭民发承办之谕。随即呈复略谓：现下军需极急，该厅如欲收回该厂，须即发现银拾万元，亦可遵办，否则未便洵该厅所请等语。旋奉大元帅批示：着予暂缓交还。故郭民发遂强占至今，令商未得接办，以致所缴按预饷，茫无着落，血本所关，殊深痛切。方今大局敉平，军事行将结束，应请据情呈请大元帅，俯恤商艰，迅予令行财政厅暨驻江办事处，转饬郭商，从速将强占江门厘厂交回商办，以保血本，而昭威信，实为切感，等情前来。查该商所陈，系本次长在财政厅长任内未完之手续，若不清理，无以昭大信，理合据情呈请钧座俯赐察核。应如何办理之处，伏乞饬令遵照，实为公便"等情。据此，除指令外，合行令仰该省长即便转饬财政厅，查核情形酌量办理。此令。

（中华民国陆海军大元帅之印）

中华民国十二年八月七日

据《大元帅训令第二五五号》，载广州《陆海军大元帅大本营公报》第二十四号，一九二三年八月十七日

批朱和中呈报该厂巡查队成立日期并表册四本文

（一九二三年八月八日）

大元帅指令第三八〇号

　　令广东兵工厂厂长朱和中

　　呈报该厂巡查队成立日期并表册四本请察核由。

　　呈悉。经将该厂长呈送表册发交审计处审查，兹据覆称："查单据粘存簿内十号庆云楼单内，列货银八元七角九分，细核该数实八元六角九分，列多一角，应核删。又二十九号单杨广赴燕塘招兵，列支费用五元，而数目表内列至十元，

实多列五元，应核删。统计巡查队开办各数，共列三百零二元九角一分，除核删五元一角外，实应准予核销额二百九十一元八角一分"等情前来。合行令仰该厂长即便遵照。此令。

（中华民国陆海军大元帅之印）

中华民国十二年八月八日

据《大元帅指令第三八〇号》，载广州《陆海军大元帅大本营公报》第二十四号，一九二三年八月十七日

批韶州地方绅商爱国爱乡文

（一九二三年八月八日）

诸君子以沈逆北敌，复有勾结希图南犯之耗，特开公民大会，议决通告各属民团，一致准备抵御，足见爱国爱乡，公忠义勇，至为嘉许。尚宜热心毅力，始终不懈，以民意之大顺，作无形之天堑，有厚望焉。

八日

据《大元帅传谕奖励韶州公民》，载一九二三年八月十一日《广州民国日报》（三）

着实施整理纸币各项办法令

（一九二三年八月九日）

大元帅令

自广东省立银行纸币停兑以来，商民胥蒙其害，该银行当局发行过滥，办理未善，无可讳言，业经严行究办，以申法纪。至所发纸币，自应由政府负责收回，藉减商民苦痛，本大元帅回粤伊始，即轸念于兹，嗣以沈、陈作乱，军事方殷，饷需浩繁，度支不裕，心余力绌，昕夕彷徨，当经迭次饬令财政当局切实筹维，标本兼治。诚以今日粤省现状，非只财政困难，即社会经济，亦复不舒，实缘粤省纸币现币，均形缺乏，又无各种有价证券为之消息，故金融时呈阻滞情形，不

浚其源，补苴何益。现值军事将次结束，政府财政与商民经济息息相关，正宜全局统筹，依次整理。兹据财政部长叶恭绰呈拟整理纸币各项办法，其大要以兑现及收用为陆续消纳之法，一面维持价格辅助流通，免致社会商场缺乏易中之物，渐次确定货币基础，并养成证券流通习惯，使政府财政与市面金融及社会经济，得以提挈互助，精神所在，则在收回以前失信之纸币，即为以后各种证券昭信之初基，并请以经理权责分授于各法团，藉以公开示信等情，并附各项办法规章前来，详加察核，事属可行。年来政府及银行发行公债纸币，皆因无确实基金与相当准备，每致丧失信用。此次该部长所拟办法规章，均经指定确实基金，如期拨付，著为定案，永无变更。且授全权于各法团，商民皆得参与，凡事公开办理，政府有保障而不加干涉，尤足以示大公而昭大信。即使商民个人经济状况各各不同，亦可择一而从，推行定无窒碍。应即责成财政部按照所拟办法订立细目，切实施行，着各军民长官各饬所属，一体凛遵，并着实力协助办理，以副本大元帅发展民生、整理财政之至意。此令。

（中华民国陆海军大元帅之印）

中华民国十二年八月九日

据《大元帅令》，载广州《陆海军大元帅大本营公报》第二十四号，一九二三年八月十七日

批汪精卫报告臧致平情况来电①

（一九二三年八月上旬）

答臧②如下：陈逆阴险，非至势穷力竭，岂肯宣布攻曹？其老巢在惠，已至穷蹙而将灭亡，正宜夹攻而歼灭之。此间军队两星期当可尽灭惠敌而至潮、梅。务望坚持，毋使功亏一篑。幸甚。

据谭延闿编：《总理遗墨》第一辑，一九二八年五月校印

---

①　八月三日，汪精卫来电报告，臧致平准备以陈炯明宣布与曾、吴脱离关系为条件，与之讲和。因此事将危及驻闽东路讨贼军何成濬等部安全，孙文指示汪对臧作此答复。

②　臧，指臧致平。

饬发给李肖廷旅费手令

（一九二三年八月十一日）

着会计司发给李肖廷旅费五百元。此令。

孙文

民国十二年八月十一日

据原件，台北、中国国民党文化传播委员会党史馆藏

着黄绍竑部暂归李济深节制调遣令

（一九二三年八月十三日）

大元帅训令第二五八号

令西江善后督办李济深、中央直辖西路讨贼军第五师师长黄绍雄〔竑〕

中央直辖西路讨贼军第五师师长黄绍雄〔竑〕所部，着暂归西江善后督办李济深节制调遣。此令。

（中华民国陆海军大元帅之印）

中华民国十二年八月十三日

据《大元帅训令第二五八号》，载广州《陆海军大元帅
大本营公报》第二十五号，一九二三年八月二十四日

饬厘定航空局编制令

（一九二三年八月十三日）

大元帅训令第二六〇号

令大本营军政部长程潜

据大本营审计局长刘纪文呈称："窃职局现奉钧座委办，审查航空局七月份

预算书一案，当即遵令审核。查航空局编制现未颁布，暂行编制未经厘定以前，殊难得所依据。现据该局七月份预算，所列用人员虽似太多，惟有无浮滥，因是实难考核。再该局系属军政机关，恳请钧帅饬令军政部，先将该局编制编定，转呈钧帅发下职局备案，以便审查"等情。据此，除指令照准外，合行令仰该部长即将航空局编制妥为厘定，呈候核颁。此令。

（中华民国陆海军大元帅之印）

中华民国十二年八月十三日

据《大元帅训令第二六〇号》，载广州《陆海军大元帅大本营公报》第二十五号，一九二三年八月二十四日

批杨仙逸缴七月份预算书呈

（一九二三年八月十三日）

大元帅指令第三九一号

　　令航空局长杨仙逸

　　呈缴七月份预算书请饬审查示遵由。

　　呈悉。该局七月份预算书经饬局查复，尚多不合，应即发还。令饬军政部先将该局编制厘定，呈候核定颁行，再由该局遵照编制预算，呈候核发可也。此令。

（中华民国陆海军大元帅之印）

中华民国十二年八月十三日

据《大元帅指令第三九一号》，载广州《陆海军大元帅大本营公报》第二十五号，一九二三年八月二十四日

追赠并优恤萧觉民令

（一九二三年八月十四日）

大元帅令

　　据东路讨贼军总司令许崇智呈报："所部团长萧觉民，在永湖附近地方与贼应战，身先士卒，重伤阵亡"等情。该故团长萧觉民英年从军，矢志为国，援赣援闽，迭著勤劳；还兵潮、惠，屡摧强敌。此次永湖战役，竟身先士卒，以身报国，闻兹噩耗，惋惜殊深。萧觉民着追赠陆军少将，由大本营会计司发给治丧费一千元，并着大本营军政部照少将阵亡例从优议恤，以慰忠烈，而矜遗孤。此令。

（中华民国陆海军大元帅之印）

中华民国十二年八月十四日

据《大元帅令》，载广州《陆海军大元帅大本营公报》第二十五号，一九二三年八月二十四日

批许崇智请抚恤萧觉民并追给少将呈

（一九二三年八月十五日）

大元帅指令第三九四号

　　令东路讨贼军总司令许崇智

　　呈请抚恤阵亡团长萧觉民并追给少将由。

　　呈悉。业明令追赠少将发给治丧费一千元，并着军政部照少将阵亡例从优议恤矣。仰即知照。此令。

（中华民国陆海军大元帅之印）

中华民国十二年八月十五日

据《大元帅指令第三九四号》，载广州《陆海军大元帅大本营公报》第二十五号，一九二三年八月二十四日

饬发萧觉民恤费手令

（一九二三年八月十五日）

着会计司发萧团长觉民恤费壹千元。此令。

孙文

中华民国十二年八月十五日

据原件，台北、中国国民党文化传播委员会党史馆藏

着兵工厂长赶造碰火交东江刘军应用令

（一九二三年八月十五日）

着兵工厂长火速赶造八生炮碰火四百个，交东江刘军①应用。此令。

孙文

据原件影印件，台北、中国国民党文化传播委员会党史馆藏

批罗翼群请拨专款办理结束
西北两江兵站等机关呈

（一九二三年八月十五日）

大元帅指令第三九五号

令大本营兵站总监罗翼群

呈请拨专款办理收束西北两江兵站等机关由。

呈悉。结束西北两江兵站各机关，应就指定拨付之款，统筹办理。所请着无

---

① 刘军，即刘震寰部队。

庸议。仰即遵照。此令。

中华民国十二年八月十五日

据《大元帅指令第三九五号》，载广州《陆海军大元帅
大本营公报》第二十五号，一九二三年八月二十四日

着航空局拨机开往淡水侦探敌情令

（一九二三年八月十六日刊载）

着即准备一切，分拨飞机一队，开往淡水方面，以便侦探敌情，协助进攻海
陆丰。

据《飞将军准备攻海陆丰》，载一九
二三年八月十六日《广州民国日报》

着熊克武节制四川讨贼各军令

（一九二三年八月十六日）

大元帅令

四川所有讨贼各军，着统归川军讨贼军总司令熊克武节制调遣。此令。

中华民国十二年八月十六日

据《大元帅令》，载广州《陆海军大元帅大本营
公报》第二十五号，一九二三年八月二十四日

附一：熊克武电文之一

（一九二三年七月十五日）

万急。广州孙大元帅、国会议员诸先生、省议会、廖省长、各总司令、各报
馆，天津黎宋卿先生、段芝泉先生、国会议员诸先生、省议会、各报馆，北京国
会议员诸先生，上海何护军使、国会议员诸先生、章太炎、岑云阶、张溥泉、谭

组安、汪精卫、柏烈武、张季直、马相伯、胡展堂、蒋雨崖、杨沧白、谢惠生先生、各报馆，长沙赵省长，云南唐省长，贵阳刘省长、唐督办，奉天张总司令，杭州卢督办、各省省议会、省长、总司令、督军、护军使、各埠各报馆，成都省议会、省宪筹备处、省宪审查会、刘总司令、但前督办、石总司令、蓝总司令、陈督办、彭师长、刘旅长、孔代表、陶代表、高代表、李代表、戴代表、赵尧生、廖季平、徐子修、宋芸子、曾焕如、尹仲锡、周辇池、徐申甫、尹硕权、骆公骕、陈孟甫、文海云、颜雍耆诸先生，成都总商会、各校长、各法团、各机关、各报馆，内江赖总司令、吕总司令、余师长、张旅长、郑旅长，彭县刘师长，合州喻师长，顺庆何师长，重庆周师长，重庆总商会、各机关各法团、汤师长，忠州贺旅长，长寿颜总司令，广安郑总司令，大竹陕军张总司令，叙府刘师长，嘉定陈师长，新津张总司令，大邑刘甫澄先生，保宁王旅长，剑阁陈纵队长、各道尹、各县议会、各知事均鉴：

克武曩与川中贤豪，协图自治，旋即解除军职，以践废督裁兵之约。乃自治宣布，既已三年，阻碍横生，宪章未就。虽兹事体大，非可旦夕程功，然揆诸草创初衷，方且引为深惧。讵意直系军阀，欲以力征经营天下，乘隙持衅，侵扰西南。尤复处心积虑，百计以造成川乱。于是纵兵深入，肆其荼毒，狼奔豕突，千里为墟，火热水深，怨○载道。既为自治公敌，实亦民国大蟊。所幸川省军民，各懔亡省之惧，人怀致死之心，发愤图存，起而自卫，且举戡乱大谊来相责勉。旋奉大元帅孙公电命，授以讨贼重任，议会诸公、各军将领，函电敦促，期望至殷。克武绵力薄材，曷克负荷？惟念于役革命且二十年，目击艰危，未遑云补。川省父母之邦，今则寇骑凭陵，横施宰割。况复兆焰鸱张，变本加厉，黩武穷兵，尤未餍其欲壑，竟敢肇乱京师，觊觎非分，向所奉为法统业已毁弃无余，有贼不除，国无宁宇！于此而尤怀透卸，非直邻于畏葸，抑且负我宗邦，谨即拜命视师，奖率部众，用副我大元帅委托盛意，摩顶放踵，所弗敢辞。抑克武尤有请者，各省出师讨贼，固为目前切要之图，而国家建设方略，实乃百年不拔之计，施行虽容有后先，策画则无分缓急。民国成立一纪，政变迭兴，中央与行省权，从未明晰规定，国人安常习故，观听未移，甚或视中央为朝廷，拟疆吏于藩服，集权之说，俨然科律，暴力相激，动成反应。是以专制割据之流毒，相沿滋极。至曹、吴等辈行同劫略，亦复伪托统一，诓耀群众，昧者不省，转相扇惑，变乱频仍，非无故也。大元帅孙公早见及此，郑重宣言，倡导自治。近顷海内耆硕，商榷政制，亦咸趋于一轨，心理大同，无间南朔。今后完成统一，发皇民治，舍此别无善策。所望高瞻远瞩，毅力主张，俾民国建设大业早观厥成，我革命先烈实式凭之。敢布悃忱，敬候明教。

川军讨贼军总司令熊克武叩

据中华民国史事纪要编辑委员会编：《中华民国史事纪要》，
台北，"中华民国"史料研究中心一九八三年出版

附二：熊克武电文之二

（一九二三年八月十六日）

万急。广州孙大元帅钧鉴：

克武曩与川中贤豪，协图自治，旋即解除军职，以践废督裁兵之约。乃自治宣布，既已三年，阻碍横生，宪章未就。虽兹事体大，非可旦夕程功，然揆诸草创初衷，方且引为深惧。讵意直系军阀，谬欲以力征经营天下，乘隙持衅，侵扰西南。尤复处心积虑，百计以造成川乱。于是纵兵深入，肆其荼毒，狼奔豕突，千里为墟，火热水深，怨声载道。既为自治公敌，实亦民国大憝。所幸川省军民，各懔亡省之惧，人怀致死之心，发愤图存，起而自卫，且举戡乱大谊来相责勉。旋奉大元帅孙公电命，授以讨贼重任，议会诸公、各军将领函电敦促，期望至殷。克武绵力薄材，曷克负荷？惟念予役革命且二十年，目击艰危，未遑云补。川省父母之邦，今则寇骑凭陵，横施宰割。况复凶焰鸱张，变本加厉，黩武穷兵，犹未餍其欲壑，竟敢肇乱京师，觊觎非分，向所奉为法统业已毁弃无余，有贼不除，国无宁宇。于此而犹怀诿卸，非直邻于畏葸，抑且负我宗邦，谨即拜命视师，奖率部众，用副我大元帅委托盛意，摩顶放踵，所弗敢辞。抑克武尤有请者，各省出师讨贼，固为目前切要之图，而国家建设方略，实乃百年不拔之计，施行虽容有后先，策划则无分缓急，民国成立一纪，政变迭兴，中央与行省权从未明晰规定，国人安常习故，观听未移，甚或视中央为朝廷，拟疆吏于藩服，集权之说，

俨然科律，暴力相激，动成反应。是以专制割据之流毒，相沿未涤极。至曹、吴等辈，形同劫掠，亦复伪托统一，诳耀群众，昧者不省，转相扇惑，变乱频仍，非无故也。大元帅孙公早见及此，郑重宣言，倡导自治。近顷海内耆硕，商榷政制，亦咸趋于一轨，心理大同，无间南朔。今后完成统一，发皇民治，舍此别无善策。所望高瞻远瞩，毅力主张，俾民国建设大业早观厥成，我革命先烈实式凭之。敢布悃忱，敬候明教。

川军讨贼军总司令熊克武叩

据中华民国史事纪要编辑委员会编《中华民国史事纪要》，
台北，"中华民国"史料研究中心一九八三年出版

着梅光培等设法供足无线电局
月需并另筹三万应急令

（一九二三年八月十六日）

着梅处长、公安局长、市政厅长共同设法供足无线电局每月经费，并另筹三万，将军用电机三套速行取出，送往前线应用，至急。

孙文

民国十二年八月十六日

据原件影印件，台北、中国国民党文化传播委员会党史馆藏

饬广东财政厅按月拨给广东
电政监督五千元经费令

（一九二三年八月十六日）

大元帅训令第二六一号

令广东财政厅长邹鲁

据广东电政监督兼广州电报局局长范其务呈称："呈为收入短绌，经费困难，

恳请准予拨款，以维电政事。窃以电局虽为交通机关，仍属营业性质，全赖报费收入以为月中经费。现查广东隶于大元帅辖下各地电报局，以大局平靖时论，每月收入共约一万二千八百九十元，其经常综计须一万九千五百一十二元。现因军事影响，前有盈余之局变为不敷，尚属不敷之局更形奇绌。收入已不如平时，支出又增多军用一十一款共三千二百三十四元，总共每月支出二万二千七百四十五元，收支比对每月实不敷九千八百五十五余元。各局已欠薪数月，困苦不堪，来省面请收束者亦不乏人，令其回局则情有不能，准其停办又势有不可，再四思维，终窘应付。且近一个月间，竟三遭暴风，江门局吹断十二丈高杆二枝，陈村局煤炭厂吹断十二丈高杆二枝，虎门局吹断十二丈高杆二枝，香山局猪头山吹断十二丈高杆三枝，新昌局旺北围吹断九丈六尺高杆一枝，四会局塔冈吹断八丈高杆二枝，约共需工料费银六千余元，其余北江、西江、广宁、四会及近海各局，因战事、暴风，被斩断、吹断线杆之工料费，亦约需三千余元。因无款及潦水未退之故，各处杆线多未修复，几于无电可发，日收仅得数十元，非先行领款，实无法责令各局兴工修理也。职体验时艰，对于杆线有可暂用者，则撑植之，对于用人其可裁汰者，则分别减却之。奈不敷太多，终非节省所能将事，此中实在困难情况，经职于本月三日面陈胡总参议，蒙函财政厅、运使署共拨三千元暂为分拨，令将军用要线，先行兴修在案。其余六千余元尚付缺如，理合再将经费无着及杆线待款修理情形，并具收支比对表，呈恳钧座察核，乞准如数拨下，俾得各处杆线早日修复，以便交通而利戎机。至每月额定经费不敷九千八百五十五元，应由何财政机关拨出补助之处，仍候一并指令祗遵，实为公便"等情。据此，除指令呈悉，已令行广东财政厅按月拨给五千元外，合行令仰该厅长即便遵照办理。此令。

（中华民国陆海军大元帅之印）

中华民国十二年八月十六日

据《大元帅训令第二六一号》，载广州《陆海军大元帅大本营公报》第二十五号，一九二三年八月二十四日

批邓泽如请裁撤缉私舰队办事处呈

（一九二三年八月十六日）

大元帅指令第三九七号

　　令两广盐运使邓泽如

　　呈请裁撤缉私舰队办事处由。

　　呈悉。应照准。此令。

（中华民国陆海军大元帅之印）

中华民国十二年八月十六日

据《大元帅指令第三九七号》，载广州《陆海军大元帅
大本营公报》第二十五号，一九二三年八月二十四日

批范其务因经费困难请准予拨款以维电政呈

（一九二三年八月十六日）

大元帅指令第三九八号

　　令广东电政监督兼广州电报局局长范其务

　　呈报收入短绌，经费困难，请准予拨款，以维电政由。

　　呈悉。已令行广东财政厅按月拨给五千元。仰即知照。此令。

（中华民国陆海军大元帅之印）

中华民国十二年八月十六日

据《大元帅指令第三九八号》，载广州《陆海军大元帅
大本营公报》第二十五号，一九二三年八月二十四日

批姚雨平缴中央直辖警备军旗帜图式请备案呈

（一九二三年八月十六日）

大元帅指令第三九九号

令前中央直辖警备军司令姚雨平

呈缴暂定中央直辖筹备军旗帜图式，请备案由。

呈悉。该警备军司令已准辞职在案，该军从前之军旗图式无须备案。仰即知照。此令。

（中华民国陆海军大元帅之印）

中华民国十二年八月十六日

据《大元帅指令第三九九号》，载广州《陆海军大元帅大本营公报》第二十五号，一九二三年八月二十四日

优恤陆兰清令

（一九二三年八月十七日）

大元帅令

据西路讨贼军总司令刘震寰电呈：该部第十独立旅旅长陆军中将陆兰清率部随攻惠州，积劳病故，恳请追恤等情。该故旅长陆兰清，久历戎行，备尝艰险，今春讨贼军东下，该故旅长在三水首先响应，深明大义。此次攻惠，力疾视师，始终弗懈，竟以积劳致病，尤征忠勇。兹闻溘逝，惋悼殊深，该故旅长陆兰清，着大本营军政部查照陆军中将积劳病故例，从优议恤，以慰忠魂。此令。

（中华民国陆海军大元帅之印）

中华民国十二年八月十七日

据《大元帅令》，载广州《陆海军大元帅大本营公报》第二十五号，一九二三年八月二十四日

饬邓泽如等如额交付兵站之款不得延宕积欠令

（一九二三年八月十七日）

大元帅训令第二六二号

令两广盐运使邓泽如、广东财政厅邹鲁、广州市政厅孙科、广州市公安局吴铁城、广东全省官产清理处梅光培

据大本营兵站总监罗翼群呈称："窃据卫生局长李奉藻呈称：'查职局所辖前后方各病院、各卫生队等，每月领支薪饷公费共需二万零五百余元，加以后方各院现所收容留医院伤病官兵将达二千六百名，每日约需伙食六百元左右，前方战事方殷，伤兵尚源源而至；又各院队暨前方各军来领卫生材料，日凡数起，需费甚巨，统共每日匀领三千二百余元方敷分配。惟因库储支绌，每日只由经理局拨发千余元至二千元不等，以之分配支给各院留医伤病官兵伙食、殓埋费及零星店账，已属不敷，以致积欠各院队薪饷，竟无从支发，日前经将困难情形电呈请予清发，奉交经理局办理，旋准徐局长函知：俟催收有款，尽先筹发等由。迄今旬日，仍尚未准清发旧欠，而新款仍不能领足，似此无米为炊，难为巧妇。现计各院队五六月份应领薪饷公费，固全未清给，而七月份又将届满，层叠积欠，为数尤巨。查前迭据各院队长以各员役夙夜在公，异常劳苦，屡以薪饷未奉给发，养赡乏资，要求转请清发，否则一律请予辞职，以免枵腹等情面请维持前来。当经局长迭予安慰，嘱令安心服务，静待领发去后，现复据各员前来，呈请速发，否则行将解体等情。又经一再安慰，惟虽舌敝唇焦，仍恐无济于事，倘果实现，则各院队无人经理，贻误事机实非浅鲜，局长职责所在，亟当维持，再四思维，非予设法筹款清理前欠及以后随时清发，殊不足以维现状，而利进行。所有职局领款短少积欠薪饷，据各员役要求清发各缘由，理合开具清单，具文呈请察核，俯赐维持，立先提拨款项，清理前欠各院队薪饷及请筹定的款，以后按照应领数目拨足，俾资应付而免贻误'等情。并连同欠款清单一纸前来。据此，窃查本部款项，向由财政各机关按额拨给，以资支付。迩月以来，当局对于兵站领发各款，多方推宕，漫不负责，以致收入日绌，积欠日多，兹据前情，理合转呈察核，俯

念留医务官兵伤病攸关，迅予拨款维持，实叨公便"等情。据此，除指令照准外，合行令仰该运使、厅长、市长、局长、处长即便遵照，对于指拨兵站之款，务须如额交付，不得延宕积欠，以利戎机。此令。

（中华民国陆海军大元帅之印）

中华民国十二年八月十七日

据《大元帅训令第二六二号》，载广州《陆海军大元帅大本营公报》第二十五号，一九二三年八月二十四日

饬范其务从速修复梧州电报局所属线路令

（一九二三年八月十七日）

大元帅训令第二六三号

令广东电政监督范其务

据西江讨贼军总指挥魏邦平鱼日代电称："冬日据梧州电报局局长康一谔邮电称：'窃查职局常年经费，向以商报收入为命脉，报费收入又视线路通阻为转移。报费失收则阖局生机中绝，困难情形业经沥陈在案。查东路电信梗阻频仍，一因日久失修，复因洪流倾倒，此为职局所辖电线情形。其广东线路，断阻已久，叠经电请广东电政监督责成修理，置若罔闻。应请钧部电呈大元帅，饬令广东电政监督从速兴修，以期通畅'等情。据此，查电报为行军需要，现值戒严时期，消息尤贵敏捷。该局长所陈尚属实情，应请钧座令饬广东电政监督速将该路电线克日修理，以捷戎机而资军用"等情。据此，合行令仰该监督即将该路电线从速修复，以便交通。此令。

（中华民国陆海军大元帅之印）

中华民国十二年八月十七日

据《大元帅训令第二六三号》，载广州《陆海军大元帅大本营公报》第二十五号，一九二三年八月二十四日

饬梁鸿楷协同高雷捍御桂盗余孽令

（一九二三年八月十七日）

大元帅训令第二六四号

令中央直辖广东讨贼军第四军军长兼两阳、三、罗等处安抚使梁鸿楷

自西江军兴以来，生民荡析，未获安居，乡团民军，或因保卫地方，或因协助大军，所在多有，事定之后，或未还农，而各部正式军队，亦间有临时扩充，超逾原额。兹因西江一带已告肃清，特派该军长兼两阳、三、罗等处安抚使，仰即绥靖地方，裁遣军队，用副本大元帅轸恤民生、整饬军政之至意。现在钦廉一带，桂盗余孽，时滋倡扰，并仰协助高雷绥靖处，共同捍御，保卫地方，有厚望焉。此令。

（中华民国陆海军大元帅之印）

中华民国十二年八月十七日

据《大元帅训令第二六四号》，载广州《陆海军大元帅大本营公报》第二十六号，一九二三年八月三十一日

批程潜优恤陆兰清呈

（一九二三年八月十七日）

大元帅指令第四〇三号

令大本营军政部长程潜

呈请抚恤病故旅长陆兰清由。

呈悉。该故旅长陆兰清，业明令着由该部查照陆军中将积劳病故例从优议恤矣。仰即知照。此令。

（中华民国陆海军大元帅之印）

中华民国十二年八月十七日

据《大元帅指令第四〇三号》，载广州《陆海军大元帅大本营公报》第二十五号，一九二三年八月二十四日

批姚雨平请设立行署及后方
办事处请饬兵站接济呈①

（一九二三年八月十七日）

大元帅指令第四〇四号

　　令惠州安抚使姚雨平

　　呈报设立行署及后方办事处，请饬兵站接济由。

　　呈悉。该使所设行署及后方办事处，应就所领经费开支，无须兵站供给，所请着毋庸议。此令。

（中华民国陆海军大元帅之印）

中华民国十二年八月十七日

据《大元帅指令第四〇四号》，载广州《陆海军大元帅
大本营公报》第二十五号，一九二三年八月二十四日

批程潜查明冼善之等案请将其家产变卖充饷呈

（一九二三年八月十七日）

大元帅指令第四〇五号

　　令大本营军政部长程潜

　　呈报查明冼善之等附逆情真，请将该逆等家产召变充饷，乞核示由。

　　呈悉。既据查明冼善之等附逆有据，该逆等家产准予变卖充饷，以儆凶顽。

---

①　八月十日，姚雨平呈请孙文饬令兵站总监，由各兵站接济经费，以资办公。

仰即会同广东省长办理可也。① 此令。

（中华民国陆海军大元帅之印）

中华民国十二年八月十七日

据《大元帅指令第四〇五号》，载广州《陆海军大元帅
大本营公报》第二十六号，一九二三年八月三十一日

着总参议及秘书长发训令与蒋光亮
招降李根云残部令

（一九二三年八月十八日）

对于招降李根云之残部，已与蒋军长说明，须要人械分运而过西江，并要彼
立出前敌，如是则其人直由梧州乘轮出香港，由港再搭渡往澳头登岸，而集中淡
水，或搭车往平湖，而赴淡水，此实较廉较速。至其枪械，则由蒋军派人接收，
另运往淡水集中整理，决不准其于梧州、淡水之间停留，以免误会而滋流弊乃妥。
着总参议及秘书长，照此发训令与蒋军长光亮，依照办理，不得稍违。此令。

孙文

据档案，台北、中国国民党文化传播委员会党史馆藏

准李国柱所请代造步枪令

（一九二三年八月十八日）

李旅长国柱备价请代造步枪五百枝，应照准。此令。

孙文

民国十二年八月十八日

据原件影印件，台北、中国国民党文化传播委员会党史馆藏

---

① 据《陆海军大元帅大本营公报》第二十六号《大元帅训令第二六六号》，于八月二十
日饬令广东省长廖仲恺遵照办理。

着廖仲恺谕令广州总商会转知各行商
及商业团体踊跃输将令

（一九二三年八月十八日至十九日间）①

大元帅训令第二六五号

　　据广东广州总商会呈请取销商业牌照税。查该总商会所述理由，一以施行此种新税，宜在裁厘加税之后，不知裁厘加税为一事，推行此种牌照税又为一事，不能混为一谈，以异耸听；一以粤中向有行厘、有坐厘、有台厘，实已一物数征。不知行厘、台厘系属厘金之一种，亦与此项牌照税课自营业迥不相蒙，未得误为重征。现在香港等处均有牌捐，近在咫尺，各商必能深悉，更不能以各省所无，藉口请免。况此项牌税一次收过，永无再征，无〔与〕普通之营营〔业〕税、牌照捐按年缴纳者亦大不相同。当此军事倥偬、库饷支绌之时，筹措军需，商民人等各宜勉励其力。广州市内铺屋业主既已两次输捐，街坊庙尝亦多举投变，商人急公好义，当不宜独居人后。为此，令仰该省长谕令该商会，转知各行商及商业团体，务宜竭力劝遵，踊跃输将，勿得稍事误会，有妨功令。并一面严饬广东财政厅迅行征收，不得延宕，致误军需。切切。

据《商业牌照税不准取销》，载一九二三年八月二十二日《广州民国日报》

---

① 此令见于广东省长公署给财政厅的训令中。该训令称："现奉大元帅第二六五号训令开"云云。因《陆海军大元帅大本营公报》第二十五号第二六五号训令缺载，而第二六四号和第二六六号分别在八月十七日和八月二十日，故判断此令发当在八月十八至十九日间。

饬发给孙扶邦路费手令

（一九二三年八月十九日）

着会计司发给孙扶邦路费贰拾元。此令。

孙文

中华民国十二年八月十九日

据原件，台北、中国国民党文化传播委员会党史馆藏

准变卖冼善之等附逆分子家产令

（一九二三年八月二十日）

大元帅训令第二六六号

　　令广东省长廖仲恺

　　据大本营军政部长程潜呈称："卷查宝安县公民曾容等，及中央直辖西路讨贼军第三师师长黎鼎鉴先后呈称：'宝安县莠民冼善之等，帮助练逆演雄，祸乱粤局，罪证确凿，请查封其家产，召变充公一案。经职部令行署宝安县县长张沥林查明具覆去后，旋据覆称：呈确经职部据情呈奉钧座批示详查严办等因。奉此，遂令宝安县张县长将冼善之、陈斗文、陈星舫在宝安境内家产，先行查封，其冼善之一人所管在虎门境内家产，则由黎师长于具呈后即行查封。旋据香港侨民曾容及冼善之本人先后诉称：冼善之并无附逆情事。又据陈善章、谭牛等先后呈称：虎门境内被封产业，并非冼善之一人所管。种种情形，各先后列具在卷。职以此案情形颇多纠葛，复委职部秘书姚大慈前赴虎门、宝安，会同张县长将案内纠葛情形彻查具报去后，兹据会称：'呈为呈覆事：案奉钧部第一三三号训令内开：以查封冼善之等逆产一案，罪证是否确凿，港虞电署名之曾容，是否系曾容记假名图混；陶园酒楼及同益航业公司之产业，是否系谭牛、陈善章、冼善之等所共有等因，饬令秘书、县长会查具报，以凭核办。奉此，遵即逐一确查，谨合词为

我部长缕晰陈之。伏查冼善之以油漆匠出身，因缘致富，雄于资财，向以贿赂交结达官及本县不肖县吏，身居香港，而把持县政，驱使贪吏，俨如上司。当本年春间，冼善之以逆部参议资格，在港大东酒店设立机关，所有练演雄叛变之逆谋，皆定计于此时此地，凡港人之关心时局者，多习闻而习见之。迨练逆在宝安发难时，冼善之竟敢使其子冼海、其党陈泽恩由港运送巨款，助逆军饷及充逆军向导，嗣在阵地中枪伤足，舁港就医，邑人见者，莫不称快。当未发难之前，冼善之且与练逆密谋盗运沙角炮台抬枪子弹，屯藏宝安县属西路，备作后应，嗣经游击队查起，现仍存团保局，是冼善之助逆谋叛罪证确凿者一也。又查宝安公民曾容系世居宝安县境，姓曾名容，别无其他名号，其人最富于公益心，邑人每推许之，此次愤冼逆之助乱，糜烂桑梓，因而出首呈控，断无反汗之理。至香港拍发虞电署名之曾容，系向在香港西营盘开曾容记店作泥水匠扫灰水生意之曾容荣所假名，其人素来无赖，交结匪类，邑人多不齿之，此次为冼逆所收买，竟不惜以自己曾容荣之姓名，忽然截断一字，一变而为曾容，在港拍发虞电为冼辩护，曾经公民曾容续呈申驳，当蒙洞鉴。且其中尤有足证其伪者，曾容记拍发虞之稿，曾用电版撮影粘呈省宪，其稿末既署名曾容的笔，复又钤以曾容荣小章，作伪心劳日拙，殆其此之谓矣。是港虞电署名之曾容，确为侨港之曾容记假名图混者二也。又查陶园酒楼及同益航业公司之产业，纯属冼逆善之一人所独有，谭牛者不外冼逆之雇役，初在同益轮拖管收渡费，近乃改充陶园酒楼司柜。陈善章者，实则并无其人，不外冼善之最初与县属福永村人陈丽章合办同益轮拖，因以善之、丽章两人之名，各抽一字合组一名，以为承商名字，嗣因经理不善，寻至亏本，陈丽章情愿退股，自时厥后亦迄于今，同益航业公司之产业，遂专归冼逆一人所独有。故财厅执照亦纯用冼善之名字。现陈丽章之子陈洪，尚充西路讨贼军第三师连长，言其父与冼逆当年合股拆股情形甚悉。唯冼逆自知逆产已封，势必召变，故欲藉谭牛、陈善章等名瞒请给还，希图狡脱，是陶园酒楼及同益航业公司产业，并非谭牛、陈善章等所共有者三也。以上各节，迭经秘书县长会同逐一详查，确无疑义，谨合词具覆，伏乞察核，克日派员莅县会同评价召变，藉充军饷，实为公便'等情。据此，查冼善之等既属附逆情真，甘心破坏大局，挟其资财助恶长乱，揆厥情形，实堪痛恨，可否准于宝安县公民及黎师长等所请，将冼善之等家产召变充饷，以儆凶顽而彰顺逆，理合备文呈候钧座俯赐察核，迅予批示施行，实为公便"等情。据此，除指令呈悉，既据查明冼善之等附逆有据，该逆等家产，准予变卖充饷，以儆凶顽。仰即会同广东省长办理外，合行令仰该省长即便遵照办理。① 此令。

（中华民国陆海军大元帅之印）

中华民国十二年八月廿日

据《大元帅训令第二六六号》，载广州《陆海军大元帅
大本营公报》第二十六号，一九二三年八月三十一日

饬姚雨平招抚东江散兵令

（一九二三年八月二十日）

大元帅训令第二六七号

令惠州安抚使兼中央直辖警备军司令姚雨平

为令遵事：照得我军此次出征东江，义在伐罪救民，歼厥逆魁，余无所问。所有胁从官兵，应予招抚收编，以安反侧，而示宽仁。仰该司令体念斯旨，即赴东江前敌设法招抚，以免敌兵流散，重贻民害，仰即遵照毋违。切切。此令。

（中华民国陆海军大元帅之印）

中华民国十二年八月廿日

据《大元帅训令第二六七号》，载广州《陆海军大元帅
大本营公报》第二十六号，一九二三年八月三十一日

---

① 据《陆海军大元帅大本营公报》第二十六号《大元帅指令第四〇五号》，于八月十七日指示军政部长程潜会同广东省长办理。

批杨仙逸为东江水涨拟将陆机二架
装成水机以备赶赴前敌呈

（一九二三年八月二十日）

大元帅指令第四〇六号

　　令航空局局长杨仙逸

　　呈报东江水涨，拟将陆机二架装成水机，以备赶赴前敌由。

　　呈悉。照准。此令。

（中华民国陆海军大元帅之印）

中华民国十二年八月廿日

据《大元帅指令第四〇六号》，载广州《陆海军大元帅
大本营公报》第二十六号，一九二三年八月三十一日

饬发给行营金库长万元手令

（一九二三年八月二十一日）

　　着会计司发给行营金库长壹万元。此令。

孙文

中华民国十二年八月廿一日

据原件，台北、中国国民党文化传播委员会党史馆藏

着军政各机关迅行依式编补各预算书令

（一九二三年八月二十二日）

大元帅训令第二六八号

令军政各机关长官

据大本营审计局长刘纪文呈称："窃职局权司审计，举凡国库出纳之款项，自应依法审核，以仰副钧帅慎量度支、维系公帑之至意，故自职局成立以来，迭经呈请通饬各文武机关，依法编造预算，呈由钧帅核定发局备案，及按月编造支付预算，暨每月计算发局审查各在案。惟查十一年度、十二年六月以前各机关遵令造报者，除内政、财政、兵站、建设等部及宪兵司令部外，其余军政、外交等部，会计司、法院暨中央直辖各机关等，多尚阙如；且造报者，或有预算而无计算，或有计算或无预算，或间或断，或程式不符，或手续不合，亦多未尽符章制，所有审查经过情形，复经分别呈复察核又在案。窃以国家财政，首贵整理之得宜，其整理之方，自宜于每年度未开始之先，确定预算，以为出纳之根据。考诸会计法例，国家之租税及其他收入为岁入，一切经费为岁出，岁入、岁出均应编入总预算。又审计法例，各官署应于每月五日以前，依法决定预算定额之范围，编造次月预算书，送由财政部查核发款后，转送审计院备查，及各官署应于每月经过十五日以内，编成上月收入计算书、支出计算书，送审计院审查等规定。是一则为整理之方，一则为防弊之法，推行已久，成案可稽。今各机关既未能依法编造于前，尤不遵令补报于后，似于钧帅设置职局，与整理财政、慎重度支之旨，不无径庭。用敢再呈钧座，拟请迅令各文武机关，对于上年度，即十二年六月以前之预算计算已报未完，或程式不符，及未经造报者，一律依照财政部编定书式，参照会计审计法例，克期补造，呈报钧座，发局分别审查备案。其十二年度总预算，亦应迅照财政部通行期限，依式编送该部汇总呈核，嗣后仍按月编造支付预算书，及收支预算书表，参照审计法例，分别呈送发款审核，以符法系而资整理。所有呈请通令各文武机关迅行依式编造各预计算书表分别呈送各缘由，理合具文呈请鉴核，伏乞俯赐分令饬遵，实为公便"等情。据此，除指令准如所请分令军政各机关查照办理外，合行令仰该部长、总司令、军长、院长、司令、司长查照，并转饬所属，迅行依式分别补造、编造各预算书表呈候发核，以资整理而重度支。此令。

（中华民国陆海军大元帅之印）

中华民国十二年八月廿二日

据《大元帅训令第二六八号》，载广州《陆海军大元帅大本营公报》第二十六号，一九二三年八月三十一日

准西江善后督办补充团改易名称令

（一九二三年八月二十二日）

大元帅训令第六二〔二六〕九号

令西江善后督办李济深

据大本营驻江办事处全权主任古应芬呈称："呈为补充团业已成立，拟请收归中央直辖，恭呈仰祈睿鉴事。窃照本处组织补充兵一团，遴委冯宝桢为团长，严博球为中校团附，高汉宗为少校团附，业经呈报在案。查该团虽成立未久，而训练颇有可观，本处现已奉裁，该团无所隶属，拟恳准予收归钧府直辖，并改名为中央直辖广东讨贼军步兵独立团，仍驻西江，暂归善后督办李济深节制，俾可练成劲旅，听候指挥。所有拟请将本处所辖补充团改隶中央更易名称各缘由，备文呈请察核，是否有当，伏乞指令祗遵。再如蒙照准，该团长团附各职，并请分别加给任命，以重职守，合并具陈"等情前来。除指令准如所请办理外，合行令仰该督办查照。此令。

（中华民国陆海军大元帅之印）

中华民国十二年八月廿二日

据《大元帅训令第二六九号》，载广州《陆海军大元帅大本营公报》第二十六号，一九二三年八月三十一日

批古应芬请将补充团收归中央
直辖暂归李济深节制呈

（一九二三年八月二十二日）

大元帅指令第四〇八号

令大本营驻江办事处全权主任古应芬

呈请将补充团收归中央直辖，暂归善后督办李济深节制由。

呈悉。准如所请办理，已令行西江善后督办矣，仰即知照。此令。

（中华民国陆海军大元帅之印）

中华民国十二年八月廿二日

据《大元帅指令第四〇八号》，载广州《陆海军大元帅
大本营公报》第二十六号，一九二三年八月三十一日

批刘纪文请通令各文武机关迅行
依式编造各预计算书表呈

（一九二三年八月二十二日）

大元帅指令第四〇九号

令大本营审计局长刘纪文

呈请通令各文武机关迅行依式编造各预计算书表由。

呈悉。准如所请，已分令军政各机关查照办理矣，仰即知照。此令。

（中华民国陆海军大元帅之印）

中华民国十二年八月廿二日

据《大元帅指令第四〇九号》，载广州《陆海军大元帅
大本营公报》第二十六号，一九二三年八月三十一日

命将程天斗交军法裁判令

（一九二三年八月二十三日）

大元帅令

　　程天斗着交大本营军法裁判。此令。

（中华民国陆海军大元帅之印）

中华民国十二年八月廿三日

据《大元帅令》，载广州《陆海军大元帅大本营
公报》第二十六号，一九二三年八月三十一日

着邓泽如拨陆军医院五千元令

（一九二三年八月二十三日）

大元帅训令第二七〇号

　　令两广盐运使邓泽如

　　据大本营军政部长呈称："据广东陆军医院院长陈世圻呈称：'呈为薪饷日久
无着，办理竭蹶万分，沥情吁请俯赐维持并予转呈事。窃世圻辱承宠命，畀以今
职。任事之始，正值军兴，所有各路伤病官兵源源而来，人数骤增，医务日繁，
经世圻督同军医、司药等员悉心疗治，加意维护，三月以来幸无贻误。该员等在
朱前院长宗显任内，服务四月，此次倏又三月，前后七月，未得分毫。似此久任
义务，窘况可想，各有家室之累，实藉月薪糊口；且省垣米珠薪桂，居大不易，
若按月薪饷日久无着，揆诸情势，实有难行。至下级之看护、士兵、杂役，月饷
或十余元，或仅只数元，久未清给，困苦尤甚，虽经多方勖勉，设法维持，无如
世圻任事以来，如垫支过不敷之伤兵伙食、购办缺乏之药费品以及临时添置床板、
寝具，并办事人员之膳费，无一不在张罗，勉力支撑，以致债累满身，清还无从。
前项薪饷问题，总竭其智能亦无法解决。所有种种困难情形，迭经面陈聪听，请
赐维持在案。现世圻任内，积欠经常薪饷，暨垫支过临时购置接济药品及不敷伤

兵伙食等款，均系立待开支，万难再事延缓，致滋瓦解。世圻目击现状，忧心如焚，虽知库帑奇绌之秋，不敢不据实上陈。盖各该员之苦况已达极点，势难再支，设致贻误公务，负疾愈深，再四筹维，惟有沥情呈请鉴核，俯赐设法维持，并乞据情转呈元首，早日指拨的款发给下院，以苏涸辙。迫切陈词，无任悚惶待命之至'等情。据此，查该院长所陈各节均属实情，计该院经费每月二千八百四十七元七毫，又伙食及临时费二千五百一十元，除奉钧令每日由会计司发五十元外，每月仍不敷三千八百五十七元七毫。似此积欠日多，应付綦难，拟请钧座特予批发的款五千元下部，转发该院长妥为维持，是否有当，理合据情转呈，伏乞察核指令祇遵"等情。据此，除指令照准外，合行仰该运使遵即迅拨五千元交由军政部领收转发可也。此令。

（中华民国陆海军大元帅之印）

中华民国十二年八月廿三日

据《大元帅训令第二七〇号》，载广州《陆海军大元帅大本营公报》第二十六号，一九二三年八月三十一日

批程潜请拨款维持陆军医院呈

（一九二三年八月二十三日）

大元帅指令第四一二号

令大本营军政部长程潜

呈请批发的款维持陆军医院由。

呈悉。准如所请，候令行两广盐运使迅拨款五千元交由该部核收转发，仰即知照。此令。

（中华民国陆海军大元帅之印）

中华民国十二年八月廿三日

据《大元帅指令第四一二号》，载广州《陆海军大元帅大本营公报》第二十六号，一九二三年八月三十一日

着按月发给北京法文报津贴令

（一九二三年八月二十三日）

着会计司每月发给北京法文报津贴大洋壹百五十元。由本月起发，交韦玉手汇去。此令。

孙文

中华民国十二年八月廿三日

据原件，广州、中山大学孙中山纪念馆藏

批罗翼群称广东工团海面货船协会
严月生等营私舞弊请核办呈

（一九二三年八月二十四日）

大元帅指令第四二〇号

令大本营兵站总监罗翼群

呈据交通局长周演明呈：广东工团海面货船协会严月生等，伪造事实，营私舞弊，转请核办由。

呈悉。仰即严查，如果属实，应行从重究办。此令。

（中华民国陆海军大元帅之印）

中华民国十二年八月廿四日

附：罗翼群原呈

（一九二三年八月二十一日）

呈为呈请事：现据职部交通局长周演明呈称：现据广东工团同盟会、中华海面货船协会总部会长严月生、黄曜等快邮篠电称：窃自沈逆叛变，各江用兵，我大元帅率师讨贼，我工人等即首先输诚，尽其棉薄，赞襄义军。盖以水路交通首需船舶，我工人自置船渡，以运栽米谷为业，即俗所称为米舷者也。军兴伊始，即由本工会具呈大本营兵站总监，称军事如用船只，请知照本工会，本工会当着会友将船报效，推请勿以强力成迫，致生误会。盖办事人员或不能仰体我大元帅嘉惠劳工之旨趣，假藉威权，悉恶凌迫，其不肖者难保不有欺作取财之举，则非惟有玷我兵站职员之名誉，且无形之中丛职怂愤，致伤大元帅之威德。一片苦衷，经由罗翼群总监俯察批准在案，本会因而组织一联保会，凡我工友以米舷为军事效力者，每艘每日由会给回二十元以为伙食，或遭不测，则本会每船送回该遇险之船补置费二十五元。计全会米舷不下三百余艘，统计一船遇险，可得回补置费七千余元，此皆本会自动的为我大元帅效力之可稽者也。数月以来，相安无异，盖我工会全体工友均为中国国民党党员，对于国家须尽我国民之天职，对于本党亦同时须尽我党员之责任。去年陈逆之变，我工会米舷集中鹅潭拥护帅座，身命财产概置度外，足见我工会工人为国效劳、为党效忠、为大元帅效死不自今日始也。万不料本月十六日下午十一时三十分，突有兵站部交通局委员钟昌谱等率同卫兵数人，偷登我会员广发昌、广联发米舷，声称封船，不由分说，放枪威吓。妇人孺子奔走无路，黑夜沉沉，官贼实在难辨，迫得率同家人妇子逃匿别船。该委员竟大肆咆哮，将系船之链抛掷于河里。窃思我米舷工人，以船为家，今该委员既未知会警察，黑夜擅进船中，实与于黑夜闯入人家何异？锚链为稳固船艘之要具，一旦失去，即成不系之舟。现时西潦盛涨，河流湍急，全船覆没在于意中。该委员竟下此毒手，法律人道荡然无存。更有足令公愤者，我大元帅以党治国，青天白日之党旗凡我党员理当尊重，乃该委员竟取党旗而撕碎之，此而可忍，孰不可忍！该委员既可将党旗撕碎之，即无异将我党捣毁之，目无我党，即目无我大元帅。我工人等今为自卫计，谨率同业系船待命，其有不奉我大元帅命令及中国国民党广东支部长通告，擅敢近我船者，即以盗匪偷劫论，迎头痛击之。官不能卫民，反而虐民，则民当自卫，非工人敢为轨外之行动也等情。据此，查该会长严月生前据到局面称：封雇各民船差用，劳逸未免不均，不如由该会轮派当值，限期瓜代，则船户仍有营业时期，而职局复无缺船之患。当以其言之成理，经予照行。乃严月生竟借此轮值名目，月收该各船保护费每艘数十元，轮值与否以交费与否为断。凡未交费之船，即载满货物亦强饬其到局差用，一经交费又复来局，饰词取消另觅别船替换，往复辗转，每封一船非一二日不就。事关军事运输，未便听其傀儡，万不获已，始将该议取消，仍前由局封雇，冀免贻误。乃严月生因失各船户之信仰，保护之费难收，竟敢身佩短枪闯进职局办公厅，将委员李国权强殴致伤。当时职适因午假虽未目击，而合局职员金称属实，当时职仍勉励各员勿以意气用事，当以前方军事为重，饬令照常办公，幸皆听命不至滋生事端。本月十四、五等日，准巩卫帅府之广东讨贼军第三团邓团长演达派员到局称，即护帅节督师东江，需大民船数艘载运士兵，沿途巩卫座船。又准公安局司徒大队长，请封雇大船载运游击队前往江门。职以事关帅节出巡，及江门军事至为重要，立派委员钟昌谱，赶速驰往封雇。查该委员此次封雇民船，时间系本月十六日上午十二时起，至本日下午五时止，封雇所得广发昌、广联昌二艘回局，该电捏称为本月十六日下午十一时三十分，直以昼为夜，殊非事实；又称不由分说，放枪指吓等语。查该船泊在珠江河面，水警梭巡，民船棋布，繁盛之区倘枪声一起，秩序势必凌乱。何以除严月生外，皆无闻见？其为伪造事实故入人罪不攻自破。况职迭经训谕职员处事当以和平，勿用意气，自开办至今，皆以理解情喻为主，非礼之言尚不出口，岂有遽行放枪情事。所封之船，仍泊河面，系船铁链仍存，并未抛于河里。经职传该船主、船员，分别到局查询，金称并无放枪、毁旗、抛链情事。则事之虚伪，该船主、船员可以证明。查兵站因军事封雇船艘，亦无知会警察之规定，种种谰言，无非希冀混淆观听。至称撕碎党旗一事，尤为荒谬，推其用意，不过欲架捏大题鼓动社会，激起一般工党阻碍兵站封雇民船，彼则从中包庇，以遂其私。青天白日光明正大之旗，严月生竟假为滋事营私之具，洵为罪大恶极，非尽法严惩无以肃纲纪而儆奸邪。再查该米舴船据称三百余艘，自七月十七日迄今并无封用。此次因巩卫帅节，并运载警察、游击队前往江门，始封用二艘，即虚构若干事实，以为抵制。其把持船艘事小，而阻碍军事进行事大，事实具在，岂可厚诬？严月生不过假国民党之威名，而行其营私舞弊之实，此种败类实为国民党之玷。演明本不屑与辩，惟恐以伪乱真，以致外间不察，莫明真相。理合将严月生种种伪造事实各情由，呈请钧部察核。可否转呈大元帅立予惩办，以免效尤而利戎机之处，敬祈指令祗遵等情前来。据此，查此案昨据该局长函报前来，业经呈报钧座衡核在案，据呈前情，理合转呈察核。应何如办理之处，伏祈指令祗遵。谨呈大元帅。

兵站总监罗翼群（印）

中华民国十二年八月廿一日

据《大元帅指令第四二〇号》，载广州《陆海军大元帅大本营公报》第二十六号，一九二三年八月三十一日

着克日筹款十万元拨交兵站总监令

（一九二三年八月二十五日）

大元帅训令第二七一号

　　令大本营财政部长叶恭绰

　　据大本营兵站总监罗翼群呈称："现据职部各局长暨前方各站所长到部环集，众以款项竭蹶，无法维持，坚请辞职等情。当即于是夜开全部紧急会议，据各该主管开列，每日最低限预算：一、经理局军米九千元，油、盐、菜等副食物一千元，草鞋、雨笠、水壶、弹带等共一千五百元，燃料、飞机油、煤油、电油、油渣等一千元，煤炭二千元，每日需支一万四千五百元。二、交通局船租伕费，输送队、电信队伙食，每日需支一千七百元。三、卫生局药料一千元，各院队伤病官兵伙食暨市内各院留医费并瘗埋费共二千元，每日需支三千元。四、支部站所经费，除西北江已在结束期间不计外，每日需支一千元。五、守备队每日二百元。六、本部经费及公旅费、调查等费，每日约六百元。六项合计，每日需支二万一千元，又旧欠五十万元，每日摊还百分之一，需五千元，合共需支二万六千元。职再三考核，确系实情。伏查前奉帅令，自八月四日起，指定各机关拨款每日二万元，即全数拨足，尚不敷六千元。现据经理局报告，本月领款平均每日得一万三千九百余元，除镍币损失，实得一万二千余元，仅及半数，即不还旧欠，亦不敷近七千元，此七千元之数，几占军米全数十分之八，职部人员即破产倾家，亦无能垫此巨款。现在战事方殷，军粮倍急，时日愈积，疮孔愈多，终必至无法办理，贻误大局。职再四焦思，不敢肩此重责，惟有作最后之泣血，吁请帅座除勒

限各机关每日如数拨足外，另拨现款拾万元，以应眉急，否则纵糜职部人员之躯，亦不足果前敌将士之腹，惟有随同全部，一律请予解职待罪，免误全局。所有办理为难情形，理合备文呈请衡核，立候指遵，不胜惶恐待命之至"等情前来。据此，除指令准如所请办理，并分令指定各机关将指定款项按日如数拨交外，合行令仰该部长即便遵照，克日筹款十万元，拨交该兵站总监部以资应付。此令。

（中华民国陆海军大元帅之印）

中华民国十二年八月廿五日

据《大元帅训令第二七一号》，载广州《陆海军大元帅大本营公报》第二十七号，一九二三年九月七日

着按日如数拨足兵站之款以利军行令

（一九二三年八月二十五日）

大元帅训令第二七二号

令两广盐运使邓泽如、广东财政厅长邹鲁、广州市市政厅长孙科、广州市公安局长吴铁城

据大本营兵站总监罗翼群呈称："现据职部各局长暨前方各站所长到部环集，众以款项竭蹶，无法维持，坚请辞职等情。即于是夜开全部紧急会议，据各该主管开列，每日最低限预算：一、经理局军米九千元，油、盐、菜等副食物一千元，草鞋、雨笠、水壶、弹带等共一千五百元，燃料、飞机油、煤油、电油、油渣等一千元，煤炭二千元，每日需支一万四千五百元。二、交通局船租伕费，输送队、电信队伙食，每日需支一千七百元。三、卫生局药料一千元，各院队伤病官兵伙食暨市内各院留医费并殓埋费共二千元，每日需支三千元。四、支部站所经费，除西北江已在结束期间不计外，每日需支一千元。五、守备队每日二百元。六、本部经费及公旅费、调查等费，每日约六百元。六项合计，每日需支二万一千元，又旧欠五十万元，每日摊还百分之一，需五千元，合共需支二万六千元。职再三考核，确系实情。伏查前奉帅令，自八月四日起，指定各机关拨款每日二万元，即全数拨足，尚不敷六千元。现据经理局报告，本月领款平均每日得一万三千九

百余元，除镍币损失，实得一万二千余元，仅及半数，即不还旧欠，亦不敷近七千元，此七千元之数，几占军米全数十分之八，职部人员即破产倾家，亦无能垫此巨款。现在战事方殷，军粮倍急，时日愈积，疮孔愈多，终必至无法办理，贻误大局。职再四焦思，不敢肩此重责，惟有作最后之泣血，吁请帅座除勒限各机关每日如数拨足外，另拨现款拾万元，以应眉急，否则纵糜职部人员之躯，亦不足果前敌将士之腹，惟有随同全部，一律请予解职待罪，免误全局。所有办理为难情形，理合备文呈请衡核，立候指遵，不胜惶恐待命之至"等情前来。据此，除指令准如所请办理外，合行令仰该运使、厅长、市长、局长即便遵照前令，务将指定之款，按日如数拨足，以裕饷糈而利军行。此令。

（中华民国陆海军大元帅之印）

中华民国十二年八月廿五日

据《大元帅训令第二七二号》，载广州《陆海军大元帅大本营公报》第二十七号，一九二三年九月七日

批罗翼群报告该部款项竭蹶请予补助呈

（一九二三年八月二十五日）

大元帅指令第四二一号

令大本营兵站总监罗翼群

呈报该部款项竭蹶情形，请令饬各财政机关依照前令，每日如数拨足，并速拨现款拾万元，以应急需由。

呈悉。已准如所请，令行各该财政机关按日如数拨给，并着财政部特筹十万元交该总监部，以资应付。仰即知照。此令。

（中华民国陆海军大元帅之印）

中华民国十二年八月廿五日

据《大元帅指令第四二一号》，载广州《陆海军大元帅大本营公报》第二十七号，一九二三年九月七日

批梅光培请转饬将查封冼善之等逆产案卷咨送过处以便投变呈①

（一九二三年八月二十五日）

大元帅指令第四二二号

　　令广东全省官产清理处处长梅光培

　　呈请转饬将查封宝安县属冼善之等逆产案卷咨送过处，以便投变由。

　　呈悉。准予令行大本营军政部将该案卷宗移交该处办理矣。仰即知照。此令。

（中华民国陆海军大元帅之印）

中华民国十二年八月廿五日

据《大元帅指令第四二二号》，载广州《陆海军大元帅大本营公报》第二十七号，一九二三年九月七日

着廖行超速率部赴博罗解围令

（一九二三年八月二十六日）

　　行第八十五号。兹得赵师长②由始兴来电，彼已与赣边友军联络，北江防务已臻巩固，无需多加军队；而博罗杨师长③报告：博罗已被敌包围，情势危急。着该师长速率所部赶赴博罗解围。至急。切切。此令廖师长行超。

孙文（印）

午后十一时于石龙

据原件，广州、中山大学孙中山纪念馆藏

---

　　①　八月二十日，广东全省官产清理处处长梅光培呈请孙文，将六月份查封的冼善之逆产数宗照章招商投变，以济饷糈。

　　②　赵师长，即赵成梁。

　　③　杨师长，即杨廷培。

着程潜将查封逆产卷宗移交
广东全省官产清理处办理令

（一九二三年八月二十七日）

大元帅训令第二七三号

令大本营军政部长程潜

据广东全省官产清理处处长梅光培呈称："现据东、增、宝①官产清理分处呈称：'窃查宝安县属土名福永处有沙田一段，海坦一段；土名火山处有荔枝园一所；土名洪田村有大屋一间，均系冼善之产业。又土名沙井村有大屋两间，系陈星肪产业；又土名沙井村有书房二间，联丰号杂货店一间，系陈斗文产业。以上数宗，因附逆嫌疑，于夏历六月初旬被大本营查封有案。查《修正粤东查变官有不动产地章程》第一章乙种规定：凡由官没之产，均准照章办理。前项逆产既经查封，尚未投变，应归职处照章处分。理合备文呈请察核，伏乞转呈大元帅转饬大本营，将查封宝安县属逆产案卷咨送过处，转发职处招商投变，以济饷糈。是否有当，仍候指令祗遵'等情。据此，除指令该分处候据情转请检发卷宗，并请指示办法再行饬遵外，据呈前情，理合呈请钧座令饬查案检发下处，并指示办法，以便转饬遵办，实为公便"等情前来。据此，除指令呈悉准予令行大本营军政部，将该案卷宗移交该处办理外，合行令仰该部长即便遵照移交为要。此令。

（中华民国陆海军大元帅之印）

中华民国十二年八月廿七日

据《大元帅训令第二七三号》，载广州《陆海军大元帅大本营公报》第二十七号，一九二三年九月七日

---

① 东、增、宝，指东莞、增城、宝安三县。

着酌派军队保护电政令

（一九二三年八月二十七日）

大元帅训令第二七四号

令西江善后督办李济深

据广东电政监督兼广州电报局局长范其务呈称："案据长冈电报局局长张尧昌篠日邮电呈称：'自西军退后，群盗继起，长冈附近共有匪帮二十余处，由都城至长冈沿途，亦有匪帮一十二处，掳人劫掠，无日无之。军警林立，莫如都城，官兵之多，莫如长冈，而墟内掳人打单之事，视若等闲，甚至打单索取三二十元，掳人勒赎及至十元数元不等，上至殷商，下至走贩，无一幸免，目下凡百工商，因此停业者不可胜数。职局收来专送各处电报，多属无人愿送，而局内员生工丁等成为之惧，似此情形，不寒而慄，万乞转呈大本营暨知照西江督办处，立派得力军队前来驻防，庶地方不致糜烂，职局幸甚，地方幸甚'等情前来。查该处地方匪多，各处电报无人愿送，请立派正式得力军队驻防，以卫地方。所称似属实情，理合据情呈请钧座察核，令饬西江督办处查明该处地方情形，酌调得力军队驻防，或遇报局修理杆线时，由该局长就近请派驻防军队，以资保护，俾交通得以早日恢复，实为公便"等情前来。据此，除指令呈悉，准予令行西江善后督办酌派军队严加保护外，合行令仰该督办即便遵照办理，以靖地方而维电政。此令。

（中华民国陆海军大元帅之印）

中华民国十二年八月廿七日

据《大元帅训令第二七四号》，载广州《陆海军大元帅大本营公报》第二十七号，一九二三年九月七日

着冯侠民将运船押回石龙令

（一九二三年八月二十八日）

着兵站押运委员冯侠民，于各军在礼村登岸后，即将各运船押回石龙，不得逗留。切遵。此令。

孙文

十二年八月二十八日

据原件影印件，台北、中国国民党文化传播委员会党史馆藏

着各军如需派报生随营应先呈请帅府核饬令

（一九二三年八月二十九日）

大元帅训令第二七五号

令中央直辖滇军总司令兼广州卫戍总司令兼中央直辖滇军第一军军长杨希闵、中央直辖第一军军长朱培德、中央直辖西路讨贼军总司令刘震寰、东路讨贼军总司令许崇智、东路讨贼军第三军军长李福林、中央直辖第三军军长卢师谛、中央直辖第七军军长刘玉山、广东江防司令杨廷培、广东海防司令陈策、中央直辖广东讨贼军第四军军长梁鸿楷、海军舰队司令部参谋长赵梯昆、中央直辖滇军第二军军长范石生、中央直辖滇军第三军军长蒋光亮、大本营兵站总监罗翼群、西江善后督办李济深

据广东电政监督范其务呈称："窃查讨贼军兴以来，职前任曾派报生携机件材料前往行营服务者已有十一处，现有未奉帅令如滇军赵师长，径行催派报生随营值报，职处因该处军事要地防务紧急，经已从权先行派往。惟报生派往别处，须先发给薪伙一月，以及川资等费，所费不赀，现职处经费困竭已达极点，此后各军须报生随营，若仍到职处催派，恐供不应求，无法应付，用特备文呈请钧座，迅予通令各军，嗣后如因军事紧急须派报生随营值报时，应先呈请帅

府核饬职处遵令照办，以资限制，实为公便"等情。据此，除指令照准并分令各军长官遵办外，合行令仰该司令、军长、总司令、参谋长、总监、督办即便遵照办理。此令。

（中华民国陆海军大元帅之印）

中华民国十二年八月廿九日

据《大元帅训令第二七五号》，载广州《陆海军大元帅大本营公报》第二十七号，一九二三年九月七日

饬罗翼群转饬第二支部依原定
预算编造再行呈核令

（一九二三年八月三十日）

大元帅训令第二七六号

令大本营兵站总监罗翼群

据大本营审计局长刘纪文呈称："现奉钧帅发下兵站总监第二支部饷册一本、原呈一件到局，谕交审查备案等因。奉此，查该部所请增加薪水，尚属无多，似应如数照准，惟所称各支部编制，原定薪饷、公费折实银一千七百五十七元一节，核与原定预算不符。该支部饷额公费，经职局核定月支一千六百三十四元，呈奉核准在案。今比较多列一百二十三元，实与原定数目不符，碍难备案，应请发还更正，饬令依照原核定额编造，再行呈请增加，实为公便。奉令前因，理合具文呈复。原呈、饷册，随文呈请察核"等情前来。据此，除指令照准外，合行令仰该总监即便遵照，转饬该第二支部依照原定预算编造再行呈核，原饷册及呈一并附还。此令。

（中华民国陆海军大元帅之印）

中华民国十二年八月卅日

据《大元帅训令第二七六号》，载广州《陆海军大元帅大本营公报》第二十七号，一九二三年九月七日

饬徐绍桢更正补造该部三四月份预算令

（一九二三年八月三十日）

大元帅训令第二七七号

令大本营内政部长徐绍桢

据大本营审计局长刘纪文呈称："案准大本营秘书处第二八一号公函，转奉钧帅发下内政部三、四两月份支出计算书及附属表簿共十本送局审理等由。经将该书、表法详细审查。内列数目，核实者尚多。惟俸给一项，官俸条例未奉颁发，职局无所依据。案经将该部上年度三月至六月份预算书，呈候钧帅核夺，虽未奉令准，职局为审查便利计，拟暂先以该部原预算为依归，将来官俸条例颁布，或间有与该预算俸薪参差者，自应另行呈请核夺外，现细核计算书所列，秘书月薪五百元，书记月薪九十元，均与该预算书所列不相符合，似应依照原预算所定，秘书月支四百元，书记月支三十至四十元。计秘书、书记等三月下半月应核删银一百二十五元，四月份银二百五十元。又差弁一节原预算列二名，每月各支二十元，而计算书则列六名，月各支二十四元，是人数与工金均与预算不符。三月半月应照核删银五十二元，四月份银一百零四元。又差役工食各机关多系列支月饷十二元，该计算书列十四元，前经函请该部核减，以照划一。计三月半月核减八元，四月份十六元。至公费一项，两月份均有捐助费开销。查办公费之性质，既名定为办公，则其用途原限于机关上之费用。捐助等费实属私人行为，与机关上实毫无相关，自不能任意报销，淆乱公私款项。计应核删三月份捐助省、港、澳工团一单五十元，四月份捐助军人慰劳会一单五十元，以昭核实。又香烟、香枧、手巾等，均属私人用品，均不宜于公费上开销。三月份香烟等物共计十元二毫，四月份八元，概应核删。其余附属表册间有数目错误者，经逐一签明，声请更正。计该部计算书三月份经费原报一千八百五十三元五毫四仙，共应删银二百四十二元二毫，该半月份职局核定应支银一千六百一十一元三毫四仙。四月份经费原报三千三百三十一元八毫四仙，共应核删银四百二十八元。该月份职局核定应支银二千九百零三元八毫四仙，除将该部三、四月份支出计算书册粘存薄〔簿〕等，抽存一份备案外，理合具文连同书、表等，呈请察核转发。再该部三、四月份预算书，刻尚未奉转，应请饬令补造呈发下局备案，实为公便"等情。据此，除指令照准，已令行该部长依照办理外，合行令仰该部长依照更正，并将该部三、四月份预算补造，呈候发局备案。计算书及表册发。此令。

（中华民国陆海军大元帅之印）

中华民国十二年八月卅日

据《大元帅训令第二七七号》，载广州《陆海军大元
帅大本营公报》第二十七号，一九二三年九月七日

批刘纪文审查内政部十二年度全年预算书情形呈

（一九二三年八月三十日）

大元帅指令第四三二号

　　令大本营审计局长刘纪文

　　呈覆审查内政部十二年度全年三月半月预算书情形，请指令祗遵由。

　　呈悉。内政部职员月俸预算书已准予备案，该部三月份至六月份职员月俸应暂照该部呈案预算书办理。仰即知照。此令。

（中华民国陆海军大元帅之印）

中华民国十二年八月卅日

据《大元帅指令第四三二号》，载广州《陆海军大元
帅大本营公报》第二十七号，一九二三年九月七日

批刘纪文请饬更正兵站第二支部饷册呈

（一九二三年八月三十日）

大元帅指令第四三三号

　　令大本营审计局长刘纪文

呈覆审查兵站第二支部饷册核算不符，请饬依原定编造更正由。

呈悉。业准如所请，令行兵站总监转饬该第二支部依照原定预算编造矣。仰即知照。此令。

（中华民国陆海军大元帅之印）

中华民国十二年八月卅日

据《大元帅指令第四三三号》，载广州《陆海军大元帅大本营公报》第二十七号，一九二三年九月七日

着财政机关等酌拨饷械接济黄明堂令

（一九二三年八月）

令财政机关酌量拨款，兵站酌量拨子弹，接济黄明堂。此令。

孙文

民国十二年八月

据原件影印件，台北、中国国民党文化传播委员会党史馆藏

饬将无线电机送回博罗令

（一九二三年八月）

令无线电总局，即将博罗无线电机赶快送同博罗。

孙文

民国十二年八月

据原件影印件，台北、中国国民党文化传播委员会党史馆藏

饬转前敌飞机人员听从调遣令

（一九二三年八月）

令航空局长饬前敌飞机人员，须听博罗许总司令部命令。

孙文

民国十二年八月

据原件影印件，台北、中国国民党文化传播委员会党史馆藏

批谭延闿报告沈鸿英窜扰汝城请调兵入湘事①

（一九二三年八月）②

如攻长沙不得手，须要立变方针，对长沙取守势，对赣南取攻势。赣南有樊、常两部，确能与我一致行动，有此好机〈会〉。我当合湘、粤、北三力先取江西，亦破敌之一妙法。如湘军能以大部由醴、萍入江西，以小部守衡州之线，文当出大庾，沈逆败残之余，殊无战斗力，不必畏也。

文

罗家伦主编：《国父批牍墨迹》，台北，中国国民党
中央委员会党史史料编纂委员会一九五五年十一月出版

着各军节省伕力并在原驻地代为招募令

（一九二三年九月一日）

大元帅训令第二七九号

命中央直辖滇军总司令兼广州卫戍总司令兼中央直辖滇军第一军军长杨希闵、

---

① 谭延闿时任湘军总司令。
② 原件未署日期。当在一九二三年八月间。

中央直辖第一军军长朱培德、中央直辖西路讨贼军总司令刘震寰、东路讨贼军总司令许崇智、东路讨贼军第三军军长李福林、中央直辖第三军军长卢师谛、中央直辖第七军军长刘玉山、中央直辖广东讨贼军第四军军长梁鸿楷、中央直辖滇军第二军军长范石生、中央直辖滇军第三军军长蒋光亮

据大本营兵站总监罗翼群呈称："现据职部交通局长周演明梗电称：前六月四日据职部第一科科长梁鸣一报称：募伕困难，市民惊惧，拟请变通募伕办法。当将为难情形，呈请变通办理。随奉钧部第一八〇号指令内开：当经据情转呈大元帅，奉第二四六号指令内开：准如所请办理在案。惟职局虽奉到此项指令，仍然设法雇募，务使源源解送，以应各方之需求，迄今两月有余，从不敢意存卸责，解单俱在，有案可稽。无如迩来各军纷纷开赴东江，需伕尤众，每次到取，动以数百名为额，稍有不足，则责以'贻误戎机'，竭力代募，又苦于苦力无几。窃思募伕数月，计达二万余名，本市苦力中人雇募殆尽，即或间有漏网，亦忍饿不敢出门，四乡小贩相戒不敢来城。而取伕者函电纷驰，急如星火，连日迭据各军催取伕役，经即派委员冯达材到公安局屡次商请代募。旋据复称：经往谒公安局，各科长等佥称广州市面已绝少苦力之人，即使有之，亦均佩有襟章，一经被募，群来交涉，现惟有将轻罪人犯数十名解来充伕，从此更难招募等语。似此情形，益难为继。更闻近日有因伕役逃走，被军士开枪乱击，当场击毙者多起，并有在各街上向途人强拉乱殴情事，以致行人奔避，商贾裹足，募伕前途越加一层障碍。且本市伕役有限，而各军到取者无穷，累百盈千，一呼即至，一若片刻可以制造而成者。来日方长，虽海水亦有时而涸，况职局只靠各区募集，今既有种种困难，每日所募者至多不过数十名，少则十余名不等，一旦各军到取，职局实无从应付，各军责备，有口难言。除仍竭力募集外，迫得飞电陈明，重申前请。伏乞转呈大元帅明令各军，节省伕力，并依照前令，通令各军变通办理，各在原驻地点就近警区商会代为招募，以补职局之不足；一面优待伕役，优给工值，以免逃亡，而杜强拉。是否可行，伏侯〔候〕令遵，不胜急切待命之至等情。据此，查前据该局长呈称：募伕困难拟请变通办法等情，当经转呈帅座，并奉第二四六号指令，准如所请在案。据电前情，合再备文转呈察核，通令各军查照办理，并候指遵"等情。据此，除指令照准，并分令各军长官遵办外，合行令仰该总司令、军长即

便遵照办理。此令。

（中华民国陆海军大元帅之印）

中华民国十二年九月一日

据《大元帅训令第二七九号》，载广州《陆海军大元
帅大本营公报》第二十八号，一九二三年九月十四日

饬廖仲恺严缉黄公汉等令

（一九二三年九月一日）

大元帅训令第二八〇号

　　令广东省长廖仲恺

　　据滇军中路第一独立旅旅长何克夫呈称："此次逆党黄公汉、叶青钱等再寇连阳时，连山县县长彭嗣志附逆招寇，代逆筹饷，事后挟印潜逃，罪证确凿。又连县县议会议长叶其森，勾引黄、叶两逆入寇连县，复为运动职部，希图反攻，经缉获拟办，由连县商会会长刘剑虹具保候讯，乃竟畏罪，一同串计潜逃"各等情。先后呈请通令严缉归案惩办前来。据此，均应予照准，除令行滇军第三军长转令该旅长仍饬部队严密侦缉获办外，合行并案令仰该省长即便查照，咨行各军饬属并分令各县一体严缉，务获归案究办。原呈二件抄发。此令。

（中华民国陆海军大元帅之印）

中华民国十二年九月一日

据《大元帅训令第二八〇号》，载广州《陆海军大元
帅大本营公报》第二十八号，一九二三年九月十四日

饬叶恭绰补缮该部三至六月份
预算表送交审计局备案令

（一九二三年九月一日）

大元帅训令第二八一号

　　令大本营财政部长叶恭绰

据大本营审计局长刘纪文呈称："窃职局现准财政部第四百五十号公函开：'现准贵局函开：现奉大元帅发下贵部开办费及三月份至六月份计算书、表、册共十五本，谕令审查等因。奉此，当应依法审查，惟贵部各月份预算书尚未分发到局，对于审查上无所根据，相应函请贵部速为编造三月份至六月份预算书，呈请大元帅转发敝局备案，以便审查等由。准此，查接管卷内三月份至五月份，又六月一日起至廿四日止共计二十四天，各月份预算表均经邓前任编造，面呈大元帅在案。准函前由，相应函复希为查照是荷'等由。准此，理合具文呈请钧帅，将该部已缴之三月份至六月份预算书检发下局备案。俾审查决算有所根据，实为公便"等情前来。据此，合行令仰该部长，即将部已缴之三月份至六月份预算表各补缮一分，送交该局备案，以资依据。此令。

（中华民国陆海军大元帅之印）

中华民国十二年九月一日

据《大元帅训令第二八一号》，载广州《陆海军大元帅大本营公报》第二十八号，一九二三年九月十四日

饬林森补缮该部各月份预算书送交审计局令

（一九二三年九月一日）

大元帅训令第二八二号

令大本营建设部长林森

据大本营审计局长刘纪文呈称："窃职局现准建设部第四号函开。前准贵局函开：本部各月份预算书速为编造，以便审查一案。当经函送前任邓部长查照办理去后，旋准函复开，案准大本营审计局函开：除原函有案免叙外，后开相应函达，请烦查照办理等由。准此，查本部各月份预算表早经造具，呈请大元帅核准，发存会计司在案。应请该局向会计司取阅根据审查可也。准函前由，相应函复，希烦查照办理等由。准此，相应函复，请烦查照办理为荷等由。准此，理合具文呈请钧帅，令饬该部将已缴各月份预算书补缮一份，呈由钧府转发下局备案，俾审查决算有所依据，实为公便"等情前来。据此，合行令仰该部长，即将该部已

缴各月份预算书各补缮一份，送交该局备案，以资依据。此令。

（中华民国陆海军大元帅之印）

中华民国十二年九月一日

据《大元帅训令第二八二号》，载广州《陆海军大元帅大本营公报》第二十八号，一九二三年九月十四日

饬蒋光亮严缉彭嗣志叶其森等令

（一九二三年九月一日）

大元帅训令第二八三号

令中央直辖滇军第三军军长蒋光亮

据滇军中路第一独立旅旅长何克夫先后呈称："前连山县长彭嗣志附逆有据；又连县县议会议长叶其森等甘心附逆，均请通令缉办"各等情。据此，均予照准，除并案令行广东省长遵照咨行各军饬属并令行各县一体严缉务获归案究办外，合行令仰该军长即便转令该旅长，仍饬部队严缉获办，仰即知照。此令。

中华民国十二年九月一日

据《大元帅训令第二八三号》，载广州《陆海军大元帅大本营公报》第二十八号，一九二三年九月十四日

批徐绍桢请褒扬贞妇邓黎氏并题字给章呈

（一九二三年九月一日）

大元帅指令第四三八号

令大本营内政部长徐绍桢

呈请褒扬贞妇邓黎氏并题字给章由。

呈悉。准予题颁"贞操可风"四字，并给予银质褒章一枚，发交该部转饬具

领。仰即遵照。此令。

（中华民国陆海军大元帅之印）

中华民国十二年九月一日

据《大元帅指令第四三八号》，载广州《陆海军大元
帅大本营公报》第二十八号，一九二三年九月十四日

着廖仲恺转饬将举报官产产价之半拨归粮管处令

（一九二三年九月三日）

大元帅训令第二八五号

　　令广东省长廖仲恺

　　据大本营粮食管理处督办赵士觐呈称："窃士觐奉令督办粮食管理处事宜，
经将与港商盐商接洽情形呈报在案。惟迩来商民对于政府措施未甚明了，际此军
事未结束以前，若责其投资合办，类多迟疑观望。士觐以为统筹粮食，系奉大元
帅民生主义为实验之初阶，势难听其久延，再四思维，惟有另筹资本办理。近与
财政厅长邹面商办法，适有耆民曾介眉举报黄沙官产一宗，林达举报芳村官产一
宗，李铨举报旧藩司前惠爱路官产一宗，并垦士觐及黄隆生向财政厅请求派员专
理，以免隔阂，经邹厅长特别指定该上项官产由财厅派员协同士觐、黄隆生三人
处理，所得产价，以一半拨归职处办理粮食，余一半由财厅拨充军饷。兹准财政
厅长邹函开：'案查清理官产处，系奉令归本厅管辖处理，现据民人曾介眉举报
黄沙官产、林达举报芳村官产、李铨举报惠爱路官产，均请求由厅专案处理，现
由厅遴选委员一人，专请执事督同分别妥办，此系特别要案，并希面禀帅座陈明
一切，着手勘查'等由。准此，现拟日间开始勘查，兹特陈请钧座令饬财政厅，
将曾介眉、林达、李铨所举报之官产产价总额照拨一半，归职处以为办理粮食之
用，是否有当，伏侯〔候〕钧令祗遵"等情。据此，除指令照准外，合行令仰该
省长即便转令广东财政厅长遵照办理。此令。

（中华民国陆海军大元帅之印）

中华民国十二年九月三日

据《大元帅训令第二八五号》，载广州《陆海军大元
帅大本营公报》第二十八号，一九二三年九月十四日

批张开儒称陆军测量局局长黄为材
请辞职并给发积欠薪饷呈

（一九二三年九月三日）

大元帅指令第四四七号

令大本营参谋长张开儒

呈称陆军测量局局长黄为材呈请辞职，并请给发积欠薪饷，转呈鉴核由。

呈悉。陆军测量局局长兼测量学校校长黄为材，业明令准辞本兼各职，并令行会计司给发该局积欠经费矣。仰即知照。此令。

（中华民国陆海军大元帅之印）

中华民国十二年九月三日

据《大元帅指令第四四七号》，载广州《陆海军大元帅大本营公报》第二十八号，一九二三年九月十四日

批邹鲁等称所有收支概照国币条例前
令搭收二成镍币办法准予取消呈①

（一九二三年九月三日）

呈悉。准如所请办理，此令。

孙文

据《取消镍币搭成办法之布告》，载一九二三年九月四日《广州民国日报》

---

① 广东财政厅在一九二三年九月三日之布告表明系奉大元帅第四四五号指令办理。

派赵西山赴陕传谕各军将一致讨贼令

（一九二三年九月四日）

派大本营出勤委员赵西山前赴陕西传谕同志各军将，令迅速协同一致讨贼救国。此令。

孙文

中华民国十二年九月四日

据《甲子大事记》，台北、中国国民党文化传播委员会党史馆藏

命胡汉民杨庶堪慰问日灾及田中将军令[1]

（一九二三年九月一至四日间）[2]

汉民、沧白拟稿作答，并慰问日灾。另作一函致慰田中将军。

据抄件，台北、中国国民党文化传播委员会党史馆藏

着廖仲恺督催香山等县每日照数解款令

（一九二三年九月五日）

大元帅训令第二八六号

令广东省长廖仲恺

现在军用浩繁，着该省长饬令香山、顺德、新会、台山、南海、番禺、开平、鹤山等县一律协力筹助。香山县应每日筹解三千元，顺德县应每日筹解二千五百

---

[1]　田中将军，即日本陆军大臣田中义一。

[2]　原件未署日期。"日灾"当指一九二三年九月一日日本大地震。九月四日，孙文致电日本摄政裕仁亲王慰问。由此判断日期为一至四日间。

元，新会县除解西江财政整理处外，应每日筹解一千元，台山县除解西江财政整理处外，应每日筹解一千五百元，南海县应每日筹解一千五百元，番禺县应每日筹解八百元，开平、鹤山两县除解西江财政整理处外，应每日筹解八百元，均应一律解缴大本营会计司核收，以资应付。事关军需，勿得延误，并着该省长严行督催，毋许宽假，各该县长倘有奉行不力，不能照数解缴者，应即行撤任，以示惩戒。切切。勿违。此令。

（中华民国陆海空大元帅之印）

中华民国十二年九月五日

据《大元帅训令第二八六号》，载广州《陆海军大元

帅大本营公报》第二十八号，一九二三年九月十四日

批伍朝枢为义大利赠送叶恭绰勋章呈

（一九二三年九月五日）

大元帅指令第四四九号

令大本营外交部长伍朝枢

呈称义大利赠财政部长叶恭绰勋章一座，可否准其收受，候示遵由。

呈悉。义大利国赠送大本营财政部长叶恭绰勋章，即准其收受佩带。此令。

（中华民国陆海军大元帅之印）

中华民国十二年九月五日

据《大元帅指令第四四九号》，载广州《陆海军大元

帅大本营公报》第二十八号，一九二三年九月十四日

批朱和中请予滇军第三军拟备价制造手机关枪呈

（一九二三年九月五日）

大元帅指令第四五一号

令广东兵工厂厂长朱和中

呈滇军第三军拟备价制造手机关枪，应否照造由。

呈悉。所有该厂制造手机关枪仍准照六九号命令①办理。此令。

（中华民国陆海军大元帅之印）

中华民国十二年九月五日

据《大元帅指令第四五一号》，载广州《陆海军大元
帅大本营公报》第二十八号，一九二三年九月十四日

批赵梯昆称完全克复藤县呈

（一九二三年九月六日）

大元帅指令第四五二号

令海军司令部参谋长赵梯昆

呈报八月二十九日完全克复藤县由。

呈悉。该参谋长编成浅水舰队，协同各军，攻克名城，将士忠勇，至堪欣慰。仰即传令嘉奖，以励有功。此令。

（中华民国陆海军大元帅之印）

中华民国十二年九月六日

据《大元帅指令第四五二号》，载广州《陆海军大元
帅大本营公报》第二十八号，一九二三年九月十四日

---

① 六九号命令指命令兵工厂长将所造手枪、机关枪悉解大元帅卫士用，不得发给各军。

批胡汉民等为审判程天斗侵吞公款案情形呈

（一九二三年九月八日）

　　呈及判决书并悉。该犯前财政厅长广东省银行行长程天斗，去年于改道攻赣之际，本大元帅宠以重任，责令筹备饷糈，应如何洁己奉公，妥筹接济，以利军行。兹据来呈及判决书所称：该犯竟侵吞省银行公款至三百八十余万之巨，以至军需无着，北伐饷辍，师出无功。追维前事，殊堪痛恨，自应如文处以死刑，以昭炯戒。至来呈所称该犯奔走国事，侍余有年，不无前劳可念，可否法外施仁，予以减免，俾图自新等情。仰即责令该犯于七日内将侵吞公款三百八十余万元悉数交出，再行呈候减免，如逾期不缴或交不足额，应即照原判执行，万难再予宽贷。仰即此照。此批。

　　　　　　　　　　　　　　　　　　　　　　　　　　　　　　文

附：胡汉民等呈

（一九二三年九月八日）

　　呈为呈请核示判决书，仰乞睿鉴事：窃奉钧令组织特别军法会审，审理前广东省银行行长兼财政厅长程天斗侵吞军饷一案等因。奉此，汉民遵即会商，悉心研讯，将广东省银行各数目详细核算。查明程天斗实侵吞纸币二百三十七万元，又库存现金私提各款一百五十余万元，合计侵吞公款三百八十余万元。虽供词闪铄，坚不承认，而据证人汪宗洙及黄伯诚、杨子毅、林文铨等指攻确凿，已无置辩之余地，应亟依法拟处治以应得之罪。理合将判决书备文呈请察核，是否有当，伏候指令祗遵。再查被告人程天斗，奔走国事随侍钧座有年，北伐用兵之际，尚能筹济军需。此次虽陷刑章，不无前劳可念。我大元帅威中寓爱，法外施仁，可否减免，准予自新之处，出自钧裁，合并陈明。谨呈大元帅。

计呈程天斗判决书一本。

胡汉民　程潜　罗翼群（印）

中华民国十二年九月八日

据《大元帅指令第四七六号》，载广州《陆海军大元
帅大本营公报》第三十号，一九二三年九月二十八日

批魏邦平请示程天斗赃款无法全数交出呈[①]

（一九二三年九月上旬）

必须全数交出，方能免死。

文

据原件，广州、中山大学孙中山纪念馆藏

着财政厅备送一万元奖赏滇军杨廷培部令

（一九二三年九月十日）

大元帅令

　　查此次逆贼李易标、陈修爵等率领逆众数千，犯我博罗，势极猖獗，中央直
辖滇军第三师师长杨廷培，忠勇奋发，力任艰巨，以少击众，连日苦战，杀敌甚
多，以致逆贼宵遁，城赖以全，厥功甚伟。大元帅深用嘉慰，兹特赏给洋一万元，
着该财政厅长迅即备送，以示鼓励而奖有功。此令。

孙文

九月十日于博罗行营

据《大元帅命令》，载一九二三年九月十五日《广州民国日报》

---

　　① 　九月七日，魏邦平呈报：程天斗家属无法交出全部赃款，只能交出三十万，可否交出
此数目即贷程一死。批件未署日期，应在九月七日之后一二日间。日期据此酌定为九月上旬。

批罗翼群关于刘玉山请设军医院案据查无设立必要令

（一九二三年九月十日）

大元帅指令第四五四号

令大本营兵站总监罗翼群

呈覆刘军长玉山请设军医院一案，据卫生局查覆，无设立之必要，抄呈野战病院薪饷表，请饬遵由。

呈悉。据呈该军无设立军医院之必要，应准如所议，已令行刘军长遵照缓办矣。此令。

（中华民国陆海军大元帅之印）

中华民国十二年九月十日

据《大元帅指令第四五四号》，载广州《陆海军大元帅大本营公报》第二十九号，一九二三年九月二十一日

饬王棠发第三旅职员川资令

（一九二三年九月十二日）

大元帅训令第二九〇号

令大本营会计司长王棠

据大本营参军长朱培德呈称："呈为呈请发给川资俾便回籍徐图报效事，案奉钧府发下东路讨贼军第三旅职员桑文俊等呈称：'呈为联名吁恳恤资回沪，俾免沦落，为国宣劳，巩固政府事：窃职员等籍多三江、直、鲁、豫、鄂，力谋革命，矢志护法，昔列粤军，平桂援赣，靡役不从。旋陈逆叛变，绝我粮道，转战而定八闽，讨贼令下，间关日日东下，师次潮汕，陈逆已遁。迨今春沈贼勾引北军，谋叛近几，陈逆又复变乱，冀欲乘虚内犯，我军转战旬日，始与联军会合作

战，各地阻遏惠援。职员等欲协心进取，不料月初旅长去职，复下解散职员之令，且各给二十元回籍。职员等领此意外，措手无从，惟有相率来省，寄食旅次，然囊内空虚，衣难蔽体，回忆连年转战数省，恨不马革裹尸，职员等虽矢一身许国，奈用武无地，行见穷困，势迫作浪，死心能甘乎？刻幸北无政府，人心皇皇，浙卢奉张虽联合一致，而荆棘遍地，尚待铲除。语云：先发制人，此其时也。吴贼野心，世所共知，阿瞒奸险，路人皆见，言念及此，目裂发指，若不速加制止，患将无穷，职员等管见所及，雄心鼓舞，是以联恳大元帅赏给川资，乘此回申，各转内地，或招旧部，或运用军队，抑暗杀破坏，纵不能尽数铲除，亦可牵制，且使逆贼寒心，我大元帅得以从容建设，应时进取，职员等亦得藉此稍偿素愿，不负有生，一举两得，利莫大焉。伏恳大元帅俯鉴下情，准如所请，实为德便'等情。下处并奉批示：查明办理等因。奉此遵即派副官黎工伙前往查明去后，旋据该副官呈报称：'副官奉令前往华宁里怡昌客栈，窃查桑文俊等均属东路讨贼军第三旅职员，均有该军委任状、襟章为证，谨将各员职别，开单呈请鉴核'等情。据此，窃查桑文俊等确系东路讨贼军第三旅职员，且皆久经战阵，为国宣劳，今该旅职员既被解散，倘任其沦落异域，不加矜恤，殊失我大元帅泽及群生之旨。职再三思维，谨拟每名发给川资二十元，照二十一名计算，合共需银四百二十元。如此，则公家之耗费有限，而彼等之感德无穷，伏恳我大元帅俯如所请，迅饬会计司将款交处，再由职处派副官黎工伙代购船票二十一张，仍将余款分给彼等，以免再行流连。所有呈请发给川资缘由，理合具文恭呈钧座，是否有当，伏乞鉴核指令祗遵，实为德便"等情前来。据此，除指令照准外，合行令仰该司长即便遵照，迅将该项川资四百二十元拨交参军处核收，转给第三旅职员。人名表一纸附发。此令。

（中华民国陆海军大元帅之印）

中华民国十二年九月十二日

据《大元帅训令第二九〇号》，载广州《陆海军大元帅大本营公报》第二十九号，一九二三年九月二十一日

饬各军不得任意苛责电局人员令

（一九二三年九月十三日）

大元帅训令第二九一号

令中央直辖滇军总司令兼广州卫戍总司令兼中央直辖滇军第一军长杨希闵、中央直辖第一军军长朱培德、中央直辖西路讨贼军总司令刘震寰、东路讨贼军总司令许崇智、东路讨贼军第三军军长李福林、中央直辖第三军军长卢师谛、中央直辖第七军军长刘玉山、广东江防司令杨廷培、广东海防司令陈策、高雷讨贼军总司令兼绥靖处处长林树巍、中央直辖广东讨贼军第四军军长梁鸿楷、海军舰队司令部参谋长赵梯昆、中央直辖第二军军长范石生、中央直辖滇军第三军军长蒋光亮、西江善后督办李济深

据广东电政监督兼广州电报局局长范其务呈称："窃职局于九月五日据韶州电报局局长卢菊墀江日电称：'本月江日接来广局邮递之电报一件，内有广州局去军第一二三七号送朱旅长收一件，收到后即照送去，旋由朱旅长派兵来局，将局长押解回部，不由分说，即行将局长捆绑，并令吊打枪毙，幸得彭县长飞行到旅部保领回局，并限令将该报何故交邮各情形查复。窃局长奉令来韶未及一月，各路杆线早已修通整理，幸无隔越。此次之事，局长生命垂危，乞火速派专员来韶，与该军交涉。局长奉职无状，恳准予解职，听候办理。临电不胜急切待命之至'等情前来。查广州至韶州原有电线三条，第二线前由滇军总部借安电话，第三线又为兵站部电话队借用。现广州通韶关只得一线，遇与源潭通报时，即不能与英德、韶州通报，遇与英德通报时，即不能与韶州、源潭通报，且军报繁多，致多延阻。此次韶州电报局局长接到广局邮递之电报一件，内有广州局去军电第一千二百三十七号送朱旅长收一件，原系本月一日线阻修理，迫得邮递，该局长照收照送，本无过错，朱旅长不问理由，竟行捆绑吊打，威施无辜之人，来日方长，电政可堪设想。况广韶三线，今仅得一线，现目军事时期，报务堆积，线不敷用，亦为军队兵站借线所致，延滞之咎，电政界实难完全负责。除咨会外，理合呈请帅座通令驻防各军，对于电报之迟速，务须详查因由，不得任意苛责。即

行营电报材料欠缺，只能向职处拨给，不能在就近各局携取，以维电政，实为德便"等情前来。据此，除指令照准外，合行令仰该参谋长、司令、总司令、督办、军长即便遵照转饬所部，嗣后对于电报迟速，务须详查因由，不得任意苛责电局人员，凡需用电报材料，亦须依照手续，向该电政监督处拨给，不能在就地各局任意携取，以维电政而利交通。此令。

（中华民国陆海军大元帅之印）

中华民国十二年九月十三日

据《大元帅训令第二九一号》，载广州《陆海军大元帅
大本营公报》第二十九号，一九二三年九月二十一日

饬查明虎门要塞土药废炮变卖是否可行令

（一九二三年九月十三日）

大元帅训令第二九二号

令大本营军政部长程潜

据广东虎门要塞司令廖湘芸呈称："案查职部接管卷内，旧存前清专备接差燃放礼炮之土药一库，约三千磅，并废土炮九十二门，废土炮床六架，约三百五十余吨。查此项土药已不适用，且年深月久，渐失燃性。废炮经莫前督卖去一千余吨，遗留此数，堆置炮台，毫不适用，又不雅观。丁兹饷糈奇绌，职部应领伙食公费，积欠两月有余，未曾领到，现已罗掘俱穷，无从筹垫，拟将此项土药废炮，招商投变，废物利用，以济急需。所有拟变卖土药废炮原由，是否可行，理合备文呈请帅座察核，指令祗遵"等情。据此，除指令呈悉，所请是否可行，候令行大本营军政部长查明具复再行核办外，合行令仰该部长遵照，即便查明情形，复候核办，是为至要。此令。

（中华民国陆海军大元帅之印）

中华民国十二年九月十三日

据《大元帅训令第二九二号》，载广州《陆海军大元帅
大本营公报》第二十九号，一九二三年九月二十一日

批罗翼群报告忠信电船公司抗匿军需租用呈①

（一九二三年九月十三日）

大元帅指令第四六〇号

令大本营兵站总监罗翼群

呈覆忠信电船公司饰词耸听，希图抗匿，谨将办理经过情形并抄结呈请察核令遵由。

呈及抄结均悉。该公司轮船三艘，应照常暂留总舰部应用，仰原知照。此令。

（中华民国陆海军大元帅之印）

中华民国十二年九月十三日

据《大元帅指令第四六〇号》，载广州《陆海军大元帅大本营公报》第三十号，一九二三年九月二十八日

准予协缉张合等令

（一九二三年九月十四日）

大元帅训令第二九三号

令广东省长廖仲恺、中央直辖滇军总司令兼广州卫戍总司令兼中央直辖滇军第一军军长杨希闵、中央直辖第一军军长朱培德、东路讨贼军总司令许崇智、东路讨贼军第三军军长李福林、中央直辖第三军军长卢师谛、中央直辖第七军军长刘玉山、广东江防司令杨廷培、广东海防司令陈策、高雷讨贼军总司令兼绥靖处处长林树巍、中央直辖广东讨贼军第四军军长梁鸿楷、海军舰队司令部参谋长赵梯昆、中央直辖滇军第二军军长范石生、中央直辖滇军第三军军长蒋光亮、西江善后督办李济深

据中央直辖西路讨贼军总司令刘震寰呈称："据职部湘军总指挥廖湘芸呈报：

---

① 九月八日，兵站总监罗翼群呈：因军需孔亟，需租用忠信电船公司备用电船，但该公司饰词耸听，希图抗匿，请示核办。

'职属独立第二支队司令孙悦隆新收编之第一营营长张合，第二营营长王润女、营副陈嘉旺等，当调其部队驻防虎门，颇就范围，似有改过自新之状。顷奉大元帅密谕：张合受逆党运动。又据箪竹绅耆携带打单证据来部报告：王润女、陈嘉旺野心不死，时出抢劫，扰害人民，该营长等屡经严令诰诫，毫不改悔，近且暗受逆党运动，窃图暴举响应敌人。似此怙恶不悛，又复包藏逆志，若不及早铲除，势必养成大患，遂于本月二十五日拂晓，派队前往，将该张、王两营全数缴械解散，登时所获要犯王辉、方洪、王珍、王明等四名，讯供不讳，比经枪决，其余各犯，俟研讯明白分别办理。惟该首恶张合、王润女、陈嘉旺等三名，在事前他往，漏脱未获，恐犹贼心不死，仍集余党为害地方，亟应呈请钧座转呈大元帅，通令各友军警一体协缉，务获归案究办，以肃军纪，而靖逆氛'等情。据此，除指令该总指挥严密防范侦缉并通令职部各部队一体协缉外，理合呈请钧座，准予通令各军警一体协缉，务获惩办，以靖逆氛，而遏乱萌"等情前来。除指令照准外，合行令仰该督办、司令、省长，总司令、军长、参谋长转饬所属一体协缉，务获惩办。此令。

（中华民国陆海军大元帅之印）

中华民国十二年九月十四日

据《大元帅训令第二九三号》，载广州《陆海军大元帅大本营公报》第三十号，一九二三年九月二十八日

饬各机关禁止滥发商业牌照令

（一九二三年九月十五日）

大元帅训令第二九四号

令广东省长廖仲恺、中央直辖滇军总司令兼广州卫戍总司令兼中央直辖滇军第一军军长杨希闵、中央直辖西路讨贼军总司令刘震寰、东路讨贼军总司令许崇智、中央直辖第一军军长朱培德、中央直辖第三军军长卢师谛、中央直辖第七军军长刘玉山、东路讨贼军第三军军长李福林、中央直辖广东讨贼军第四军军长梁鸿楷、中央直辖滇军第二军军长范石生、中央直辖滇军第三军军长蒋光亮、广东

江防司令杨廷培、西江善后督办李济深

　　查近日有用广三铁路附近财政处名目，在佛山等处征收商业牌照费，殊属不合。须知此次所征收之商业牌照费，系由本大元帅指明用途，饬由广东财政厅令行各委任经收之各县长或专员实行确解，由该厅总司其事，以专责成，其他各机关人员，一律不许有截留及抵解情事，以免统系凌乱，妨碍进行。况该项商业牌照费，须由法定财政机关发给牌照，为商业资本之保证，然后在法律上始有根据，其保障始能确实。凡非财厅所发之牌照，当然一切不生效力，若用广三铁路附近财政处名目征收商业牌照费，非特与本大元帅所指定用途有碍，亦且与保障商业之旨相悖，除饬令滇军蒋军长查明，立予取消外，合行令仰该省长即便通令所属各地方机关一体遵照办理，总司令、司令、军长、督办转知所属一体遵照办理、该军长迅行查明立予取消。切切。此令。

（中华民国陆海军大元帅之印）

中华民国十二年九月十五日

据《大元帅训令第二九四号》，载广州《陆海军大元
帅大本营公报》第三十号，一九二三年九月二十八日

令蒋光亮不得据收商业牌照费

（一九二三年九月十五日）

大元帅训令

　　令中央直辖滇军第三军军长蒋光亮

　　商业牌照费，专责财厅征收，各县不得截留，并不得以别名义征收，以失商民之保障。此项税则，系一次过之征收，已指定用途，军队不得据收。除分令外，仰该军长查照。此令。

据《帅令军队不得代征牌照费》，载一
九二三年九月十五日《广州民国日报》

着徐天琛率部赴增城归胡谦指挥令

（一九二三年九月十七日）

着该团长迅率所部开赴增城暂归胡所长谦指挥调遣。此令。

右令徐团长天深〔琛〕①。

孙文（大元帅章）

中华民国十二年九月十七日

据原件影印件，台北、中国国
民党文化传播委员会党史馆藏

为陈天太在桂召集旧部来粤补充
电饬各军及刘玉山令

（一九二三年九月十七日）

大元帅训令第二九五号

　　令中央直辖第七军军长刘玉山

　　据中央直辖第七军第三师长陈天太呈称："窃师长去岁奉令讨贼，率师东下，旧日部队留桂尚多，现因转战数月，前敌士兵，伤亡甚众，亟应从事补充，前经令饬陈旅长先觉遄返梧、濛，召集旧部，预备补充。兹据报称，业经召集七百余人，集中梧州人和墟听候调遣等语，除由师长电调该旅长克日率队来粤听候补充外，理合备文呈请察核，俯赐电饬西江驻防各军一体知照，俾免误会，而利遄行，实为公便"等情前来。据此，除电饬西江善后督办转饬驻防各军一体知照外，合

---

　　①　据中国国民党文化传播委员会党史馆藏任命状及命令（051/621）原件照片改正。

行令仰该军长即便转令该师长知照。此命。

（中华民国陆海军大元帅之印）

中华民国十二年九月十七日

据《大元帅训令第二九五号》，载广州《陆海军大元
帅大本营公报》第三十号，一九二三年九月二十八日

饬各军长官派员至后方医院将病愈士兵
提回前方服务令

（一九二三年九月十八日）

大元帅训令第二九六号

令中央直辖滇军总司令兼广州卫戍总司令兼中央直辖滇军第一军军长杨希闵、中央直辖第一军军长朱培德、中央直辖西路讨贼军总司令刘震寰、东路讨贼军总司令许崇智、东路讨贼军第三军军长李福林、中央直辖第三军军长卢师谛、中央直辖第七军军长刘玉山、中央直辖广东讨贼军第四军军长梁鸿楷、中央直辖滇军第二军军长范石生、中央直辖滇军第三军军长蒋光亮、西江善后督办李济深

据大本营兵站总监罗翼群呈称："现据职部卫生局长李奉藻呈称：'窃自北江战事发生以来，伤病官兵留医本部后方病院及第一、第二分院数达五千余人，除医愈归营外，现尚约三千之数，其留医私立各医院约五百人，各军后方病院暨陆军医院共约八百人，统计约共四千余人。据调查所得，医理全愈人数约居三分之一，虽经各医官劝导，多不肯离院，其中即难免有滋事、打架、聚赌、吸烟等弊，亟应饬回前方，一可增加战斗能力，二可减轻公家负担，三可疏通病室，以便收容继至者。现在东江战事方殷，伤病官兵源源而至，后方各病院及市立各医院均有人满之患，可否即由钧部转呈请大元帅，饬令各军长官派员到各医院，将伤病业已痊愈之士兵提回前方服务。理合具文呈请察核施行'等情前来。据此，查该局长呈称各节，尚属实情，据呈前情，理合备文转呈帅座，准予分令各军长官查

照办理，实为公便"等情。据此，除指令照准并分令各军长官遵照办理外，合行令仰该军长、总司令、督办即便遵照办理。此令。

（中华民国陆海军大元帅之印）

中华民国十二年九月十八日

据《大元帅训令第二九六号》，载广州《陆海军大元帅大本营公报》第三十号，一九二三年九月二十八日

饬廖仲恺转知财政厅长撤销广三铁路附近财政处布告令

（一九二三年九月十八日）

大元帅训令第二九七号

令广东省长廖仲恺

据广东财政厅长邹鲁呈称："据南海县县长李宝祥呈称：'案奉钧厅令饬举办商业牌照费，当以佛山为繁盛市镇，委员前往开办，呈报在案。兹据该委员等面称：遵往设局筹办，分投晓导，颇有端绪。讵忽有广三路附近财政处布告，内称广三铁路附近各埠商业牌照税，呈准奉令委该处征收，谕饬商民前赴该处缴税领照等语。因之商民群相观望，请示办法前来。伏查县属商业牌照费，奉饬由职县办理。广三铁路附近财政处又在佛山布告，奉准由该处征收，是否钧处所准，语虽模糊，实淆观听。有兹原因，不特于职县进行障碍，即商人亦无所适从。理合将揭存该处布告一张呈缴察核，究应如何办理，伏候指令祗遵。计缴广三铁路附近财政处布告一纸'等情。据此，查此次举办商业牌照费，系遵照钧座命令，依据条例及细则之规定，应由职厅主管。需用各种牌照并应由职厅印发，迭经呈奉核准，通饬所属机关遵照在案。兹据该县长所呈，广三铁路附近财政处布告征收佛山牌照费一节，查佛山镇先经职厅令南海县署委办理。据呈前情，究应如何之处，理合据情呈请核示，转饬祗遵"等情。据此，除已令行滇军第三军蒋军长饬

即取销并通令外，合行令仰该省长转令财政厅长知照。此令。

（中华民国陆海军大元帅之印）

中华民国十二年九月十八日

据《大元帅训令第二九七号》，载广州《陆海军大元帅大本营公报》第三十号，一九二三年九月二十八日

着王棠妥筹善法利便运输以纾民困令

（一九二三年九月十八日）

大元帅训令第二九八号

令东江商运局局长王棠

东江自逆党变乱以来，商货停滞，土产不能运出，要需不能运入，加之两次水灾，损失无算，石龙以上十数县，农工失业，人民困苦颠连。情殊可悯，不有救济，将伊胡底，特设商运局以济时势之穷，而救灾区之困。着该局长悉心调查，妥筹善法，务使运输利便，而东江上游之十数县土货得以畅销，需要有所取给，俾农工生计得以复原，人民困苦早日消灭，以副设局之本旨，有厚望焉。此令。

（中华民国陆海军大元帅之印）

中华民国十二年九月十八日

据《大元帅训令第二九八号》，载广州《陆海军大元帅大本营公报》第三十号，一九二三年九月二十八日

批廖仲恺为捕获连山县长彭嗣志
应解送军政部依法审办呈

（一九二三年九月十八日）

大元帅指令第四六七号

令广东省长廖仲恺

呈报连山县县长彭嗣志现由何克夫军队捕获，经警转送广州市公安局押留，查该犯官系奉令饬通缉，事属军事范围，似应解送军政部依法审办，乞核示遵由。

呈悉。准如所拟办理。此令。

（中华民国陆海军大元帅之印）

中华民国十二年九月十八日

据《大元帅指令第四六七号》，载广州《陆海军大元帅大本营公报》第三十号，一九二三年九月二十八日

饬伍朝枢为爪哇华侨惨遭杀伤事向英抗议令

（一九二三年九月十九日）

大元帅训令第二九九号

令大本营外交部长伍朝枢

据南洋砂胜越国民党分部刘友珊及郭川衡函称："敝处辖境咪厘埠，于七月九日，煤油矿华工某，因与一番妇言词暧昧，忽来一瓜〔爪〕哇人持刀行凶，遂至口角互殴，同逮警区。当时该华工有少数同业，目睹爪哇人骄横无状，不忍袖手旁观，追随探视，或亦有所情于警署长官者，同时华侨工商各界数十百人，以未明肇事真相，耳目喧传，麋集署前。不意警署长官遽下令迫群众退散，于时人数杂还，多隶鲁籍，言语不通，未遑趋避，而士兵已操械任意冲挞，未几复实弹开火，排枪一发，当场惨毙华侨一十二名，重伤者四十余名，舁赴医院，不治者二名，而流弹直透人群，致对街无辜商店，亦遭池鱼之殃，案情重大，实我华侨近数十年来罕闻之浩劫。噩耗传至敝处，阖埠震惊，刻已函致驻哑庇中国领事，请其电促政府从速严重交涉。查本案原起，双方或各不得辞其咎，然商店营业，行人驻足，于律何罪，竟至惨死，彼居留政府，弁髦法律，草菅人命，至于此极，来日大难，殷忧未已，剥肤搥髓，行无噍类，国民一息尚存，势难缄默，国体攸关，政府亦恶得置若罔闻。伏思我孙总理爱国爱民，海内外同志共守不渝，于兹事出非常，骇人听闻，意外之变，其必速筹相当对付之策，而有以慰我异域侨胞于水深火热之际无疑矣。同人等不胜傍徨盼切之至"等情前来。据此，查南洋群岛之开辟，我华侨实居首功，今日侨居南洋各岛之同胞，即当年荜路蓝缕、披荆

斩棘者之后裔，该所在地政府，对于我华侨，论功宜有相当报酬，论法宜予尽力保护，乃年来南洋各岛中，我华侨被该处土人惨杀之耗，迭有所闻，而尤以此次杀毙十余人、杀伤四十余人为最烈。该所在地政府既迭颁苛例，剥削我华侨之自由，复屡纵容军警伤残我华侨之生命，该所在地政府如此行为，对外为蔑视国际友谊，将内为弁髦自国法律，不惟人道正谊所不容，亦文明国家法律所不许，合行令仰该部长，即向英国领事提出抗议，要求依法补恤惩凶，以慰侨望而警凶横，是为至要。切切。此令。

（中华民国陆海军大元帅之印）

中华民国十二年九月十九日

据《大元帅训令第二九九号》，载广州《陆海军大元帅大本营公报》第三十号，一九二三年九月二十八日

批赵士北请将广州及茂名等三十厅庭
具报已决人犯核明减刑呈①

（一九二三年九月十九日）

大元帅指令第四七三号

令大理院长兼管司法行政事务赵士北

呈报拟请将广州及茂名等三十厅庭具报已决人犯，核明减刑。

呈及清册均悉。准如拟办理，仰即遵照。此令。

（中华民国陆海军大元帅之印）

中华民国十二年九月十九日

据《大元帅指令第四七三号》，载广州《陆海军大元帅大本营公报》第三十号，一九二三年九月二十八日

————————————

① 大理院于一九二三年四月六月奉《大元帅训令第六二号》清理庶狱，经转饬各地方厅庭查核列册，报请减刑。九月二十日奉《大元帅指令第四七三号》，如拟办理，计呈准减刑广东分监已决人犯三百零四名，广州监狱三十八名，连同其余分厅合共七百余名。参见《民国日报》一九二三年九月二十八日刊载之《赦免囚犯之帅院令》。

致电博罗各军限三日内先复惠州城令

（一九二三年九月二十日）

限三日内先复惠城。

据《东北江军事将同时大结束》，载一九二
三年九月二十八日天津《大公报》第三页

特赦程天斗令

（一九二三年九月二十一日）

大元帅指令第四七六号

令大本营军法裁判官程潜、胡汉民、罗翼群

呈为遵令审查程天斗侵吞军饷一案，拟具判决书，请予察核示遵由。

呈悉。所称该犯奔走国事有年，不无前劳可念，可否法外施仁，予以减免，俾其自新等情。程天斗准予特赦。此令。

（中华民国陆海军大元帅之印）
中华民国十二年九月廿一日

据《大元帅指令第四七六号》，载广州《陆海军大元
帅大本营公报》第三十号，一九二三年九月二十八日

着廖仲恺转饬公安局释放程天斗令①

（一九二三年九月二十一日）

程天斗已有令特赦，即着该省长转饬公安局将程天斗释放。此令。

据《程天斗特赦无罪》，载一九二三
年九月二十一日《广州民国日报》

---

① 程天斗因侵吞公款，被判死刑，报载程奔走革命多年，功在民国，虽贪墨有据，然在变乱逃亡时期，似亦情有可原，呈奉核准由程报效军费四十万元，赎罪省释。

撤销鱼雷局令

（一九二三年九月二十六日）

大元帅令

　　鱼雷局着即撤销，所有鱼雷事宜，暂归长洲要塞司令管理。此令。

（中华民国陆海军大元帅之印）

中华民国十二年九月廿六日

据《大元帅令》，载广州《陆海军大元帅大本营公报》第三十一号，一九二三年十月五日

饬廖仲恺保留佛山镇碉楼令

（一九二三年九月二十六日）

大元帅训令第三〇四号

　　令广东省长廖仲恺

　　据佛山商会会长陈恭受等呈称："案查佛山碉楼，缘起于民国四年龙上将军、李巡按使莅粤时代。因佛镇为省城屏蔽，地当要冲，户口殷繁，商旅辐辏，一遇事变，无险可守。三年冬十一月，股匪扑攻佛山，幸赖军队击退，地方得以保全。镇人鉴戒前车，绸缪未雨，是以会集绅商，而有建设碉楼之议。其建筑费初由佛山商会团保局收支所合力借筹，以为之倡，复向镇内店户抽收一月租捐，并在平粜赈款各项下多方凑集，共费地方款三万二千余元，择定火车头、太平沙、聚龙沙、东莞地、文昌沙、文塔脚、平政桥、白花社、大基尾、永安社、学城门头等处兴筑碉楼十一座，凡数阅月，始告竣事。从此壁垒一新，防卫周密，为邦人士所乐观厥成，亦守土者宜永保勿替也。近闻佛山官产清理分处，为军饷紧迫，遽将碉楼十一座共估价数千元，立行变毁。夫筹饷固军事大计，筹防亦地方要图，若只顾军事于目前，而置地方于脑后，顾彼失此，甚非所以安内而防外也。今碉楼虽无护勇守望，然有客军驻防佛山，暂亦足资镇慑，但防军抽调靡常，一旦地

方空虚，碉楼即须拨团握守，居高临下，以逸待劳，洵为地方要隘，是以碉楼之存废，关乎全镇之安危，与别项建筑物业，利害轻重，要不可同日语也。现我佛山各界团体暨全镇公民，于九月十二日假座佛山商会大集会议，佥以碉楼工程浩大，当年几费经营，艰难缔造，然后克底于成，至今垫款尚未归还清楚，倘竟废诸一旦，不避千夫所指，徒供一掷之需，窃为地方危之。今镇人心理，惩前毖后，咸主张一致保留，理合将各团体暨全镇公民会议缘由，备文呈请睿鉴，俯赐檄饬广东全省官产清理处，转令佛山镇官产清理分处主任胡思清，爱惜物力，尊重地方，将毁变碉楼案取销，制止承办商人即日停工，以顺人心，而顾清议，实为公便"等情前来。据此，查佛山镇各碉楼，据称系地方团体集资所建筑，为全镇防卫之要隘，自应予以保留，以重防务。合行令仰该省长遵照转饬办理。此令。

（中华民国陆海军大元帅之印）

中华民国十二年九月廿六日

据《大元帅训令第三〇四号》，载广州《陆海军大元帅大本营公报》第三十一号，一九二三年十月五日

优恤杨仙逸等令

（一九二三年九月二十七日）

大元帅令

故航空局局长杨仙逸、长洲要塞司令苏从山、鱼雷局局长谢铁良，均技术湛深，志行纯洁，尽瘁国事，懋著勋劳。本大元帅正倚为干城腹心之寄，此次在白沙堆轮次，猝遭变故，死事甚惨。遽闻闪耗，震悼殊深。杨仙逸、苏从山、谢铁良均追赠陆军中将，并着军政部照陆军中将阵亡例，从优议恤，以彰忠荩，而慰烈魂。此令。

（中华民国陆海军大元帅之印）

中华民国十二年九月廿七日

据《大元帅令》，载广州《陆海军大元帅大本营公报》第三十一号，一九二三年十月五日

饬程潜查办阙应麟等有无冒充军官等罪行令

（一九二三年九月二十八日）

大元帅训令第三○七号

令大本营军政部长程潜

据乳源县县长欧维纲巧日代电称："职县八月宥日邮电报告，拿获自称大元帅直辖讨〈贼〉军第二路独立支队司令阙应麟、副官李祥茂等二名在乳招抚绿林、运动军队，希图扰乱。讯据供认不讳，请予分别将阙应麟处以死刑、李祥茂处以四等有期徒刑一年一案，谅经早邀钧鉴。现奉省长、杨总司令指令开：'既据邮电呈报大元帅，仍候核示祗遵'等因。奉此，迄今尚未奉到批示，合再邮电，呈请察核。应如何办理之处，伏乞即迅赐电示祗遵"等情。据此，合行令仰该部长即便查明阙应麟、李祥茂等是否冒充军官，及所犯如果情确，应即依法惩治，以儆效尤。仍将办理情形呈复。此令。

（中华民国陆海军大元帅之印）

中华民国十二年九月二十八日

据《大元帅训令第三○七号》，载广州《陆海军大元帅大本营公报》第三十一号，一九二三年十月五日

饬李济深毋得截留关款以重国库令

（一九二三年九月二十八日）

大元帅训令第三○八号

令西江善后督办李济深

据广东省长廖仲恺呈称："现据粤海关监督傅秉常呈称：'现据开平口征收税委员呈称：现准中央直辖广东讨贼军第一师军需处函开：现奉西江善后处督办李电令，内开：本署设财政整理处，统一西江财政事宜。查四邑各属税收，向由江门大本营办事处办理，仰该员暂行接收，继续办理等因。奉此，遵于本月二十二

日暂行接收，继续办理，除分函外，相应函达，即希查照等由。准此，理合备文呈请察核，指示每月征收税款如何解缴，俾得祗遵等情前来。查关税为国家收入，系解中央之款，与他项税收不同，除令饬该口委员毋得擅行拨解外，理合备文呈报钧署察核，转呈大元帅令饬西江善后李督办，毋得截留关款，以重国库'等由。准此，查该监督所呈各情，系为统一关税起见，理合呈请帅座察核，俯赐令饬西江善后李督办，毋得截留关款，以重国库，实为公便"等情前来。据此，除指令"呈悉。准如所请。令行西江善后督办遵照办理"外，合行令仰该督办即便遵照办理为要。此令。

（中华民国陆海军大元帅之印）

中华民国十二年九月廿八日

据《大元帅训令第三〇八号》，载广州《陆海军大元帅大本营公报》第三十一号，一九二三年十月五日

批罗翼群为该部职员月薪在三十元以下者准予免折及裁撤分站呈

（一九二三年九月二十八日）

大元帅指令第四八〇号

令大本营兵站总监罗翼群

呈请该部职员月薪在三十元以下者，准予免折，及裁撤分站闲员，拟派出各所供职，与编制原定员额略有增加，请鉴核训示，饷局知照由。

呈悉。该部职员月薪在三十元以下者，准予免折。惟该部所辖各所用人，仍须认真核实，不得为安置闲员计，致涉冗滥。仰即知照。此令。

（中华民国陆海军大元帅之印）

中华民国十二年九月廿八日

据《大元帅指令第四八〇号》，载广州《陆海军大元帅大本营公报》第三十一号，一九二三年十月五日

批廖仲恺请令饬西江善后督办
毋得截留关款以重国库呈

（一九二三年九月二十八日）

大元帅指令第四八三号

令广东省长廖仲恺

呈请令饬西江善后督办毋得截留关款，以重国库由。

呈悉。准如所请。令行西江善后督办遵照办理。仰即知照。此令。

（中华民国陆海军大元帅之印）

中华民国十二年九月廿八日

据《大元帅指令第四八三号》，载广州《陆海军大
元帅大本营公报》第三十一号，一九二三年十月五日

饬罗翼群按照审计局呈开各节明白声叙
并将改编各表列呈候核令

（一九二三年九月二十九日）

大元帅训令第三〇九号

令大本营兵站总监罗翼群

据大本营审计局长刘纪文呈称："案奉钧帅发下大本营兵站总监罗翼群原呈一件，补签十二年六月份原预算书一本，输送队、守备队饷章表各一册，谕令审查等因。奉此，当即遵照核办。查该原预算补签各节，尚属核实，应准备案。惟东路讨贼军第十四路司令部军队，是否全部拨归总监兼辖，抑或指拨二营担任守备，若仅得二营，编为统领部已属通融办理，该队照各路司令部编制，似属不合，而于额定薪饷公费之外，另加活支及死亡、医药等费六百余元，亦欠充分理由。

至该部拨归兵站总监后，是否不另向东路讨贼军总司令部报销薪饷，仍应明白声叙，俾便审查。至输送队所列饷薪，间有违背定章者，均经逐一签出，使之改正。奉令前因，除将补签原预算书暂留职局，俟核定后再行呈发外，所有该部原呈及所属守备队、输送队饷章表各一册，理合随文呈缴钧帅，伏祈发还改编，实为公便。再据该部预算书，说明栏内声叙第二、第三卫生队，第二、第三、第四野战病院，后方病院第一、第二分院掩埋队，第一、第二、第三伤兵收容所，各详细数目，应自调齐再行呈核等语。现阅时已久，尚未奉转下局有关统计。又，以后该部无论呈缴预算、计算或所属饷章表，均应照缮三份，俾便存发，统祈迅赐饬遵"等情。据此，除指令照准外，合行令仰该总监即便按照呈开各节，明白声叙，并将签发守备队、输送队饷章表，依照改编呈候备案。仍迅将卫生队、野战后方各病院暨掩埋队、伤兵收容所等处，数目调齐，列呈候核。饷章表二册并发。此令。

（中华民国陆海军大元帅之印）

中华民国十二年九月廿九日

据《大元帅训令第三〇九号》，载广州《陆海军大元帅大本营公报》第三十一号，一九二三年十月五日

饬杨希闵转饬驻广州至韶关各军嗣后悬挂电话线须一律搭挂第二线令

（一九二三年九月二十九日）

大元帅训令第三一〇号

令中央直辖滇军总司令杨希闵

据广东电政监督兼广州电报局局长范其务呈称："案据源潭电报局局长胡瑞昌呈称：'职局至韶州及广州，均原设一、二、三线，其韶州二、三及广州二线，固已被军队搭挂电话用去。而现在用以工作之韶州一线，每日亦有电话发现多次，广韶直达固属窒碍，而源韶工作因此亦时有不灵。乞设法转请卸去，以利交通'

等情前来。查广韶原设有三线，其第二、第三线，系被军队搭挂电话，广韶局只有第一线以供工作，每日均仍有电话发现，不特广韶不能直达，而源韶亦因此不能工作。尚属实情，理合呈请钧座察核，乞准令饬驻防沿途各军队，如挂电话线须一律挂第二线，勿再搭挂第一、第三线，免生窒碍，以利交通，实为公便"等情前来。据此，除指令照准外，合行令仰该总司令，即便遵照。转饬驻广州至韶关各军，嗣后悬挂电话线，须一律搭挂第二线，勿再搭挂第一、第三两线，以免窒碍，而利交通为要。此令。

（中华民国陆海军大元帅之印）

中华民国十二年九月廿九日

据《大元帅训令第三一〇号》，载广州《陆海军大元帅大本营公报》第三十一号，一九二三年十月五日

批赵士觐请采办沿海余盐二十万包运省呈

（一九二三年九月二十九日）

大元帅指令第四八六号

　　令大本营粮食管理处督办赵士觐

　　呈为省河引盐现已脱清，请准由管理处采办沿海余盐二十万包运省，以济民食而裕库收由。

　　呈悉。所请准由粮食管理处采办沿海余盐二十万包运省应销，以济民食而裕库收，事属可行，应准照办，并着即筹议，详细章则，呈候核定。此令。

（中华民国陆海军大元帅之印）

中华民国十二年九月廿九日

据《大元帅指令第四八六号》，载广州《陆海军大元帅大本营公报》第三十一号，一九二三年十月五日

着兵工厂长按价代刘震寰造枪令

（一九二三年九月三十日）

着兵工厂长按次代刘总司令震寰造步枪八百枝，工料价照最后所定交缴。此令。

孙文

中华民国十二年九月三十日

据原件，台北、中国国民党文化传播委员会党史馆藏

着秘书处分别拟令予许崇智古应芬

（一九二三年九月三十日）①

着秘书处拟两命令如左：

一、着许崇智查办兵站作弊人员；

二、着古应芬查办各财政机关内部人员之积弊。

孙文

据谭延闿编：《总理遗墨》第三辑，出版时间不详

派许崇智秉公查办兵站令

（一九二三年九月三十日）

大元帅令

自兵站设立，于今数月，供给军需，关系重大。比日人言啧啧，指摘孔多，事以久而弊生，人亦众而难齐，不有整饬，无以别是非而明赏罚，综名实而示惩劝。兹特派东路讨贼军总司令许崇智，秉公查办，仰即分别贤愚，详具功罪，条

---

① 原件未署日期。因两命令于一九二三年九月三十日发布，故手谕应在该日。

列情状，呈覆核夺。切切。此令。

（中华民国陆海军大元帅之印）

中华民国十二年九月卅日

据《大元帅令》，载广州《陆海军大元帅大本营公报》第三十二号，一九二三年十月十二日

着古应芬查核各机关一切公款出纳情形令

（一九二三年九月三十日）

大元帅令

　　自军兴以来，需款孔亟，分设机关，职司财政，戎马倥偬，监督或疏，利之所汇，弊窦易生，非考覆整饬，点滴归公，无以昭示人民慎重国币。兹特派行营秘书长古应芬秉公查办，自两广盐运使署、广东财政厅、市政厅、公安局、官产处等各机关，所有经理财政职员，一切公款出纳事件，着一律分别查核，条列情状，呈候裁夺。切切。此令。

（中华民国陆海军大元帅之印）

中华民国十二年九月三十日

据《大元帅令》，载广州《陆海军大元帅大本营公报》第三十二号，一九二三年十月十二日

饬邓泽如每月由盐余项下支付烈士墓场经费令

（一九二三年九月三十日）

大元帅训令第三一一号

　　令两广盐运使邓泽如

　　据广东省长廖仲恺呈称：“现准大本营建设部长林森函开：‘黄花岗七十二烈士墓场，现已拓地五十余亩，所种花木、果树日渐成林。历来只雇长工一人专为看守坟墓，不及兼顾灌溉树木，以致旧植花木失时培养，多半凋谢。际此秋令风

高，遍地蔓草，人稀地广，时见牛马奔窜。而红花岗四烈士墓场，向无工人看守，其荒芜丛杂，殆有甚于黄花岗。广州自整顿市政以来，中西人士来粤观光者，常到七十二烈士及四烈士坟场瞻仰。设非增雇工人料理花木，粪除芜秽，则坟场日就荒凉，有失观瞻，实堪抱憾。兹特沥情函请省公署立案，按月给发毫洋一百元，为添雇工人花匠薪资伙食等用，其余款项，则为工具、肥料、种子之用，并希呈请大元帅核准，指令盐运使署由盐余项下支付，以垂永久。俾便按期具领，并将所有支出用途造册呈报省公署鉴核，以重公款，而清手续'等由。准此，查黄花岗七十二烈士与红花岗四烈士坟场，中西人士时多来游、凭吊，自未便任令荒废，致失观瞻。现准建设部林部长函请，在于运库盐税盈余项下，按月提拨毫洋一百元交给该坟场经理人，为添雇花匠、工役薪伙及工具、肥料、种子之用，筹有常之经费，阐先烈之幽光。似属可行，理合备文呈请大元帅鉴核俯赐，檄行广东盐运使立案照办，按月列册报销，以垂久远，实为公便"等情。据此，除指令照准外，合行令仰该盐运使即便查照办理。此令。

（中华民国陆海军大元帅之印）

中华民国十二年九月三十日

据《大元帅训令第三一一号》，载广州《陆海军大元帅大本营公报》第三十二号，一九二三年十月十二日

着何克夫即率部进攻富贺令

（一九二三年九月）

训令

着即率所部进攻富贺，扫灭该处敌人而固守之。此令何克夫。

孙文

民国十二年九月

据原件影印件，台北、中国国民党文化传播委员会党史馆藏

批杨文熠函

（一九二三年九月）

着本部酌量办理。

孙文

附：杨文熠原函

（一九二三年九月二十一日）

大元帅勋鉴：

敬启者，以全国青年结合之中华民国学生联合会总会向无一定之宗旨，文熠心窃忧之，故此次率领各省代表来此开会，幸赖我大元帅之威信，今已决定以三民主义为指归，而全体开上革命战线矣，惟此后进行若何，文熠既开其始，似不能不负责以观其成。窃观学生会之命义太广，因之作事之范围亦太宽，而力量亦随之以俱减，今图变多端而归划一，以保始终一致，似非得全国青年优秀分子加入党籍不可，故文熠窃欲趁此机会切实向同学方面接洽，但初入党籍，虽欲追随诸前辈之后以尽努力，而苦无名义以为根据，故敢恳我大元帅知照上海国民党本部，畀与相当之机会以便进行一切，实至幸也。文熠刻日即须赴沪未及进谒，兹特拜托大本营谘议孙君镜亚代为道达一切，倘蒙垂询俾达下诚更幸甚矣。肃此敬叩勋祺。

中华民国学生联合总会第四届理事长杨文熠谨呈
中华民国十二年九月二十一日

据原件，台北、中国国民党文化传播委员会党史馆藏

颁给郑螺生奖凭证明

（一九二三年十月一日）

大元帅发给奖凭事：自逆贼叛国，挞伐用张，师行裹粮，需财孔亟，常赖海外侨胞踊跃输将，藉济财政之困，促成革命之成功；凡兹义举，奖典应颁。

兹据中央筹饷会汇报，查有郑螺生捐助军饷，合于奖章条例第八条规定，呈请给予一等金质奖章一枚。除准予发给一等金质奖章用示奖励外，合填给奖凭，以资证明。

上给郑螺生。

中华民国十二年十月一日

黄警顽编：《南洋霹雳华侨革命史迹》，上海，文华美术图书公司一九三三年二月印行

批徐绍桢请褒扬寿妇郑黄氏呈

（一九二三年十月一日）

大元帅指令第四八九号

令大本营内政部长徐绍桢

呈请褒扬寿妇郑黄氏由。

呈悉。准予题颁"百龄人瑞"四字匾额，并给予银质褒章一枚。仰即转给具领。此令。

（中华民国陆海军大元帅之印）

中华民国十二年十月一日

据《大元帅指令第四八九号》，载广州《陆海军大元帅大本营公报》第三十二号，一九二三年十月十二日

邓卓两部伙食饬由第一师发给令

（一九二三年十月二日）

邓演达团、卓仁机旅两部伙食，由十月十六日起归回第一师部发给，大本营所发伙食至是月十五止截。此令。

孙文

据原件影印件，台北、中国国民党文化传播委员会党史馆藏

饬设大本营筹饷总局县设筹饷局令

（一九二三年十月二日）

大元帅训令第三一二号

令广东省长廖仲恺

前因军用浩繁，令由该省长转饬各县分筹的款，缴解来营，以资应用。至今多日，未著成效。兹仰该省长于所属各县设立筹饷局，遴派得力人员，专管各县所有正杂税捐征收事宜，并于省会设立大本营筹饷总局，由该省长总司其事，凡各县筹饷局缴解款项，统由总局核收，听候命令指拨。仰即克日进行，切实规画，严重监督，毋得因循，有误军需。切切。此令。

（中华民国陆海军大元帅之印）

中华民国十二年十月二日

据《大元帅训令第三一二号》，载广州《陆海军大元帅大本营公报》第三十二号，一九二三年十月十二日

着廖仲恺转饬各善堂筹赈惠州惠阳灾黎令

（一九二三年十月三日）

大元帅训令第三一三号

令广东省长廖仲恺

迭据前敌报告：惠州、惠阳逆军绝粮数日，逃散渐多，两城旦夕可下等情。东江用兵以来，逆军凭依惠城之险，抗拒经月。现其兵已绝粮，居民愈可概见，哀此无辜，罹兹惨祸，仰该省长转饬各善堂，迅行预办米粮一百万斤以上，一俟城下之日，即行飞运前往赈济穷乏，毋得迟延，致令他日无数民人转成饿莩。切切。此令。

（中华民国陆海军大元帅之印）

中华民国十二年十月三日

据《大元帅训令第三一三号》，载广州《陆海军大元帅大本营公报》第三十二号，一九二三年十月十二日

通缉吕春荣令

（一九二三年十月五日）

大元帅令

据高雷讨贼军总司令兼绥靖处处长林树巍呈报："东路讨贼军第四师师长吕春荣蓄意谋叛，已非一日，曲予优容，冀其悔悟，讵鬼蜮存心，冥顽罔觉。此次钦廉告警，令其布置防务，乃竟勾结逆军，谋为不轨，经各将领一致通电，声其罪状，似此逆迹昭著，难再姑容，请将吕春荣褫职，通缉获办"等情。查东路讨贼军第四师师长吕春荣甘心附逆，罪无可逭，着即褫夺本职，仰各军长官一体严拿，务获解办，以儆凶顽，而肃军纪。此令。

（中华民国陆海军大元帅之印）

中华民国十二年十月五日

据《大元帅令》，载广州《陆海军大元帅大本营公报》第三十二号，一九二三年十月十二日

着护法各省通缉惩办附逆国会议员令

（一九二三年十月五日）①

大元帅令

此次国贼曹锟输金国会议员，以贿成选，妄干大位，业经宣布罪状，申命讨伐。而所谓国会议员，多以非法分子滥行列席，秽德腥闻，彰播远迩。议员职责，在代表人民，监督政府，乃贪赇受赂，危害国家，法律纪纲，斩焉俱尽，不有严惩重罚，无以禁贪邪而儆淫顽。着护法各省区长官，将此次附逆国会议员，一律查明，通缉惩办，以昭炯戒，而立国纪。此令。

（中华民国陆海军大元帅之印）

中华民国十二年十月十八日

据《大元帅令》，载广州《陆海军大元帅大本营公报》第三十三号，一九二三年十月十九日

饬孙科暂行接收保管军用公债券令

（一九二三年十月五日）

大元帅训令第三一五号

令广州市市长孙科

据前大本营审计局局长刘纪文呈称："窃纪文前由林业明附来军用公债券一箱共十一包，内五元券五包，每包五百张，由三千零一号起至五千五百号止，计二千五百张；一十元券五包，每包五百张，由二千五百零一号起至五千号止，计二千五百张；一百元券一包，共五百张，由四万一千零零一号起至四万一千五百号止。该券附到后，经即通讯各处，请将原收条改换。计到换者由三千零零一号

---

① 《陆海军大元帅大本营公报》原文时间为十月十八日。

起至三千零四十八号止。简崇光经手，共换去四十八张十元券，由二千五百零一号起至二千五百二十九号止；简崇光、陈迫清、戴金华等经手，共换去二十九张一百元券，由四万一千零零二号起至四万一千零一十三号止；简崇光、吴庆余经手，共换去十二张。其余存贮者，计五元券由三千零四十九号起至五千五百号止，共余二千四百五十二张十元券；由二千五百三十号起至五千号止，共余二千四百七十一张一百元券；由四万一千零零一号、四万一千零一十四号起至四万一千五百号止，共余四百八十八张。除将该券暂行存贮外，理合具文，连同券额分析表暨公债收条表呈请察核。现纪文因事出洋，一时未能返粤，至所存公债券应交何处接收经理，伏祈批示祗遵"等情。据此，除指令呈表均悉，仰将公债券交由市政厅孙市长暂行接收保管外，合行令仰该市长即便遵照办理。此令。

（中华民国陆海军大元帅之印）

中华民国十二年十月五日

据《大元帅训令第三一五号》，载广州《陆海军大元帅大本营公报》第三十二号，一九二三年十月十二日

谕代支罗劲夫款令

（一九二三年十月五日）①

见字请代支罗劲夫先生洋贰百元。此致。

纪文先生照。

孙文

十月五日

据原件照片，台北、中国国民党文化传播委员会党史馆藏

---

① 原令未署年份。据内容酌定一九二三年。

批复杨希闵呈永捷轮船究应何属令

（一九二三年十月五日）

大元帅指令第四九三号

　　令兼卫戍总司令杨希闵

　　呈覆看守"永捷"轮船赖铭光已开释，该轮究应发还周少棠，抑给葡商志利洋行具领，请令遵由。

　　呈悉。"永捷"轮船着即先交大本营参军处候令办理，仰即遵照。此令。

（中华民国陆海军大元帅之印）

中华民国十二年十月五日

据《大元帅指令第四九三号》，载广州《陆海军大元帅大本营公报》第三十三号，一九二三年十月十九日

批叶恭绰查核抽收广州市防务馆馆租
以充警饷事属可行请鉴核呈

（一九二三年十月五日）

大元帅指令第四九八号

　　令大本营财政部长叶恭绰

　　呈覆查核抽收广州市防务馆馆租以充警饷，事属可行，请鉴核由。

　　呈悉。照准。此令。

（中华民国陆海军大元帅之印）

中华民国十二年十月五日

据《大元帅指令第四九八号》，载广州《陆海军大元帅大本营公报》第三十二号，一九二三年十月十二日

批孙科查明红花冈公地业经全段
划拨广东公医校院乞赐备案呈

（一九二三年十月六日）

大元帅指令第五〇五号

令广州市市长孙科

呈复查明红花冈地段四十亩均属寺尝公地，应准全段划拨广东公医校院，代兵站部抵还伤兵留医欠款，业经转饬办理，乞赐备案由。

呈悉。准予备案。此令。

（中华民国陆海军大元帅之印）

中华民国十二年十月六日

据《大元帅指令第五〇五号》，载广州《陆海军大元帅大本营公报》第三十三号，一九二三年十月十九日

一致声讨曹锟共赴国难令

（一九二三年十月八日）

大元帅令

伪巡阅使曹锟，贿诱议员，迫以非法，僭窃中华民国大总统，其背叛民国，罪迹已为昭著。当贿选将行之顷，奉浙当局与西南诸将领暨海内名流硕彦以及公私各团体，函电交争，冀阻非分，该逆充耳无闻，悍然不顾天下之是非，其怙恶不悛，甘自绝于吾民，已可概见。年来于粤蜀湘闽桂诸省，犯顺侵疆，屡为贼害，虽被殄克，狼心未已，我同袍将士，护国护法，已历年所，岂能容庇国贼，妄干大位。兹特宣布罪状，申命讨伐，我全国爱国将士，无问南北，凡能一致讨贼者，悉以友军相视，共赴国难，以挽垂危之局，庶我先烈艰难缔造之国，不因逆贼而

中斩，亿兆人民实利赖之。此令。

（中华民国陆海军大元帅之印）

中华民国十二年十月八日

据《大元帅令》，载广州《陆海军大元帅大本营公报》第三十三号，一九二三年十月十九日

着杨希闵等禁止痞棍假借名义干涉地方行政令

（一九二三年十月八日）

大元帅训令第三一七号

令卫戍总司令杨希闵、广东省长廖仲恺

近有地方痞棍，串同不法军人，假托各军司令部或后方办事人员名义，干涉地方行政、财政，及侵害人民商业、财物等轨外行为，殊堪痛恨，着该总司令、省长出示晓谕，严行禁止，嗣后遇有此等情事，一经查获，悉当军法从事，不得宽贷。切切。此令。

（中华民国陆海军大元帅之印）

中华民国十二年十月八日

据《大元帅训令第三一七号》，载广州《陆海军大元帅大本营公报》第三十三号，一九二三年十月十九日

饬撤销滇军在九江所设财政局令

（一九二三年十月八日）

大元帅训令第三一八号

令中央直辖滇军总司令杨希闵

据广东财政厅长邹鲁呈称："现据南海县长李宝祥呈称：'窃县属九江地方，先有东路讨贼军朱联、关义和军队驻扎，将屠牛捐各项收据，送经呈报省署在案。

日前朱联所部与关义和所部冲突，招匪相助，乘机焚掠，及关义和败窜，又有滇军前往，复与朱联冲突，朱联所部退守北方，滇军遂在九江设立财政局，征收一切税项，该局业已遍贴布告开办。九江为县属繁盛市镇，职县设有粮站在墟市栅外，现因两军互战，秩序纷乱，商市停业，居民惶恐迁徙，粮站因之停收，商业牌照费亦不能办理，似此情形，若不速求解决，不特地方糜烂日甚，而当此军需紧急，职县收入停滞，实于解款有碍。除呈请省长核示办理外，所有滇军在九江设立财政局职县收款阻碍情形，理合呈报察核指令祗遵’等情前来。理合据情呈请钧座察核，俯赐指令祗遵，实为公便”等情前来。据此，除指令“呈悉。军队无自设财政局之理，候令行沪军总司令查明撤销可也”外，合行令仰该总司令即便遵照办理。此令。

（中华民国陆海军大元帅之印）

中华民国十二年十月八日

据《大元帅训令第三一八号》，载广州《陆海军大元帅大本营公报》第三十三号，一九二三年十月十九日

批叶恭绰请明令施行出洋华茶减免税厘续展期限至十四年底为止呈

（一九二三年十月八日）

大元帅指令第五一〇号

令大本营财政部长叶恭绰

呈请出洋华茶减免税厘续展期限又将届满，拟准予继续减免，展至十四年底为止，请察核明令施行由。

呈悉。准如所拟办理。

（中华民国陆海军大元帅之印）

中华民国十二年十月八日

据《大元帅指令第五一〇号》，载广州《陆海军大元帅大本营公报》第三十三号，一九二三年十月十九日

邹鲁因滇军在九江设立财政局阻碍
税收情形请察核指令祗遵呈

（一九二三年十月八日）

大元帅指令第五一二号

令广东财政厅长邹鲁

呈据南海县长李宝祥呈称滇军在九江设立财政局阻碍税收情形，请察核示遵由。

呈悉，军队无自设财政局之理，候令行滇军总司令部查照撤销可也。此令。

（中华民国陆海军大元帅之印）

中华民国十二年十月八日

据《大元帅指令第五一二号》，载广州《陆海军大元帅大本营公报》第三十三号，一九二三年十月十九日

饬广九路沿线两旁十里内其他部队不准驻扎令

（一九二三年十月九日）

大元帅训令第三一九号

令西路讨贼军总司令刘震寰

据东路讨贼军第三军军长李福林呈称："现据职部第十旅旅长萧秉良转据罗团长家驭报称：'据驻茶山站第二营第二连连长黄海清、驻樟木头站第一营第四连连长吴和义先后呈报：十月二日有西路讨贼军第九支队第一统领陈冠海率队来驻茶山墟，十月一日又有该军第十梯团长邝鸣相率队来驻樟木头，均称东莞系伊防地，理合报请察核等情。据此，窃职部前奉钧令率队保护广九铁路，因车站不敷驻扎，迫得拨队分驻该路近之茶山墟，以便照应。现据称茶山墟、樟木头两处，忽均有西路讨贼军到扎，军队复杂，稽查不便，一有警耗，误会可虞，应如何办理之处，理合报请钧座察核示遵'等情前来。窃维前次广九铁路劫案，系附近土

匪与新编不肖民军互相勾通，现查来扎茶山墟、樟木头陈、邝两部，多系新编土匪成军，来往商民对此已生戒心，万一再有疏虞，职部何能当此重咎；况广九沿路一带，职部驻有兵士六营，实力尚堪保护，若杂驻别路新编军队，部分复杂，平时稽查，固属不便，临事呼应，亦属不灵，殊非帅座保护该路之本旨，可否由帅座下令将新驻茶山墟、樟木头陈、邝两部调往别处驻扎，俾职部办事统一，以收实效而专责成，是否有当，伏候指令祗遵"等情前来。据此，除指令"呈悉，广九铁路一带治安，业训令责成该军长所部保护在案。该铁路沿线两旁十里内，应不准有他部分军队驻扎，候令行刘总司令转饬陈、邝两部队调往他处，以免流弊而一事权可也"外，合行令仰该总司令即便遵照办理为要。此令。

（中华民国陆海军大元帅之印）

中华民国十二年十月九日

据《大元帅训令第三一九号》，载广州《陆海军大元
帅大本营公报》第三十三号，一九二三年十月十九日

批李福林请令饬陈冠海邝鸣相两部他调令

（一九二三年十月九日）

大元帅指令第五一六号

令东路讨贼军第三军军长杨福林

呈报有西路讨贼军第九支队第一统领陈冠海率队驻茶山墟，又有该军第十梯团队长邝鸣相率队驻樟木头，恐广九路驻军复杂，有事呼应不灵，殊非保路本旨，请令饬陈、邝两部他调，以专责成，候令祗遵由。

呈悉。广九铁路一带治安，业训令责成该军长所部保护在案。该铁路沿线两旁十里内，应不准有他部分军队驻扎，候令行刘总司令转饬陈、邝两部队调往他处，以免流弊而一事权可也。此令。

（中华民国陆海军大元帅之印）

中华民国十二年十月九日

据《大元帅指令第五一六号》，载广州《陆海军大元
帅大本营公报》第三十三号，一九二三年十月十九日

发给陈荣广治丧费令

（一九二三年十月十一日）①

发给陈荣广治丧费壹百元。

文

十月十一日

据原件照片，台北、中国国民党文化传播委员会党史馆藏

着财政厅官产处仍按日各发五百元给制弹厂令

（一九二三年十月十一日）

前取消财政厅官产处各发制弹厂费每日五百元，着令仍依前数发给。此令。

孙文

据原件影印件，台北、中国国民党文化传播委员会党史馆藏

发给惠州攻城重炮拉火令

（一九二三年十月十一日）

着兵工厂长发给惠州攻城重炮（十五生）拉火三百发。此令。

据孙修福、喻春生：《新发现的孙中山大元帅手
令（一）》，载《民国档案》二〇〇一年第一期

---

① 原令未署日期。据内容酌定一九二三年。

命李福林将所获火药悉交梅湖重炮应用令

（一九二三年十月十一日）

着李军长福林将前日围捕所获之六角火药悉交梅湖重炮应用。此令。

据孙修福、喻春生：《新发现的孙中山大元帅手令（一）》，载《民国档案》二〇〇一年第一期

向澳门警厅取回李安邦步枪令

（一九二三年十月十一日）

着前山交涉员卢向澳门警厅取回李安邦步枪十二支。此令前山交涉员光功。

据孙修福、喻春生：《新发现的孙中山大元帅手令（一）》，载《民国档案》二〇〇一年第一期

批香山县长林警魂汇报当地治安电

（一九二三年十月十二日）

当严行防，如有煽动罢市之人，即行枪决，罢市之店，即行充公，切勿姑息为要。

文

附：林警魂电文

（一九二三年十月十二日）

韶关大本营分送孙大元帅睿鉴：广州胡代帅兼省长、许总司令钧鉴：本日职属地方治安、商场秩序一切如常，请抒廑念。署香山县县长林警魂叩。侵。（印）

据中国第二历史档案馆编：《中华民国史档案资料汇编》第四辑（二），南京，凤凰出版社一九九一年六月出版

给朱和中的命令

（一九二三年十月十二日）

着该厂长酌选七九水机〈关〉子弹五千颗、粤造旱机关子弹一万八千颗，交广东讨贼军第一师第三团邓演达领用。此令。

令朱和中。

据孙修福、喻春生：《新发现的孙中山大元帅手令（一）》，载《民国档案》二〇〇一年第一期

命给予李安邦所部利便通过令

（一九二三年十月十二日）

李安邦所部为大本营直辖军队，其所部现奉命调省，所有经过地方各该驻扎军队应予利便，俾得通过，毋许阻止。此令。

据孙修福、喻春生：《新发现的孙中山大元帅手令（一）》，载《民国档案》二〇〇一年第一期

命兵站总监部将办公物品拨交商运局接收令

（一九二三年十月十二日）

着兵站总监部将全部家私什物、电话装修及该部办公地点除出该部收束外，其余拨交商运局接收应用。此令。

据孙修福、喻春生：《新发现的孙中山大元帅手令（一）》，载《民国档案》二〇〇一年第一期

徐树荣所部归王棠指挥调遣令

（一九二三年十月十二日）

着徐树荣所部归商运局长王棠指挥调遣。此令。

据孙修福、喻春生：《新发现的孙中山大元帅手令（一）》，载《民国档案》二〇〇一年第一期

着发给参谋部特别费令

（一九二三年十月十二日）

大元帅令第五八六号

着市政厅长发给参谋部特别费九百元。此令。

孙文（大元帅章）

中华民国十二年十月十二日

据"国父墨宝"手令原件（孙科赠），台北、"国史馆"藏

派邓演达为惠城安抚委员会同地方
士商妥筹安抚人民办法令

（一九二三年十月十二日）

大元帅训令第三二〇号

令中央直辖滇军总司令杨希闵、中央直辖西路讨贼军总司令刘震寰、东路讨贼军总司令许崇智

查惠州被围百日，内城人民，疾苦饥困，殊堪悯恻。前以城破在即，经谕令广州各善堂筹备大宗粮食前往散赈，以慰穷黎在案。现虑城破之际，我军与逆军于内城或生冲突，致人民荡析离居，尤非本大元帅视民如伤之意，故须豫筹安抚，使不至以饥疲之身，复感兵燹之苦。兹派邓团长演达为惠城安抚委员，克日前往，

会同该地方士商，妥筹安抚方法，务使城破之日，该民不罹兵灾，不生疾苦，是为至要。该团长行抵该地后，所有安抚事宜，应商承许总司令办理。除分行前敌各总司令知照外，仰即遵照。此令。

（中华民国陆海军大元帅之印）

中华民国十二年十月十二日

据《大元帅训令第三二〇号》，载广州《陆海军大元帅大本营公报》第三十三号，一九二三年十月十九日

饬各军不得向民间征发及强勒令

（一九二三年十月十二日）

大元帅训令第三二一号

令大本营军政部长程潜、中央直辖滇军总司令兼广州卫戍总司令杨希闵、东路讨贼军总司令许崇智、西路讨贼军总司令刘震寰、中央直辖第一军军长朱培德、中央直辖第三军军长卢师谛、中央直辖第七军军长刘玉山、大本营命令传达所所长胡谦、大本营兵站总监罗翼群

现在战争区域渐狭，兵站总监部及所辖各支部站所，应着一律撤销，以节糜费。惟暂留卫生局及所辖各病院卫生队，办理伤病官兵及补充卫生局材料事宜，归军政部统辖。自十月十六日起，所有作战各部队给养，由各部队自行办理，定为每人每月折发毫洋叁元。又草鞋洋四毫，由军政部核明直接给领。查东江自军兴以来，久罹兵燹，重以淫雨为灾，困苦已达极点，自十月十六日以后，各军长官应严行督率部众，对于所需食用物品，应一律平价买入，不得有向民间征发及强勒情事。本大元帅当另行派员，严密查察，务期无使有上项情弊滋生，以维军纪，而恤民艰。除通令外，合行令仰该军长、部长、总司令、所长、总监即便转饬所属一体遵照。切切。此令。

（中华民国陆海军大元帅之印）

中华民国十二年十月十二日

据《大元帅训令第三二一号》，载广州《陆海军大元帅大本营公报》第三十三号，一九二三年十月十九日

着审计局公布大本营成立以来
各财政机关收支数目令

（一九二三年十月十三日）

大元帅令

　　着大本营审计局局长林翔，将大本营成立以来各财政机关收支数目，汇成简明统计表，于本月二十日以前，公布于《大本营公报》并广州各报，以后每月依照此例公布一次。此令。

　　　　　　　　　　　　　　　　　　（中华民国陆海军大元帅之印）

　　　　　　　　　　　　　　　　　中华民国十二年十月十三日

　　　　　　　　　据《大元帅令》，载广州《陆海军大元帅大本营公报》第三十四号，一九二三年十月二十六日

批复刘震寰呈请拨给积欠该军军饷令

（一九二三年十月十三日）

大元帅指令第五二二号

　　令中央直辖西路讨贼军总司令刘震寰

　　呈报积欠该军军饷数目，拟请由财政厅牌照费项下饬拨由。

　　呈悉。该军饷糈支绌，素所深知。惟财政厅所收商业牌照费，多已指定用途，仰俟广东大局底定，财政统一，再行设法拨给可也。此令。

　　　　　　　　　　　　　　　　　　（中华民国陆海军大元帅之印）

　　　　　　　　　　　　　　　　　中华民国十二年十月十三日

　　　　　　　　　据《大元帅指令第五二二号》，载广州《陆海军大元帅大本营公报》第三十三号，一九二三年十月十九日

命朱培德备价造机关枪弹令

（一九二三年十月十三日）

（奉令取消）

着兵工厂长代朱军长培德备价造德造六八水机关枪弹壹万五千、粤造七九水机关枪弹壹万五千、粤造旱机关枪弹壹万五千。此令。

据孙修福、喻春生：《新发现的孙中山大元帅手令（一）》，载《民国档案》二〇〇一年第一期

着湘军调至广东等令

（一九二三年十一月十四日）

湘军转战太苦，着调至广东，暂行休养，藉此补充，准备反攻。鲁涤平、黄辉祖、朱耀华、方鼎英、汪磊调至乐昌，谢国光调仁化，吴剑学调九峰，陈嘉佑及方之一部调星子。

据《谭延闿传孙中山令》，载一九二三年十一月十六日上海《申报》

着梧防准李根沄军队通过令

（一九二三年十月十四日）

着发令梧防，准李根云〔沄〕军队约四五百人通过。

文

中华民国十二年十月十四日

据抄件，台北、中国国民党文化传播委员会党史馆藏

命发给许总司令子弹令

（一九二三年十一月十四日）

着兵工厂长陆续发给许总司令七九弹拾万颗、六八弹拾万颗。此令。

据孙修福、喻春生：《新发现的孙中山大元帅手令（一）》，载《民国档案》二〇〇一年第一期

给梁鸿楷的命令

（一九二三年十一月十四日）

仰即转令梧州驻在军队李根云〔沄〕所部尚余四五百人，准予即行通过。此令。

上令梁鸿楷。

据孙修福、喻春生：《新发现的孙中山大元帅手令（一）》，载《民国档案》二〇〇一年第一期

给梁鸿楷赵梯昆等的命令

（一九二三年十一月十四日）

据两广盐运使邓泽如呈请，严缉违抗命令、挟舰逃亡之"定海"舰长何固，及潜来省河拖带"福海"舰一并逃亡之"江平"舰长郑星槎等情，应予照准。除分令外，仰即遵照，严缉务获，连同各舰一并解送究办。此令。

令梁鸿楷、赵梯昆。

外另电梧州、江门、肇庆。

据孙修福、喻春生：《新发现的孙中山大元帅手令（一）》，载《民国档案》二〇〇一年第一期

着发给滇军所辖东江各兵站给养及草鞋费令

（一九二三年十月十五日）

大元帅令第六〇〇号

　　着市政厅厅长自十月十六日起至十月卅一日止，每日发给滇军总司令部所辖东江各部队官兵兵站给养及草鞋费贰千零四十元整。此令。

孙文（大元帅章）

中华民国十二年十月十五日

据"国父墨宝"手令原件（孙科赠），台北、"国史馆"藏

着发给野战病院及卫生队给养费令

（一九二三年十月十五日）

　　着市政厅长自十月十六日起至十月卅一日止，每日发给军政部转发前后方野战病院及卫生队官兵给养费七伯〔百〕壹拾式元整。此令。

孙文

中华民国十二年十月十五日

据原件影印件，台北、中国国民党文化传播委员会党史馆藏

通令东江各军不得勒收商船来往费令

（一九二三年十月十五日）

　　通令东江各军队长官禁止沿途各军队勒收商船来往费，自通令之日起如仍有违犯者，严行究治，切切。此令。

文

十二、十、十五

据抄件，台北、中国国民党文化传播委员会党史馆藏

饬剿邓本殷部并通缉附逆县长令

（一九二三年十月十五日）

大元帅训令第三二二号

令广东省长廖仲恺、高雷绥靖处处长林树巍、钦廉绥靖处处长黄明堂

据中央直辖西路讨贼军总司令刘震寰呈称："窃据职部琼崖别动队司令王鸣亚呈称：为逆贼仇义、任意焚屠、惨无人道，请予援力以便杀贼事：窃职奉命组军讨逆，业于六月间派职部第二支队司令丘海云赍呈晋谒，并属面陈一切，请示机宜。旋奉钧示，以协同陈司令继虞共同动作等因。当即遵示积极进行。讵邓逆本殷，被我军进攻日亟，计不得逞，为探悉我军第二支队司令丘海云家居澄迈，第三支队司令王贻塈家居临高，其所部健儿，亦以澄迈、临高、儋县三县为多，因之邓逆钉恨，亦即以澄、临、儋三县之人为最。而三县密迩琼城，未为我军克复，该逆遂于夏历七月间，先后派伪旅长陈凤起、营副李业玉率逆队会同澄迈县附逆县长蔡邦献、临高县附逆县长王良弼、儋县附逆县长吴卓峰等，率该县游击队为先导，下乡先将我军第二支队司令丘海云、第三支队司令王贻塈所居之村庄焚毁净尽，次将义军之亲属族邻屋宇，逢人便行掳杀，逢屋即便焚掠，甚至该乡男女老稚，当时奔避不及被掳者，竟施以钉目、钉口、钉指等非刑，令求死不得，以泄其愤。且当逆队在临高下乡焚屠之时，有文潭等乡妇百余跪地哀求，冀免焚杀，而逆旅长陈凤起竟以机关枪扫射尽毙，其惨无人道，洵出黄巢、张献忠之上。月前迭据职部丘司令海云、王司令贻塈等先后据所部呈报转前来，计澄、临、儋三县该司令等及其所部义乡，被逆队屠杀者六百余名，被焚掠者计五千余家，曾经职派员查勘属实，其详数列单附呈。此外各县义军及非附义之各乡，被逆队零星蹂躏者，尤数不胜数。忖思职部丘、王两员奉命讨贼，早已置身家于度外，虽粉身碎骨，在所不计。然所部义乡罹此焚屠，致令死者骸骨无收，生者栖身无所，其颠连惨苦，不独见者伤心，即闻者亦无不发指。今逆贼若此猖獗，倘不早图扑灭，恐此后重罹逆祸，未有纪极。当时我军闻此恶耗，莫不奋跃狂呼，摩拳嚼齿，

立欲与逆搏击者，察其义愤勃结，壮志飙发，军心大有可用。只以逆队子弹充足，我军子弹短欠，驱血肉之躯敌其枪炮，究属无济。为此具呈陈明，敬恳军麾俯念逆祸日炽，毒我逆军，迅派得力军队，渡琼援助。即或以东江逆贼未靖，未便分军，亦恳拨给子弹，以充军实，而便杀贼。并恳分别转请大元帅、省长，令行所属各营、县通缉附逆县长蔡邦献、王良弼、吴卓峰等，解案惩办，俾清余孽而伸民冤，不胜迫切待命之至。计呈各县被焚屠详细表一纸等情。据此，查邓逆本殷，窃据琼城，滋扰地方，前经令饬该司令王鸣亚会同各友军就近协力进剿，以靖地方。兹据前情，该逆竟敢迁怒良民，焚杀无辜，蹂躏三县人民，焚掠数百户口，实属罪大恶极。除指令该司令仍督率所部相机进剿外，理合缮录所呈被害地方人数，列单具文，呈请钧府迅予通令各军，一体协剿。并转饬广东省长，将附逆各县县长通缉归案惩办，以除逆氛，而安闾阎，实为德便"等语，并录呈被害地方人数单前来。除指令呈及清单均悉，仰候令行高、雷、钦、廉等处绥靖处相机协剿，并饬广东省长查照通缉归案惩办可也并分令外，合行令仰该省、处长即便查照，转饬所属一体严缉，务获惩办，所部相机协剿，以安地方。清单抄发。此令。

（中华民国陆海军大元帅之印）

中华民国十二年十月十五日

据《大元帅训令第三二二号》，载广州《陆海军大元帅大本营公报》第三十四号，一九二三年十月二十六日

批刘震寰报告邓本殷残杀琼民
请迅予通令各军一体协剿呈

（一九二三年十月十五日）

大元帅指令第五二五号

令中央直辖西路讨贼军总司令刘震寰

呈报邓本殷惨杀琼民，焚掠澄、临、儋三县，附义乡民五千余家录呈被害地

方人数单，请迅予通令各军一体协剿，并饬广东省长将附逆三县长通缉归案惩办由。

呈及清单均悉。仰候令行高、雷、钦、廉等处绥靖处相机协剿，并饬广东省长查照通缉归案惩办可也。此令。

（中华民国陆海军大元帅之印）

中华民国十二年十月十五日

据《大元帅指令第五二五号》，载广州《陆海军大元帅大本营公报》第三十四号，一九二三年十月二十六日

着将海防舰队饷项煤价归行营金库长支发令

（一九二三年十月十六日）

海防舰队已令限于十月二十日集中虎门，直接受行营调遣。自二十日起，着西江督办将该舰队饷项煤价，悉缴归行营金库长支发。此令西江督办李济深、海防司令陈策。

孙文

据原件影印件，台北、中国国民党文化传播委员会党史馆藏

饬各军严禁任意拉伕以充输卒令

（一九二三年十月十六日）

大元帅训令第三二三号

令中央直辖滇军总司令兼广州卫戍总司令兼中央直辖滇军第一军军长杨希闵、中央直辖第一军军长朱培德、中央直辖西路讨贼军总司令刘震寰、东路讨贼军总司令许崇智、东路讨贼军第三军军长李福林、中央直辖第三军军长卢师谛、中央直辖第七军军长刘玉山、中央直辖广东讨贼军第四军军长梁鸿楷、中央直辖滇军第二军军长范石生、中央直辖滇军第三军军长蒋光亮、西江善后督办李济深

据广州市市长孙科呈称："现据车商函称：'各路军队连日拉去车伕数百名，以致各车伕闻风逃匿，市面交通顿形窒碍'等情。据此，职厅核属实情。查各该车伕原有正当执业，且关系饷源，若任意乱拉，影响所及，实非浅鲜，理合敬呈钧察，伏乞转令各部军队，嗣后需用伕役，毋再拉及车伕，以利交通而维饷源，实为德便"等情前来。查任意拉伕，原于例禁，车伕关系市面交通，尤未便令其充作军队输卒，合行令仰该督办、总司令、军长即便遵照，转饬所部一体严禁。此令。

（中华民国陆海军大元帅之印）

中华民国十二年十月十六日

据《大元帅训令第三二三号》，载广州《陆海军大元帅
大本营公报》第三十四号，一九二三年十月二十六日

批陈兴汉请辞职呈

（一九二三年十月十六日）

大元帅指令第五二八号

令管理粤汉铁路事务陈兴汉呈请辞职由。

呈悉。该管理任事勤劳，正资倚畀，所请辞职之处，应毋庸议。此令。

（中华民国陆海军大元帅之印）

中华民国十二年十月十六日

据《大元帅指令第五二八号》，载广州《陆海军大元帅
大本营公报》第三十四号，一九二三年十月二十六日

批邹鲁报告派员接收蒋光亮交还各征收机关呈

（一九二三年十月十六日）

大元帅指令第五二九号

令广东财政厅长邹鲁

呈报派员接收蒋军长交还各征收机关由。

呈及清折均悉。仰该厅长依照向章认真办理，以明统系而裕库收。此令。

（中华民国陆海军大元帅之印）

中华民国十二年十月十六日

据《大元帅指令第五二九号》，载广州《陆海军大元帅
大本营公报》第三十四号，一九二三年十月二十六日

命发给朱培德子弹令

（一九二三年十月十六日）

着军政部长分期发给朱军长培德德造六八水机关枪弹壹万五千颗、粤造七九水机关枪弹壹万五千颗、粤造旱机关枪弹壹万五千颗。此令。

据孙修福、喻春生：《新发现的孙中山大元帅手
令（一）》，载《民国档案》二○○一年第一期

命稿存行营参谋处令

（一九二三年十月十六日）

（未列号）

军令。令稿存行营参谋处。

李济深　卢师谛　刘玉山　胡谦

（未列号）

又军令。稿存行营参谋处。

刘震寰　重炮兵队长王庆恩

据孙修福、喻春生：《新发现的孙中山大元帅手
令（一）》，载《民国档案》二○○一年第一期

命发给许总司令部子弹令

（一九二三年十月十六日）

着兵工厂长发给许总司令部粤造旱机关枪弹五万颗。此令。

据孙修福、喻春生：《新发现的孙中山大元帅手
令（一）》，载《民国档案》二〇〇一年第一期

饬停发邓卓两部伙食费令

（一九二三年十月十七日）

前令盐运使每日拨给邓演达部伙食费伍百元，卓仁机部伙食费壹百七十元，着于本月十五日一律停止支付，自本月十六日起着每日发给该部转发卫生局经费陆百元。此令。

右令程部长潜。

孙文

中华民国十二年十月十七日

据原件影印件，台北、中国国
民党文化传播委员会党史馆藏

着兵工厂长先将机关枪一挺移交朱培德令

（一九二三年十月十七日）

朱培德部即日出发，其定造之机关枪尚未完竣，着兵工厂长将范部造竣之枪一挺先移交朱培德用，俟朱培德之枪造竣，交还范部。此令。

孙文

中华民国十二年十月十七日

据原件，台北、中国国民党文化传播委员会党史馆藏

饬各机关迅行补造编造预算书以重计政令

（一九二三年十月十七日）

大元帅训令第三二四号

令大本营内政部长徐绍桢、大本营外交部长伍朝枢、大本营财政部长叶恭绰、大本营建设部长林森、大本营军政部长程潜、广东省长廖仲恺、两广盐运使邓泽如、广东财政厅长邹鲁、广州市市长孙科、广东全省官产清理处处长梅光培、大本营会计司长黄隆生、中央直辖滇军总司令兼广州卫戍总司令杨希闵、中央直辖西路讨贼军总司令刘震寰、东路讨贼军总司令许崇智、广东江防司令杨廷培、广东海防司令陈策、海军舰队司令部参谋长赵梯昆、西江善后督办李济深

据大本营审计局长林翔呈称："窃查职局审计之虚实，须以预算为依归，若预算未经核定，则审计失其标准。职局自成立以来，迭经刘前局长①呈请通令各机关依照财政部颁行预算格式，造具预算书呈由钧帅核定发局备案，以为审查计算之根据。现查接管卷内，未奉令发核准各机关预算案，于审计无所依据，理合具文呈请钧帅，将军民各机关已造呈之预算，核准发局。其未造者，亦请通令从速补造，呈由钧帅核准转发，以重计政而利审查"等情。据此，查各机关预算，前据审计局呈经于二六八号训令，各军政长官迅行分别补造、编造在案，兹复据呈前情，除分令外，合行令仰该处长、厅长、省长、部长、总司令、参谋长、司长、司令、督办、运使查照迅遵前令办理，以重计政。此令。

（中华民国陆海军大元帅之印）

中华民国十二年十月十七日

据《大元帅训令第三二四号》，载广州《陆海军大元帅大本营公报》第三十四号，一九二三年十月二十六日

———————————

① 刘前局长即刘纪文。

饬驻扎东江各军禁止勒收商船费令

（一九二三年十月十七日）

大元帅训令第三二五号

　　令中央直辖滇军总司令兼广州卫戍总司令兼中央直辖滇军第一军军长杨希闵、中央直辖第一军军长朱培德、中央直辖西路讨贼军总司令刘震寰、东路讨贼军总司令许崇智、东路讨贼军第三军军长李福林、中央直辖第三军军长卢师谛、中央直辖第七军军长刘玉山、中央直辖广东讨贼军第四军军长梁鸿楷、中央直辖滇军第二军军长范石生、中央直辖滇军第三军军长蒋光亮、西江善后督办李济深

　　此次用兵东江，原为吊民伐罪，刻下战事区域缩小，亟应奖励商船贸易，以纾地方疾困。近闻驻扎东江各军队，有沿途勒收商船往来费情事，殊非护商卫民之道，合行令仰该军长、总司令、督办转饬所部，自奉令之日起，一体禁止，如敢故违，严行究治。切切。此令。

　　　　　　　　　　　　　　　　　　（中华民国陆海军大元帅之印）

　　　　　　　　　　　　　　　　　　中华民国十二年十月十七日

据《大元帅训令第三二五号》，载广州《陆海军大元帅
大本营公报》第三十四号，一九二三年十月二十六日

批廖仲恺报告筹饷局组织办法及总分局简章呈

（一九二三年十月十七日）

大元帅指令第五三一号

　　令广东省长廖仲恺

　　呈报奉令设立筹饷局拟定组织办法及总局暨各属分局简章，请察核示遵由。

　　呈及办法暨各简章均悉。准如所拟办理，仰即切实进行，以裕饷需而利戎机。此令。

　　　　　　　　　　　　　　　　　　中华民国十二年十月十七日

据《大元帅指令第五三一号》，载广州《陆海军大元帅
大本营公报》第三十四号，一九二三年十月二十六日

批廖仲恺请通令各军嗣后勿再干预
市政厅处理市产呈

（一九二三年十月十七日）

大元帅指令第五三三号

令广东省长廖仲恺

呈请通令各军嗣后对于市政厅处理市产事项勿再干预，以清权限由。

呈悉。准如所请，候令行各军，一体知照。此令。

中华民国十二年十月十七日

据《大元帅指令第五三三号》，载广州《陆海军大元帅大本营公报》第三十四号，一九二三年十月二十六日

批广东省长公署呈报承租跑马场地事①

（一九二三年十月十七日刊载）

呈悉。准如拟办理。此令。

据《核准承租跑马场地》，载一九二三年十月十七日《广州民国日报》

着公安局将各捐解缴军政部令

（一九二三年十月十八日）

公安局每日所收之旅馆捐、码头游戏捐、戏馆捐，着悉数解缴军政部应用。

---

① 报纸所载财政厅布告系奉省署第六一五号训令转奉大元帅指令第十五号核准办理。

此令。军政部长程潜。

孙文

中华民国十二年十月十八日

据原件影印件，台北、中国国
民党文化传播委员会党史馆藏

饬各军所有往来电文不得超过百字令

（一九二三年十月十八日）

大元帅训令第三二六号

令中央直辖第七军军长刘玉山、中央直辖第一军军长朱培德、东路讨贼军第三军军长李福林、中央直辖滇军第三军军长蒋光亮、中央直辖滇军总司令兼滇军第一军军长兼广州卫戍总司令杨希闵、中央直辖滇军第二军军长范石生、东路讨贼军总司令许崇智、中央直辖西路讨贼军总司令刘震寰、中央直辖第三军军长卢师谛、中央直辖广东讨贼军第四军军长梁鸿楷、西江善后督办李济深

据广东无线电报总局局长冯伟呈称："现据博罗第一站马队无线电领班张介眉回省面称：'该站无线电机球损坏，不能通报，经将该电球带同修理。查军用电机于通电三小时即须休息，否则电球烧坏，故发电文不宜太长。并请呈明转饬，此后所发电文以简为主'各等情。据此，理合呈请钧帅通令前敌各机关，所有来往电文，以不过百字为合"等情。据此，除指令照准外，合行令仰该军长、总司令、督办即便查照，并转饬所属一体查照办理。此令。

（中华民国陆海军大元帅之印）

中华民国十二年十月十八日

据《大元帅训令第三二六号》，载广州《陆海军大元帅
大本营公报》第三十四号，一九二三年十月二十六日

着建设部停止执行收管宁阳铁路令

（一九二三年十月十八日）

查现在西江已告肃清，所有从前收管宁阳铁路之命令，着建设部停止执行。至该铁路经理事宜，仍随时由林部长切实监督，以维路政。此令。

令建设部长林森。

据孙修福、喻春生：《新发现的孙中山大元帅手令（一）》，载《民国档案》二〇〇一年第一期

给罗翼群的命令

（一九二三年十月十八日）

前兵站总监部经理局、交通局所存各种材料及交通用具并局内应用器物，着即点交军政部接收。此令前兵站总监罗翼群。

据孙修福、喻春生：《新发现的孙中山大元帅手令（一）》，载《民国档案》二〇〇一年第一期

着邓泽如等接收长堤旧官纸局速办革命纪念会令

（一九二三年十月十九日）

着革命纪念会发起人邓泽如、邓慕韩等接收长堤旧官纸局，从速办理革命纪念会事宜。此令。

孙文

民国十二年十月十九日

据原件影印件，台北、中国国民党文化传播委员会党史馆藏

命拨给旧官纸局为革命纪念会会址令

（一九二三年十月十九日）

着广东省长转饬官产处拨给旧官纸局为革命纪念会会址。此令。

据孙修福、喻春生：《新发现的孙中山大元帅手
令（一）》，载《民国档案》二〇〇一年第一期

给陈友仁的命令

（一九二三年十月十九日）

仰该局长饬前敌飞机人员须听博罗许总司令部命令。此令。

上令陈局长友仁。①

据孙修福、喻春生：《新发现的孙中山大元帅手
令（一）》，载《民国档案》二〇〇一年第一期

给冯伟的命令

（一九二三年十月十九日）

仰该总局即将博罗无线电机赶快送回博罗。此令。

上令冯局长伟。②

据孙修福、喻春生：《新发现的孙中山大元帅手
令（一）》，载《民国档案》二〇〇一年第一期

---

① 陈友仁时任广东航空局局长。
② 冯伟时任广东无线电报总局局长。

给朱培德的命令

（一九二三年十月十九日）

伤兵调养费，着一律减半发给。此令。

令朱培德。

据孙修福、喻春生：《新发现的孙中山大元帅手令（一）》，载《民国档案》二〇〇一年第一期

批朱培德报告蒋应澍质疑何福昌通敌案
各节不符呈

（一九二三年十月二十日）

大元帅指令第五三九号

令大本营参军长朱培德

呈复前大本营参谋何福昌宾〔实〕犯有通敌嫌疑，致正典刑。前云南参议员蒋应澍函称各节不符，请睿裁由。

呈悉。何福昌既因通敌致正典刑，蒋议员所称各节，着毋庸议。此令。

（中华民国陆海军大元帅之印）

中华民国十二年十月二十日

据《大元帅指令第五三九号》，载广州《陆海军大元帅大本营公报》第三十四号，一九二三年十月二十六日

饬各军勿再干预市政厅处理市产事项令

（一九二三年十月二十二日）

大元帅训令第三三一号

令中央直辖滇军总司令兼广州卫戍总司令兼中央直辖滇军第一军军长杨希闵、中央直辖第一军军长朱培德、中央直辖西路讨贼军总司令刘震寰、东路讨贼军总司令许崇智、钦廉绥靖处处长黄明堂、东路讨贼军第三军军长李福林、中央直辖第三军军长卢师谛、中央直辖第七军军长刘玉山、广东江防司令杨廷培、广东海防司令陈策、高雷绥靖处处长林树巍、中央直辖广东讨贼军第四军军长梁鸿楷、海军舰队司令部参谋长赵梯昆、中央直辖滇军第二军军长范石生、中央直辖滇军第三军军长蒋光亮、西江善后督办李济深

据广东省长廖仲恺呈以请通令各军，嗣后对于广州市政厅处理市产事项，勿再干预，以清权限等情。除原文有案不叙外，尾开："查迴龙直街先锋庙，先经财政局核准刘利生承领，并予给照点交管业。民人何绍安事后后承，已属非是，其具呈名义暨年龄、籍贯、住址、职业，又复先后不同，显系有意混争，该市长核明饬局不予置议，自属正当办法。现当军饷紧急，厉行投变市产，以应军糈，该市长负责甚重，所请通令各军对于处理市产事项勿再干预一节，似应照准。除令复外，理合备文呈请大元帅鉴核，俯赐通令各军，嗣后对于该厅处理市产事项，勿再干预，以清权限，而免纠纷，实为公便"等情。据此，除指令呈悉，准如所请，候令行各军一体知照外，合行令仰该处长、军长、总司令、司令、参谋长、督办即便知照，并转饬所属一体知照。此令。

（中华民国陆海军大元帅之印）

中华民国十二年十月廿二日

据《大元帅训令第三三一号》，载广州《陆海军大元帅大本营公报》第三十五号，一九二三年十一月二日

着各军严密截缉进口私盐以维盐税而肃军纪令

（一九二三年十月二十二日）

大元帅训令第三三二号

令广东海防司令陈策

查盐为国家收入大宗，现当用兵之际，各路饷糈，多恃盐税为供给。兹据探报，时有不法军人串同盐枭、地痞，秘密输运盐斤进口，以致私盐充斥，军饷因而顿绌，此种不法行动，若非严行缉办，实无以维盐税而肃军纪。兹经委任该司令兼理盐务缉私各舰主任，着该司令务将进口私盐严密截缉，如有军人胆敢包庇，应由该司令严拿惩办。除通令各军事长官严勒所部毋得包庇私盐进口致干法纪外，合行令仰该司令遵照认真办理。此令。

（中华民国陆海军大元帅之印）

中华民国十二年十月廿二日

据《大元帅训令第三三二号》，载广州《陆海军大元帅大本营公报》第三十五号，一九二三年十一月二日

饬严拿包庇私盐进口不法军人令

（一九二三年十月二十二日）

大元帅训令第三三二号①

令中央直辖滇军总司令兼广州卫戍总司令兼中央直辖滇军第一军军长杨希闵、中央直辖第一军军长朱培德、中央直辖西路讨贼军总司令刘震寰、东路讨贼军总司令许崇智、钦廉绥靖处处长黄明堂、东路讨贼军第三军军长李福林、中央直辖第三军军长卢师谛、中央直辖第七军军长刘玉山、广东江防司令杨廷培、高雷绥靖处处长林树巍、中央直辖广东讨贼军第四军军长梁鸿楷、海军舰队司令部参谋

---

①　底本如此，有两篇《大元帅训令第三三二号》。

长赵梯昆、中央直辖滇军第二军军长范石生、中央直辖滇军第三军军长蒋光亮、西江善后督办李济深、中央直辖游击司令朱卓文、中央直辖第四师师长周之贞

查盐税为国家收入大宗，现当用兵之际，各路饷糈，多恃盐税为供给。兹据探报，时有不法军人串同盐枭、地痞，秘密输运盐斤进口，以致私盐充斥，军饷因而顿绌，此种不法行动，若非严行缉办，实无以维盐税而肃军纪。兹经委任广东海防司令陈策兼理盐务缉私各舰主任，着该司令务将进口私盐严密截缉，如有军人胆敢包庇，应由该司令严拿惩办。除令该司令遵照认真办理外，合行令仰该督办、参谋长、军长、总司令、司令、处长、师长知照，严勒所部，无得包庇私盐进口，致干法纪，是为至要。此令。

（中华民国陆海军大元帅之印）

中华民国十二年十月廿二日

据《大元帅训令第三三二号》，载广州《陆海军大元帅大本营公报》第三十五号，一九二三年十一月二日

着廖仲恺饬各县调查粤籍受贿议员令

（一九二三年十月二十三日）

二十三日大本营消息：孙大元帅对于粤籍各附曹议员，决定一律查封产业，已训令廖省长饬各县地方官分别调查。名单如下：

黄锡铨、易仁善、李自成、李英铨、陈寿如、黄伯耀、沈智夫、黄明新、陈垣、李济源、谭文骏、叶夏声、谭瑞霖、马小进、黄霄九、徐傅霖、黄汝瀛、曾庆模、饶芙裳、郭宝慈、杨梦弼、何铨绳、陈绍元、司徒颖、易次乾、陆祺、许肖嵩、梁成久、林绳武、林树春、王钦宇、唐宝萼、江聪。以上共三十三人。

据《大元帅令抄猪〈仔〉议员①家产》，载一九二三年十月二十七日上海《民国日报》

---

① "猪仔议员"，广州话方言，指受贿投选举票的议员。

给罗翼群的命令

（一九二三年十月二十四日）

据函呈该部经理局、交通局究竟结束完竣时，一切地址器物应交何部接管，等语，仰仍遵照本月十八日第一八七号手令迅办结束，交由军政部接收为要。此令。

令罗总监翼群。

据《大元帅手令拟稿簿》原件，
南京、中国第二历史档案馆藏

发给范石生子弹令

（一九二三年十月二十四日）

着军政部酌量分期分给范军长七九弹拾五万发。此令。

据《大元帅手令拟稿簿》原件，
南京、中国第二历史档案馆藏

广北舰开赴西江令

（一九二三年十月二十四日）

仰该管理将广北舰开赴西江，听梁军长鸿楷命令调遣，以便运送军队。此令。

令广北舰正管理邹毅。

据《大元帅手令拟稿簿》原件，
南京、中国第二历史档案馆藏

给梁鸿楷的命令

（一九二三年十月二十四日）

业令广北舰开赴西江，听候军长命令调遣，以便运送军队，仰切知照。此令。

令梁鸿楷。

据《大元帅手令拟稿簿》原件，
南京、中国第二历史档案馆藏

给赵成梁的命令

（一九二三年十月二十四日）

着兵工厂长代赵师长成梁造备备〔价〕枪枝五百杆。此令。

据《大元帅手令拟稿簿》原件，
南京、中国第二历史档案馆藏

给程潜的命令

（一九二三年十月二十四日）

着由该部发给范军长石生马克心机关枪弹壹万，粤造奥式矮脚机关枪弹贰万，新出粤造七九机关枪弹贰万。此令。

令程潜。

据《大元帅手令拟稿簿》原件，
南京、中国第二历史档案馆藏

给胡思舜的命令

（一九二三年十月二十四日）

仰该师长速率全部开赴横沥，以固东江左岸，所遗防地由西路讨贼军派队驻扎。此令。

令胡思舜。

据《大元帅手令拟稿簿》原件，
南京、中国第二历史档案馆藏

给刘震寰的命令

（一九二三年十月二十四日）

胡师长师〔思〕舜所部业令其开赴横沥，以固东江左岸，所遗防地由该部派队驻扎。此令。

令刘震寰。

据《大元帅手令拟稿簿》原件，
南京、中国第二历史档案馆藏

饬查办王道令

（一九二三年十月二十五日）

大元帅训令第三三三号

令中央直辖第一军军长朱培德

据湖南桂阳县公民代表劳斌等电呈开："王道以滇军司令名义，率土豪刘政携杂枪五六十枝，乘防军空虚，盘踞桂阳，胁迫官绅，肆行仇杀，包赌庇烟，比户敲索，杀人越货，掳良勒赎，无法无天，烈于匪盗。全国视听攸关，人心向背所系，我大元帅讨贼拯湘，决不忍使桂阳独遭荼毒，朱军长军纪素著，决不致听王部站及声威，伏恳睿断，无任屏营"等情前来。据此，除先行电令湖南谭总司令严行制止外，仰该军长即严行查办，以肃军纪而卫地方。此令。

（中华民国陆海军大元帅之印）

中华民国十二年十月廿五日

据《大元帅训令第三三三号》，载广州《陆海军大元帅大本营公报》第三十五号，一九二三年十一月二日

饬朱卓文即将其泰轮船交由
兵站部接收以清手续令

（一九二三年十月二十五日）

大元帅训令第三三四号

令香山县县长朱卓文

据大本营兵站总监罗翼群呈请："令由该部再行派员前往该县长处，接收'其泰'轮船等情。除原文有案不叙外，尾开该轮系由交通局向商人租赁而来，曾经订立合同，稍有损失应负完全赔偿之责。况职部已奉令结束，则此种手续尤宜清厘，俾节糜费。若待匪氛稍靖，不知待至何日。查朱司令尚有轮船多艘，足资调遣有余，何必因一商轮使公家坐受无形之损失。职为维持政府威信及赶办结束起见，为此粘朱司令复函，备文呈请帅座察核，伏恳迅发手令，交由职部再行派员前往，务将'其泰'轮船接收驶回省河，俾得发还商人，以清手续，而符原议"等情。据此，除指令照准外，合行令仰该县长即将其泰轮船交由该兵站部接收，以清手续。此令。

（中华民国陆海军大元帅之印）

中华民国十二年十月廿五日

据《大元帅训令第三三四号》，载广州《陆海军大元帅大本营公报》第三十五号，一九二三年十一月二日

令廖仲恺饬顺德、香山两县长保护沙田

（一九二三年十月二十五日）①

据沙田清理处长直勉枬日电称："顺德、〈香山〉两县沙捐及特别军费，现值开收时期，若稍延迟，则下期收入，又恐落空。所有香属西海沙田，请朱县长派队保护，东海沙田，请周县长派队保护，以专责成。伏乞迅赐明令，俾各遵照理"等情。据此，仰该省长查照，转饬顺德、香山两县长遵照办理。

据《饬县保护开抽沙捐》，载一九二三年
十月三十一日《广州民国日报》（六）

给徐树荣的命令

（一九二三年十月二十五日）

着徐司令树荣将"湖山"轮船借与林处长树巍运送军用品前赴广州，一俟运送完竣，该轮仍归徐司令差遣。此令。

据《大元帅手令拟稿簿》原件，
南京、中国第二历史档案馆藏

给粤汉铁路公司的命令

（一九二三年十月二十五日）

着粤汉铁路公司将韶关英德两电轮借与军政部运输处暂用十日，以利东江运送。此令。

据《大元帅手令拟稿簿》原件，
南京、中国第二历史档案馆藏

---

① 《广州民国日报》载省署系奉大元帅有日电令办理，韵目"有"指二十五日。

着兵工厂造步枪令

（一九二三年十月二十六日）

着兵工厂代东路讨贼军第一独立团造步枪贰百枝，由该团备价领取。此令。

据《大元帅手令拟稿簿》原件，
南京、中国第二历史档案馆藏

给徐树荣的命令

（一九二三年十月二十六日）

着徐树荣即将缉私军舰拨交商运局拖船之用。此令。

据《大元帅手令拟稿簿》原件，
南京、中国第二历史档案馆藏

给路孝忱的命令

（一九二三年十月二十六日）

仰该司令迅饬所〈部〉星夜赴援郴州。切切！此令。

令路孝忱。

据《大元帅手令拟稿簿》原件，
南京、中国第二历史档案馆藏

批徐绍桢为李仲岳因公殒命请题给匾额呈

（一九二三年十月二十六日）

大元帅指令第五五四号

　　令大本营内政部长徐绍桢

呈为李仲岳因公殒命，请题给"取义成仁"四字匾额，以示褒恤由。

呈悉。准予题颁"取义成仁"四字匾额。仰即转给具领。此令。

（中华民国陆海军大元帅之印）

中华民国十二年十月廿六日

据《大元帅指令第五五四号》，载广州《陆海军大元
帅大本营公报》第三十五号，一九二三年十一月二日

着广东盐务稽核分所改名为两广盐务稽核所令

（一九二三年十月二十七日）

大元帅令

广东盐务稽核分所名称，着改为两广盐务稽核所。此令。

（中华民国陆海军大元帅之印）

中华民国十二年十月廿七日

据《大元帅令》，载广州《陆海军大元帅大本
营公报》第三十五号，一九二三年十一月二日

饬严拿往来莲花山一带著匪李海东令

（一九二三年十月二十七日）

大元帅训令第三三五号

令中央直辖滇军总司令兼广州卫成总司令兼中央直辖滇军第一军军长杨希闵、中央直辖西路讨贼军总司令刘震寰、东路讨贼军总司令许崇智、广东省长廖仲恺、广东江防司令杨廷培、广东海防司令陈策

据虎门要塞司令廖湘芸呈称："案据职部守备队第二营营长谢钊呈称：'八月三日派排长陈忠志带同武装兵士五名出差，至霄边乡差竣，搭霄边渡回虎。驶至磨喋口大沙咀河面，忽有篷艇三艘，内坐数十人，持枪疾驶而来，该排长为保卫商旅军食计，当即发枪射击，匪竟还枪抵抗，相持一句钟之久，击伤班长何胜，

匪势浩大，力不能支，致被抢去枪械、军服、及客商钱货'等情前来。职即派队驰往追截，匪已兽散。迭经查缉，远扬莫获，询之被抢客商，多有认识匪首为李海东，系锦厦乡人，年约四十岁，身长面黑。查李海东为该地著名巨匪，曾假立团军旗帜，啸聚党羽，往来于莲花山上瑾村一带，肆行抢掠，聚散无常，六月三十日、七月五日两次抢劫万和墟公和益车渡银钱货物，为数甚巨，平时拦劫截抢，难以枚举。此次复敢抵抗官兵，劫抢枪械军服，实属目无法纪，罪大恶极，若不严拿务获，贻害地方，良非浅鲜，除由职部随时派队严密踩缉归案讯办外，理合备文呈恳钧座准予通令各属严密协缉，尽法惩治，以靖匪氛，而保治安"等情前来。除指令照准并分令外，合行令仰该总司令、省长、司令即便查照，转饬所部属一体严缉，务获惩办。此令。

（中华民国陆海军大元帅之印）

中华民国十二年十月廿七日

据《大元帅训令第三三五号》，载广州《陆海军大元帅大本营公报》第三十五号，一九二三年十一月二日

发给朱培德张民达手榴弹令

（一九二三年十月二十七日）

发给朱参军长①手榴弹贰千、发给张旅长民达手榴弹叁千。

令卫士队长陈□□。

据《大元帅手令拟稿簿》原件，南京、中国第二历史档案馆藏

---

① 朱培德自一九二三年三月一日起任大本营参军长，十月二十八日免职，由张开儒继任。

给廖行超的命令

（一九二三年十月二十七日）

仰该师长限两日内率部集中石龙为总预备队。此令。

令廖行超。

据《大元帅手令拟稿簿》原件，
南京、中国第二历史档案馆藏

裁撤闽赣边防督办令

（一九二三年十月二十八日）

大元帅令

闽赣边防督办着即裁撤。此令。

（中华民国陆海军大元帅之印）

中华民国十二年十月廿八日

据《大元帅令》，载广州《陆海军大元帅大本
营公报》第三十六号，一九二三年十一月九日

给廖湘芸马伯麟的命令

（一九二三年十月二十八日）

行营参谋办〔处〕令

现值戒严时期，该司令官及各台台官士兵等不得无故请假，该司令官非有本大元帅命令来省，不得擅离职守，所有各台防务勿少疏懈。切切！此令。

令廖湘芸、马伯麟。

据《大元帅手令拟稿簿》原件，
南京、中国第二历史档案馆藏

着发给李烈钧特别费令

（一九二三年十月二十九日）

大元帅令第六五一号

　　着市政厅长发给李烈钧特别费六千六百元。此令。

孙文（大元帅章）

中华民国十二年十月廿九日

据"国父墨宝"手令原件（孙科赠），台北、"国史馆"藏

批廖仲恺关于召变官产市产登记期限为十五日呈

（一九二三年十月二十九日）

大元帅指令第五五九号

　　令广东省长廖仲恺

　　呈据广东全省官产清理处处长等呈请，将召变官产、市产登记期限改为限十五日为登记确定期，应否照准，请示饬遵由。

　　呈悉。所有政府召变各项官产、市产，准予限期十五日为登记确定，仰即转令遵照办理可也。此令。

（中华民国陆海军大元帅之印）

中华民国十二年十月廿九日

据《大元帅指令第五五九号》，载广州《陆海军大元帅大本营公报》第三十六号，一九二三年十一月九日

给喻毓西的命令

（一九二三年十月二十九日）

特派该高级参谋到前方视察一切，并赴范军长石生处协助办理。除分令外，仰即克日前往，共赞勋猷。此令。

令喻毓西。

据《大元帅手令拟稿簿》原件，
南京、中国第二历史档案馆藏

给范石生的命令

（一九二三年十月二十九日）

戎务方殷，贤劳可念，特派高级参谋喻毓西到前方视察一切，并赴戎次协助办理，即希接洽指导，早底于成。此令。

令范石生。

据《大元帅手令拟稿簿》原件，
南京、中国第二历史档案馆藏

给陈策的命令

（一九二三年十月二十九日）

据周司令之贞感、勘两电称：据探报逆贼袁带纠匪三千余人盘踞香属横门小隐及东海十六沙、中沙、高沙各处，并抢劫商船三艘、护沙船一艘、轮船一艘，希图扰乱。现拟派队赴中沙、高沙一带剿击，恳即飞令派舰来顺，会同前往剿办。等情。除电复外，仰即酌派兵舰前往会剿，务绝根株为要。此令。

令海防司令官陈策。

据《大元帅手令拟稿簿》原件，
南京、中国第二历史档案馆藏

着兵工厂长提前发水机关枪令

（一九二三年十月二十九日）

着兵工厂长提前发水机关枪壹挺，交公安局长吴铁城备价领取。此令。

令孙祥夫、李元著。

据《大元帅手令拟稿簿》原件，
南京、中国第二历史档案馆藏

给梁鸿楷的命令

（一九二三年十月三十日）

参谋处拟

该兼安抚使敬戌电所陈，准如所拟办理，仰即率所部遵照核定计划，前往挞伐，但主力须先集中阳春也。此令。

令梁鸿楷。

据《大元帅手令拟稿簿》原件，
南京、中国第二历史档案馆藏

给军政部长的命令

（一九二三年十月三十日）

着军政部长将各军所封用各种船只收归该部管理，以便统此，而利军用。此令。

据《大元帅手令拟稿簿》原件，
南京、中国第二历史档案馆藏

给廖行超的命令

（一九二三年十月三十日）

本日范军长至石龙，王师长在茶山一带设防，战事尚无大进步，朱旅到省，仰即立时开赴增援，勿得迟延为要。此令。

令廖行超。

据《大元帅手令拟稿簿》原件，南京、中国第二历史档案馆藏

各部局处支发经费表自十一月起实行令

（一九二三年十月三十一日）

大元帅指令第三三六号

令大本营财政部长叶恭绰、会计司司长黄隆生

现规定大本营直辖各部局处支发经费表，自本年十一月起实行，所有以前积欠，统归该部（财政部）俟财政充裕时陆续筹发。除分令外，合行令仰该部长、司长遵照办理。经费表两份并发。此令。

（中华民国陆海军大元帅之印）

中华民国十二年十月卅一日

据《大元帅指令第三三六号》，载广州《陆海军大元帅大本营公报》第三十六号，一九二三年十一月九日

解决军需困难重定给养办法令

（一九二三年十月三十一日）

大元帅指令第三三七号

令大本营军政部长程潜、大本营财政部长叶恭绰、大本营筹饷总局总办廖仲

恺、会办邹鲁、广东财政厅长邹鲁、广州市市长孙科、广东全省官产清理处处长梅光培、广州市公安局局长吴铁城、广东兵工厂厂长朱和中、东路讨贼军总司令许崇智、中央直辖西路讨贼军总司令刘震寰、中央直辖滇军总司令兼广州卫戍总司令杨希闵、中央直辖第一军军朱培德、中央直辖第三军军长卢师谛、中央直辖第七军军长刘玉山、增城命令传达所所长胡谦

　　军兴以来，各军所需伙食等费，为数甚巨，或由各财政机关指拨，或各就地筹给，手续不免分歧，系统尤形混乱，殊非所以统一军政、财政之道。现因裁撤兵站，折发给养草鞋各费，头绪更多，若不急谋经理统一之方，势必使军政、财政同时陷于纠纷；而管辖军政机关，于饷糈支出，漫无稽考，尤非所以慎重出纳。兹为解除此种困难起见，重新改定办法如下：一、自十一月一日起，所有各财政机关关于原定每日发给海陆各军伙食，及东江作战军给养草鞋等费，着按日悉数解交该军政部。二、海陆各军原由各财政机关领取之伙食，及东江作战军给养草鞋等费，自十一月一日起，着归该部、军政部发给。以上各项费用，除东江作战军给养草鞋等费业经明令规定外，至于伙食一项，其据实呈报按照人数请领者固多，而其中浮额虚领之数亦复不少，应着该部、军政部长随政考察，酌量核减，以资樽节。当此财政奇困之际，各统兵长官为国宣劳，深明大义，自当共体时艰，督饬所属切实施行，庶几事有专责，饷不虚糜，本大元帅有厚望焉。此令。

（中华民国陆海军大元帅之印）

中华民国十二年十月卅一日

据《大元帅指令第三三七号》，载广州《陆海军大元
帅大本营公报》第三十六号，一九二三年十一月九日

给航空局长的命令

（一九二三年十月三十一日）

　　一、敌我两军主力在河源方面接战，逆主力已被我军击破，残敌向老隆败溃。龙岗、淡水方面之敌，在平湖附近与我蒋、范两军接战中，已令联合反攻。此敌叛舰"海琛"、"海圻"、"永翔"各舰在赤湾附近，有逃走模样。

二、迅由航空队派遣飞机到赤湾惩办叛舰，并赴平湖方面威胁敌人，均先到虎门与廖司〈令〉湘芸接洽，已令该要塞司令辅助为用矣。

此令航空局长。

据《大元帅手令拟稿簿》原件，
南京、中国第二历史档案馆藏

给吴铁城的命令

（一九二三年十月三十一日）

参谋处拟

该司令所辖在石滩之部队，着拨归范军长石生指挥调遣。除令范军长知照外，此令吴司令铁城。

据《大元帅手令拟稿簿》原件，
南京、中国第二历史档案馆藏

给林伟成的命令

（一九二三年十月三十一日）

着飞机师林伟成带水机两只并机械员及一切油料附属品往虎门设站。此令。

据《大元帅手令拟稿簿》原件，
南京、中国第二历史档案馆藏

着徐天琛代理旅长率部讨贼令

（一九二三年十月）

本大元帅前曾令饬陈旅长策迅率所部前往东江杀贼，乃闻该旅长尚未遵行，殊辜国家倚畀之厚。现值东江贼势纷披，肃清可待，正宜及时挞伐，即着该团长徐天琛代理旅长事务，迅率陆战队全部开赴增城正果受张总指挥国桢指挥，努力疆场，早平内患，奋勇图功，有厚望焉，切切。此令代理旅长事宜团长徐天琛。

孙文

据原件，台北、中国国民党文化传播委员会党史馆藏

着赖心辉迅率所部扫清残寇奠定川局令

（一九二三年十月）

此次直系军阀勾结川省不肖军人，扰乱川境，闾里骚然，人民何辜，丁兹酷毒。本大元帅和平统一裁兵之旨，亦被此辈阴谋阻碍进行，不获早与吾民休息。所幸该总指挥等，赫然震怒，兴师讨贼，不出旬月，成都克复，川西底定，远道闻之，至深嘉慰。惟东路余孽，尚未肃清，吾民日在水深火热之中，莫能拯护，每一念及，殷忧如捣。今北变突兴，黎氏亡走，曹锟觊觎非分，不惜弁髦一切，专恃武力，凶威所播，足召灭亡。仰该总指挥等，迅率所部，扫清残寇，奠定川局，然后会师东下，申讨国贼，藐兹梗顽，不难平殄。并仰该总指挥等，传宣各师旅团官兵等，共体时艰，勉纾国难，本大元帅有厚望焉。此令。

据四川省文史研究馆编：《四川军阀史料》第三
辑，成都，四川人民出版社一九八五年七月出版

饬范其务加设公安局直达前方专线令

（一九二三年十一月一日）

大元帅训令第三三八号

令广东电政监督兼广州电报局长范其务

据广州市公安局长吴铁城电称："职部现因出发东江，所有传达命令及报告军情等事必须敏捷。兹拟请帅座令行电政监督，速饬电报局加设专线，由前方直达职局，并派司机工员管理一切，理合电请察核施行"等情前来。据此，除复电

照准外，合行令仰该监督即遵照办理。此令。

（中华民国陆海军大元帅之印）

中华民国十二年十一月一日

据《大元帅训令第三三八号》，载广州《陆海军大元

帅大本营公报》第三十六号，一九二三年十一月九日

批孙科为该厅收入窘竭请将每日原担军费半数移归运财两署分任呈

（一九二三年十一月一日）

大元帅指令第五六八号

　　令广州市市长孙科

　　呈为该厅收入窘竭，拟请将每日原担军费半数移归运、财两署分任由。

　　呈悉。着仍照旧办理。所请将该厅每日原担军费半数移归运、财两署①分任之处，应毋庸议。此令。

（中华民国陆海军大元帅之印）

中华民国十二年十一月一日

据《大元帅指令第五六八号》，载广州《陆海军大元

帅大本营公报》第三十六号，一九二三年十一月九日

批王棠请征收运脚保护费并拟输运费价目表请鉴核呈

（一九二三年十一月一日）

大元帅指令第五六九号

　　令东江商运局局长王棠

---

　　①　运、财两署，指盐运使署及财政厅。

呈请征收运脚保护费，并呈拟输运费价目表，请鉴核由。

呈表均悉。查该局系商运性质，不能抽收保护费，所请着毋庸议。原表发还。此令。

（中华民国陆海军大元帅之印）

中华民国十二年十一月一日

据《大元帅指令第五六九号》，载广州《陆海军大元帅大本营公报》第三十六号，一九二三年十一月九日

亲临石龙督战令①

（一九二三年十一月一日）②

我即日来石龙，谁退回石龙者一律枪决。

据《军事声中之石龙状况》，载一九二三年十一月二日《广州民国日报》

饬赵士觐暂行停采沿海余盐令

（一九二三年十一月二日）

大元帅训令第三四○号

令大本营粮食管理处督办赵士觐

据广东盐务稽核分所经理伍汝康呈称："比阅本年十月五日第三十一号大本营公报内载：赵督办原呈一件，细审之下有云：查省河现存盐截至八月底止，照运署报单虽尚存三万余包，然均系已售未配之盐，考其实在，已不存颗粒。下河商人，志在抬价，又复故窒来源。至于河价，一个月间由二元零涨至三元零，近

---

① 报载孙文为迅速肃清陈军残部，连日调集大队于石龙、石滩一带，并以此令淬励将士，俾一鼓而下惠、潮云。

② 日期据"自昨颁布命令"酌定为十一月一日。

且涨至四元二三，亦无盐可买，运库税收，遂被影响。今为民食国饷计，惟有从速仿行前清光绪间乐桂埠商及官运余盐局采办余盐之成案，庶可救济等云。经理按查赵督办所呈以上各节，除亡清盐制可不并论外，与职所日逐公务案册，颇不符合，兹谨将职所发照处及据东汇关呈报盐商来领运照、堂号、船名、日期、包数，另单胪列附呈，足证赵督办所呈各节，全属子虚。至又云商办不如官办：盖商办只得每包五元之饷，官办兼得每包二三元之利也，若以采运二十万包计算，为期不过两三个月，政府除应得之正饷大洋一百万元外，并可得溢利五六十万元，为现时筹济军用起见，不无少补等云。须知余盐尽是私盐耳，全系私枭奸商串同沿海各产场盗运沿港澳等处辗转冲销。查此种私枭，自有盐史以来，无不严拿兜缉，用维正税。今采办此种盐斤，与收买贼赃无异，不论商办或官办，固皆违悖护法政府尊威，且亦贻讥外人，而兼破坏盐纲，有碍国课。盖盗运私盐，可供政府采办配放，则正饷盐斤又不知作何销场，饷盐滞销，税项短绌，所云采运二十万包可得百余万，不知正税已蒙损失不浅矣。至于政府，迄因筹济军用，亦何妨于饷盐原定税额外，另加抽特别军费每包若干。前云南都督唐继尧亦久已行此政策，吾粤盐价连税较云南相宜，且辗转行销七省，若带抽若干临时军费，尚比别省盐斤价格为平，必无窒碍。又云现当自主，便何虑债约拘束、稽核所干涉，不知债约为中外签定，此约一日不废，盐纲秩序、债约条例、稽核职权，一日不能破坏，护法政府对外国债问题，既无变更方针，足以昭示大公。况自稽核盐务制度施行后，吾国盐课收入锐增，以粤省而论，在亡清时代，两广盐税收入每年最多三百余万元，及至民国善后借款成立，遂有稽核分所设立，逐渐增至九百余万元，近因连年地方多事，虽受影响，亦尚能收入六七百万，此尤为稽核制度妥善之明证。经理为政府威信计，为盐政前途计，谨纾鄙见，缕晰敬陈，伏乞钧座鉴核，乾纲立断，将采办沿海余盐一案，准予注销，以安盐局"等情。据此，除指令呈悉，仰候令行粮食管理处督办暂行停办外，合行令仰该督办即便遵照办理。此令。

（中华民国陆海军大元帅之印）

中华民国十二年十一月二日

据《大元帅训令第三四〇号》，载广州《陆海军大元帅大本营公报》第三十七号，一九二三年十一月十六日

批林森遵令停止执行管理新宁铁路请予备案呈①

（一九二三年十一月二日）

大元帅指令第五七二号

令大本营建设部长林森

呈报遵令停止执行管理新宁铁路，请予备案由。

呈悉，准予备案。此令。

（中华民国陆海军大元帅之印）

中华民国十二年十一月二日

据《大元帅指令第五七二号》，载广州《陆海军大元帅大本营公报》第三十七号，一九二三年十一月十六日

着林森随时切实监督收管新宁铁路经理事宜令②

（一九二三年十一月二日）

查现在西江已告肃清，所有从前收管新宁铁路经理事宜，仍随时由林部长森切实监督，以维路政。此令。

据《停止收管宁路之帅令》，载一九二三年十一月二日《广州民国日报》

---

① 一九二三年七月，孙文曾命建设部将新宁铁路暂收归政府管理，以利军行。十月十六日，以西江已告肃清，复命建设部停止对新宁铁路之收管。林森遵照办理后于十月二十七日呈复孙文察核备案。

② 报载政府为整理路政起见，拟将江西新宁铁路收归政府管理，建设部咨达财政部，谓奉大元帅第一八六号令，仍随时由林部长森切实监督，除训令特派员执行收管外，请烦查照等语。

着张国威金华林出差令

（一九二三年十一月二日）

着张国威同金华林出差办事。此令。

据《大元帅手令拟稿簿》原件，
南京、中国第二历史档案馆藏

着江固舰归盐运使差遣令

（一九二三年十一月二日）

着"江固"舰归盐运使差遣。此令。

据《大元帅手令拟稿簿》原件，
南京、中国第二历史档案馆藏

派杨虎办理海军事务令

（一九二三年十一月三日）

大元帅令

派参军杨虎办理海军事务。此令。

（中华民国陆海军大元帅之印）

中华民国十二年十一月三日

据《大元帅手令拟稿簿》原件，
南京、中国第二历史档案馆藏

召开紧急会议通知

（一九二三年十一月三日）

即日午后四点紧急会议，杨总司令希闵、许总司令崇智、范军长石生、蒋军长光亮、朱军长培德、杨师长廷培、王师长秉钧、胡师长思舜、廖师长行超。

民国十二年十一月三日

据原件影印件，台北、中国国民党文化传播委员会党史馆藏

批王棠送该司本年四五六七等月
收支计算并单据簿请核销呈

（一九二三年十一月四日）

大元帅指令第五八五号

令卸大本营会计司司长王棠

呈送该司本年四、五、六、七等月收支计算并单据簿请予核销由。

呈及书表单据簿均悉。查临时支出，应以支付命令为根据，该卸司长所经支出各款，未据将命令缴呈备查，无凭审核。所缴收据，亦尚多不合，应行发还。仰即遵照签注各条，另行补造，连同历次支付命令一并呈候审查。书表单据簿发还。此令。

（中华民国陆海军大元帅之印）

中华民国十二年十一月四日

据《大元帅指令第五八五号》，载广州《陆海军大元帅大本营公报》第三十七号，一九二三年十一月十六日

批叶恭绰为发行整理纸币奖券
拟由政府切实保障呈

（一九二三年十一月四日）

大元帅指令第五八七号

令大本营财政部长叶恭绰

呈为发行整理纸币奖券，拟由政府切实保障，并售券现金免其借拨，以全信用而巩基金，祈鉴核令遵由。

呈悉。准如所拟办理。此令。

（中华民国陆海军大元帅之印）

中华民国十二年十一月四日

据《大元帅指令第五八七号》，载广州《陆海军大元帅大本营公报》第三十七号，一九二三年十一月十六日

嘉奖范石生令

（一九二三年十一月四日）

此次茶山、樟木头二役，我诸将士，勠力同心，迭摧丑虏。咨尔有众，咸能用命，以克竟厥功，著兹劳绩，允宜懋赏。特命上校副官邓彦华赍赏白金二万元，畀尔多士，以奖庸功。此令右翼总指挥范石生。

据《樟木头克复后之帅令》，载一九二三年十一月九日《广州民国日报》

就关余问题致北京外交使团函

（英译中）

（一九二三年十一月五日）

广东领事团领袖真密孙①阁下：

　　兹付上通牒及照会二件，乞即转交外交团领袖②，转请列国公使察核施行。该函系西南各省要求均沾关余事。窃念敝国关余除拨还外债外，所余尚多。此款关余，北政府多用以偿欠债，而用他项收入以为兴兵侵伐西南。西南各省因不得不另自筹正当之款，兴兵以自卫。故西南各省所收之损失正倍，盖一则以生息之款移于北京，为其构兵以害西南；一则西南不得不另筹相当之数，以为自卫之计。此项不平之事，吾人实不能长此忍受。兹附上公函二件，一则述西南各省要求均沾关余之理由，一则述将来之用途，乞一并代为转呈，俾便及早核夺赐覆为荷。

附：大本营外交部长伍朝枢照会

（英译中）

（一九二三年十二月十八、十九日刊载）

　　为照会事：

　　一、粤海关税前于一九一九年与一九二〇年间，因广东宪法政府之请求，每年内应还抵押外债部分外，所有关余皆归本政府之用，计截至一九二〇年三月止，关余之交付其由伍廷芳博士经手者六次。嗣以七总裁意见不合，内部瓦解，关余之付遂以中止。迨一九二〇年底政府恢复以后，当请外交团将该年所有积欠关余

---

　　① 真密孙（James William Jamieson），通常翻译为杰弥逊，英国驻广州总领事、广州领事团团长。
　　② 即麻克类（James William Ronale MacLeay），英国驻华公使、北京外交使团团长。

二千五百万余两全数交还，并请以后继续应付等情。总税务司①以及北京外交团全体对于此请竟不赞同，最后以美国国务院来一训令，遂致此项关余尽付与北京政府。

二、美国国务院对此之态度，前曾咨函伍廷芳博士，略谓："实因银行团方面有受关税收入之委托责任，其目的即为满足此项关税收入之用途，至其关余则外交团须无条件的奉还于曾经外国所承认之中国政府"云云。吾广东政府亦正为此点而争，盖关税收入除扣还各项外国债款外，所有关余固纯为中国政府自身之物也。如果今日之北京有一"中国的政府"存在，可以无条件的收受关余者，则广东政府当可以无条件的收受同样之关余。然不幸今日之北京已无所谓"中国的政府"存在，而此"中国的政府"不存在者亦已几年矣。此种事实具在，为中国国人所共认，时任广州军政府政务总裁兼外交部长。即外国人亦将承认之。言其近例，则临城之案及今日北京之政象，均足以证之。一九一九年间，各国曾正式禁止各项军械运入中国，并于正式公文中流露无一政府"其权力所及可以支配全部中国"之语。是故所谓北京政府者，其权力之所及，谓能支配全国者数载不闻矣。北京政府亦不过为今日国中政治之一部分，惟其据有中央政府之旧址，故得外交上之承认。数年以来，北京政府屡向西南各省宣战，今日四川、广东之流血足为明证。今以由西南各省所收之关税诿诸其敌，不用于本境各种建设之用，而假手于敌人作戕杀其子弟、涂炭其人民之器具，此诚不可忍之事也。我西南各省人民以关税之收入，充履行外人之一切债务，实有应尽之责任；若谓以其部分之关余充北方军阀以杀吾民之用，不顾公理，违反正谊，此又为吾人民所誓死而反对者也。

三、是故外交团务宜训令银行团，在各种外国债项履行之后，须将所有关余无条件的交与总税务司，以尽中国全体国民信托之责任。本政府只愿将关余与北京政府作比例的分配，并请将一九二〇年以后西南各省份下关余全数补还。

四、反对此说者，或谓一九二一年三月以后，所有关余已拨为整理内国公债之基金，而总税务司又受北京政府委托保管此项基金，现实已无关余之存留。西

---

① 即安格联（Frallcis Arthur Aglen），英国人。

南各省亦将此点细为考虑，然终不敢承认此说。今言其要点如下：

（甲）如果西南各省已植定其一部关余要求之基根，则断不容北方军阀有侵害其权利之举动。自实际上言之，最近六年间西南各省对于北京政府之一切行为均认为无效，故一九二一年三月北京政府之命令自失其效力。

（乙）且"关余"两字有其至意存焉。关余者，即对于外国债项上直接由关税项下付还后所余之数也。就此意义观之，则关余为数甚大，而此关余中之一部分，其由来也属于西南各省，而西南各省固自有取得此部分关余之权利。倘北京政府以其自身之部分履还其所有之债务，此属于北京政府之事，吾人固不得而干涉之，惟政府绝不得以西南各省部分之关余以充其目的。且西南政府对于北京所订各债款，其属于军事上、政治上之用途而用为抵抗西南之用者，西南更难承认之。此外北京政府借款中，甚有借自少数私人银行，其目的专以投机为事，其利率又奇高，此种内债亦皆为西南所反对焉。

（丙）如果总税务司一面承认上述议案有效，一面对于第三节所指之办法表示犹豫，不肯采纳，即宜指明仍须存有的款足敷办理此事之用。一九二一年三月北京之命令，规定关余如有不敷应用时，须指定下列两项收入法：一、每年一千四百万元之盐余。二、每年烟酒收入一千万元。此外由交通部每月垫款五十万元，至此项收入足敷偿还之用为止。上述两项收入，前只付给七八个月，职是之故，以后所有公债基金只由关余项下拨付。观此则知西南分内之关余扣除后，如果遵守北京之命令，尚有大宗款项可为公债基金之用。现在北方军人既取用盐税、烟酒、铁路等收入以为征粤平川之用，则公债基金不得不专赖关余。

五、兹据各方面情形而观，第三节内所述之事项自可迎刃而解，深望从速设法，以便办理此事。西南各省所争之关余，拟即用于下列各途：一、改良广州市政经费二百万元；二、建筑省道经费二百万元；三、整理金融经费四百万元；四、浚河经费一百万元；五、改良蚕业经费五十万元；六、设立农事试验场经费三十万元。关于教育者：一、改高等师范为大学经费五十万元；二、改康记（译音）医学为医业大学并改良校舍经费五十万元；三、师范学校经费二十万元；四、改良农业学校经费三十万元；五、遣送学生赴外国留学经费三十万元；六、购置军舰以剿海贼军费一百万元。以上共需洋一千二百九十万元。凡稍悉南方情形者，均认此款实为至急之需。

据《粤海关事件之外交文书——孙中山与外交团往来函电》，
一九二三年十二月十八日、十九日上海《申报》（六）、（七）

给杨廷培的命令

（一九二三年十一月六日）

（此令已改记参谋处拟稿簿）

联军克敌节节前进，相距广州渐远，所有广州卫戍事宜亟宜部署周至。现东莞方面有土匪窜扰之报，除派队兜剿外，着即由江防司令派遣巡舰前赴新塘附近驻在巡弋，截剿匪类，即时出发毋延，至要。如何遵办，并着呈报。此令江防司令杨廷培。

据《大元帅手令拟稿簿》原件，
南京、中国第二历史档案馆藏

给游击司令的命令

（一九二三年十一月六日）

仰该游击司令即率所部向虔南方面出动，并与樊总司令、赵师长、路司令确取联络，相机进攻赣州。除分令外，仰即遵照。此令。

据《大元帅手令拟稿簿》原件，
南京、中国第二历史档案馆藏

给樊钟秀等的命令

（一九二三年十一月六日）

　　业令赖游击司令天球率部向虔南方面出动，并〈与〉该总司令、该师长、该司令确取联络，相机进攻赣州。除分令外，仰即遵照。此令。

　　令樊钟秀、赵成梁、路孝忱。

据《大元帅手令拟稿簿》原件，
南京、中国第二历史档案馆藏

饬知叶恭绰广东宣传局职员薪俸
及公费核处方式令

（一九二三年十一月六日）

大元帅训令第三四三号

　　令大本营财政部长叶恭绰

　　据广东宣传局局长邓慕韩呈称："窃慕韩自到差以来，瞬将半载。受事之初，业将宣传计划拟具大纲面陈钧座。方期积极进行，以酬元首特达之知，奈时局未宁，至违心愿；所具计划，亦缘款绌，未克推行。又值战事方殷，饷糈匮乏，故职局开办后仅领得经费三百余元，幸各职员均能仰体时艰，耐贫服务。此皆我大元帅威德足以感人所致。惟经费虽属困难，而进行迄未稍懈，现方从事于学校、演讲及设立戏剧讲习所，仍依照原定计划次第履行。慕韩现为节省经费，维持局务，假以时日，自行筹款，徐图进行起见，拟于本年十一月始，职局由局长以至宣传员、科长、科员一律均暂停支俸薪，勉当义务，每月只领公费六十元，录事薪水二十五元，杂役则仅留一名，合计每月需银九十七元。其余长员则俟职局另行设法筹有的款，或大局发展，政府财政充裕再行呈明照常支给。但以前积欠六、七、八、九、十五个月经费，恳迅赐饬下会计司于本年内提前清发，俾各长员稽

滋挹注，得以仍前为国效劳。此后每月所领之九十七元，请由司规定日期支付，以免延滞。所有暂停俸薪、维持局务各缘由，理合备文呈请鉴核，是否有当，伏乞训示祗遵"等情前来。据此，除指令"呈悉。所拟自十一月起停支该局各职员薪俸，只领公费各节，具见急公好义，应予照准。至该局积欠经费，并此后公费，应仍遵照三百三十六号训令内划归大本营财政部，俟财政稍裕陆续筹拨，仰查照办理可也"外，合行令仰该部长即行遵照办理。此令。

（中华民国陆海军大元帅之印）

中华民国十二年十一月六日

据《大元帅训令第三四三号》，载广州《陆海军大元帅大本营公报》第三十六号，一九二三年十一月九日

准免借拨奖券现金令

（一九二三年十一月六日）

大元帅指令第五八七号

令财政部

整理广东省银行纸币委员会，此次发行纸币有奖券，为流通金融之一助，其收入现金，日昨呈请财政部准交商会保管，无论何人不准借拨，以便给奖快捷，维护信用等语。经由财政部批准，转请大元帅立案。

呈悉。准如所拟办理。此令。

据《大元帅准免借拨奖券现金》，载一九二三年十一月七日《广州民国日报》

批徐绍桢请褒扬节妇冯吕氏李梁氏贞妇李张氏呈

（一九二三年十一月六日）

大元帅指令第五八九号

令大本营内政部长徐绍桢

呈请褒扬节妇冯昌氏、李梁氏，贞妇李张氏由。

呈悉。准予各题颁"贞操可风"四字，并各给与银质褒章一枚。仰即分别转给具领。此令。

（中华民国陆海军大元帅之印）

中华民国十二年十一月六日

据《大元帅指令第五八九号》，载广州《陆海军大元帅大本营公报》第三十七号，一九二三年十一月十六日

着廖仲恺孙科转饬广州市公安局再向市内房东业主借房租一月令

（一九二三年十一月七日）

大元帅训令第三四四号

令广东省长廖仲恺、广州市市长孙科

为令遵事：自军兴以来，用度浩繁，经于广州市内筹集租捐，各市民深明大义，捐租两月均已先后踊跃输将，用能士饱马腾，西北两江，以次戡定。惟陈逆凶狡，阻兵安忍，凭持地形，至今未伏，无奈兵连既久，军用复绌，为此令仰该省长、市长转令公安局，于广州市内，再向各房东业主借用租金一个月份。此项借用租金，准予满一年之后，加二归还，并于收到款项时，一律发给收据，此项收据，准予满一年之后，持向政府缴纳各种税饷，仍作加二抵缴。其每月份租金未满五元者，概行免借，其征收借租以及掣发收据各事，均着由该局妥为办理，并着该省长、市长传谕市民，本好义之初心，助戡乱之大业，争先筹借，用竟全功，善始善终，共纾国难，有厚望焉。除分令外，仰即遵照办理。切切。此令。

（中华民国陆海军大元帅之印）

中华民国十二年十一月七日

据《大元帅训令第三四四号》，载广州《陆海军大元帅大本营公报》第三十七号，一九二三年十一月十六日

批财政部请立案无论何人不能借拨奖券现金呈^①

（一九二三年十一月七日刊载）

内开，呈悉。准如所拟办理。

据《大元帅准免借拨奖券现金》，载一
九二三年十一月七日《广州民国日报》

给吴铁城的命令

（一九二三年十一月七日）

蒋军^②此回由石龙反攻甚为得力，着吴铁城将备价所造之水机关枪先让与蒋
军应用，以利戎机。此令。

据《大元帅手令拟稿簿》原件，
南京、中国第二历史档案馆藏

命发给朱卓文子弹令

（一九二三年十一月七日）

着军政部长发给朱卓文六八、七九子弹各壹万颗。此令。

据《大元帅手令拟稿簿》原件，
南京、中国第二历史档案馆藏

---

① 报载：整理广东省立银价纸币委员会发行奖券，为流通金融之一助，不准随意借拨。
收入之现金，系为给奖快捷，维持信用起见，财政部奉大元帅第五八七号指令准如所拟办理云。
② 蒋军，指蒋光亮部队。

着李元著点收器物令

（一九二三年十一月七日）

派李元著往点收海军司令部一切器物。此令。

据《大元帅手令拟稿簿》原件，
南京、中国第二历史档案馆藏

所有高雷讨贼事宜着归高雷绥靖处处长
林树巍办理令

（一九二三年十一月八日）

大元帅令

高雷讨贼军总司令业已撤销，所有高雷讨贼军事宜，着归高雷绥靖处处长林树巍办理。此令。

据《帅令林树巍办理高雷讨贼事宜》，载
一九二三年十一月十二日《广州民国日报》

饬熊克武四川应解中央税款拨充讨贼军费令

（一九二三年十一月八日）

大元帅训令第三四七号

令四川讨贼军总司令熊克武

为令遵事：照得川省出兵讨贼，军实亟须储备。查四川每年应解中央税款，为数至巨，即以此项税收拨充讨贼军费，当属有盈无绌。嗣后凡关该省应解中央之税款，统由该总司令委员经收，全数拨充出兵费用，随时册报本大元帅核销。除令行四川总司令刘成勋遵照外，合亟令仰该总司令即便遵照办理，并将办理情形报查。切切。此令。

（中华民国陆海军大元帅之印）

中华民国十二年十一月八日

据《大元帅训令第三四七号》，载广州《陆海军大元帅
大本营公报》第三十七号，一九二三年十一月十六日

饬四川讨贼军经费由熊克武经收令

（一九二三年十一月八日）

大元帅训令第三四八号

　　令四川总司令刘成勋

　　为令遵事：照得川省出兵讨贼，亟须储备军实，以利师行。查该省每年应解中央税款，为数至巨，现在出兵事急，应将此项税款，全数拨充讨贼军经费，由四川讨贼军总司令熊克武委员经收，实支实报，以专责成。除分令外，合行令仰该总司令即便遵照办理，仍将办理情形报查。切切。此令。

（中华民国陆海军大元帅之印）

中华民国十二年十一月八日

据《大元帅训令第三四八号》，载广州《陆海军大元帅
大本营公报》第三十七号，一九二三年十一月十六日

批赵士觐拟订该处职员俸给额表呈请核遵呈

（一九二三年十一月八日）

大元帅指令第五九七号

　　令大本营粮食管理处督办赵士觐

　　呈拟定该处职员俸给额表呈请核遵由。

　　呈及表均悉。采办余盐，业经另令暂行停止，应即遵照前令办理。所拟该处职员俸给，科长应由二百元起支至三百四十元止；主任科员应由六十元起支至一

百五十元止。余如所拟办理，仰即遵照。此令。

（中华民国陆海军大元帅之印）

中华民国十二年十一月八日

据《大元帅指令第五九七号》，载广州《陆海军大元帅
大本营公报》第三十七号，一九二三年十一月十六日

拨给蒋光亮伙食费令

（一九二三年十一月八日）

着吴铁城由借款内拨给蒋光亮伙食五千元。此令。（奉谕不用印）

据《大元帅手令拟稿簿》原件，
南京、中国第二历史档案馆藏

饬知粮食管理处系营业机关令

（一九二三年十一月九日）

大元帅训令第三四六号

令大本营军政部长程潜

据大本营粮食管理处督办赵士觐呈称："窃职处前奉核发试办规程第二条内开：粮食管理处于试办期内，先行酌量收买日用生活所必需之米、盐、柴三项，而公卖于人民。又第十一条，粮食管理处系国家一种营业机关，无论军民人等来处购买米盐等物，均须照价给银，概不得有赊借及或拨发等事各等因。奉此，职处自开办后，体察柴、米、盐三项供求多寡、市价起落情形，择其急于救济调剂之项，先行筹借资本，分投采买，购运到日，自当公平发卖。惟有一顾虑亟应陈明者：缘去年北伐改道时，曾设粮食管理处，接济前方军士粮食，今职处名同实异，前方将领乍聆旧名，以为仍前接济。近接某军长官贺电，内有士饱马腾，惟公是赖等语。此虽一军长官之电，然一军既因表面而误会，他军亦未必尽悉其内容，倘各军皆以职处为兵站性质之机关，则将来之纠纷殊甚，用特援据规程，表

明性质，呈请帅座特令军政部通令各军转饬所部，声明职处机关，系营业性质，不同兵站，对于各军固无所谓供给接济，即来处购买，亦不得有赊借拨发等事，经此解释，庶免妨碍进行"等情。据此，应予照准，除指令外，合行令仰该部长查照办理。此令。

（中华民国陆海军大元帅之印）

中华民国十二年十一月九日

据《大元帅训令第三四六号》，载广州《陆海军大元帅大本营公报》第三十七号，一九二三年十月十六日

饬转切实保护电线令

（一九二三年十一月九日）

大元帅训令第三五〇号

令大本营军政部长程潜、广东省长廖仲恺

据广东电政监督兼广州电报局局长范其务呈称："据四会电报局局长陈凤鸣呈称：查职局辖内电线，东路石狗、上罗、化州地方系广宁县属，常被偷割，又西路白庙附近亦时被窃，长此以往，于电政交通大有妨碍，且于军事传达，尤为不便。除函请四会县出示保护外，理合呈请钧处，仰祈据情转呈大元帅、省长，通饬地方军警，责成该线路附近乡民，毋得稍有损坏电线，以维交通等情前来。据此，理合转呈帅座察核，伏恳迅令该处沿途驻防军队妥慎保护，并请转饬省长令饬广宁四会县长分行警区团局，责成该线路附近乡民，如东西各路杆线此后再有盗割情弊，当处以妨害交通并误戎机等罪。是否有当，仍候指令祗遵"等情。据此，查电线关系交通，当此军事尚未结束，关系尤为重要，该地军政机关各应妥慎保护，以利传达。据呈前情，殊属疏懒，除分令外，合行令仰该部长、省长严饬该处驻防军队、该管县长切实保护，以维交通。此令。

（中华民国陆海军大元帅之印）

中华民国十二年十一月九日

据《大元帅训令第三五〇号》，载广州《陆海军大元帅大本营公报》第三十七号，一九二三年十月十六日

批廖仲恺请注销曾介眉举报黄沙官产一案呈[①]

（一九二三年十一月九日）

大元帅指令第六〇六号

　　令广东省长廖仲恺

　　呈请注销曾介眉举报黄沙官产一案由。

　　呈悉。准如所请办理。此令。

（中华民国陆海军大元帅之印）

中华民国十二年十一月九日

据《大元帅指令第六〇六号》，载广州《陆海军大元
帅大本营公报》第三十七号，一九二三年十月十六日

批李济深西江防务吃紧请暂准留用定海等三舰呈

（一九二三年十一月九日）

大元帅指令第六〇七号

　　令西江善后督办李济深

　　呈西江防务吃紧，请暂准留用"定海"等三舰由。

　　呈悉。盐务缉私，关系饷源至重，所有"定海"等三舰，仰仍遵照前令，迅即交还两广盐运使收用，所请暂留之处，未便照准。此令。

（中华民国陆海军大元帅之印）

中华民国十二年十一月九日

据《大元帅指令第六〇七号》，载广州《陆海军大元
帅大本营公报》第三十七号，一九二三年十月十六日

---

　　① 十一月三日，廖仲恺呈称：据广东全省商会联合会会长刘焕等呈称：本市黄沙七十余街业户，坚决反对曾介眉将其纯属民业之铺屋举报为官产，要求将此举报官产案注销，以平民怨而维商业。

批范其务请通饬四会广宁等
处军政各官保护电线呈

（一九二三年十一月九日）

大元帅指令第六〇八号

　　令广东电政监督兼广州电报局局长范其务

　　呈请通饬四会、广宁等处军政各官保护电线由。

　　呈悉。已令军政长官转饬该处军警妥慎保护矣。仰即知照。此令。

（中华民国陆海军大元帅之印）

中华民国十二年十一月九日

据《大元帅指令第六〇八号》，载广州《陆海军大元
帅大本营公报》第三十七号，一九二三年十月十六日

批赵士觐请令饬军政内政两部通令各军
暨地方官吏团体妥为护助呈[①]

（一九二三年十一月九日）

大元帅指令第六〇九号

　　令大本营粮食管理处赵士觐

　　呈请令饬军政、内政两部通令各军暨地方官吏团体妥为护助由。

　　呈悉。该处试办规程，经核准暂行试办后，业经刊登公报公布在案。至必要

---

　　①　十一月六日，大本营粮食管理处督办赵士觐呈请孙文，特令军政、内政两部通令各军
及地方官吏、团体协助粮食管理处，实施该处试办规程，如关于粮食之采办运输、公卖各事，
了解和维护该处实行之"公卖于人民"之商业性质。

时，仰仍依照规程办理可也。此令。

（中华民国陆海军大元帅之印）

中华民国十二年十一月九日

据《大元帅指令第六〇九号》，载广州《陆海军大元帅大本营公报》第三十七号，一九二三年十月十六日

着参军处赶制出入证令

（一九二三年十一月九日）

着参军处赶制绢质大本营特别出入证备用。此令。

据《大元帅手令拟稿簿》原件，
南京、中国第二历史档案馆藏

为反攻陈炯明叛军调配各军令①

（一九二三年十一月十日）

大元帅命令（十一月十日午于石龙行营）②：

一、准备转攻敌军，我各军应速照左列地点迅速集中，整顿准备一切，以俟后命。

二、各军之位置　集中完结时间

许总司令所部　铁场附近　十日晚十二时以前日没前　迅遣一部前往

---

①　十月下旬十一月上旬，陈炯明叛军自惠州大举出动，连陷龙门、河源、平山、博罗等地，讨贼军节节败退。孙文多次亲赴石龙行营及前线督战，暂挫叛军攻势，遂在石龙召集会议，饬大本营参谋长李烈钧草拟部署反攻命令（即本件），并派参谋本部参谋即时送达各军长官。然而，各军将士因长期征战而疲态毕现，按时进入指定地点集结者十不及一。

②　命令中提到的军事长官及其编制单位，说明如下：许总司令，中央直辖东路讨贼军总司令许崇智；刘总司令，中央直辖西路讨贼军总司令刘震寰；杨总司令，中央直辖滇军总司令杨希闵；朱军长，中央直辖第一军军长朱培德；刘军长，中央直辖第七军军长刘玉山；范、蒋两军，分别以范石生、蒋光亮为军长的中央直辖滇军第二军和第三军。

刘总司令所部　蓁兰附近　十日晚十二时以前日没前　迅遣一部前往

刘军长玉山所部　田寮水贝钱围附近　十日晚十二时以前日没前　迅遣一部
（受刘总司令指挥）前往

杨总司令所部　联和墟附近　十一日正午以前完结、十日午后八时前先遣一
部前往警戒

朱军长所部并赣军　联和墟附近　十一日正午以前完结、十日午后八时前先
遣一部前往警戒

三、各军应本作战精神，切实巩固各方面，切实联络，协同动作。

四、范、蒋两军及在增城方面各军动作，别项命令示之。

五、予在石龙。

右令许总司令、刘总司令、杨总司令、刘军长、朱军长

据李烈钧总纂、大元帅府参谋本部编纂：《孙大元帅
戡乱记》，广州，广东测量局一九二四年九月印行

饬知廖仲恺滇军早已回防并未设立财政局令

（一九二三年十一月十日）

大元帅训令第三五一号

令广东省长廖仲恺

据中央直辖滇军总司令杨希闵呈复："案奉钧座第三一八号训令开：据广东财政厅长邹鲁呈称：原文有案邀免冗录外，后开合行令仰该总司令即便遵照办理等因。奉此，遵即饬令第三军军长蒋光亮遵照办理。兹据该军长呈称：窃查此案前经该处商民以被匪蹂躏，团力不支，请派队援剿。当派第六师前往剿办，旋经平定，即令回防，并早已开拔东江作战，何致有设立财政局之举，该县长不查，妄为呈请，殊属昏谬，兹奉前因，理合具文呈请钧座察核"等情。此除指令外，合行令仰该省长即便转饬知照。此令。

（中华民国陆海军大元帅之印）
中华民国十二年十一月十日

据《大元帅训令第三五一号》，载广州《陆海军大元帅
大本营公报》第三十八号，一九二三年十月二十三日

批罗翼群呈报所属第一支部收束情形文①

（一九二三年十一月十日）

大元帅指令第六一一号

　　令大本营兵站总监罗翼群

　　呈报所属第一支部收束情形，并送裁留人员表乞核示由。

　　呈表均悉。所有留办该属第一支部人员薪饷，仰仍遵照第五八六号指令办理。此令。

（中华民国陆海军大元帅之印）

中华民国十二年十一月十日

据《大元帅指令第六一一号》，载广州《陆海军大元帅
大本营公报》第三十八号，一九二三年十月二十三日

批叶恭绰奉令筹发各部局处经费请展缓实行呈②

（一九二三年十一月十日）

大元帅指令第六一二号

　　令大本营财政部长叶恭绰

　　呈奉令筹发各部、局、处经费，请展缓实行由。

　　呈悉。所有令由该部筹发大本营直辖各部、局、处经费，准予展缓一月实行。

---

　　① 十一月六日，大本营兵站总监罗翼群呈称：原已令兵站第一支部于十月十五日概行收束回省，留办人员以足敷办事为度。并拟定留办员兵薪饷预算表呈核备案。现因库储支绌，手续复杂，无法按期办理结束，请予展期。

　　② 十一月五日，大本营财政部长叶恭绰呈称："本部自成立以来，经逾半载，总共收入不过八万七千余元，匀计每月仅得一万四千余元。除支付军费外，其余以付印花税票印刷工料及本部经费，尚属不敷。"其他经孙文批发之款更"无的款可以应付"，请准将筹拨款项展缓一月。

此令。

　　　　　　　　　　　　　　（中华民国陆海军大元帅之印）

　　　　　　　　　　　　　中华民国十二年十一月十日

　　　　　　据《大元帅指令第六一二号》，载广州《陆海军大元帅
大本营公报》第三十八号，一九二三年十月二十三日

批邓慕韩请免于取消戏捐呈①

（一九二三年十一月十日）

大元帅指令第六一五号

　　令广东宣传局局长邓慕韩

　　呈请免予取销戏捐由。

　　呈悉。该局征收戏捐一案，前经转谕取消，仰即遵照办理可也。此令。

　　　　　　　　　　　　　　（中华民国陆海军大元帅之印）

　　　　　　　　　　　　中华民国十一一年十一月十日

　　　　　　据《大元帅指令第六一五号》，载广州《陆海军大元帅
大本营公报》第三十八号，一九二三年十月二十三日

附载：惠州已被攻克通令②

（一九二三年十一月十一日）

大元帅通令

　　惠州已于灰日（十日）午前十一时，被我右翼军攻克，完全占领。

　　　　　　　　　　　　据《布告完全克复惠州城》，载一九
二三年十一月十三日《广州民国日报》

────────────

　　① 十一月九日，广东宣传局局长邓慕韩呈请免予取消戏捐，以免人民援例抗拒筹款。

　　② 按系广州卫戍总司令部奉兼总司令官杨希闵真（十一）电布告帅令克复惠州城，但实无其事。

饬杨廷培部沿铁道截击溃兵令

（一九二三年十一月十二日）

　　仰该师长立派军队沿铁道线路截止溃兵，督率进战，并予特许用大本营督战队旗帜。此令。

　　令杨廷培。

据《大元帅手令拟稿簿》原件，
南京、中国第二历史档案馆藏

急电谭延闿率湘军星夜来援令

（一九二三年十一月十二日）

　　郴州谭总司令鉴：□密。此间军事吃紧，详情如□□□各电。仰该总司令迅率所部星夜来援。切切。此令。大元帅。侵申。

据《南始战役记》①

着谭延闿率湘军向龙门之敌攻击前进令

（一九二三年十一月十二日）

　　着谭总司令率所部湘军到琶江口下车，集中从化，向龙门方面之敌攻击前进。此令。

孙文
民国十二年十一月十二日

据原件影印件，台北、中国国民党文化传播委员会党史馆藏

---

　　①　出版事项不详，似系湘军于一九二四年间编印，中山大学藏。

着广东高审厅将登记费拨交军政部应用令

（一九二三年十一月十二日）

　　着广东高等审判厅将该厅登记费存款拨交军政部应用。此令广州高等审判厅。准此。

孙文

中华民国十二年十一月十二日

据原件影印件，台北、中国国民党文化传播委员会党史馆藏

着查明广州地审厅诉讼费及高审厅
登记费项下存款一律提充军饷令

（一九二三年十一月十二日）

　　着军政部长程潜会同广东省长廖仲恺，查明广州地方审判厅诉讼费项下及高等审判厅登记费项下所存各款，一律提充军饷，仰该院长转饬遵照。此令。

　　右令大理院长赵士北。准此。

孙文

中华民国十二年十一月十二日

据原件影印件，台北、中国国民党文化传播委员会党史馆藏

饬知黄隆生在财政部未筹发经费前各部局处
每月经费仍由该司拨付令

（一九二三年十一月十二日）

大元帅训令第三五二号

　　令大本营会计司长黄隆生

　　据大本营财政部长叶恭绰呈称："案奉本年十一月一日起第三三六号训令开：现规定大本营直辖各部局处支发经费表，自本年十一月起实行，所有以前积欠，统归该部，俟财政充裕时陆续筹发。除分令外，合行令仰该部长遵照办理。经费表两份并发等因。自应遵照办理。查本部自成立以来，经逾半载，总共收入不过八万七千余元，匀计每月仅得一万四千余元，除支付军费外，其余以付印花税票印刷工料及本部经费，尚属不敷。至最近数日，复奉钧令，指拨大本营制弹厂与军政部运输处朱培德、李明扬等部，或伙食，或煤炭与草鞋，种种费用，每日定额一千一百一十元，均改由本部直接交军政部转发。现在尚无的款可以应付，兹再加以每月八万余元之支出，实等无米为炊。伏读钧令，内开有各部局处以前积欠，俟财政充裕时，陆续筹拨等语，具征部库困难，早在洞鉴之中，且目下军需孔迫之时，尤不能不先其所急。查表内各机关经费归大本营会计司给发，经已多日，其间并有自筹的款藉应开支者，当兹本部自顾不暇之时，似以暂仍旧贯，免涉纷歧为妥。所有此次奉令改由本部拨付各项，拟请展缓一月，一俟本部收入较为充裕，再行斟酌情形酌量担负，目前仍由原担任机关照常拨付，以免虚悬。所有奉令筹拨拟请展限原由，理合具呈钧座鉴核，伏乞指令祗遵"等情。据此，除指令呈悉，所有令由该部筹发大本营直辖各部局处经费准予展缓一月实行外，合行令仰该司长查照，各部局处每月经费，在财政部未实行筹发以前，仍由该司照常拨付。此令。

（中华民国陆海军大元帅之印）

中华民国十二年十一月十二日

据《大元帅训令第三五二号》，载广州《陆海军大元帅大本营公报》第三十八号，一九二三年十月二十三日

饬豫军讨贼军总司令樊钟秀
转谕所部努力讨贼令

（一九二三年十一月十二日）①

民国肇造，十有二载，干戈扰攘，迄鲜宁时，人民有涂炭之伤，国势濒沉沦之险。究其症结，只以北庭不道，僭窃相乘，倒行逆施，残民叛国。我革命同志惧共和废坠，正义不彰，奔走匡扶，喋血万里。卒以阋墙多故，逆虏稽诛。近且贿赂公行，构成大选，昭闻秽迹，人格不存，举国疾首痛心，方将合张挞伐。豫军讨贼总司令樊钟秀精诚爱国，首义赣南，诸部将官士卒俱能深明大义，勠力同心，摅览敷陈，至堪嘉许。北虏府怨，民痛已深，奉义征诛，歼除可待。我军师直为壮，杀贼无前。当共各励忠贞，用奠邦家之难；挽回浩劫，早复日月之光，凡在国民，同兹义责。河朔素多英俊，尤盼共赋同仇。除饬该管处部赶紧续发大军并继续接济弹饷外，着该总司令将此通谕知之。此令。

据秦孝仪主编：《国父全集》第六册，台
北，近代中国出版社一九八九年十一月出版

批伍朝枢函知各国领事戒严期内禁止
中外船只夜间通过在案请察核呈

（一九二三年十一月十二日）

大元帅指令第六一七号

令大本营外交部长伍朝枢

呈覆经令交涉员函知各国领事，戒严期内禁止中外船只夜间通过在案，请察

---

① 原令未署日期。一九二三年十一月十三日上海《民国日报》刊登此令，并有"日昨大元帅训令豫军总司令"云云，则此令应在一九二三年十一月十二日。

核由。

呈悉。此令。

（中华民国陆海军大元帅之印）

中华民国十二年十一月十二日

附：伍朝枢原呈

（一九二三年十一月八日）

呈为呈复事：窃奉帅座发下马伯麟歌电内称："本日正午十二时十分钟，据炮台瞭望兵报告：'远望有兵舰四艘进口，开行甚速，形式与北洋舰相同，并未升旗'等语。司令当令旗兵用红旗示令停止，该兵舰等竟不升旗答，仍向我台前进。经令新冈台开炮一发，距该兵舰船头约五十米达降落，该兵舰始升头尾旗。查系日本兵舰，即令放行。查职部戒严时期，外国兵舰虽应放行，然必须外国舰队于进出口时，先行通知或早升旗以示标识，方免误会。拟请钧座函知各国领事知照"等语。并奉帅谕："戒严期间入夜时，无论何项船只，不准通过"等因。此，部长查昨接大本营李参谋长烈钧函称："近来战事方殷，虎门、长洲、厓门、横门等处，及各海口要塞，均属戒严期内，兹定每日晨七时以后下午四时以前，为中外各兵舰、船只入口时间，至外国军舰如欲驶经内河，应请通知各国领事，务于四十八小时先行通告，以便转饬知照，而免误会"等由。业经令行特派广东交涉员分函驻广州各国领事转致各该国兵舰知照在案。奉发前文，除令特派广东交涉员知照外，理合备文呈复察核。谨呈陆海军大元帅。

大本营外交部长伍朝枢（印）

中华民国十二年十一月八日

据《大元帅指令第六一七号》，载广州《陆海军大元帅大本营公报》第三十八号，一九二三年十月二十三日

着广九铁路工程师修通铁路令

（一九二三年十一月十三日）

着广九铁路工程师即将仙村至石滩之铁路修通，即二十四点钟内必要通车，不得延误。此令。

据《大元帅手令拟稿簿》原件，
南京、中国第二历史档案馆藏

着卢师谛部调往虎门令

（一九二三年十一月十三日）

着卢师谛将所部悉调到虎门，与廖司令协同巩固该要塞之陆地防卫。此令。

据《大元帅手令拟稿簿》原件，
南京、中国第二历史档案馆藏

发给杨廷培部子弹令

（一九二三年十一月十三日）

着军政部长酌量发给杨廷培部子弹。此令。

据《大元帅手令拟稿簿》原件，
南京、中国第二历史档案馆藏

给杨参军派员的命令

（一九二三年十一月十三日）

着杨参军派员：凡佩带特别出入证来营晋谒各员，须问具姓名事由，得特允传见，方许登三楼入大元帅见客室。此令。

据《大元帅手令拟稿簿》原件，
南京、中国第二历史档案馆藏

给杨廷培的命令

（一九二三年十一月十三日）

仰该代理卫戍总司令，凡有溃兵到省，无论何部军队，应一律缴武器。此令。上令杨代理卫戍总司令廷培。

据《大元帅手令拟稿簿》原件，
南京、中国第二历史档案馆藏

着梁鸿楷饬令广北运船回省令

（一九二三年十一月十三日）

着梁军长鸿楷饬令广北运船回省候命。此令。

据《大元帅手令拟稿簿》原件，
南京、中国第二历史档案馆藏

饬停止伤兵特别调养费令

（一九二三年十一月十四日）

伤兵特别调养费即停止。此令。

孙文

据原件影印件，台北、中国国民党文化传播委员会党史馆藏

批杨希闵请发奖金案①

（一九二三年十一月十四日）②

增城、石滩③现尚无大敌，而我兵无故退却，应负其责，当规复此线以赎罪，由该线再进始能邀赏。况此时省城震动，殷户已空，无从筹借。如兵士尚要十万始干，请从此……④

据亲笔原件影印，载谭延闿编：
《总理遗墨》第三辑，出版时间不详

附：另一版本

此次顿挫，诸将未善指挥，致生波折，当然带罪图功。未克服石龙以前，不应云奖。

据抄件，广州、广东省社会科学院图书馆藏

饬发给马伯麟火食费令

（一九二三年十一月十四日）

大元帅令

着市政厅长发给马伯麟火食费壹千元。此令。

孙文（不用印）
民国十二年十一月十四日

据"国父墨宝"手令原件（孙科赠），台北、"国史馆"藏

---

① 孙文为防备陈炯明叛军攻打广州，除有湘军、豫军增援外，还努力加强讨贼军内部的整顿。他于十一月十四日在广州召集高级军事会议，特派杨希闵兼任滇粤桂联军前敌总指挥，以便统一指挥作战。杨认为重赏之下必有勇夫，提出预颁十万元作为赏金，但未获孙文同意。

② 所标日期据李烈钧总纂《孙大元帅戡乱记》。

③ 此指增城县城、增城县石滩圩（今广州市增城区石滩镇）二地。

④ 未完句，原文如此。似甚愤慨，再也写不下去。

给谭延闿的命令

（一九二三年十一月十四日）

湘军转战太苦，着调至广东，暂行休养，藉资补充，准备反攻。鲁涤平、黄辉祖、朱耀华、方鼎英、汪磊调至乐昌，谢国光调仁化，吴剑学调九峰，陈嘉佑及方之一部调星子。

据《谭延闿传孙中山令》，载一九二三年十一月十六日上海《申报》

协同廖湘芸防虎门要塞令

（一九二三年十一月十四日）

仰该师长迅率所部驰赴虎门，协同廖司令湘芸防卫该要塞陆地方面。此令。

据《大元帅手令拟稿簿》原件，南京、中国第二历史档案馆藏

着周之贞都赴虎门令

（一九二三年十一月十四日）

业令周师长之贞迅率所部驰赴虎门，协同该司令防卫该要塞陆地方面，仰即知照。此令。

据《大元帅手令拟稿簿》原件，南京、中国第二历史档案馆藏

给谭延闿的电令

（一九二三年十一月十四日）

回师救粤。

据《广州十四日电》，载一九二三年十一月十五日上海《申报》

着杨廷培师长停止缴枪令

（一九二三年十一月十五日）

今日各部溃兵，收容已定，复回建制，着杨师长廷培即行停止缴枪。此命。

孙文

据原件影印件，台北、中国国民党文化传播委员会党史馆藏

着朱和中仍回复各军备价领取枪枝办法令①

（一九二三年十一月十五日）

杨师长廷培既不如期缴价，着兵工厂长仍复回原日办法，将枪枝分发各军备价领取可也。此令。

孙文

十二、十一、十五

据抄件，台北、中国国民党文化传播委员会党史馆藏

---

① 原批未书厂长名。朱和中于一九二三年四月十九日任兵工厂厂长，十二月一日卸任，故此时兵工厂厂长应为朱和中。

饬各军限于最短期内驱除逆众各财政机关当竭力筹措军需毋得稽延令

（一九二三年十一月十五日）

大元帅训令第三五三号

令长洲要塞司令马伯麟、虎门要塞司令廖湘芸、东江缉匪司令徐树荣、中央直辖第三军军长卢师谛、中央直辖第七军军长刘玉山、中央直辖西路讨贼军总司令刘震寰、东路讨贼军总司令许崇智、东路讨贼军第三军军长李福林、大本营军政部长程潜、大本营财政部长叶恭绰、两广盐运使伍汝康、广东财政厅长邹鲁、广州市市长孙科、广东全省官产清理处处长梅光培

自战事迁延，财力渐绌，诸将领士兵为国勤劳，迄未少息，而行军所需，时形匮乏，此本大元帅所为心忧者也。近日战事紧迫，财源益艰，自本月十五日起，所有前方各军，每日兵站给养、草鞋费及子弹费、伤兵卫生费，着尽先筹备发给，其余各军伙食，应视收入多寡，酌量分发。诸将领士兵凤明大义，务须体念时艰，忠勇奋发，限于最短期内将逆众驱除，军事进步，饷源自裕，所有前项欠发各款，届时再行筹足补给。其各财政机关近日以来奉令指拨之款，每日不能如数解缴，当此军事紧急之时，亦宜严奉公令，无忝厥职，自本日起，宜竭力筹措，以供军需，俾各军士饱马腾，效力杀贼，毋得稍涉稽延，致因财政影响军事，转令战事迁延，重民疾苦，本大元帅有厚望焉。此令。

（中华民国陆海军大元帅之印）

中华民国十二年十一月十五日

据《大元帅训令第三五三号》，载广州《陆海军大元帅大本营公报》第三十七号，一九二三年十月十六日

命派船往救日本商船令

（一九二三年十一月十五日）

现有日本商船在莲花山河面遇灾，着江防司令部派宝璧或其他之船往救。此令。

据《大元帅手令拟稿簿》原件，
南京、中国第二历史档案馆藏

论克敌之道并着杨希闵速遣
主力增援以肃清东江令

（一九二三年十一月十六日）

运用之妙，存乎一心；作战之方，首宜知敌。此进军与驻军均贵与敌恒相接触者也。能知敌之去迹来踪，斯易定我军兵力之使用，克敌之道，即在于此。此次薰兰之退，形同溃乱，非范军长石生督师回援，歼敌首逆，则今之战局，更不卜何如？胜负兵家之常，作战端资沉毅。

现据连日所得谍报，逆军自由石龙溃窜后，迄难收拾，增城、石滩仍系我军驻在，应即乘此良机，肃清余逆，即着滇粤桂联军前敌总指挥杨希闵迅速派遣主力分途增援第一线，再寻敌人主力以歼之。各将士为民除害，奋勇图功，则肃清东江，进图大局，事犹可期。功高有大赏，不迪有显戮，则本大元帅之责也。

孙文

据秦孝仪主编：《国父全集》第六册，台北，近代中国出版社一九八九年十一月出版

饬各军收复博罗令

（一九二三年十一月十六日）

大元帅令

火速前进，限三日内将博罗收复，以杜后患。

据《帅令限期克复博罗》，载一九二
三年十一月十六日《广州民国日报》

饬伍汝康筹拨积欠兵工厂款项令

（一九二三年十一月十六日）

大元帅训令第三五四号

令两广盐运使伍汝康

据广东兵工厂厂长朱和中呈称："为呈请事：十月二十七日奉钧座手令第六五三号内开：'前方需要子弹异常迫切，着盐运使将积欠兵工厂款项迅速筹集，扫数解清，以利该厂进行。切切。此令'等因。奉此，厂长遵即携带手令前往领取，讵新任伍运使以所积欠款项系属前任经手，不允负责，命令不肯收受，连日往催，均置之不理。查职厂经费困难已达极点，积欠各商店材料费达至三万元有奇，现有所有紫铜等料，均无款采购，将有停工待料之势，若再无巨款接济，实难维持，务乞钧座再赐严令伍运使，迅将前任积欠如数清发，或请另拨巨款，以维工作，而裕军实，不胜迫切待命之至"等情。并缴原令一道前来。据此，查兵工厂款项，系属制造枪弹，补充军实之需，关系军事，至为重要，现在军事至亟，何得长此宕欠，致碍工作，该运使职司榷政，对于筹拨军用，负有专责，尤应勉力接济，以利进行。据呈前情，除指令外，合亟令仰该运使迅即遵照六五三号手令，将该署积欠兵工厂款项，克日扫数拨清，毋得藉故推诿，致蹈违令之咎。前令并发。切切。此令。

（中华民国陆海军大元帅之印）

中华民国十二年十一月十六日

据《大元帅训令第三五四号》，载广州《陆海军大元
帅大本营公报》第三十七号，一九二三年十月十六日

饬将广海舰探海灯及发电机借给宝璧运舰令

（一九二三年十一月十六日）

大元帅训令第三五五号

令广东海防司令陈策

据广东江防司令杨廷培呈称："据宝璧运舰舰长梁少东呈称：'查职舰设有无线电报，原藉本舰电灯机发电。惟有时电灯机电球度数过小，电力每有不足供给无线电报之用，设遇出差路远，欲藉电报以通消息，自虞电浪不能远达，消息难免阻滞，因此贻误事属不小，舰长再四思维，非重新更换稍大度数之电机，则不足以资应用。再查职舰关于军事上行驶极多，常有因军事紧急，夜间通宵行驶，似不可无探海灯眺望，以为防预歹匪不虞，职舰出海常多，似应不可不备，理合呈请钧部察核，可否准予购换电机一架，添置探海灯一个，俾资利用之处，仍候指令祗遵'等情。据此，查停泊黄浦河面之广海军舰，原有电机、探海灯，拟议移借，既省耗款购置，复化无用为有用，裨益军务，实非浅鲜。所有请饬将广海军舰探海灯暨发电机借给宝璧运舰缘由，理合呈请察核指令祗遵"等情。据此，除指令呈悉，仰侯〔候〕令行广东海防司令查照办理外，合行令仰该司令即便查照办理。此令。

（中华民国陆海军大元帅之印）

中华民国十二年十一月十六日

据《大元帅训令第三五五号》，载广州《陆海军大元
帅大本营公报》第三十七号，一九二三年十月十六日

批林云陔呈报登记局八月份收入项下曾提解
大本营驻江办事处毫银一千五百元
请准予抵解并备案文

（一九二三年十一月十六日）

大元帅指令第六二一号

令代理广东高等审判厅厅长林云陔

呈报登记局八月份收入项下曾提解大本营驻江办事处毫银一千伍百元，请准予抵解并备案由。

呈悉。准予抵解并备案可也。此令。

（中华民国陆海军大元帅之印）

中华民国十二年十一月十六日

据《大元帅指令第六二一号》，载广州《陆海军大元帅大本营公报》第三十八号，一九二三年十月二十三日

批程潜呈报陈达生等逆产请令
由部查实变卖以应要需文①

（一九二三年十一月十八日）

大元帅指令第六二六号

令大本营军政部长程潜

呈据商人何德呈报陈达生等逆产请令由部查实变卖，以应要需由。

---

① 十一月十二日，大本营军政部长程潜呈称：据商人何德告发，陈炯明亲信陈达生曾仗势强买广州河南地段六十余栋建筑楼房，请令由军政部将此事查实，如确实逆产，准由部变卖以应要需。

呈悉。仰即切实调查。确系逆产，准予变卖。此令。

（中华民国陆海军大元帅之印）

中华民国十二年十一月十八日

据《大元帅指令第六二六号》，载广州《陆海军大元帅大本营公报》第三十八号，一九二三年十月二十三日

着谭延闿所部为总预备队令

（一九二三年十一月十八日）

据飞机探报，敌人有万人由铁路来犯。按此则敌人主力已在广九铁路，我应之者亦应在此。着谭总司令所部，由车开到新街、军田一带下军，为总预备队。此令。

孙文

据《孙中山全书》第四册，上海，广益书局一九三一年七月印行

着军政部长酌量发给李福林部给养费令

（一九二三年十一月十九日）

大元帅令

着军政部长酌量发给李福林部给养费。此令。

孙文

中华民国十二年十一月十九日

据原件照片，台北、中国国民党文化传播委员会党史馆藏

着军政部长酌量发给徐树荣部给养费令

（一九二三年十一月十九日）

大元帅令

着军政部长酌量发给徐树荣部给养费。此令。

孙文

中华民国十二年十一月十九日

据原件照片，台北、中国国民党文化传播委员会党史馆藏

饬各军将领乘胜穷追务扫庭穴令

（一九二三年十一月十九日）

叠接捷音，稍纾民难，喁喁望治，首在锄奸。扶植善良，芟夷蟊贼，国家政治，始获昌明，耀德观兵，凡以排除共和障碍也。为国为民，既非得已；再接再厉，务底于成。陈、林①诸逆负罪稽诛，罔知悔悟，复率残旅来犯省城。赖我良将知兵，士卒用命，本爱国精神，作群黎保障，一鼓克敌，逆众远扬，智勇精忠，殊堪嘉尚。

第见恶应如去草，战胜应如履冰，荡敌宜清，处身宜慎。诸将领果敢沉毅，尚望本此素志，奋乃声威，乘胜穷追，务扫庭穴，庶几我有可鼓之余勇，敌无整顿之余时，懋建宏勋，奠安大局，名藏太室，身画凌烟，本大元帅有厚望焉。此令。

孙文

据中国国民党文化传播委员会党史馆编：《国父全集》，台北，"中华民国"各界纪念国父百年诞辰筹备委员会一九六五年十二出版

---

①　林即林虎，陈炯明所部粤军各路总指挥。

批马伯麟呈报裁减炮兵编练守备兵
造具预算请予核准文

（一九二三年十一月十九日）

大元帅指令第六二九号

令长洲要塞司令马伯麟

呈报裁减炮兵、编练守备兵造具预算，请予核准，并编呈十月份预算书由。

呈及预算书均悉。查该司令所拟，改编守备兵饷需超过原额，核与预算不符，应另行编定呈核。所呈十月份预算书亦有错误。仰即依照更正各条缮呈备案。预算书发还。此令。

（中华民国陆海军大元帅之印）

中华民国十二年十一月十九日

据《大元帅指令第六二九号》，载广州《陆海军大元帅大本营公报》第三十八号，一九二三年十一月二十三日

批伍学熀筹办广东全省船民自治联防事宜呈

（一九二三年十一月十九日）

大元帅指令第六三〇号

令大本营建设部次长伍学熀

呈为条陈筹办广东全省船民自治联防事宜由。

呈悉。所拟事属可行，准予办理。此令。

（中华民国陆海军大元帅之印）

中华民国十二年十一月十九日

附：伍学熀原呈

（一九二三年十一月十六日）

　　为条陈管见呈请鉴核事：窃以东江军事发生，饷糈奇穷，司农兴仰屋之嗟，将士有绝粮之叹。现在筹款方法，如变卖官产、抽收租捐、举办商业牌照等，固已应有尽有。然大率筹之岸上市民，绝未筹之水上。广东海面辽阔，港澨纷歧，船民浮海为家，无虑千数百万。同是国民分子，似应稍尽义务以纾宵旰之忧，而尽国民之责。学熀之愚，以为当此民穷财尽、筹无可筹之时，谓宜筹办广东全省船民自治联防，一可发杨（扬）民治，一可裨助饷糈，一可肃清海盗。一举而数善，备计无有逾于此。如蒙采择，拟请遴派公正大员，充任广东全省船民自治联防督办，以专责成而资督促。一俟试办两月，确有成效，再行准予续办，似于筹款前途不无小补之处，伏候钧裁。谨呈大元帅。

大本营建设部次长伍学熀（印）

中华民国十二年十一月十六日

据《大元帅指令第六三〇号》，载广州《陆海军大元帅大本营公报》第三十八号，一九二三年十一月二十三日

着北江各部队暂归谭延闿指挥令

（一九二三年十一月二十日）

大元帅命令

　　北虏不道，屡犯南雄，罪在必讨。兹责成湘军总司令谭延闿，督率各部迅速进剿，务先巩固边陲，再进以图大局。现在北江各部队着暂归该总司令指挥调遣，仰即克日分途兜剿，务绝根株。除分令杨总司令希闵知照以后北江作战并由该总司令协同筹划外，特令遵照。仍将遵照情形呈报查考。此令。

据中山大学历史系孙中山研究室、广东省社会科学院近代史研究室、中国社会科学院近代史研究所中华民国史研究室合编：《孙中山全集》第八卷，北京，中华书局一九八六年五月出版

批陈兴汉请酌抽临时附加军费呈

（一九二三年十一月二十日）

大元帅指令第六三一号

　　令管理粤汉铁路事务陈兴汉

　　呈请酌抽临时附加军费先行试办三日，乞指令祗遵由。

　　呈悉。所拟临时附加军费先行试办三月之处，应即照准。查滇军总司令部款项，业令由该铁路收入项下每日拨给壹千元在案。嗣后此种临时附加军费，应每日先行拨给湘军总司令部壹千元，所余之数，再行三处均分。仰即遵照办理。此令。

（中华民国陆海军大元帅之印）

中华民国十二年十一月二十日

据《大元帅指令第六三一号》，载广州《陆海军大元帅大本营公报》第三十八号，一九二三年十一月二十三日

各军每日额支改由公安局在借租项下发给令

（一九二三年十一月二十一日）

前令由官产处发给各军每日之额支，着改由公安局在借租项下发给。此令。右令程部长潜。

孙文

中华民国十二年十一月二十一日

据原件影印件，台北、中国国民党文化传播委员会党史馆藏

批张开儒请示处理葡商永捷轮船案办法呈

（一九二三年十一月二十一日）

大元帅指令第六三五号

　　令大本营参军长张开儒

　　呈为葡商"永捷"轮船案请示办法祗遵由。

　　呈悉。仰该参军长咨行广州卫戍总司令将该轮发还原商可也。此令。

（中华民国陆海军大元帅之印）

中华民国十二年十一月二十一日

据《大元帅指令第六三五号》，载广州《陆海军大元帅
大本营公报》第三十八号，一九二三年十一月二十三日

饬拨发德国技师制造炸药经费令

（一九二三年十一月二十二日）

大元帅训令第三五七号

　　令两广盐运使伍汝康

　　据广东兵工厂厂长朱和中呈称："呈为呈请事：案奉钧令开：'兹聘得德国技师，以制造猛烈炸药以应军用，着该厂长招待至无烟药厂，并给予各种原料器具，俾即日从事制造，制成物品，即交与航空局试验，着将效力成绩详细报告。此令'等因。奉此，厂长经于十月三日将该技师到差日期备文呈报察核，并请将该技师薪金及制造费用，照准列入报销在案。现在筹办制造炸药大致业经就绪，自应请领经费，俾资兴办。计开办费约需港币壹万二千五百九十元，自本月起，每月经常费约需港币六千五百五十二元三毫四分四厘，每月可制炸药二千四百七十启罗，每百启罗约合成本五百元。理合开列清单一纸，备文呈请察核，伏乞俯赐令饬迅将该开办费及本月经常费如数筹拨下厂，以资应用，实为公便"等情前来。并附该厂制造炸药开办费及经常费数目清单一纸。据此，除指令呈及清单均

悉，业令行两广盐运使照数拨给矣外，合行令仰该运使即便遵照。清单抄发。此令。计清单一纸。

（中华民国陆海军大元帅之印）

中华民国十二年十一月二十二日

据《大元帅训令第三五七号》，载广州《陆海军大元帅大本营公报》第三十八号，一九二三年十一月二十三日

饬黄隆生发给卫士队十月份薪饷令

（一九二三年十一月二十二日）

大元帅训令第三五八号

令大本营会计司司长黄隆生

据参军兼卫士队队长卢振柳呈称："窃职队薪饷向系按月编造饷册，呈缴钧帅批饬会计司照给有案。兹逾十二年十月份，理合将是月薪饷、恩饷、药费、卫士津贴等缮造清册，呈请鉴核，伏乞批饬会计司给发，以应支领而便办公。并呈官佐士兵伏薪饷、恩饷册一份，呈请批示祗遵"等因。据此，除指令照准外，合行令仰该司长即便查照发给。饷册二份随发。此令。

计发饷册二份。

（中华民国陆海军大元帅之印）

中华民国十二年十一月二十二日

据《大元帅训令第三五八号》，载广州《陆海军大元帅大本营公报》第三十八号，一九二三年十一月二十三日

批郑润琦请嘉奖封川县德坊联团团总叶瑞烘呈

（一九二三年十一月二十二日）

大元帅指令第六四四号

令中央直辖广东讨贼军第三师师长郑润琦

呈请嘉奖封川县德坊联团团总叶瑞烘由。

呈悉。封川县德坊联团团总叶瑞烘督率团丁协助杀贼，自筹款项，支给所需，效命国家，输财纾难，殊属可嘉。仰该师长传令嘉奖，以励有功。此令。

（中华民国陆海军大元帅之印）

中华民国十二年十一月廿二日

据《大元帅指令第六四四号》，载广州《陆海军大元帅大本营公报》第三十八号，一九二三年十一月二十三日

嘉奖川军克复重庆令

（一九二三年十一月二十三日）

大元帅训令第三五九号

令四川讨贼军总司令熊克武、川军总司令刘成勋

自直系军阀挟其武力勾结金壬，扰乱四川，本大元帅特令川军将帅分道讨伐，来犯各股，以次廓清。顷据该总司令巧、号两电报称：据重庆江北两城，负嵎自固，我军四面环攻，鏖战数旬，由赖总指挥严督各军肉薄血战，于十月十六日克复重庆，贼众崩溃，已不成军，皆由我将士忠勇奋发，克集大勋。闻讯之余，深为嘉慰，着该总司令等督率各军迅速扫荡，肃清川境，并力中原，以副本大元帅伐罪吊民之意。至此次有功将校，着先传令嘉奖，并由该总司令等择尤保荐，予以褒荣，以昭懋赏。将此通令知之。此令。

（中华民国陆海军大元帅之印）

中华民国十二年十一月二十三日

据《大元帅训令第三五九号》，载广州《陆海军大元帅大本营公报》第三十八号，一九二三年十一月二十三日

饬知各军凡属粤军范围统归
许总司令编整节制调遣令

（一九二三年十一月二十三日）

大元帅训令第三六〇号

令粤军总司令许崇智

为令遵事：照得戎事方殷，指挥作战，既属要图，整理训练，并为急务。曾经任命许崇智为粤军总司令，所有东路讨贼军所属全部，暨广东讨贼军第四军、广东讨贼军第一师、广东讨贼军第二师、广东讨贼军第三师、高雷绥靖处、钦廉绥靖处、连阳绥靖处、虎门要塞、长洲要塞、海防司令等各部队，以及姚雨平、朱卓文、李天德、徐树荣、李安邦等所部，凡属于粤军范围，着统归该总司令编练整顿，节制调遣，期成劲旅而卫国家。合行令仰该总司令遵照，仍将办理情形呈报查考。此令。

（中华民国陆海军大元帅之印）

中华民国十二年十一月二十三日

据《大元帅训令第三六〇号》，载广州《陆海军大元帅大本营公报》第三十八号，一九二三年十一月二十三日

饬知各军凡属桂军范围统归
刘震寰编整节制调遣令

（一九二三年十一月二十三日）

大元帅训令第三六一号

令桂军总司令刘震寰

为令遵事：照得戎事方殷，指挥作战，既属要图，训练整理，并为急务。曾经任命刘震寰为桂军总司令，所有属于桂军范围各部队，着统归该总司令编练整顿，节制

调遣，期成劲旅而卫国家。合行令仰该总司令遵照，仍将办理情形呈报查考。此令。

（中华民国陆海军大元帅之印）

中华民国十二年十一月二十三日

据《大元帅训令第三六一号》，载广州《陆海军大元帅大本营公报》第三十八号，一九二三年十一月二十三日

批伍汝康请添设广东省垣盐警指挥办事处呈

（一九二三年十一月二十三日）

大元帅指令第六四九号

令两广盐运使伍汝康

呈请添设广东省垣盐警指挥办事处拟订暂行章程及经费表，请察鉴核令遵由。

呈及暂行章程暨经费表均悉。所请添设广东省垣盐警指挥办事处，应予照准。盐警职司缉私，仰即遵照向章办理。暂行章程，业经修正抄发。此令。

中华民国十二年十一月二十三日

据《大元帅指令第六四九号》，载广州《陆海军大元帅大本营公报》第三十九号，一九二三年十一月三十日

批程潜请举办南番等县人民自卫枪炮执照
及酌抽照费呈①

（一九二三年十一月二十三日）

大元帅指令第六五一号

令大本营军政部长程潜

---

① 十一月二十二日，大本营军政部长程潜呈称：查南海、番禺、顺德、香山、新会、台山、四会、三水八县民间所存自卫枪支为数不少，需加稽核，并可酌抽照费，藉补军饷。因此呈请举办南、番等县人民自卫枪炮执照。

呈请举办南、番等县人民自卫枪炮执照及酌抽照费由。

呈悉。所请事属可行，仰即妥拟章程呈候核准施行。此令。

（中华民国陆海军大元帅之印）

中华民国十二年十一月二十三日

据《大元帅指令第六五一号》，载广州《陆海军大元帅大本营公报》第三十九号，一九二三年十一月三十日

批黄桓请准予严办男司机生联合罢工事件呈[①]

（一九二三年十一月二十四日）

大元帅指令第六五四号

令大本营技师黄桓

呈报广州电话局男司机生于敌势方张、逆党四伏之际，竟联同罢工，请明令照准严行究办，以止乱萌由。

呈悉。照准。此令。

（中华民国陆海军大元帅之印）

中华民国十二年十一月二十四日

据《大元帅指令第六五四号》，载广州《陆海军大元帅大本营公报》第三十九号，一九二三年十一月三十日

复电胡谦嘉奖守土有功将士令

（一九二三年十一月二十五日）

增城命令传达所胡所长鉴：养午电悉。该所长提疲困之兵，当方张之敌，居无险之地，守援绝之城，率能团结军心，效死无去，苦战旬余，力全危城，城存

---

① 黄桓为大本营技师，鉴于广州电话局男司机生罢工，情势严重，呈请孙文准予严行究办，以止乱萌。

与存，吾国数千年军人之美德，于今再见！兹阅来电，慨焉兴感，嘉许之怀，有逾恒量。着军政部详查此役出力人员，汇案从优议赏，以酬殊勋。尚宜努力戎行，用竟全功，有厚〈望〉焉。此令。大元帅。有。

据《大元帅令大本营驻增城命令传达所所长胡谦有电》，载广州《陆海军大元帅大本营公报》第三十九号，一九二三年十一月三十日

饬程潜查明增城战役出力人员从优议赏令

（一九二三年十一月二十五日）

大元帅训令第三六二号

令大本营军政部长程潜

据大本营驻增城命令传达所长胡谦养午代电称："逆军陈修爵、谢文炳、谢毅、周天禄等纠合土匪共约三千人，乘我东江作战军变更之际，于本月十一日来犯我增城，经率海防陆战队徐团、西路第十三旅李海云旅、直辖讨贼军黄进瑞部、东路第一路吴司令铁城部、第三军黄司令兆楠、罗团长家驭及直辖第三军卢军长所部、谭支队等部登城固守，剧战十二昼夜，击毙敌军土匪数百名。本晨王总指挥秉钧率领大军来援，当即内外夹击，敌势不支，向正果方面溃退，增围获解，地方无恙。查增城无险可恃，加之粮缺弹乏，军非训练，幸保一隅之安者，全赖帅座之福威，诸将士之用命，与友军之来援迅速，始获收此效果，谨电奉闻"等语。除电复："养午电悉。该所长提疲困之兵，当方张之敌，居无险之地，守援绝之城，卒能固〔团〕结军心，效死无去，苦战旬余，力全危城，城存与存，吾国数千年军人之美德，于今再见！兹阅来电，慨焉兴盛，嘉许之怀，有逾恒量。着军政部详查此役出力人员，汇案从优议赏，以酬殊勋。尚宜努力戎行，用竟全功，有厚望焉"外，合行令仰该部长即便查照办理。此令。

（中华民国陆海军大元帅之印）

中华民国十二年十一月二十五日

据《大元帅训令第三六二号》，载广州《陆海军大元帅大本营公报》第三十九号，一九二三年十一月三十日

着徐树荣防地即由朱卓文部接防令

（一九二三年十一月二十五日）

着徐树荣所部，即日调离黄埔，所遗防地由朱卓文所部接防。此令。朱卓文、徐树荣。

孙文

据原件影印件，台北、中国国民党文化传播委员会党史馆藏

中国国民党临时中央执行委员会
第十次会议关于创办军官学校
及召集全国代表大会等决议①

（一九二三年十一月二十六日）

议决事项——

一、义勇军问题

（1）学校名称：定为"国民军军官学校"。

（2）校长：定蒋中正。

（3）教练长：定陈翰誉。

（4）政治部主任：定廖仲恺。

（5）筹备：推定执行委员廖仲恺。

---

① 一九二三年十月下旬，成立以孙文为主席的国民党临时中央执行委员会，委派九名委员和五名候补委员组成，另聘苏联政府派遣来华的鲍罗庭（Михаил Маркович Бородин，亦译鲍罗廷）为顾问（任"国民党组织教练员"），十一月又增派五名候补委员。该委员会成立后，国民党本部实际上已移至广州，十二月初孙文电令上海即行撤销本部而另组执行部。临时中央执行委员会负责草拟有关改组本党文件及加强组织、宣传、培训等工作；在全国代表大会举行之前共开会二十八次，议决事项四百余件。本次会议由孙文主持，会议记录经他审阅。

（6）校址；租借东园。

二、党所问题

定惠州会馆。

推定执行委员孙科向刘玉山军长交涉。

三、第二期周刊资料

将一部分稿件送呈总理审核。

四、全国代表大会问题

（1）推定执行委员：林森、邓泽如、吴铁城为筹备全国代表大会事宜。

（2）代表名额：每省六人，由总理指派三人，各省党员互相推选三人。海外总支部、支部约十二人。合计代表名额全数共百四十四人。

（3）经费：每人川资二百元，以百四十四人计算共二万八千八百元；每人每日旅费十元，以十日计算每人共百元，以百四十四人合计共一万四千四百元。以上二项合共四万三千二百元。

总预算五万元，除以上两项，余六千八百元作为大会费用。

（总理阅过）

据《中国国民党临时中央执行委员会第十次会议纪录》（十一月二十六日）原件,北京、中国国家博物馆藏

着徐天琛所部开回黄埔候命令

（一九二三年十一月二十六日）

大元帅令

着海防陆战队徐团长天琛所部开回黄埔候命。此令。

中华民国十二年十一月二十六日

据原件照片，台北、中国国民党文化传播委员会党史馆藏

取消通缉定海舰长何固江平舰长郑星槎令

（一九二三年十一月二十六日）

大元帅训令第三六三号

令西江善后督办李济深、广东讨贼军第二师师长周之贞

据广东海防司令陈策呈称："前奉钧座公密电令开：'据两广盐运使邓泽如呈请通缉违抗命令、挟舰逃亡之"定海"舰长何固，及潜来省河拖带"福海"舰一并逃亡之"江平"舰长郑星槎等情，应予照准。除分令外，仰即遵照严缉务获，连同各舰一并解送究办。此令'等因。奉此，查干犯法纪，国有常刑，原情酌理，宽猛共济，无非务达威令，能风行下情不上壅之效。司令奉令之后，当已饬属遵行。惟自此案发生以来，听闻所及，当时该'定海'、'江平'两舰驶离省河之际，该'定海'舰长何固、'江平'舰长郑星槎均未在舰，该舰等舰员乘舰长离舰，遽作法外行动，殊属胆大至极；而该舰长等防范失检，督率弛松，难辞其咎。但念该舰长等与司令频年患难，为党为国不避艰险。去岁白鹅之役①，极力拥护钧帅，尤见坚贞。此次通缉令下，嫌疑远避，对于我方军务，犹能间接赞襄，诸多暗助，足征悔过之诚，弥坚自新之志。该何固、郑星槎两员，均属英年，才尚可用，长此沦弃，殊为可惜。用敢呈恳钧座网开三面，格外施仁，将何固、郑星槎两员取消通缉，以观后效。倘蒙逾格鸿施，定必肝脑图报。可否取消通缉，俾得改过自新之处，理合备文呈请伏乞睿鉴施行"等情。据此，除指令准予取消通缉外，合行令仰该督办、师长即便知照。此令。

（中华民国陆海军大元帅之印）

中华民国十二年十一月廿六日

据《大元帅训令第三六三号》，载广州《陆海军大元帅大本营公报》第三十九号，一九二三年十一月三十日

---

① 白鹅指白鹅潭。一九二二年七至八月，孙文曾率舰队停泊于此抗击陈炯明叛军。

嘉奖增城县长黄国民令

（一九二三年十一月二十六日）

大元帅训令第三六四号

令广东省长廖仲恺

此次增城之役，驻增城命令传达所长胡谦，奖率疲军，力保危城，业经电令嘉奖，并令军政部详查此役出力人员，汇案从优议赏。查增城县长黄国民，于战事紧急之时，能团结居民协力捍卫，屯集糇粮以充军食，使人怀同心、士有斗志，以此苦战旬余，卒存孤城。该县长抱信怀忠，起顽立懦，守土安民，有功国家。着广东省长廖仲恺传令嘉奖，并详查事绩，从优议奖，以昭懋赏，而酬殊勋。此令。

（中华民国陆海军大元帅之印）

中华民国十二年十一月廿六日

据《大元帅训令第三六四号》，载广州《陆海军大元帅大本营公报》第三十九号，一九二三年十一月三十日

着军政部从优发给李明扬部伙食手令

（一九二三年十一月二十六日）

赣军司令李明扬转战前方，略著辛勤，该军饷项素无他项挹注，现又未能如额请领，据呈伙食不敷尚属实在，应即由军政部照额从优发给，以维军食而利戎行。切切。此令。

右令军政部长程潜。

孙文

中华民国十二年十一月二十六日

据原件影印件，台北、中国国民党文化传播委员会党史馆藏

通缉刘湘等令

（一九二三年十一月二十七日）

大元帅令

据川军总司令刘成勋、四川讨贼军总司令熊克武歌电报称："杨森、邓锡侯、陈国栋此次勾结北军，招致袁祖铭蹂躏川省，刘湘助长凶焰，残民以逞，丧心病狂，莫此为甚。请予一律褫夺官职荣典，并明令通缉究办"前来。查直军祸川，人所共愤，该刘湘等胆敢效忠伪廷，糜烂川省，实属背叛民国，罪无可逭。刘湘、杨森、邓锡侯、陈国栋、袁祖铭等，均着褫夺所有官职荣典，并着各省军民长官，饬属一体协缉，务获惩办，以儆凶顽，而伸国纪。此令。

（中华民国陆海军大元帅之印）

中华民国十二年十一月二十七日

据《大元帅令》，载广州《陆海军大元帅大本营公报》第三十九号，一九二三年十一月三十日

广东高等师范学校改为国立高等师范学校令

（一九二三年十一月二十七日）

大元帅令

广东高等师范学校着改为国立高等师范学校。此令。

（中华民国陆海军大元帅之印）

中华民国十二年十一月二十七日

据《大元帅令》，载广州《陆海军大元帅大本营公报》第三十九号，一九二三年十一月三十日

即行裁撤粮食管理处令

（一九二三年十一月二十七日）

大元帅令

　　现在战事进步，全粤即可肃清，大本营粮食管理处无继续办理之必要，着即行裁撤。此令。

中华民国十二年十一月二十七日

据《大元帅令》，载广州《陆海军大元帅大本营公报》第三十九号，一九二三年十一月三十日

着兵工厂代蒋光亮陆续造水机关枪五挺令

（一九二三年十一月二十七日）

大元帅令

　　着兵工厂长代蒋军长陆续造水机关枪五梃〔挺〕，由蒋军长备价领取。此令。

孙文

中华民国十二年十一月二十七日

据原件照片，台北、中国国民党文化传播委员会党史馆藏

饬拨田土业佃保证局收入为国立高等师范学校经费令

（一九二三年十一月二十八日）

大元帅训令第三六五号

　　令广东省长廖仲恺

为令遵事：广东全省田土业佃保证局所有收入，着拨为国立高等师范学校经费。为此令仰该省长即便遵照办理。此令。

（中华民国陆海军大元帅之印）

中华民国十二年十一月二十八日

据《大元帅训令第三六五号》，载广州《陆海军大元帅大本营公报》第三十九号，一九二三年十一月三十日

饬参军处人员不得兼职令

（一九二三年十一月二十八日）

大元帅训令第三六六号

令大本营参军长张开儒

参军处事务繁重，该处人员应宜奋勉从公，以期克尽职责，着参军长严饬参军处职员，每日必当恪守规定时间，到营执务，如有在外兼差者，应即自行辞职，以专职守。自此次严令后，如再有不辞兼职旷弃职务者，一经查实，即行免职，仰即遵照。切切。此令。

（中华民国陆海军大元帅之印）

中华民国十二年十一月二十八。

据《大元帅训令第三六六号》①，载广州《陆海军大元帅大本营公报》第三十九号，一九二三年十一月三十日

着张开儒严饬参军处人员不执务者查实即行免职令

（一九二三年十一月二十八日）

着参军长严饬参军处人员，每日必当到营执务，如有在外兼差者，应自行辞

---

① 《总理遗墨》第三辑收有手令，内容较略。

职，如不辞职，不执务者，查实即行免职。此令。

孙文

中华民国十二年十一月廿八日

据原件影印件，载谭延闿编：《总
理遗墨》第三辑，出版时间不详

饬发给谷雨三旅费令

（一九二三年十一月二十九日）①

发给谷雨三旅费五百元。

孙文

十一月二十九日

据原件照片，台北、中国国民党文化传播委员会党史馆藏

饬将黄埔船坞局交长洲要塞兼管令

（一九二三年十一月三十日）

大元帅训令第三六七号

　　令广东海防司令陈策

　　据长洲要塞司令马伯麟呈称："窃职部设在黄埔船坞局办公，所有该局家私机器等件，自应饬属妥为保存，以重公物。现查封存之机器等件，半多锈坏，若不勤加打磨油擦，日久必将烂废，以有用之物弃之无用之地，殊为可惜。司令现拟集热心同志筹集经费，就鱼雷船坞两局原有机器，先行整理合用，再招集工人，制造本部各台炮件，及其他精利轻便毒烈等炮类，藉充我军军实，一俟办有成效，所出军用品试验适用，再由帅府拨款接济。惟船坞局前系海防司令陈策派员管理，

---

　　①　原令未署日期。经考订当在一九二三年。

现该部所派管理员虽经撤回，司令经已派员管理，惟未奉有帅座明令，欲加整理动用，于事权手续，不无窒碍之处，应请令饬海防司令，将黄埔船坞局即交职部兼管，以一事权而便整顿。所有拟整理机器，集资制造炮件、兼管船局缘由，是否有当，理合具文呈请察核令遵”等情前来。除指令“呈悉，仰候令行广东海防司令查照办理可也”外，合行令仰该司令即便查照办理。此令。

（中华民国陆海军大元帅之印）

中华民国十二年十一月三十日

据《大元帅训令第三六七号》，载广州《陆海军大元帅大本营公报》第四十号，一九二三年十二月七日

命胡谦黄国民等努力疆场共襄大业策勋至有厚期令

（一九二三年十一月下旬）

迭据增城方面报，并胡所长①养午电备悉。逆军不逞，分途犯顺。增城蕞尔弹丸，地当冲要，赖各将士智勇沉毅，遂当强敌之师，苦战经旬，竟保无恙。坚持不挠，嘉慰良深。现东江战局进步，敌气已挫，奠定可期，仍望努力疆场，共襄大业，策勋至有厚期矣。此令胡所长谦、黄县长国民、李旅长海云、徐团长天琛、罗团长家驭、李司令天德、李司令兆楠、廖统领吉云、谭司令鸿、傅司令振北。

孙文拜

据《大元帅嘉奖胡谦等两令》，载一九二三年十二月七日《广州民国日报》

---

① 即胡谦，时任增城命令传达所所长。

着军政部发给林树巍部给养费令

（一九二三年十二月一日）

着军政部长酌量发给林树巍部给养费。此令。

孙文

中华民国十二年十二月一日

据原件影印件，台北、中国国民党文化传播委员会党史馆藏

饬转各民业保证机关遵照地方
善后委员会办法办理令

（一九二三年十二月一日）

大元帅训令第三六八号

令广东省长廖仲恺

据广东地方善后委员会呈称："窃委员等拟办保证民产一案，呈奉帅座第六三二号指令内开：'呈及条例均悉。应照准，已令行广州市政厅办理矣。仰即知照，此令'等因。奉此，遵即由会筹议，连日以来，拟定保证办法图说一纸，并缴纳保证金须知一纸，理合缮陈钧察。再，本会系为地方善后而设，对于民业应负保障之法，拟请嗣后本会与将来开办之民业保证机关互相联络，所有对外各事，请与本会会衔，对内各事，请由本会副署，庶事易举，而人民实受保障之益。以上所陈办法，如蒙采择，请指令该民业保证机关遵照办理，并乞指令祗遵"等情。并附图说一纸，缴纳民业保证金须知一纸前来。据此，除指令"呈及图说均悉。准如所拟办理"外，合行令仰该省长即便遵照，转饬所属各该民业保证机关查照办理。民业证图说、缴纳民业保证金须知一并抄发。此令。

（中华民国陆海军大元帅之印）

中华民国十二年十二月一日

据《大元帅训令第三六八号》，载广州《陆海军大元帅大本营公报》第四十号，一九二三年十二月七日

饬交还盐船以便运销令

（一九二三年十二月一日）

大元帅训令第三六九号

令中央直辖滇军总司令杨希闵、湘军总司令谭延闿

现届盐引冬销正旺之期，正赖各盐船源源运载，以应销场。着北江各军队将所封用各盐船，一律即行交回各盐商收管应用，庶便运销而裕饷源，合亟令仰该总司令即便严饬所属一体遵照，毋任延抗。切切。此令。

（中华民国陆海军大元帅之印）

中华民国十二年十二月一日

据《大元帅训令第三六九号》，载广州《陆海军大元帅大本营公报》第四十号，一九二三年十二月七日

饬发给程潜公费令

（一九二三年十二月一日）①

发给程颂云公费五百元。

孙文

十二月一日

据原件照片，台北、中国国民党文化传播委员会党史馆藏

---

① 原令未署日期。经考订当在一九二三年。

饬邹鲁将台山县所筹借一万元核入
收支俟该县有款再行抵解令

（一九二三年十二月一日）

大元帅训令第三七〇号

　　令广东财政厅长邹鲁

　　据大本营兵站总监罗翼群呈称："现据台山县县长邝明溥呈称：'前奉大元帅面谕，前敌军饷紧急，着即筹借一万元交钧部核收，于征收粮税项下抵解等因。遵经筹借一万元解缴钧部，照收给发印收存据。惟此项筹借垫解之款，财政厅署无案可稽，将来职县收有粮税等款，呈请抵解，恐多窒碍，理合呈恳察核，俯赐转请大元帅令行财政厅知照，核入收支。俟职县征收有款，再行列批抵解'等情。据此，理合转呈察核，俯赐令饬财政厅查照办理，实为德便"等情。据此，除指令照准外，合行令仰该厅长查照办理。此令。

（中华民国陆海军大元帅之印）

中华民国十二年十二月一日

据《大元帅训令第三七〇号》，载广州《陆海军大元帅大本营公报》第四十号，一九二三年十二月七日

饬知广东财政厅西江财政仍交该厅接管令

（一九二三年十二月一日）

　　业令李督办济深将西江财政仍交回该厅接收管理，以符财政统一之旨。除分令外，仰即知照。此令。

据《西江财政交回财厅之帅令》，载一九二三年十二月三日《广州民国日报》

着朱培德迅速分兵开赴北江作战令

（一九二三年十二月二日）

训令，十二年十二月二日午后六时于广州大本营

　　北军入寇，与我滇湘联军在南雄激战，沈逆残部窥伺粤边，进至坪石。北江作战与东江均关重要。着直辖第一军在东江作战部队并赣军即迅速开赴乐昌增援，并限明三日须有一部到达韶关，其余主力统限于四日以前到达韶关前进。东江作战，暂以主力在石滩附近整顿；以一部巩固樟木头经蒙兰、联和墟至正果之线，以俟追击后命。着即遵照，并呈复查考。此令朱军长培德。

孙文

据原件照片，台北、中国国民党文化传播委员会党史馆藏

批国民党广东支部邓泽如等弹劾共产党文①

（一九二三年十二月三日）②

　　孙批：交邓泽如，照所批约各人会齐，细心研究，如尚有不明白者，可于星期日再来问明。

附：原呈

（一九二三年十一月二十九日）

　　总理钧鉴：敬肃者：窃以本党改组，其动机虽出自我总理之乾纲独断，惟组

---

①　此函由国民党临时中央执行委员、国民党广东支部部长邓泽如领衔，联署者多为归国华侨党员，以国民党广东支部名义呈送孙文。孙文亲笔批示后将原函退回。信封上有其亲批："交邓泽如，照所批约各人会齐，细心研究，如尚有不明白者，可于星期日再来问明。"

②　日期为呈函者收到日期。

织法及党章、党纲等草案，实多出自俄人鲍罗庭之指挥。然此表面文章，尚无大害，惟探闻俄人替我党订定之政纲政策，全为陈独秀之共产党所议定。（孙批：此稿为我请鲍君所起，我加审定，原为英文，廖仲恺译之为汉文。陈独秀并未闻其事，切不可疑神疑鬼。）陈于苏俄本有密切之关系，其所组织之共产党，为苏俄政府所给养。此回改组，陈独秀因粤人对伊感情太坏，乃避去而以其党徒谭平山出而任事，陈独秀则在暗中牵线，内里隐阴谋，经为其党徒范体仁因争权利而冲突，遂向国会议员徐清和详细陈述。兹谨转述徐议员之言，及其他方面探得者，密报于我总理，以免令外人弄我如傀儡，此为党员等天职所在，势难容已，非敢反对此回改组也。党员等自问爱党、爱国断不减于陈独秀，亦当为总理信其无他也。（孙批：俄国革命之所以能成功，我革命之所以不成功，则各党员至今仍不明三民主义之过也，质而言之，民生主义与共产主义实无别也。）

（一）此回共产党与我党合作之动机　此动机发生于木司寇①第三国际大会之后，其表面宣布者，则谓对于资本主义成熟之国家，则鼓吹阶级斗争，促成社会革命；对于资本主义幼稚之国家，则主张联合工农及中产阶级，以完成民主革命。（俄国革命之初不过行民权、民生二主义而已，及后与列强奋斗六年，乃始知其用力之最大者，实为对于民族主义。）近东则协助土耳其，远东则协助我国。果然如此，亦未尝非友邦之好意，不虞陈独秀之共产党则利用此机会，而利用我党矣。陈独秀本为陈逆炯明特别赏识之人，曾自言："宁死不加入国民党。"且尝在学界倡言，谓三民主义、五权宪法为绝无学理根据，指斥我党为落伍的政党，总理为过时的人物。（孙批：此乃中国少年学生自以为是及一时崇拜俄国革命过当之态度，其所以竭力排挤而疵毁吾党者，初欲包揽俄国交际，并欲阻止俄国不与吾党往来，而彼得以独得俄助而自树一帜与吾党争衡也。乃俄国之革命党皆属有党政经验之人，不为此等少年所遇，且窥破彼等技俩，于是大不以彼为然，故为我纠正之。且要彼等必参加国民党与我一致动作，否则当绝之。且又为我晓喻之谓民族主义者正适时之良药，并非过去之遗物，故彼等亦多觉悟而参加，对吾党俄国欲与中国合作者只有与吾党合作，何有于陈独秀？陈如不服从吾党，我亦必

① 今译"莫斯科"。

弃之。）今竟率其党徒群然来归，识者早知其别有怀抱，党员等致疑者久矣，今已探得其利用方法。

（二）陈独秀的共产党利用我党之阴谋　陈独秀此次之加入吾党，乃有系统的、有组织的加入。当未加入之先，曾在北方某地（似于海参威〔崴〕）开大会议，决定利用我党之方法：其大前提，则借国民党之躯壳，注入共产党之灵魂；其方略：（甲）则使我党丛国际之仇怨。（乙）则使吾党在国内断绝实力派之协助。乃以打倒帝国主义、打倒军阀为标语。夫此二标语实堂堂正正无可非议者，然运用之制为具体的政纲（如政纲草案之一、二两条即阴谋所在）宣示世界，则我党永无获得国际上同情之一日，更我华侨党人在海外无复有立足之余地。（孙批：我国革命向为各国所不乐闻，故尝助反对我者以扑灭吾党，故资本国家断无表同情于我党，所望同情只有俄国及受屈之国家及受屈之人民耳。）我党对于军阀之攻击，只限定于曹锟、吴佩孚，今陈独秀派替我党立言，则连及于张作霖、段祺瑞，务使国中实力派因此而与我党决裂，使我党陷于孤立无援之地。此陈独秀共产党对于我党阴谋之纲领也，其他种种诡谲行为，实不胜数。

查陈独秀受苏俄给养，组织共产党之后，自知其共产党人少力微，不能活动，其初乃依附吴佩孚，日颂吴佩孚之功德，指吴为社会主义实行家，无耻之言，为国人所共闻。至今年三月，京汉工潮发生，吴佩孚残杀工人之惨剧出现，陈独秀利用吴佩孚之假面具乃遭揭破，因此转而利用我党益急，入寇亦益深，故此间改组，陈独秀实欲藉俄人之力耸动我总理于有意无意之间，使我党隐为彼共产所指挥，成则共产党享其福，败则吾党受其祸。（孙批：此次俄人与我联络，非陈独秀之意也，乃俄国自动也。若我因疑陈独秀而连及俄国，是正中陈独秀之计，而力云得志矣。）又党章草案定总理一职为选举职，窃恐事实环境变迁，五年之后将见陈独秀被选为总理矣，党员等不予承认，则有违党章，若予以承认，则辱及全党，我党无形销灭即在此时，思之实为寒心。（孙批：民权主义发端于选举，若因噎废食，岂不自反对其主义乎？若怕流弊，则当人人竭力奋斗，不可放责任，严为监视，如察悉有弊端，立为指出，以后我每两礼拜与各人会集一次，如遇有问题可公共解决之。）至苏俄政府之协助我党改组，与陈独秀是否同一鼻孔出气，党员等未敢断定之，惟陈独秀利用我党改组而施其阴谋，则凡党员皆能共见矣。

　　抑尤有进者，本党向用委任之制，各局部首领之智愚贤不肖，由总理审定而别择之，以大公无我之心自收用当其材之效，今一变而为普通选举之制。（孙批：因一人所见有限，故不得不付之公举，亦自觉所委任常有不当之处，故不得不改革。）尝见本党人数众多，品类不一，选举运用偶有不明，即易为奸人所利用，即如此次组织各区分部，陈独秀之党徒谭平山，曾预先收罗去年请大总统下野之逆徒，使之改名介绍入党，迨至区分部选举之先，乃预约其徒辈选之为委员，有此事实的证明，可知本党试行选举制之初期，即发生为奸人利用选举之弊病，（孙批：不能以彼往时反对吾人，则绝其向善之路。）推其流弊之所至，他日选举一省之执行委员会及中央执行委员会，亦何难再施其技俩以愚弄党人？党员等思之再三，以为本党即采用选举制，亦宜加以限制。（孙批：种种方法，有不善者自当随时改良，方期进步。吾党自革命以后，则日日退步，必有其故，则不图进步改良也。）拟请用复选举法，假如选举一省之执行委员，先由各县分部选出初选当选人，继以初选当选人之名单送呈总理审定之，以该名单中若干人为候选员，然后由众于候选员中选出一省之执行委员，其他如中央委员会之选举及各部之选举，亦皆仿此办法，庶几经过一度之审查，而奸人乃无术施其运动，此党员等所以主张限制选举也。

　　要之，奸人谋毁吾党，其计甚毒，不可不防。党员等心所谓危，不得不揭发其诡计，密陈于钧座之前，冒昧陈词，伏维鉴察。恭颂钧祺。

邓泽如　林直勉　黄心持　曾克祺　黄隆生　朱赤霓

赵士觐　邓慕韩　吴荣新　林达存　陈占梅

中华民国十二年十一月二十九日

据原件影印件，载邓泽如：《中国国民党二十年史迹》，上海，正中书局一九四八年六月出版

裁撤增城命令传达所令

（一九二三年十二月三日）

大元帅令

大本营增城命令传达所着即裁撤。此令。

（中华民国陆海军大元帅之印）

中华民国十二年十二月三日

据《大元帅令》，载广州《陆海军大元帅大本营公报》第四十号，一九二三年十二月七日

追赠梁沾鸿为陆军少将令

（一九二三年十二月四日）

大元帅令

据东路讨贼军总司令许崇智呈称："故团长梁沾鸿转战数年，勋劳卓著，此次身先士卒，中弹阵亡，拟请追赠陆军少将，并按照陆军少将阵亡例，给予一次恤金一千五百元"等语。梁沾鸿着追赠陆军少将，并由军政部给予一次恤金，以彰忠荩，而慰烈魂。此令。

（中华民国陆海军大元帅之印）

中华民国十二年十二月四日

据《大元帅令》，载广州《陆海军大元帅大本营公报》第四十号，一九二三年十二月七日

裁撤党务处宣传委员会及宣传局令

（一九二三年十二月四日）

大元帅令

　　大本营党务处、大本营宣传委员会、广东宣传局均着即行裁撤。此令。

（中华民国陆海军大元帅之印）

中华民国十二年十二月四日

据《大元帅令》，载广州《陆海军大元帅大本营公报》第四十号，一九二三年十二月七日

饬整修韶广间电线令

（一九二三年十二月四日）

大元帅训令第三七一号

　　令广东电政监督兼广州电报局局长范其务

　　据湘军总司令谭延闿呈称："顷接职部电务处长刘竞西函呈：（一）韶州电报局至关重要，照例须十余人办公，现仅四五人，源潭局担任转报事极繁剧，亦仅三四人。询以因何不请加派人员，一因经费困难，员役薪俸未发放者已近一年；一因收入极微，日用伙食且难为继。（二）职为灵通消息起见，拟将各电务员暂行分派韶州、源潭两局，帮同办公，所有给养一切，均自行料理。但几经交涉，韶州局长虽勉强承认，尚难免侵越之虑。（三）韶关共三线，原以一线通电报，二线、三线通电话，现在第一线通报，非由源潭局接转，不能畅通，二线、三线则完全无用，纵使始兴、韶州间消息敏捷，而韶广难以畅达，仍属无裨事机，亟应设法整顿修理线路等语。据此，理合呈请钧座转饬广东电政监督设法办理，并通令各电局，对于职部电务员开诚接洽，以便合作，而利戎机为祷"等情前来。据此，查北江军队云集，通报消息最贵灵敏，合行令仰该监督即便遵照办理。

此令。

（中华民国陆海军大元帅之印）

中华民国十二年十二月四日

据《大元帅训令第三七一号》，载广州《陆海军大
元帅大本营公报》第四十号，一九二三年十二月七日

裁撤官产清理处令

（一九二三年十二月五日）

大元帅令

　　广东全省官产清理处着即裁撤。此令。

（中华民国陆海军大元帅之印）

中华民国十二年十二月五日

据《大元帅令》，载广州《陆海军大元帅大本
营公报》第四十号，一九二三年十二月七日

着官产处撤销后制弹费改归民产保证局担任缴解令

（一九二三年十二月五日）

大元帅令第五一二号

　　官产处着即撤销。所担任每日缴解制弹费贰千元，着自本月六日起归民产保证局担任缴解。此令。

　　右令李局长纪堂。

孙文（大元帅章）

中华民国十二年十二月五日

改归市政厅筹拨。　　文

据"国父墨宝"手令原件（孙科赠），台北、"国史馆"藏

徐天琛即调所部返黄埔令

（一九二三年十二月五日刊载）

大元帅令

着海防陆战队第二团团长徐天琛，克即调所部返黄埔候令。此令。

据《大元帅嘉奖徐天琛所部》，载一九
二三年十二月五日《广州民国日报》

批程潜请追赠阵亡团长梁沾鸿少将并给恤呈

（一九二三年十二月六日）

大元帅指令第六八一号

令大本营军政部长程潜

呈请追赠阵亡团长梁沾鸿少将，并给恤金一千五百元由。

呈悉。已明令追赠少将，并由该部给予一次恤金一千五百元。仰即知照。
此令。

（中华民国陆海军大元帅之印）

中华民国十二年十二月六日

据《大元帅指令第六八一号》，载广州《陆海军大元
帅大本营公报》第四十号，一九二三年十二月七日

程潜请褒扬封川县德坊联团团总叶瑞烘呈

（一九二三年十二月六日）

大元帅指令第六八六号

令大本营军政部长程潜

呈请褒扬封川县德坊联团团总叶瑞烘由。

呈悉。准予题颁"急公好义"四字匾额。仰即转给具领。此令。

（中华民国陆海军大元帅之印）

中华民国十二年十二月六日

据《大元帅指令第六八六号》，载广州《陆海军大元帅大本营公报》第四十号，一九二三年十二月七日

饬转各税契及发照机关务劝人民赴局领证令

（一九二三年十二月七日）

大元帅训令第三七二号

令大本营财政部长叶恭绰、大本营内政部长徐绍桢、广东省长廖仲恺

据广州市市长孙科呈称："案奉大元帅令饬设局办理民产保证一事，业将该局组织章程及委任局长缘由，并将条例酌加修正，先后呈请鉴核施行在案。查该局从新组设，系为保障人民私有产权起见，当与各机关所发之契照及登记证同一效力。此法一行，在政府既可得大宗之收入以为挹注，在人民之享有业权者，亦可永保安全，无虑有发生举报之事，意至良法至善也。惟是事属创始，一切办法，人民多有未喻，非得各机关相助为理，恐难以收速效而利推行。现拟自条例施行之日起，凡管有税契及发照各机关，务希劝告人民于税契或领照之外，仍分别赴局领证，以为业权永久之保障，似此办法，庶可冀领证管业倍加踊跃。市长为办理迅捷，期收良效起见，理合备文呈请鉴核，俯赐令行内政部、财政部、广东省长公署，分别转行财政厅官产清理处查照办理，实为公便"等情。据此，除指令照准并分令外，合行令仰该部长、省长即便转饬办理。此令。

（中华民国陆海军大元帅之印）

中华民国十二年十二月七日

据《大元帅训令第三七二号》，载广州《陆海军大元帅大本营公报》第四十号，一九二三年十二月七日

饬民事诉讼凡关于不动产争执者
呈验契据须领民产保证令

（一九二三年十二月七日）

大元帅训令第三七三号

　　令大理院院长兼管司法行政事务赵士北

　　据广州市市长孙科呈称："窃市长案奉钧府令饬设局办理民产保证一事，业将该局组织章程及委任局长缘由，并将条例酌加修正，先后呈请鉴核施行在案。查该局从新组设，系为保障人民私有产权起见，当与各机关所发之契照及登记证同一效力。此法一行，在政府既可得大宗之收入以为挹注，在人民之享有业权者，亦可永保安全，无虑有发生举报之事，意至良法至善也。惟是事属创始，一切办法，人民当有未喻，非得司法方面相劝为理，恐难以收速效而利推行。现拟自条例施行之日起，所有司法机关受理民事诉讼，凡关于市内不动产争执者，当呈验契据时，必须领有民产保证，方得认为有效，否则暂缓审理。似此一转移间，凡应赴局领证者，自必倍加踊跃，似于民产保证前途，不无裨益。市长为办理迅捷，期收良效起见，理合备文呈请鉴核，俯赐令行大理院转行各级司法署查照办理，实为公便"等情。据此，应予照准，除指令外，合行令仰该院长查照转行各级司法署一体遵照办理。此令。

　　　　　　　　　　　　　　　　　　（中华民国陆海军大元帅之印）

　　　　　　　　　　　　　　　　　中华民国十二年十二月七日

　　　　　　　　　　　据《大元帅训令第三七三号》，载广州《陆海军大元帅大本营公报》第四十号，一九二三年十二月七日

饬发卢师谛部欠款令

（一九二三年十二月七日）

大元帅训令第三七四号

令大本营军政部长程潜

据中央直辖第三军军长卢师谛呈称："窃职军前奉杨总指挥命令，担任作战军后方警备运输传递事宜，曾经由省至石依命配备，幸免阻越。嗣以作战军节节前进，复奉杨总指挥命令，延伸至东江左岸响水、博罗一带，并奉帅座令催，职责所在，敢不遵行。惟是职部自返省以来，每日收入仅省城防务经费四五百元外，军政部日支五百元，几至分文无着，而每日伙食支出将达一千元，一切活支，尚不在内，东罗西掘，智力俱穷。依照此次杨总指挥所指定职部任务，自增城、石龙以达龙华、响水警备地域，纵横近二百里，设置地点大小至数十处，纵各处之给与便利，交通无阻，而出发伙食等费，分文无着。况道路遥远，交通梗塞，小数部队零星分布，尤非给予数日给养，不易维持。除已令饬所部集中石滩相机分配并呈报杨总指挥查照外，为此仰恳帅座令饬军政部，迅将职部欠款万余元扫数发下，俾便设施，无任感祷"等情。据此，除指令照准已令饬军政部查照发给外，合行令仰该部长即便遵照办理。此令。

（中华民国陆海军大元帅之印）

中华民国十二年十二月七日

据《大元帅训令第三七四号》，载广州《陆海军大元帅大本营公报》第四十号，一九二三年十二月七日

饬会计司于财政部未筹发各部局处经费前仍照拨令

（一九二三年十二月七日）

大元帅训令第三七五号

令大本营会计司长黄隆生

据大本营财政部长叶恭绰呈报："窃本部前奉帅令，自十一月起，拨给规定大本营直辖各机关经费八万余元，业将部款困难情形呈准展缓一月，以便斟酌担任在案。刻下展缓之期已过，而部中收入的款仍只有印花税一项，此外造币厂整理纸币委员会等机关，虽竭力进行着手开办，然辄因此次东江战事再发生，与发售奖券，不免为敌党所破坏，经售无几，影响所及，以故收效尚迟。且印花税一项，经于去月中因军事紧急，已悉数拨交公安局直接代付军政部，并经军政部派员往收，以资省便。本部为先其取急计，目下实在更无的款可以拨给大本营直辖各机关经费，惟有再呈钧座，吁请俯赐鉴核，续准展缓一月，一俟十三年一月份起，再行酌量担负，以资筹措而免竭蹶，实为公便"等情。据此，除指令准予再展缓一月实行外，合行令仰该司长查照，各部局处每月经费在财政部未实筹发以前，仍由该司照常拨付。此令。

（中华民国陆海军大元帅之印）

中华民国十二年十二月七日

据《大元帅训令第三七五号》，载广州《陆海军大元帅大本营公报》第四十号，一九二三年十二月七日

批孙科请饬转各发照税契机关
劝告人民赴局领证呈

（一九二三年十二月七日）

大元帅指令第六八九号

令广州市市长孙科

呈奉令设局办理民产保证，请令饬内政部等各发照税契机关，劝告人民赴局领证由。

呈悉。准如所请办理。此令。

（中华民国陆海军大元帅之印）

中华民国十二年十二月七日

据《大元帅指令第六八九号》，载广州《陆海军大元帅大本营公报》第四十号，一九二三年十二月七日

批孙科请令饬司法机关凡市内不动产
须领有民业保证方为有效呈

（一九二三年十二月七日）

大元帅指令第六九〇号

令广州市长孙科

呈请令饬司法机关，凡市内不动产须领有民业保证方为有效由。

请令饬司法机关，凡市内不动产须领有民业保证方为有效由。

呈悉。准予令行司法机关查照办理。此令。

（中华民国陆海军大元帅之印）

中华民国十二年十二月七日

据《大元帅指令第六九〇号》，载广州《陆海军大元帅大本营公报》第四十号，一九二三年十二月七日

批谭曙卿借款签呈①

（一九二三年十二月八日）

着市政厅长发给。

民国十二年十二月八日

据许师慎：《〈国父全集〉未刊载之重要史料》，载"中华民国"史料研究中心编辑：《研究中山先生的史料与史学》，台北，"中华民国"史料研究中心一九七五年发行

---

① 此批为批东路讨贼军步兵第八旅代旅长谭曙卿借毫洋贰千元签呈。

着傅秉常给与证明俾遇害华侨领取恤金令

（一九二三年十二月八日）

大元帅令

　　令广东交涉员傅秉常

　　大溪地地方，有土人杀毙华侨之案，经该处地方官判决，处罚凶手，及赔偿死者家属。令该埠华侨余伯良办理其家属领恤事，着交涉员给予证明，以便余伯良代表领恤金便是。此令广东交涉员傅秉常。

孙文

十二月八日

据《大元帅关心海外华侨》，载一九二三年十二月十一日《广州民国日报》①

饬接收兵站过海水线赶为装置令

（一九二三年十二月八日）

大元帅训令第三七七号

　　令广东电政监督兼广州电报局局长何家猷

　　据大本营兵站总监罗翼群呈称："窃十一月七日奉钧座第三四二号训令开：据广东电政监督兼广州电报局局长范其务呈称：职奉大元帅江午电令内开：电政监督署范监督其务览：戎马方殷，电报、电话均关重要，仰该署迅即添线，加设电报机一副，并利用广州、石龙间电报线，添架电话，直达大本营，以利戎机而期敏捷。水线或利用，或添设，并着迅速妥筹架设为要等因。奉此，当即遵照办理，一面派工匠装挂电线，一面派总管麦萼楼持函往电话局商借过海线。兹据覆称：现准大函，拟借用敝局过海线一条作为电报线，本应照办，惟查敝局过海线

---

　　①　报称大元帅令第二八七号系令傅秉常办理者。

原不敷用，除借与大本营广州电报局暨军用电信管理处应用外，益形缺乏，支配维艰，故前两月兵站总监部向敝局借用水线，亦无法以应，卒由该局自行购线，敝局代为安设而已。是则敝局水线之无可借拨，当蒙亮察。现兵站总监部行将收束，则其水线当可移归贵处借用，请即转商该部，或如尊意也，相应函覆，请烦查照等情。似此情形，商借已经不能，而职处每月不敷经费约万元，水线费巨，实无力购买，且恐稽延贻误，兵站总监部既经裁撤，前装设之过海水线，当然无用，伏乞俯察迅赐饬交职处使用，俾得早日架设而利戎机，实为德便等情。据此，除指令'呈悉。仰候令行兵站总监部查照办理可也，合行令仰该总监即便查照办理。此令'等因。奉此，现在兵站经已收束，所有过海水线，恳请令饬电政监督派员到职部交通局接收，以利戎机。缘奉前因，理合呈覆察核施行，实为公便"等情前来。据此，除指令照准外，合行令仰该监督即行派员接收，赶为装置，以利交通为要。此令。

（中华民国陆海军大元帅之印）

中华民国十二年十二月八日

据《大元帅训令第三七七号》，载广州《陆海军大元帅大本营公报》第四十号，一九二三年十二月七日

指派滇军湘军分别防守两江北江令

（一九二三年十二月八日刊载）

大元帅令

西江三水以下由滇军一、三两师负防守责任。北江始兴、南雄线责成湘军防守。

据《北江战事紧急——孙军已过南雄》，载一九二三年十二月八日北京《晨报》

严禁军队干政令

（一九二三年十二月十日）

大元帅令

　　无论何军队请求加委县长，概不得核准，以杜干政，而维法纪。此令。

孙文

十二月十日

据《帅令严禁军队干政》，载一九二三年
十二月十一日《广州民国日报》（三）

饬谭延闿派队前往英德镇慑
并提解颜国华来营候办令

（一九二三年十二月十日）

大元帅训令第三七九号

　　令湘军总司令谭延闿

　　据新丰西区乡团团长潘士、先汉兴、陈觉、潘毅、潘杰等由英德来电报称："陈逆旅长颜国华，欲由新丰袭攻英德，民等联集乡团，于江日将逆旅长擒获，并夺机关枪一挺。惟贼党仍炽，乞迅饬队前来提解镇慑"等情前来。据此，除令由秘书处传谕嘉奖外，仰该总司令即便派相当军队联合乡团前往镇慑，并提解该逆将颜国华来营听候核办。此令。

（中华民国陆海军大元帅之印）

中华民国十二年十二月十日

据《大元帅训令第三七九号》，载广州《陆海军大元
帅大本营公报》第四十号，一九二三年十二月七日

饬刘纪文交朱本富叁拾元

（一九二三年十二月中旬）①

交朱本富叁拾元。孙文。纪文兄照。

据原件，台北、中国国民党文化传播委员会党史馆藏

嘉奖北江大捷出力官兵令

（一九二三年十二月十一日）

大元帅训令第三八〇号

　　令湘军总指挥鲁涤平、滇军总司令杨希闵、湘军总司令谭延闿、滇军第一师师长赵成梁

　　此次吴逆佩孚嗾使在赣各军，乘东江战事方殷之会，大举入寇北江，连陷南雄、始兴等县，势将进逼韶州。我滇湘各军联合作战，共张挞伐，江口一役，挫其前锋，乘胜而前，势如破竹，俘虏斩获，至于数千，旬日之间，肃清逆氛，余寇远逃，北江大定。捷报频来，嘉慰殊深，所有前敌作战将领及官佐士兵，着滇军总司令杨希闵、湘军总司令谭延闿、湘军总指挥鲁涤平、滇军第一师师长赵成梁等一律传令嘉奖。并勖以国乱方殷，军兴未艾，有勇知方，杀敌致果，挽既倒之狂澜，拯民命于胥溺。惟我忠勇将士是赖，宜继此再接再厉，共襄大业，有厚望焉。除分令外，合行令仰该总指挥、总司令、师长即便遵照办理。此令。

（中华民国陆海军大元帅之印）

中华民国十二年十二月十一日

据《大元帅训令第三八〇号》，载广州《陆海军大元帅大本营公报》第四十号，一九二三年十二月七日

---

① 原件未署日期。惟上有"十二月十六支了"等语，当在一九二三年十二月中旬。

批伍汝康称俟收入稍裕即行解缴兵工厂欠款呈

（一九二三年十二月十一日）

大元帅指令第七〇六号

　　令两广盐运使伍汝康

　　呈复俟收入稍裕即行解缴兵工厂欠款由。

　　呈悉。仰仍遵照前令，上紧筹措，克日照数拨清，勿稍延宕，致误军需，是为至要。此令。

（中华民国陆海军大元帅之印）

中华民国十二年十二月十一

据《大元帅指令第七〇六号》，载广州《陆海军大元帅
大本营公报》第四十一号，一九二三年十二月十四日

告诫各军禁运私盐令

（一九二三年十二月十一日刊载）

　　务即告诫所属，勿得有此作弊情事，并须协力查缉。如能破获解办，定即按章优奖，以维税源，而杜走漏。

据《帅令各军禁运私盐》，载一九二
三年十二月十一日《广州民国日报》

批徐绍桢请褒扬寿妇杨欧氏呈

（一九一二年十二月十一日）

大元帅指令第七一三号

　　令大本营内政部长徐绍桢

　　呈请褒杨（扬）寿妇杨欧氏由。

呈悉。准予题颁"百年人瑞"四字匾额，并给予银质褒章，以示褒扬。仰即转给承领可也。此令。

（中华民国陆海军大元帅之印）

中华民国十二年十二月十一日

据《大元帅指令第七一三号》，载广州《陆海军大元帅大本营公报》第四十一号，一九二三年十二月十四日

批徐绍桢因华侨陆运怀捐资兴学请特予褒奖呈

（一九一二年十二月十一日）

大元帅指令第七一四号

令大本营内政部长徐绍桢

呈华侨陆运怀捐资兴学，拟请特予褒奖由。

呈悉。准予题颁"热心教育"四字匾额，并给予金色一等褒章，以示奖劝，仰即转给承领可也。此令。

（中华民国陆海军大元帅之印）

中华民国十二年十二月十一日

据《大元帅指令第七一四号》，载广州《陆海军大元帅大本营公报》第四十一号，一九二三年十二月十四日

饬市政厅长筹垫煤价令

（一九二三年十二月十二日）

大元帅令第五二三号

着市政厅长筹垫煤价贰千贰百贰拾元。此令。

孙文（大元帅章）

中华民国十二年十二月十二日

据"国父墨宝"手令原件（孙科赠），台北、"国史馆"藏

准发克复始兴奖款并准南雄筹款抵纳田赋令

（一九二三年十二月十三日）

大元帅训令第三八三号

令广东省长廖仲恺

为令饬事：据湘军总司令谭延闿呈称："案据湘军总指挥鲁涤平阳电称：'连日战斗，各路官长均身先士卒，殊属可嘉，恳传令奖誉，抑克复始兴之奖款壹万元，乞饬员星夜送来前方，以全职之信用，感同身受。南雄筹款日仅数百元，困苦之度，不堪言状。该县陆续筹助各项给养，曾由职申明准作抵借，恳呈请帅座转令粤省长饬县备案，以十三年田赋作抵，免累于民，至为拜祷'等情。据此，理合呈请钧座鉴核，发给克复始兴之奖款壹万元，俾便转发，并恳令行粤省长准将南雄筹助湘军之款，以该县十三年田赋作抵，转饬该县长遵照备案，至为感祷"等情。据此，除指令照准并予筹发奖款外，合行令仰该省长即行转饬财政厅暨南雄县县长遵照，所有该县绅民陆续筹助湘军饷项，应准其照数抵纳该县应完民国十三年田赋，以免贻累，而示体恤。切切。此令。

（中华民国陆海军大元帅之印）

中华民国十二年十二月十三日

据《大元帅训令第三八三号》，载广州《陆海军大元帅大本营公报》第四十一号，一九二三年十二月十四日

饬知黄埔船坞局所封存机器及该局呈覆情形令

（一九二三年十二月十三日）

大元帅训令第三八四号

令广东长洲要塞司令马伯麟

据广东海防司令陈策呈称："窃奉钧令第三六七号开：据长洲要塞司令马伯麟呈称：'黄埔船坞局封存之机器等件，半多锈坏，拟请拨归收管'等情。除原

文有案邀免复叙外，后开合行令仰该司令即便查照办理等因。奉此，查黄埔船坞局原为职部管理，所有一切机器等件，前经派员驻局保管，自马司令借为司令部后，仍由职部派员照常管理在案。该局所存之机器，因与舰队有连属关系，职部早经筹备整顿，以期恢复。奈大局现尚纠纷，筹款匪易，迫得暂为封存，以待来日。如马司令有需用该局机器等件，尽可商由职部借用，一俟大局稍平，筹备就绪，再行取回，以备恢复。该局奉令前因，理合据情呈覆察核"等情前来。据此，合行令仰该司令即便遵照办理。此令。

（中华民国陆海军大元帅之印）

中华民国十二年十二月十三日

据《大元帅训令第三八四号》，载广州《陆海军大元帅
大本营公报》第四十一号，一九二三年十二月十四日

批谭延闿请发给克复始兴奖款并准南雄筹助湘军之款作抵田赋呈

（一九二三年十二月十三日）

大元帅指令第七一七号

令湘军总司令谭延闿

呈请发给克复始兴之奖款一万元，并恳令行粤省长准将南雄筹助湘军之款作抵十三年田赋由。

据呈已悉。此次该军调赴北江作战，旬日之间，迭克名城，扫清逆敌，洵属奋勇可嘉，昨经明令嘉奖在案。所有克复始兴之奖款一万元，候即予如数筹发，以示鼓励。至南雄地方，逐日筹拨该军饷项，自应准其抵纳该县应完民国十三年田赋，以免累及闾阎。仰候令行广东省长，转饬财政厅暨该县县长遵照办理可也。此令。

（中华民国陆海军大元帅之印）

中华民国十二年十二月十三日

据《大元帅指令第七一七号》，载广州《陆海军大元帅
大本营公报》第四十一号，一九二三年十二月十四日

批赵士北呈总检察长卢兴原辞职
请以胡云程兼任文

（一九二三年十二月十三日）

大元帅指令第七一八号

令大理院长兼管司法行政事务赵士北

呈为总检察长卢兴原辞职，请以胡云程兼署由。

呈悉。查卢总检察长兴原任职以来，于应办事宜颇能悉心规画，昨据呈恳辞职，业经指令慰留。仰再传谕安心任事，勿任引退。所请以胡云程兼任之处，应无庸议。至该厅经费，虽近数月该院收入减少，仍当酌予分拨，俾维现状，一俟财政稍裕，所有院厅经费，均当饬部照发。合并饬知。此令。

（中华民国陆海军大元帅之印）

中华民国十二年十二月十三日

据《大元帅指令第七一八号》，载广州《陆海军大元帅大本营公报》第四十一号，一九二三年十二月十四日

批卢兴原因经费短绌无法维持请辞职呈

（一九二三年十二月十三日）

大元帅指令第七一九号

令总检察厅检察长卢兴原

呈请辞职由。

据呈已悉。该总检察长任职以来，于整顿监狱一事，悉心筹画，颇具规模，自当赓续进行，期竟全功。至称厅费支绌，固属实情，已饬大理院就司法收入项下，酌予分拨，俾维现状，一俟财政稍裕，即当饬部照发。仰仍勉任其难，勿得

恳辞。此令。

（中华民国陆海军大元帅之印）

中华民国十二年十二月十三日

据《大元帅指令第七一九号》，载广州《陆海军大元帅
大本营公报》第四十一号，一九二三年十二月十四日

饬拨给黄明堂军费令

（一九二三年十二月十五日）

大元帅令第五二七号

着市政厅长拨给黄明堂军费四千元。此令。

孙文（大元帅章）

中华民国十二年十二月十五日

据"国父墨宝"手令原件（孙科赠），台北、"国史馆"藏

饬高凤桂部归谭延闿节制调遣令

（一九二三年十二月十五日）

大元帅训令第三八五号

令湘军总司令谭延闿、中央直辖第一师师长高凤桂

中央直辖第一师高凤桂所部，着归湘军总司令谭延闿节制调遣，除分令外，
仰即遵照。此令。

（中华民国陆海军大元帅之印）

中华民国十二年十二月十五日

据《大元帅训令第三八五号》，载广州《陆海军大元帅
大本营公报》第四十一号，一九二三年十二月十四日

饬杨锦龙部速回原防令

（一九二三年十二月十五日）

大元帅训令第三八六号

　　令东路讨贼军总司令许崇智

　　据西路讨贼军总司令刘震寰呈称："顷据联部第十三旅旅长李海云报告：'该旅前奉驻江大本营命令，开驻台山下三都一带地方剿匪，业经数月，嗣奉调两营出发东江助战，而下三都仍饬该旅防守。昨日东路第四独立旅旅长杨锦龙遍贴布告于下三都一带，称奉令驻防此地。据探报，该部八日早已由台山城车站上车准备开往，该处系十三旅防地，饷源所关，如果杨旅长擅行开往，两军误会，势必决裂，糜烂地方，请转电令制止'等情。查该十三旅驻防台山下三都地方，系前驻江大本营命令指定，现杨旅长如果擅行开往，实有未合。据报前情，理合转恳钧座迅电严行制止为祷"等情前来。据此，合行令仰该总司令，即电饬杨旅长锦龙转饬所部速回原防，勿得侵越友军防地，致生误会冲突为要。此令。

（中华民国陆海军大元帅之印）

中华民国十二年十二月十五日

据《大元帅训令第三八六号》，载广州《陆海军大元帅大本营公报》第四十一号，一九二三年十二月十四日

着兵工厂将每日造交范石生军长枪
拨半数交杨希闵领取令

（一九二三年十二月十六日）

大元帅令

　　着兵工厂长将每日造交范军长之枪十枝之内，每日拨五枝交杨总司令备价领

取。此令。

孙文

中华民国十二年十二月十六日

据原件照片，台北、中国国民党文化传播委员会党史馆藏

批谭延闿呈报南始之役该部第一军
作战概况及人员战功事

（一九二三年十二月十六日）

大元帅指令第七二三号

令湘军总司令谭延闿

呈据情转报南始之役该部第一军作战概况及人员战功由。

呈悉。此次北敌犯我南始，该军奉令协同滇军进攻，数日之间，尽破逆军，恢复名城，追奔直度庾岭，北江遂告肃清，自非将士忠勇奋战，曷克奏此肤功。昨接前方捷报，当经明令嘉奖，并饬筹给赏金在案。兹据呈报该部第一军作战概况前来，披阅之余，弥殷轸念。仰该总司令一俟赏金领得，即行分给各部官兵，并查明尤为出力人员及伤亡将士，分别报部奖恤，用昭激劝，而励戎行。切切。此令。

（中华民国陆海军大元帅之印）

中华民国十二年十二月十六日

据《大元帅指令第七二三号》，载广州《陆海军大元帅
大本营公报》第四十一号，一九二三年十二月十四日

饬廖仲恺孙科五元以下房租一律照借令

（一九二三年十二月十七日）

大元帅训令第三八八号

令广东省长廖仲恺、广州市市长孙科

　　为令遵事：查前因兵事未结，军用浩繁，曾令饬该省、市长转饬广州市公安局，于捐租两月之外，再向广州市内各房主借用一个月租金，并声明月租不满五元者，概行免借，以示体恤在案。兹查得不满五元之铺宅实居多数，若概予免借，不惟军费亏缺过巨，不易另筹，且租额虽有多寡，业主不必即分贫富，而一借一免，办法两歧，转非平均担负之道，仍应一律照借，以昭公允，而杜规避。为此令仰该省、市长即行转饬公安局遵照办理，上紧催收，源源解缴济用。此项月额不满五元之房租经借用后，仍应一律发给借据，定于满一年后加二归还，并准其于到期后，以借据照加二抵完政府一切税项，用示大信。际此战事将平、军需孔迫之时，想各市民必能本好义之初心，踊跃认借，藉纾国难。仰该省、市长善为劝导，以竟全功。除分令外。切切。此令。

（中华民国陆海军大元帅之印）

中华民国十二年十二月十七日

据《大元帅训令第三八八号》，载广州《陆海军大元帅
大本营公报》第四十一号，一九二三年十二月十四日

饬廖仲恺孙科沿岸码头再借一月租金令

（一九二三年十二月十七日）

大元帅训令第三八九号

　　令广东省长廖仲恺、广州市市长孙科

　　为令饬事：查广州市沿岸各码头，前经捐租两月，以助军费，现在逆军虽屡被击败，战事尚未悉平，军用仍属支绌，所有广州市内各房主，无论租额多寡，均已令其于捐租两月之外，再认借一个月租金，以充军饷在案。码头收租，与铺房事同一律，而利益之优厚过之，自应一律饬借，以均担负，而裕饷源。为此令仰该省、市长即行转饬公安局遵照办理，上紧催收，源源解缴，以济急需。至此项借款，仍应照房租例填发借据，定于满一年后加二归还，并准其于到期后，以借据照加二向政府抵完一切税项，用示大信，想该业主等既能慷慨捐助于先，必能踊跃认借于后，各本好义之初心，助成戡乱之大业，本大元帅有厚望焉。除分

令外。切切。此令。

（中华民国陆海军大元帅之印）

中华民国十二年十二月十七日

据《大元帅训令第三八九号》，载广州《陆海军大元帅
大本营公报》第四十一号，一九二三年十二月十四日

批陈独秀呈报遵令结束及移交日期事

（一九二三年十二月十七日）

大元帅指令第七二八号

  令大本营宣传委员会委员长陈独秀

  呈报遵令结束及移交日期由。

  呈悉。此令。

（中华民国陆海军大元帅之印）

中华民国十二年十二月十七日

附：陈独秀原呈

（一九二三年十二月十四日）

  为遵令结束并将移交日期恭呈仰祈钧鉴事：本月四日奉秘书处转奉钧令，职会着即裁撤，此令。等因。奉此，并准临时中央执行委员会函知，接受职会卷宗品物等由到会，当即遵照办理，除将职会所有文件公物开列清册，于十四日逐一点交临时中央执行委员会外，理合将职会遵令结束及移交日期备文呈报察核。谨呈大元帅孙。

卸大本营宣传委员会委员长陈独秀（印）

中华民国十二年十二月十四日

据《大元帅指令第七二八号》，载广州《陆海军大元帅
大本营公报》第四十一号，一九二三年十二月十四日

致粤海关税务司的照会

（一九二三年十二月十八日刊载）

孙文现已知会税务司谓：该司及办事人员等均可离关，以广州政府并未承认彼等。且拟自行遣派员司接代。

据《孙文派军舰监收关税》，载一九二三年十二月十八日北京《晨报》

致广州领事团的照会

（一九二三年十二月十八日刊载）

两星期限期将于十九日届满，届时如未能接到外交团之复文，当要求税关监督将收税之权交彼执行。

据《孙文派军舰监收关税》，载一九二三年十二月十八日北京《晨报》

饬妥拟催收旧欠预征新粮及清丈田亩办法令

（一九二三年十二月十九日）

大元帅训令第三九一号

令广东省长廖仲恺

为令饬事：案查前据杨仕强等条陈田亩借租办法一案，当经发交广东地方善后委员会核议去后，兹据呈称："窃奉帅座交议，杨仕强等条陈田亩借租办法一案，案关交议，自应遵照妥议，以备执行。经于十二月十三日开特别会议，讨论结果，众以此案关系重要，务须审慎妥议，方副帅座体念民意之旨，即席举定审查员七人。现准审查员何季初等报告开：'据杨仕强等条陈拟借田租一案，昨开会讨论通过，委季初等为审查员。此种条陈，不过仿广州铺屋借租法，以筹的款。不知田土与铺屋不同，缘铺屋常有人居住，向其收取，自有负责之人，况附属省会，早编门牌，警区督收自易。反之，田亩极难稽察，盖自满清以来，所有户口册籍粮串根据多有散失，有税无田者，有田无税者，甚至沙田新溃民田，销灭年湮日久，变易沧桑，不但难办，乡人亦多怀疑，欲向其筹借，不如立办田土厅实行清丈田亩，按田印契税价一次过值百抽四，无契不能管业。倘原有税契者，照民产保证条例办理，庶纲目举而民亦乐于输将。抑田土出产，因种植所获不同，租值遂异，例如南海、顺德、三水等县，以桑基鱼塘为多，香山、东莞以沙田、蔗园、菜果、禾田为多，如照杨君所拟，责其每亩借租二元，势有不能。更有荒地无人种植者，及有天灾、水旱、兵燹、盗贼不能开耕者，虽有田亦即如无田，毫无种植入息者，欲向借租，实在无租可借。种种困难，实非良策也。杨君之条陈既如此难行，自无举办之必要。然际此政府在在需款，又不得不妥筹以济。查国家正供以田赋收入为大宗，各县自反正以来，因水旱、天灾、兵燹，对于地丁钱粮滞纳者有之，县知事催征不力者亦有之，季初等生长乡间，调查所得，各乡户口积欠钱粮，间有数年，或自反正以来，未有清厘者，不知凡几，倘若派委专员会同该县县长督征清理，九十余县何止千万，同属出自田主，追讨旧粮，责无偏私，名正言顺，何乐不为？倘或虞不足，可预征十三年钱粮一并带缴，用惩前欠，如再滞纳，略加处罚，严限不完移亲及疏，务令三个月内扫数清完，办竣之后，田土厅立即开办实行清丈田亩，此等善政，诚急不容缓之图也。是否有当，请付公决'等语。本会准此，即日开会讨论，一致通过，理合具文呈覆鉴核施行"等情。据此，查杨仕强等条陈按亩借租办法，既系窒碍难行，自应毋庸置议。至该委员会拟请催收旧欠，预征新粮以助军费一节，事属可行。除指令外，仰该省长即行督饬财厅妥拟详细办法，通令各县克日举行，务须严立限期，明定考成，期于最短时期收集巨款，藉济急需，仍将办理情形具报查核。至实行清丈，尤为整理田赋正本清源之计，并仰该省长按照民生主义，参酌地方情形，拟具章程，呈候核定施行。切切。此令。

（中华民国陆海军大元帅之印）

中华民国十二年十二月十九日

据《大元帅训令第三九一号》，载广州《陆海军大元帅大本营公报》第四十一号，一九二三年十二月十四日

批广东地方善后委员会奉发杨仕强等
条陈田亩借租办法呈

（一九二三年十二月十九日）

大元帅指令第七三三号

　　令广东地方善后委员会

　　呈为奉发杨仕强等条陈田亩借租办法一案，拟议呈复由。

　　呈悉。杨仕强等条陈按亩借租办法，既系窒碍难行，应即毋庸置议。至该委员会拟请催收新欠①预征新粮以助军用一节，事属可行。仰候令行广东省长督同财政厅，妥拟详细办法，通令各县，克期举办，以济要需。至实行清丈，尤为整理田赋正本清源之计，并候饬广东省长，按照民生主义，参酌地方情形，拟具章程，呈候核定施行可也。此令。

（中华民国陆海军大元帅之印）

中华民国十二年十二月十九日

据《大元帅指令第七三三号》，载广州《陆海军大元帅
大本营公报》第四十一号，一九二三年十二月十四日

着派张翼鹏为慰劳使宣慰来归赣军高凤桂部令

（一九二三年十二月二十日）

大元帅训令第三九二号

　　令湘军总司令谭延闿、湘军总司令部总参议张翼鹏

　　为令行事：照得赣军高凤桂此次率众来归，实属深明大义，功在国家，业经改编为中央直辖第一师，归该湘军谭总司令节制指挥在案。该师官兵等输诚效顺，

---

　　①　此处似应为旧欠，原文或有误。

远道驰驱，备历艰辛，宜加奖劳。着派该湘军总司令部总参议张翼鹏为慰劳使，迅即驰往前方，对于该师官佐士兵，曲意抚循，优加慰劳，以昭激劝。所需犒赏费用，由大本营支发，仍将办理情形随时呈报。此令。

（中华民国陆海军大元帅之印）

中华民国十二年十二月二十日

据《大元帅训令第三九二号》，载广州《陆海军大元帅大本营公报》第四十二号，一九二三年十二月二十一日

批李烈钧所拟勉励各军训令

（一九二三年十二月二十日）

交秘书长审核。

附：李烈钧原呈

（一九二三年十二月二十日）

总统崇鉴：

大军云集，整饬未可稍懈，谨拟训令一通行各将领有司，似尚可用，谨呈核交遵办。

烈钧谨肃

十二月廿日末

（李烈钧印）

据原件，台北、中国国民党文化传播委员会党史馆藏

勉励各军振革命精神勤于治军令①

（一九二三年十二月二十日）

　　平时治军易，战时治军则匪易；作战时之治军难，战事后之治军则尤难。粤省为建国根基，南天枢纽，烽烟亘岁，民力凋残。战血犹满弓刀，群寇方滋边徼。内部蒿荷未靖，国际军备待修。思于艰难困敝之秋，力为奠定澄清之计，端赖群策群力，罔涉怠荒，经武整军，时图奋发。

　　各军身经百战，行将一篑收功，民贼已多就歼除，元恶讵久稽授首，尚希告之以戒惧，临之以忠贞。绝蔓草之根株，贾兹余勇；固苞桑于国本，载泐丰碑。其膺民政各官，职有专司，胥关至计，倚同车辅，并赖经纶，其各力矢清勤，靖共乃职，扬武功之威烈，毕文治之机能，郅治可期，数勋不二。滇、粤、桂各军，疆场久战，声施烂然；湘豫各军，远道新来，奇功即树；其中央直辖以及赣秦各军，或协剿宣猷，或抚绥多赖，勋劳在国，系念维殷。粤东本号饶区，财源不难浚辟，只以大军云集，一时致感困穷，部署有方，饷糈即裕，足兵足食，日以非遥。惟百政之修，先当戒惰，一年之计，首在于春，矧薪胆犹存，匈奴未灭，发皇光大，责任尤多。振革命精神，为有恒奋斗，本大元帅愿与我军政各同志共勉之。切切。此令各军各有司。

（大元帅署名）

据原件，台北、中国国民党文化传播委员会党史馆藏

附载：伍朝枢叶恭绰致海关总税务司的照会②

（一九二三年十二月二十一日刊载）

　　本政府管辖地域内，本年各海关一切税收，除对于以关税作抵之外债及赔款

---

① 此令发表于广州大本营。
② 大本营外交部长伍朝枢、财政部长叶恭绰亦向总税务司安格联发出照会。

应按比例摊扣清还外，所余之款须妥为保管，候本政府命令支付。嗣后亦须按照以上办法，每月结算一次，以重税收。至于民国九年三月以后所有积存本政府应得之关余，着由海关税收项下如数补还，由部转行总税务司遵照。

据《外财两部致总税务司函》，载一九二三年十二月二十一日《广州民国日报》（三）

饬广东宪兵司令陈可钰将所部移交公安局接收改编令

（一九二三年十二月二十一日）

大元帅训令第三九四号

令广东宪兵司令陈可钰

为令行事：照得该司令所部，业经饬令公安局改编为治安警察队，并由军政部筹发该部官兵一个月饷项，以示体恤，分别令行在案。仰该司令即将所部移交公安局吴局长接收改编，具报查考。此令。

（中华民国陆海军大元帅之印）

中华民国十二年十二月二十一日

据《大元帅训令第三九四号》，载广州《陆海军大元帅大本营公报》第四十二号，一九二三年十二月二十一日

饬吴铁城收编陈可钰所部为治安警察队令

（一九二三年十二月二十一日）

大元帅训令第三九五号

令公安局长吴铁城

为令行事：据广东宪兵司令陈可钰呈请将所部解散，业经照准，所有该部军队应交该局长接收，改编为治安警察队。除令该司令知照外，仰该局长即便遵照

办理，仍将改编情形具报查核。此令。

（中华民国陆海军大元帅之印）

中华民国十二年十二月二十一日

据《大元帅训令第三九五号》，载广州《陆海军大元帅
大本营公报》第四十二号，一九二三年十二月二十一日

饬转各军不得滥开专车并禁军人无票乘车令

（一九二三年十二月二十一日）

大元帅训令第三九六号

　　令大本营军政部长程潜

　　据管理粤汉铁路事务陈兴汉呈："现据职路事务处呈称：'窃照路章规定，开用专车，原有限制。自军兴以后，日趋浮滥，甚至各部军队人员如营长、副官等，并无该管长官命令，又非事实必需，动辄藉口军界，强令专开，万难制止，长此以往，其何能堪。理合呈请示以限制，庶免虚糜'等情。据此，查开用专车，原为军事上迅速戎机起见，但开用一次，约耗四五百元，苟漫无限制，则耗费既多，收入自短，且于奉令解拨各款，势必因而受连带关系。况当北江军事结束之后，自不能不稍予制裁。至于军人乘车任意往来，甚至包揽客商，冒充军界，藉端渔利，尤为不合，似应一并分令禁止军人无票乘车缘由，理合具文呈请帅座察核，伏恳俯赐通令各军队机关，转饬部属一体遵照。嗣后开用专车，如无该部最高级长官命令，概不准开，并不准军人无票乘车。如有前项情事，应予严惩。仍请分令滇军宪兵司令，每日酌拨宪兵随车往来，俾协同维持，藉资整饬，是否有当，伏候指令祗遵"等情。据此，除指令外，合行令仰该部长即便通行各军事长官转饬所属，嗣后开用专车，如无该部最高级长官命令，概不准开驶，并禁止军人无票乘车，以利交通而裕收入。此令。

（中华民国陆海军大元帅之印）

中华民国十二年十二月二十一日

据《大元帅训令第三九六号》，载广州《陆海军大元帅
大本营公报》第四十二号，一九二三年十二月二十一日

着程潜筹发解散宪兵部队官兵一月全饷令

（一九二三年十二月二十一日）

大元帅训令第三九八号

令大本营军政部长程潜

为令行事：据广东宪兵司令陈可钰呈请将所部解散，并发给官兵一月全饷，共洋一万三千五百元等情。该司令所部，应交公安局接收，改编为治安警察队，所有请发给饷项，着该部长即行筹发。除分行外，仰即知照。此令。

（中华民国陆海军大元帅之印）

中华民国十二年十二月二十一日

据《大元帅训令第三九八号》，载广州《陆海军大元帅大本营公报》第四十二号，一九二三年十二月二十一日

批程潜请核定官佐士兵治丧费数目呈

（一九二三年十二月二十一日）

大元帅指令第七三八号

令大本营军政部长程潜

呈拟定官佐士兵治丧费数目，请鉴核令遵由。

呈悉。准如所拟办理，仰即遵照。此令。

（中华民国陆海军大元帅之印）

中华民国十二年十二月二十一日

据《大元帅指令第七三八号》，载广州《陆海军大元帅大本营公报》第四十二号，一九二三年十二月二十一日

就关余问题饬粤海关税务司三项训令

（一九二三年十二月二十二日）

　　大元帅昨训令粤海关税务司：（一）关款除应付赔款及利息外，余应解交西南政府；（二）自民国九年三月起，西南关余均应照交；（三）限十日内答复，如不遵命，即另委关员。（二十二日）

据《本社专电》，载一九二三年十二
月二十三日上海《民国日报》第三版

批萧湘名片

（一九二三年十二月二十二日）

　　委以谘议，不支薪。

文

据《中山墨宝》编委会编：《中山墨宝》第
九卷，北京，北京出版社一九九六年出版

着陈策将香山部队增援前线令

（一九二三年十二月二十二至二十三日）

　　着陈司令策将所驻香山部队调往增援四邑、两阳前线，所遗防地交朱卓文所部接防。此令海防司令陈策。

孙文

民国十二年十二月二十二、三日

据原件影印件，台北、中国国民党文化传播委员会党史馆藏

饬李济深按月酌支海防部队饷项令

（一九二三年十二月二十四日）

大元帅训令第四〇五号

令西江善后督办李济深

为令遵事：据广东海防司令陈策呈称："窃奉钧令第二八零号开：'着陈司令策将所驻香山部队调往增援四邑、两阳前线，所遗防地交朱卓文所部接防。此令'等因。奉此，遵即抽调职部现驻前山陈团长所部一营，会同职部徐团长所部，开赴四邑前线增援。惟职部陆战队所赖以托足者，仅北街片地，饷项支绌异常，朝筹夕粮，心力交瘁。差幸分驻前山一隅，日筹一二百元饷糈，以资弥补；倘一调回，实难为继。奉令前因，用特派职部参谋金彦文晋见钧座，面陈一切，伏乞俯念职部困难，准予仍留一部分暂驻前山，以维现状，实为公便"等情。据此，除指令所称该部饷项支绌，尚属实情，仰候令行西江善后督办按月酌量支给外，合行令仰该督办即便遵照办理。此令。

（中华民国陆海军大元帅之印）

中华民国十二年十二月二十四日

据《大元帅训令第四〇五号》，载广州《陆海军大元帅大本营公报》第四十二号，一九二三年十二月二十一日

给程潜准予优恤已故团长陈飞鹏令

（一九二三年十二月二十六日）

大元帅训令第四〇六号

令军政部长程潜

为令行事：案据湘军司令谭延闿呈称："案据职部第三军军长谢国光呈称：'呈为呈请优恤已故团长陈飞鹏仰祈鉴核事：据职部谭代师长道源删电称：职旅第十团团长陈飞鹏，此次从征以来，力任艰危，里东之役，前线动摇，该故团长

扶病指挥，转危为安，厥功甚伟。旋因病势甚重，请假赴南雄就医，方冀其早就痊，可共济艰危，孰意天不假年，竟于本日十时半钟，在南雄军次逝世，遽失良辅，哀痛曷极。除派员经理丧事运榇赴韶外，谨此电闻等语。窃该故团长陈飞鹏秉性纯厚，体国忠诚，从军卅年，克尽厥职，廿载患难相依。民国纪年以后，迭以护法劳勋，由中校营长升充湖南衡阳镇守使署上校参谋长。今秋湘中事起，尽瘁驰驱，委为湖南第一军第一纵队第四梯团长，旋改任湘军第三师五旅十团团长，相从来粤，备历艰辛。南雄里东之役，复扶病杀贼，奋不顾身，竟尔积劳殒命，痛悼良深。最可悲者，该故团长年仅四十有七，家道贫寒，所遗一子，尚在襁褓，言念及此，尤为凄恻。除昨奉钧座发给该故团长殡殓费毫洋四百元已解赴南雄交谭代师长妥为料理运榇回韶外，合行仰恳殊恩，转呈大元帅追赠陆军少将，照章从优议恤，以慰幽魂，深为德便，敬乞指令祗遵。谨呈'等情。据此，查该故团长从戎数十年，此次相随来粤，尽瘁驰驱，竟尔积劳病故，深堪悯悼。兹据前情，理合备文呈请钧府察核，照章从优议恤，以慰忠魂，伏乞指令祗遵"等情。除指令"已故团长陈飞鹏为国宣劳，以死勤事，倦怀战绩，悼惜殊深。可请照章从优议恤之处，应予照准，候行军政部议复核夺，以慰忠魂"印发外，仰该部即便查照议复核夺。此令。

（中华民国陆海军大元帅之印）

中华民国十二年十二月廿六日

据《大元帅训令第四〇六号》，载广州《陆海军大元帅大本营公报》第四十二号，一九二三年十二月二十一日

饬查复直达大本营电线情形令

（一九二三年十二月二十六日）

大元帅训令第四〇七号

令大本营军政部长程潜

为令饬事：案查前因东江战事方殷，令饬广东电政监督兼广州电报局长范其务，利用广州、石龙间电线，添架电话，以利戎机。随据覆称：欲使石龙电话直达大本营，须于省河南北架设过河水线。查兵站部从前曾经设有此项水线，现该

部既经裁撤，应请饬令移交使用，以免另行装设等情。据此，当即令饬兵站部遵照移交去讫，兹据该兵站总监罗翼群呈称：奉令后当经转饬交通局遵办，现据交通局长周演明呈称：窃职局自奉钧令，正拟呈复间，并准电政监督函同前由，当查职局当日架设省河南北之珠江过海水线一条，内合电话线四对，一由省长公署达大元帅府，一由公安局达大元帅府，一由市政厅达大元帅府，一由兵站总监部直达大元帅府，迨职局奉令结束，即于十月十四日，呈由钧部将电信队职员暨所有路线并海底线统咨军政部接收在案。至海底之线，除省署、公安局、市政厅仍旧外，其兵站部直达大元帅府之线，闻由军政部电信队拟接驳东路石龙专线，使石龙电话可以直达大元帅府，是此线经已移交，无从再拨，如电政处必须用时，应请直接向军政部电信队交涉接收，以清权限。除函复电政监督外，理合备文呈复察核，分别咨呈办理等情前来。经职部复查属实，除函复电政监督及咨明军政部外，理合备文呈覆帅府察核等情。据此，合行令仰该部长即便查明，此项水线暨电信队是否已由该部接收，其原由兵站部直达大本营之线，是否已由该部饬电信队将其接合于石龙专线，使可直达，逐一从速查明呈覆核夺，除指令外，此令。

（中华民国陆海军大元帅之印）

中华民国十二年十二月二十六日

据《大元帅训令第四〇七号》，载广州《陆海军大元帅大本营公报》第四十二号，一九二三年十二月二十一日

批罗翼群复该部架设之省河南北
过海水线已由军政部接收呈

（一九二三年十二月二十六日）

大元帅指令第七五二号

令大本营兵站总监罗翼群

呈复该部架设之省河南北过海水线已由军政部接收由。

呈悉。该部架设省河南北之过海水线一条，内含电话线四对，是否已由军政部接收？其由兵站部直达大本营之线，是否已由该部电信队将其接合于石龙专线，

使可直达？仰候令行军政部分别查明呈覆核夺。此令。

（中华民国陆海军大元帅之印）

中华民国十二年十二月二十六日

据《大元帅指令第七五二号》，载广州《陆海军大元帅大本营公报》第四十二号，一九二三年十二月二十一日

批谭延闿请优恤已故团长陈飞鹏呈

（一九二三年十二月二十六日）

大元帅指令第七五三号

令湘军总司令谭延闿

呈请优恤已故团长陈飞鹏由。

据呈：已故团长陈飞鹏为国宣劳，以死勤事，惓怀战绩，悼惜殊深。所请照章从优议恤之处，应予照准，候令行军政部议复核夺，以慰忠魂。此令。

（中华民国陆海军大元帅之印）

中华民国十二年十二月二十六日

据《大元帅指令第七五三号》，载广州《陆海军大元帅大本营公报》第四十二号，一九二三年十二月二十一日

命拟通缉李鸿祥令

（一九二三年十二月二十七日）

着拟令通缉李鸿祥，并令滇军总司令及各军长缉拿通李各军官，就地正法。

孙文

佚名编：《总理遗墨》，十开线装本，出版时间不详，广州、广东省社会科学院图书馆藏①

---

① 估计于二十世纪三十年代出版。

饬提前补足刘玉山所部给养费令

（一九二三年十二月二十七日）

着军政部长提前补足刘玉山所部给养费。此令。

孙文

中华民国十二年十二月二十七日

据原件照片，台北、中国国民党文化传播委员会党史馆藏

批罗翼群承领李务本堂码头款恳准抵解兵站部欠款呈

（一九二三年十二月二十七日）

大元帅指令第七五六号

令大本营兵站总监罗翼群

呈英利行等代理人关树仁呈承领李务本堂码头，恳准抵解兵站部欠款由。

呈悉。应照准，仰即转令遵照办理。此令。

（中华民国陆海军大元帅之印）

中华民国十二年十二月二十七日

据《大元帅指令第七五六号》，载广州《陆海军大元帅
大本营公报》第四十二号，一九二三年十二月二十一日

给杨希闵等的训令

（一九二三年十二月二十八日）

大元帅训令第四〇九号

令滇军闵总司令杨希闵、滇军第二军军长范石生、第三军军长蒋光亮

为令行事：据报李鸿祥受曹锟、吴佩孚密命潜来香港，阴遣党羽，希图煽惑军队，实属甘心附乱，业经明令通缉。仰该总司令、军长严密查拿，如所部有私通李情军官，一经发觉，即行以军法从事，决不宽贷。此令。

（中华民国陆海军大元帅之印）

中华民国十二年十二月廿八日

据《大元帅训令第四〇九号》，载广州《陆海军大元帅大本营公报》第四十二号，一九二三年十二月二十一

饬徐绍桢按照计画切实拓展广州市区令

（一九二三年十二月二十八日）

大元帅训令第四一〇号

令大本营内政部长徐绍桢

为令知事：案据广东省长廖仲恺呈为核转广州市市长孙科呈拟展拓市区绘具图表呈乞鉴核一案，当经本大元帅指令："呈及图表均悉。广州市商务繁盛，人口日增，自非展拓市区，不足以资容纳而宏远谟。该市长督饬工务局悉心规画，本山川之形势，定界域之标准，查核所拟东南西北及西南五部界线，均属妥协。复恐市区辽阔，一切设施，现时财力未逮，另定权宜区域，以期扩充，以渐势顺易行，计虑尤为周密。仰即转饬该市长，务即督饬所属，按照所定计画，切实进行，勿托空言为要。仍由该省长录此指令，分别咨令知照，并候令行内政部备案。图表存。此令"等语。除印发外，合行令仰该部长查照备案。再查孙市长原呈，业经省署分咨该部有案，故未钞发图表，仅据呈送一份，现存本府，应由部咨省署转令该市长另以一份送部备案，合并饬知。此令。

（中华民国陆海军大元帅之印）

中华民国十二年十二月二十八日

据《大元帅训令第四一〇号》，载广州《陆海军大元帅大本营公报》第四十二号，一九二三年十二月二十一

批廖仲恺呈广州市长所拟展拓市区计画文

（一九二三年十二月二十八日）

大元帅指令第七六〇号

　　令广东省长廖仲恺

　　呈为据广州市市长呈，拟展拓市区绘具图说呈祈鉴核由。

　　呈及图表均悉。广州市商务繁盛，人口日增，自非展拓市区，不足以资容纳而宏远谟。该市长督饬工务局悉心规画，本山川之形势，定界域之标准。查核所拟东南西北及西南五部界线，均属妥协。复恐市区辽阔，一切设施，现时财力未逮，另定权宜区域，以期扩充，以渐势顺易行，计虑尤为周密。仰即转饬该市长，务即督饬所属，按照所定计画，切实进行，勿托空言为要。仍由该省长录此指令，分别咨令知照，并候令行内政部备案。图表存。此令。

（中华民国陆海军大元帅之印）

中华民国十二年十二月二十八日

　　　　　　　据《大元帅指令第七六〇号》，载广州《陆海军大元帅大本营公报》第四十二号，一九二三年十二月二十一日

命追赠并优恤梁国一令

（一九二三年十二月三十一日）

大元帅令

　　据东路讨贼军总司令许崇智呈称："故指挥官梁国一转战赣闽，卓著军勋，此次在增城督战，身先士卒，受弹阵亡，拟请追赠陆军少将，并优予给恤"等语。梁国一着追赠陆军少将，并着由军政部照少将阵亡例从优议恤，以慰忠魂。此令。

（中华民国陆海军大元帅之印）

中华民国十二年十二月卅一日

　　　　　　　据《大元帅令》，载广州《陆海军大元帅大本营公报》第四十二号，一九二三年十二月二十一日

着廖仲恺通令各县预征新粮并拟清丈田亩章程令

（一九二三年十二月下旬）

　　查杨仕强等条陈按亩借租办法，既系窒碍难行，自应毋庸置议。广东地方善后委员会呈请催收旧欠，预征新粮，以助军饷一节，事属可行。仰该省长即行督饬财政厅妥拟详细办法，通令各县克日举办。务须严立期限，明定考成，期于最短时期收集巨款，藉济急需。至所呈实行清丈田亩，尤为整理田赋，正本清源之计，并仰该省长按照民生主义，参酌地方情形拟具章程，呈候核定施行。

据一九二四年一月一日《广州民国日报》

批姚观顺呈着参军长预备待颁发奖牌及阵伤奖章①

（一九二三年十二月下旬）②

　　着参军长将奖牌及阵伤奖章预备于十三年一月一日午前十时由本大元帅颁发。此批。

文

附：呈文

　　为呈请事：查民国十一年六月十五夜，粤秀楼拒敌卫士奋勉出力，不无微劳足纪。前经观顺在大本营参军兼卫士队队长任内，开列名册呈请分别颁给讨贼奖

---

　　①　一九二二年六月十六日凌晨，陈炯明部叛军在广州炮轰总统府，并围攻观音山（今名越秀山）上总统府邸粤秀楼，经众卫士奋战十余小时，孙文及夫人宋庆龄始得安然逃脱。此次孙文决定采纳姚观顺建议，对是役有功者补行颁发奖牌及奖章，并在颁奖仪式上致训词（训词见本集第十册）。本件系批给大本营参军长张开儒。

　　②　底本未说明作批日期，今据当时情势酌定。

章及阵伤奖章两种，经蒙批准交庶务科购办在案。嗣闻该项奖章业由庶务科妥办送交参军处保管，只候帅令颁发，复具呈恳请训令参军处照数发给，再查是役有侍卫副官黄惠龙、马湘二人拥护夫人出险有功，复有副官陈喧及侦缉员陈龙韬在场拒敌，各著殷劳，并代呈请予一并给以讨贼奖章，蒙批令参军处核办亦在案至今。翘望日久，未蒙赏发，理合备文呈请察核，伏乞俯予令查明白，迅将先后呈请颁发奖章照数给领，以荣褒扬而佩殊恩，实为公便。谨呈

陆海军大元帅孙

附呈名册一扣。

前任参军兼卫士队队长姚观顺（印）

请给讨贼奖章名册

队　　长：姚观顺

侍卫副官：黄惠龙　马　湘　陈　喧

侦缉员：陈龙韬

卫　士：冯　俊　黄　森　何　良　陈海廷　李东兴　邹　耀　容卓廷

邹　海　冯　朝　曾　明　黄仲篪　梁有贤　陈桂标　刘少溪

冯建廷　刘礼泉　蔡铁侠　陈　威　曾国辉　梁全胜　区锦由

黄作卿　邓国卿　曾维垣　周文胜　谭卫全　冯振彪　陈　胜

黄　成　何福廷　谭　森　丘　堪　蒋福卿　张　停　陆福卿

冯汉明　丘炳权　梁表云　王桂昭　邓胜钦　张　禧　王　玉

陈　标　杨　带　王　基　杨　勋　李　球　蒋安廷　蒋桂林

冯桂林　彭　启　蒋庆禧　邝景云　江　德　陈　松　韦汉雄

黄世祥

（以上六十二名在粤秀楼拒敌）

请给阵伤奖章名册

队　　长：姚观顺

卫　士：刘礼泉　陈海廷　冯　朝　李东兴

据《孙大元帅颁发观音山之役卫士奖牌》（前卫士陈威敬献原件），台北、中国国民党文化传播委员会党史馆藏

饬转各善堂认借军饷由各总司令直接收取令

（一九二三年）

着市政厅长通知各善堂，将所认借军饷五十万元，分交刘总司令震寰贰拾五万元，李军长福林壹拾贰万五千元，刘军长玉山壹拾贰万五千元，由各该总司令军长，直接向各善堂收取，以免延误，而利军行。此令。

孙文

民国十二年

据原件影印件，台北、中国国民党文化传播委员会党史馆藏

着杨希闵等各向商户善堂收取借饷令

（一九二三年）

着办令：令滇军总司令杨向商会各商户收取借饷四十七万五千元（问哲生尚有多少）。令西路总司令刘震寰向某善堂收取借饷贰拾五万元。令李福林向某善堂收取借饷壹拾贰万五千元。令刘玉山向某善堂收取借饷壹拾贰万五千元（某某善堂派借若干须问哲生）。此令。

孙文

民国十二年

据原件影印件，台北、中国国民党文化传播委员会党史馆藏

饬转商会各商户将认借军饷余款
由滇军总部直接收取令

（一九二三年）

着市政厅长通知商会各商户，将所认借之军饷五十万元，除已交之款，其余

未悉者，拨交滇军总司令部，直接向商户收取，以免延误而利军行。此令。

孙文

民国十二年

据原件影印件，台北、中国国民党文化传播委员会党史馆藏

着发布海军舰队往北海收回
广金广玉等舰并予奖赏令

（一九二三年）

另发令着海军舰队，往北海一带，收回"广金"、"广玉"，每只赏壹万元，其他敌人小舰及商船，酌量议赏，限十日内办妥，如过期以外，每日减赏一成，减至五成为限。此令。

孙文

民国十二年

据原件影印件，台北、中国国民党文化传播委员会党史馆藏

着拟派黄隆生至海防办药料令

（一九二三年）

着拟令派黄隆生往海防办药料事。

孙文

民国十二年

据原件影印件，台北、中国国民党文化传播委员会党史馆藏

饬虎门长洲要塞司令放行永翔楚豫二舰令

（一九二三年）

电令虎门长洲要塞司令："永翔"、"楚豫"两舰开往西江助战，明后两日，当过长洲，着该司令放行。此令。孙文。民国十二年。

据原件影印件，台北、中国国民党文化传播委员会党史馆藏

着蒋光亮交回缉私船平南与招桂章令

（一九二三年）

致函蒋光亮，着交回缉私船"平南"与"招桂章"，以利缉私而裕饷源。

民国十二年

据原件影印件，台北、中国国民党文化传播委员会党史馆藏

着分兵攻取赣南手谕

（一九二三年）

着即分兵攻取赣南，以固韶防，而联湘粤之交通，至要。

据谭延闿编：《总理遗墨》第一辑，一九二八年五月校印

批东路讨贼军第三军司令部函

（一九二三年）

已先由行营金库发给二千余，当在省指定机关由九月十一日起筹拨。

文批

据谭延闿编：《总理遗墨》第一辑，一九二八年五月校印

批某某司令部来函

（一九二三年）

代答：如右有匪在当可进剿，否则当要审慎，切勿贻累良民。

据谭延闿编：《总理遗墨》第一辑，一九二八年五月校印

着调周之贞所部驻广三路沿线令①

（一九二三年）

着秘书拟令，着周之贞调所部军队分驻广三铁路沿线，以资保护。此令。

孙文

据原件影印件，台北、中国国民党文化传播委员会党史馆藏

批答联陈一事决无商量余地②

（一九二三年）

答电：联陈一事，决无商量之余地。保果出此，则吾当认之为宣战行为而已，幸为转致可也。

文

据抄件，台北、中国国民党文化传播委员会党史馆藏

---

① 原件为"大元帅府通用笺"，无年月，推在一九二三年。
② 原件未署日期。"联陈"，可能指陈炯明；"保"当指驻保定之曹锟。约为一九二三年事。

批兵站总监罗翼群请示李明杨在乐昌
招抚之谢部应否接济案①

（一九二三年）

　　各军受抚，则乐昌已非战斗之地，其给养当另行筹款，交各司令自行办理，该路可不必加设兵站矣。

据抄件，台北、中国国民党文化传播委员会党史馆藏

批李寿乾来函

（一九二三年）

　　代答：函悉，国会同人今日只宜在北京奋斗，他方用不着也。

据原件，台北、中国国民党文化传播委员会党史馆藏

批安庆史推恩等反对管鹏电②

（一九二三年）

　　交事务所职员共同审查酌答。

据原件，台北、中国国民党文化传播委员会党史馆藏

---

① 原件未署日期。可能在一九二三年。
② 原电未署日期。当在一九二三年。

通电声明未派王鸿勋为代表谕

（一九二三年）

报上有孙中山代表王鸿勋等语，当通电声明，并未派有王鸿勋为代表，并先在广州各报否认之。

批第七军第二师第四旅强占医院布告

（一九二三年）

此事该军长是否知悉？如系部下妄为，即应制止，须知军人有保护人民之责，何得强横至此。如该军长不能制止，则本大元帅当以军法从事。此批。仰该军长知悉，立行检点为要。

孙文

附：原布告

迳奉军长命令，后方病院须地方应用，仰饬令寄居人等（我军人员不在此例），速行迁出，勿得延误等因。奉此，特再行通告，仰各人日内迁出，好派兵役打扫，各宜遵照，免干未便，切切。此告。□□□□第七军第二师第四旅司令部。三十号午前。

据原件照片，台北、中国国民党文化传播委员会党史馆藏

批田桓呈请接济张国威等八人

（一九二三年）①

八人各给贰拾元，共壹百六拾元。

孙文

据原件照片，台北、中国国民党文化传播委员会党史馆藏

批程璧金名片

（一九二三年）②

着财厅加委航政局长。

据谭延闿编：《总理遗墨》第三辑，出版时间不详

批大本营兵站总监函

（一九二三年）

答已陆续设法，务忘稍为坚持。

据谭延闿编：《总理遗墨》第一辑，一九二八年五月校印

---

① 原件未署日期。经考订当在一九二三年。
② 原件未署日期。经考订当在一九二三年。

命电促蒋介石伍朝枢速来粤令

（一九二三年）

电上海，催蒋介石、伍梯云速来。

文

佚名编：《总理遗墨》，十开线装本，出版时间不详，广州、广东省社会科学院图书馆藏

批张冈函①

（一九二三年）②

代答：嘉之：并言党务当行扩张改良，公开于各省。凡为党人，务期竭力奋斗，使吾党主义遍布于全国。

据罗家伦编：《国父批牍墨迹》，台北，中国国民党中央委员会党史史料编纂委员会一九五五年十一月出版

批宋鹤庚函

（一九二三年）③

作答：既知约法失效，当要反本寻源，再图彻底之革命，切勿歧而又歧，遂

---

① 张冈，字恶石，江西安福县教育会长。以国民党员身份上书孙文，谈论时局，其中有失实偏激之处，但态度诚直，孙文予以嘉勉。

② 原件未署日期。据来函所述，当在一九二三年十二月至一九二四年一月之间，现暂定一九二三年。

③ 本件及下一件均未署日期。按谭延闿编《总理遗墨》所辑均为一九二三年一月以后的文件。但一九二四年，孙文无派谭延闿回湘事，故酌定为一九二三年。

致永乱不已。此间已任谭组安回湘革命，望惟彼之命是听可也。

批林支宇函

（一九二三年）

沧白拟答：已派谭组安回湘，望与一致进行，则纠纷立解矣，民国从此可定
云云。

命吴铁城即日开赴增城令

（一九二三年）

仰该司令迅饬所部即日开赴增城，毋得迟延。切切，此令。
令吴铁城。

给程潜的命令

（一九二三年）

着由该部拨给胡师长思舜部六八、七九、村田各弹共五万发。此令。并发水
机关枪弹壹万颗。
令程潜。

命吴铁城寸性奇派员驻守广九车站令

（一九二三年）

仰该司令、局长派员率队驻守广州广九车站，凡自前敌退回军队一律缴收武器，违抗者着即枪决。此令。

令吴铁城、寸性奇。

据《大元帅手令拟稿簿》原件，
南京、中国第二历史档案馆藏

给马伯麟的命令

（一九二三年）

着长洲要塞司令将鱼雷局压气机两个交兵工厂长州。此令。

令马伯麟。

据《大元帅手令拟稿簿》原件，
南京、中国第二历史档案馆藏

给冯伟的命令

（一九二三年）

着该局长即日将马口无线电局移设江门。此令。

上令冯局长伟。

据《大元帅手令拟稿簿》原件，
南京、中国第二历史档案馆藏

关于高雷讨贼军归属的命令

（一九二三年）

高雷讨贼军总司令业已撤销，所有高雷讨贼军宜着归……

据《大元帅手令拟稿簿》原件，
南京、中国第二历史档案馆藏

给徐树荣的命令

（一九二三年）

着东北缉匪司令徐树荣协同作战军巩固东江右岸，并每日将石滩及前方情形，最少报告二次。此令。

据《大元帅手令拟稿簿》原件，南京、中国第二历史档案馆藏

颁给陈龙韬讨贼奖章执照

（一九二四年一月一日）

讨贼奖章执照：中华民国陆海军大元帅为给与陈龙韬讨贼奖章，用示奖励，特给执照，以资证明。

孙文

中华民国十三年一月一日

据中国国民党文化传播委员会党史馆藏照片，
载《国父全集补编》，台北，中国国民党中央
委员会党史委员会一九八五年六月出版

着军政部筹拨杨希闵架桥垫款一千元令

（一九二四年一月二日）

　　杨总指挥希闵电称小组部垫款架桥请发款等语，着军政部先筹拨洋壹千元归垫，并由参谋处电覆，如有不敷，并就地利用船舶材料以架设之矣。此令。军政部长程潜。

孙文

中华民国十三年一月二日

据原件，台北、中国国民党文化传播委员会党史馆藏

批林翔请将大本营宣传委员会开办费暨十二年七月至十二月上旬计算书发还更造呈

（一九二四年一月二日）

大元帅指令第二号

　　令大本营审计局局长林局翔

　　呈请将大本营宣传委员会开办费暨十二年七月至十二月上旬计算书发还更造由。呈悉。仰候令饬查照签驳各条更造呈送来府，再行发交审查。附件均存。此令。

（中华民国陆海军大元帅之印）

中华民国十三年一月二日

据《大元帅指令第二号》，载广州《陆海军大元帅大本营公报》第一号，一九二四年一月十日

批东路讨贼军总司令许崇智请
追赠优恤阵亡指挥梁国一呈

（一九二四年一月二日）

大元帅指令第三号

　　令东路讨贼军总司令许崇智

　　呈请追赠优恤阵亡指挥梁国一由。

　　呈悉。梁国一已准予明令追赠陆军少将，并令行大本营军政部从优议恤，仰即知照。此令。

（中华民国陆海军大元帅之印）

中华民国十三年一月二日

据《大元帅指令第三号》，载广州《陆海军大元帅大本营公报》第一号，一九二四年一月十日

饬陈独秀更造开办费计算书及单据粘存簿令

（一九二四年一月二日）

令卸任大本营宣传委员会委员长陈独秀

　　为令饬事：案查前据该委员长造送开办费，暨自十二年七月一日起至十二月十日止各计算书及单据粘存簿前来，当经发交大本营审计局审查去后，兹据复称："为呈复事，案奉钧帅前后发到大本营宣传委员会委员长陈独秀呈缴开办费用，及十二年七月至十二月上旬各月份计算书单据簿等件下局。窃查该委员长所造之计算书，未将款项分列，已与计算书格式不合，且内多缺乏单据者，有单据未贴印花税票者，有领薪收据未盖印章及印花税贴不足数者，有领薪收据无领款人姓名者，有领薪收据金额等与计算书所列金额不符者，业就原计算书逐条签注明白。至该会七、八、九、十四个月房租八百元，暨声明交涉未妥暂存各字样，自不能

为支出之实额。谨将原呈二件并计算书单据簿各七本，呈请钧帅，令饬委员长按照计算书格式照签各条更造后，再予审核"等情。据此，除指令外，合将原计算书及单据粘存簿发还，令仰该委员长即按照签驳各条，妥为更造呈候核办。此令。

计发还计算书单据簿各七本。

（中华民国陆海军大元帅之印）

中华民国十三年一月二日

据《大元帅训令第一号》，载广州《陆海军大元帅大本营公报》第一号，一九二四年一月十日

令军政部程潜筹拨杨希闵款项

（一九二四年一月二日）

着军政部筹拨杨希闵款项。杨总指挥希闵电称：小组即垫款架桥，请发款等语。着军政部先筹拨洋一千元归垫，并由参谋处电复。如有不敷，并就地利用船舶材料以架设之矣。此令军政部长程潜

孙文

中华民国十三年一月二日

据秦孝仪主编：《国父全集》第 7 册，台北，近代中国出版社一九八九年十一月出版

着查拿刘凯招摇敛钱令

（一九二四年一月三日）

现据大本营侦缉队密报，谓旧仓巷赵氏书院有刘凯其人，自称中华敢死党、辛亥俱乐部主任兼大元帅讨逆先锋队司令，有招人入党、招摇敛钱情事，饬即派队查拿。

据《破获逆党机关》，载一九二四年一月四日《广州民国日报》

发给李安邦养费令

（一九二四年一月三日）①

大元帅令

令每日发给李安邦司令所部给养费四十元。

据《广州国民政府档案》，载中国第二历史档
案馆编：《中华民国史档案资料汇编》第四辑，
南京，江苏古籍出版社一九八六年九月出版

拨给杨希闵架桥费令②

（一九二四年一月三日）

大元帅令

令拨杨总司令希闵架桥费一千元，请决定何处担任，以便转发。

据《广州国民政府档案》，载中国第二历史档
案馆编：《中华民国史档案资料汇编》第四辑，
南京，江苏古籍出版社一九八六年九月出版

令刘震寰转饬韦冠英停办东宝两属经界事务令

（一九二四年一月四日）

大元帅训令第二号

令中央直辖西路讨贼军总司令刘震寰

---

① 时间为财政委员会第三次会议决案日期。

② 时间为财政委员会第三次会议决案日期。

据广东财政厅长梅光培呈称："窃查职厅办理广东全省经界事务，先经拟具规程呈奉钧座核准照办在案。厅长接任后，当赓续筹画进行。因前局长林直勉辞职，现在附设厅内，改局长为主任，委吴鼎兼充，并次第委任朱卓文为香山县经界分局长，吴欢澜为宝安县经界分局长，其余各县分局，正在遴员任用，以期逐次开办。乃昨接中央直辖西路讨贼军第一师长韦冠英来咨内称：'敝部奉令讨贼，分队驻扎东莞、宝安等属地方，原为清除贼匪保卫商民起见，际兹库储支绌，伏莽未清，筹款安民，在在均须兼顾。查筹款裕国之方，莫如清理田土，整顿税收，迩来贵厅经已设立全省经界总局，而全省各属，地方辽阔，必须分途进行。查东莞、宝安两县地方，经属敝部防地，军民相处已久，舆论翕然，似应划出此二县，设立一东宝经界分局，派委总办经理。惟该两县盗贼充斥，民族强悍，且此项经界事宜极为重要，办理需时，自非熟悉情形及敝部军队长久驻扎协助进行，难期办有起色。兹查有敝部谘议诸德建生长东莞，所有地方情形极为熟悉，办事实心，并为该两县绅商所爱戴，人地均宜，堪胜该分局总办之任。敝部复派驻扎防军，协同劝导，当能事半功倍，不致反抗推延。敝部为因事择人起见，现已先行委任，并经搜集人材，筹足款项，开办在即，相应咨请贵厅查照，迅速加委该员为东莞宝安经界分局总办，以资慎重。并将所有规程条例及办事细则暨各种簿书表册程式等项，饬令经界总局检齐发给到部转发，俾有遵循，速行办理，藉归划一。将来收有款项，每月除坐支该分局经费外，仍即扫数批解，以裕饷需，务希查照办理'等由，当即函约该谘议来厅就商，旋接韦师长覆函略称：'因财政拮据，此事势在必行，已饬诸某带员前赴东宝，实行开办就商一节，不能如命'等语。窃思韦师长之意，以为经界局有税可收，派员自办，便可筹得巨款，以济军食，殊不知经界局并非为立刻筹饷起见。现当开办伊始，着手调查，筹办清丈，查验契据，编造图册，头绪固极纷繁，经费尤须筹垫，公家之收入，实非旦夕可期，且此事既属职厅范围，则一切章程，自应由厅核定。今韦师长自定章程，自行试办，事出歧异，人民何所适从，于经界前途，恐滋障碍，韦师长之举，似系不无误会也。理合呈请钧座，迅赐令行西路讨贼军刘总司令，转令韦师长，饬下诸德建停止东宝两属开办经界事务，至为公便"等情。据此，除指令照准外，合行令仰该总司令即便转饬遵照办理。此令。

（中华民国陆海军大元帅之印）

中华民国十三年一月四日

据《大元帅训令第二号》，载广州《陆海军大元帅大本营公报》第一号，一九二四年一月十日

饬程潜廖仲恺通饬各军长官无论何项机关
不得任意提借田土保证照费令

（一九二四年一月四日）

大元帅训令第四号

令大本营军政部长程潜、广东省长廖仲恺

据国立高等师范学校校长邹鲁呈称："窃职校前奉钧令指定广东全省田土业佃保证照费一项，专为本校经费，仰见大元帅笃念教育、裁成学子至意，凡属文武各僚，自应体会斯旨，加以协助，俾观其成。现查该局业经设立，省垣所有各县分局，亦已次第遴员委充，分头进行，倘假以时日，责以事功，未尝不可源源报解，藉资挹注。校长诚恐开办伊始，农民未必尽晓，地方官绅或视为等闲，不予匡助；驻在防军，或以饷糈紧急，就地挪移，斯则专款徒托虚名，教育等于画饼矣。再四思维，惟有吁恳明令军政部暨广东省长，通饬各军及行政长官，田土业佃保证照费已专拨为高师经费，无论何项机关，不得任意就地挪借，凡关于办理此事，各县军警及地方官，应随时加以协助，以期迅速而利推行。所有奉令指拨经费，恳请通令不得提借暨协助缘由，理合备文呈请鉴核令遵"等情。据此，查广东全省田土业佃保证照费收入，前经明令专拨为国立高等师范经费在案，据呈前情，应予照准，除指令准予令行军政部、广东省长通饬所属严禁提借此项收入及认真协助并分令外，合行令仰该部、省长即便查照通饬各军、各行政官，此项田土保证照费收入系指定为国立高师专款，无论何项机关，不得任意提借，并

着各县军警随时认真协助，以维教育，而利进行。此令。

（中华民国陆海军大元帅之印）

中华民国十三年一月四日

据《大元帅训令第四号》，载广州《陆海军大元帅大本营公报》第一号，一九二四年一月十日

批梅光培请令行刘震寰转饬韦冠英停止派员
开办东宝两属经界事务呈

（一九二四年一月四日）

大元帅指令第七号

令广东财政厅长梅光培

呈请令行刘总司令转饬韦师长，停止派员开办东、宝两属经界事务由。

呈悉。准予令行刘总司令转饬遵照。此令。

中华民国十三年一月四日

据《大元帅指令第七号》，载广州《陆海军大元帅大本营公报》第一号，一九二四年一月十日

批邹鲁奉令指拨经费恳请通令
不得提借并请协助呈

（一九二四年一月四日）

大元帅指令第八号

令国立高等师范学校校长邹鲁

呈奉令指拨经费，恳请通令不得提借暨协助由。

呈悉。准予令行军政部、广东省长通饬所属严禁提借此项收入，及认真协助

矣。仰即知照。此令。

（中华民国陆海军大元帅之印）

中华民国十三年一月四日

据《大元帅指令第八号》，载广州《陆海军大
元帅大本营公报》第一号，一九二四年一月十日

批程潜据广九铁路洋总工程司函复非将军事运输费拨交该路不能将车辆修理完好呈

（一九二四年一月四日）

大元帅指令第九号

　　〈令〉大本营军政部长程潜

　　呈据广九铁路洋总工程司函复：非将军事，运输费拨交该路，不能将车辆修理完好，请示遵办由。

　　据呈已悉。应仍由部饬令广九路，赶将路轨车辆修理完好，速开客车，则人民之交通既便，该路之收入亦自裕矣。仰即遵照办理。此令。

（中华民国陆海军大元帅之印）

中华民国十三年一月四日

据《大元帅指令第九号》，载广州《陆海军大
元帅大本营公报》第一号，一九二四年一月十日

批伍学熿拟支配船民自治联防经费办法呈

（一九二四年一月四日）

大元帅指令第十一号

　　令兼广东全省船民自治联防督办伍学熿

　　呈为拟定支配船民自治联防经费办法，呈请核示由。

据呈拟将全省水面收入，除支督办公署总分支局董事会经费外，以五成解缴政府，以五成举办学校医院巡舰等事，尚属平允可行。仰即赶将各项收费章程拟定呈核，一面将应行举办自治联防事项，妥为规画，切实举行，务期事有实效，款不虚糜，是为至要。此令。

（中华民国陆海军大元帅之印）

中华民国十三年一月四日

据《大元帅指令第十一号》，载广州《陆海军大元帅大本营公报》第一号，一九二四年一月十日

饬杨希闵蒋光亮严饬所部以王秉钧为戒
力矢忠诚令

（一九二四年一月五日）

大元帅训令第五号

令中央直辖滇军总司令杨希闵、第三军军长蒋光亮

为令知事：查中央直辖滇军第四师师长王秉钧、第三军总参谋长禄国藩、第四师参谋长吴震东，均有私通北敌情事，除明令免职，并令饬该总司令、中央直辖滇军杨总司令严拿，务获究办暨分令外，合行令仰该总司令、军长即行转饬所部，须知本大元帅兴师讨贼，赏罚严明，务各以王秉钧为戒，力矢忠诚，一意报国，杀贼立勋，同膺懋赏，本大元帅有厚望焉。此令。

（中华民国陆海军大元帅之印）

中华民国十三年一月五日

据《大元帅训令第五号》，载广州《陆海军大元帅大本营公报》第一号，一九二四年一月十日

饬杨希闵发还石滩元洲联团自卫枪枝令

（一九二四年一月五日）

大元帅训令第六号

令滇粤桂联军前敌总指挥杨希闵

据广东省长廖仲恺呈称："现据增城县长黄国民呈称：据职县石滩、元洲联乡保卫团总吴器楠等呈称：窃敝团辖内石滩、元洲两乡，于夏历十月二十日为联军误会镇扎，乡内人民逃避，团丁被押，团枪被缴，经敝团副团总单秀川呈内报明元洲苦状在案。致石滩团丁先携枪枝远避，团丁团枪虽不致押缴，而店屋受害同然。时团总避寓广州，奔赴帅府，沥情泣诉，幸蒙大元帅亲批：石滩、元洲保卫团向同情于我，联军得其帮助甚多，此次误会以上两乡，着前敌总指挥杨希闵务须劝谕各连排，将所押团丁、所缴团枪一并发还省释，俾得一致杀贼，此批。等令。旋于二十五日经敝团副团总吴永襄、团长单宝鎏会同侦缉委员李荣君晋谒杨总指挥，蒙面令转布乡人回梓安居等谕。副团总吴永襄遵于二十六日由土江村带同男妇村人数十，暨团丁四名回梓，不料行至高门村外地方，又被滇军拦击，当场枪毙团丁吴伯容一名，枪伤吴曾仔一名，时该村人于搜掠受惊之余，又散而之四方者多数人，吴副团总永襄只得亲赴总指挥部报明求究等情。然时事既属过迁，苦况无庸多赘，惟乡村系乡人生长死聚之地，不能不设法维持。盖欲维持乡村，必先以复团为首，敝团一日不复，乡人一日不敢归家。致欲复团，而团枪已失，恢复无从，窃思大元帅批谕煌煌，或堪挽救。惟团总等职身微贱，不敢再行越级续呈，用特计开所失团枪呈报，伏恳宪天俯准，速将前情转详帅座，代请帅德维持，不胜待命"等情。并开具所失枪单一纸呈缴前来。据此，理合备文连同失单转呈钧署察核，伏乞迅赐转呈大元帅饬令杨总司令严饬所部速即如数交还该团总等接收，俾资自卫，实为公便等情。计清单一纸。据此，除令复外，理合据情陈请帅座鉴核，俯赐令行杨总指挥希闵即饬所部，将缴去该县石滩、元洲联团自卫枪枝如数交还该团长等具领，俾资自卫，而重团务，并乞指令饬遵，实为公便"等情。并附枪枝清单一纸前来。据此，除指令照准外，合行令仰该总指挥郎转饬所部，将所缴石滩、元洲联团自卫枪枝全数交还该团长具领，俾资自卫而安闾里为要。清单抄发。此令。

（中华民国陆海军大元帅之印）

中华民国十三年一月五日

据《大元帅训令第六号》，载广州《陆海军大元帅大本营公报》第一号，一九二四年一月十日

批廖仲恺请令行杨希闵转饬所部
交还石滩元洲联团枪枝呈

（一九二四年一月五日）

大元帅指令第一四号

令广东省长廖仲恺

呈请令行杨总指挥希闵转饬所部交还石滩元洲联围枪枝，并附清单一纸由。

呈及清单均悉。候令行杨总指挥转饬所部照数交还可也。此令。

（中华民国陆海军大元帅之印）

中华民国十三年一月五日

据《大元帅指令第一四号》，载广州《陆海军大元帅大本营公报》第一号，一九二四年一月十日

着杨希闵酌量分配奖金手令①

（一九二四年一月六日）②

除中央直辖滇军第二师与豫军直接由大本营支配分发外，所余奖金着由该总

---

① 孙文为激励革命军士气，期能早日收复东江，曾悬赏奖金十万元。此乃对杨希闵分发奖金之手令。

② 原令未署日期。据一月七日广州《现象报》"昨奉大元帅手谕"一语酌定为一月六日。

指挥酌量分配各军承领。

据《发给将士奖金之分配》，载一

九二四年一月七日广州《现象报》

饬议奖南雄筹措军米出力绅商令

（一九二四年一月八日）

令大本营军政部长程潜

　　为令行事：据湘军总司令谭延闿呈称："据职部第一军代军长方鼎英呈称：'呈为赍具南雄筹措军米出力绅商名单，拟请颁给奖章，用昭激劝，仰祈鉴核事：窃职军此次千里赴援，仓卒应战，一切均未准备，饷糈两付缺如。克复始南，日进百里，后方兵站窵远，转运维艰，官兵茹粥餐薯，朝不保夕，束手无策，群起恐慌，当经商请南雄绅商曾攀荣等代为维持，每日筹集军米，按队摊发，历时半月之久，派米万石有奇，不特固结摇动之军心，兼以促成中站之战事。该绅商等急公仗义，为国勤劳，三军感再造之恩，地方受无穷之福，拟请钧部转呈大元帅，论功叙赏，颁给奖章，用昭酬庸，藉资勉励。是否有当，理合缮具名单，备文赍呈钧部核示祇遵，实为公便'等情。据此，查南雄一役，饷糈两缺，势甚危险，该县绅商曾攀荣筹办军米，数逾万石，使我军得以一意应战，用克驱除北敌，其仗义急公之忱，实为末俗所难能，论功行赏，应恳钧帅特颁奖章，以示激劝，而昭殊荣。理合缮具名单备文呈赍钧府，伏乞核示遵行"等情。据此，除指令仰候令行军政部查照陆海军奖章令，拟定应得奖章呈候核准颁给外，合行令仰该部长即便遵照办理。名单抄发。此令。

（中华民国陆海军大元帅之印）

中华民国十三年一月八日

谨将南雄筹措军米出力商绅姓名开列于后

计开

商会会长：曾攀荣；副会长：胡嘉植；会董：朱光成、朱安龄、李廼斌、戚焯勋；城区保卫团团董：胡锡朋；国民党南雄分部党务科长：朱光楷；南雄商团军教练：陈全义；县民：郭学治；商人：敖广生、王名熙。以上共计十二人。

据《大元帅训令第八号》，载广州《陆海军大元帅大本营公报》第一号，一九二四年一月十日

饬严缉劫车匪徒以安行旅令

（一九二四年一月八日）

大元帅训令第九号

令大本营军政部长程潜

为令饬事：案据管理粤汉铁路事务陈兴汉呈称："现据职路路警处杨华馨呈称：据第三四分巡等先后电称：据沙口站长电告：二十八日下午六点钟由省开上第四次客货车，路经永利石场地方，突有匪徒百余名，各持枪械强行劫掠，当即由第三四分巡亲率武装长警驰救，又由河头巡长加派路警护卫。讵该匪竟敢开枪轰击，路警奋力抵御，鏖战一点余钟，匪党愈来愈众，锋不可当，卒以众寡悬殊，子弹告罄，致被锋拥登车，肆行抢掠，所有车上行李货物，被掠一空，并击毙湘军军官一员，掳去湘军军官一员，并伤路警一名等情。查此次匪徒劫车，事起仓卒，非常凶悍，匪众我寡，又因子弹告竭，致被惨劫，负咎良多。除一面严密防范，并严令跟踪追缉，务将本案从速破获外，理合呈报察核等情前来。并据车务处呈报，略同前情，并以此次劫车匪徒，多属土人，行劫时多带面具以图掩饰，并闻有人认识其中有匪首宋广在内，系澄江人，应请严缉，务获究办各等情。据此，查匪徒迭向本路行劫，实属猖獗异常，若不严行查缉，匪风愈炽，地方难安，职路尤受影响，理合呈报帅座察核，伏乞分令各军长官，认真将本案赃贼务获究办，庶靖地方，而维路政"等情。据此，除指令外，合行令仰该部长，即遵照转行各军，一体严缉，务获究办，以靖匪风，而安行旅。切切。此令。

（中华民国陆海军大元帅之印）

中华民国十三年一月八日

据《大元帅训令第九号》，载广州《陆海军大元帅大本营公报》第一号，一九二四年一月十日

批陈兴汉报告客货车在永利石场被匪劫掠情形
乞通令各军长官认真缉拿呈

（一九二四年一月八日）

大元帅指令第一七号

令管理粤汉铁路事务陈兴汉

呈报客货车在永利石场地方被匪劫掠情形，乞通令各军长官认真缉拿由。

呈悉。仰候令饬军政部通行各军一体严缉可也。此令。

（中华民国陆海军大元帅之印）

中华民国十三年一月八日

据《大元帅指令第一七号》，载广州《陆海军大元帅大本营公报》第一号，一九二四年一月十日

批谭延闿关于南雄绅商曾攀荣等
急公仗义乞特颁奖章呈

（一九二四年一月八日）

大元帅指令第一八号

令湘军总司令谭延闿

呈为南雄绅商曾攀荣等急公仗义，乞特颁奖章以示激劝由。

呈悉。仰候令行军政部查照陆海军奖章令，拟定应得奖章，呈候核准颁给可也。此令。

（中华民国陆海军大元帅之印）

中华民国十三年一月八日

据《大元帅指令第一八号》，载广州《陆海军大元帅大本营公报》第一号，一九二四年一月十日

饬筹发廖韶光垫借款项令

（一九二四年一月九日）

大元帅训令第一〇号

　　令广东省长廖仲恺

　　据前特派员邹鲁呈称："为发还垫款恳请察核饬遵事：窃据财政厅谘议廖韶光折呈称：'去年冬，钧座奉大元帅特派由沪回粤办理讨贼事宜，设立机关，进行军事，此时韶光以大义所在，投效驰驱。时适旧部杨廷光投隶南路讨贼军总司令黄明堂部属，因在高雷失利，退踞六湖洞待时再举，而总部远退桂省，接济断绝，派员来港请饷接济。韶光为护助大局起见，恳准钧座拨给该部港纸二千元。维时钧部资款支绌，饬由韶光向港商挪借，径发该部，已于十月四日向港商谦益祥揭借港纸二千元，并经面奉钧座，奉准限定两月归还，如延至克复广州后筹还，且准借一还二。今已届一年，未蒙发还该款，而港商催讨频仍，以韶光一介寒士，无家可毁，无财可输，遂致此债久延无着，此款既系遵奉钧命借发，自应归还，以全信用。惟政府正当库款奇绌之时，韶光劝令该商谦益祥取销以一还二之议，改为月息一分计算，至还银之日止。应请俯赐准将前项借本港纸二千元及利息，填发支付命令，如数给还，俾得清债累、维信用，不胜迫切待命之至'等情。据此，查该员所称垫借款数，原系事实，应准予按照本息发还，以全信用。但鲁前将特派员期内收支款目造册呈报，及邓理财员泽如结报数册，均未列入此款，因当时该项由鲁面饬该员直接借发，不经办事处收支，故未列册存记，迨结报数目时，该员又适以事离省，未来陈报，以致一时遗忘。兹据该员折呈前来，理合专案呈请察核，准予令行广东省署饬令财政厅筹还，实为德便"等情前来。据此，应予照准，合行令仰该省长即便转饬财政厅遵照，如数筹发。此令。

　　　　　　　　　　　　　　（中华民国陆海军大元帅之印）

　　　　　　　　　　　　　　中华民国十三年一月九日

据《大元帅训令第一〇号》，载广州《陆海军大元帅大本营公报》第一号，一九二四年一月十日

饬转驻防军队军人应按搭车办法乘车令

（一九二四年一月九日）

大元帅训令第一一号

　　令大本营军政部长程潜

　　为令饬事：案据新宁铁路总理陈宜禧呈称："窃查宜禧前呈拟整顿军人搭车办法，恳予核饬驻防各军遵照一案，经奉帅座发交军政部办理，并奉军政部第二三五四号指令准予照办各在案。兹查迩来驻防军队，并未遵照呈准整顿办法切实奉行，且有业经解散仍持军票搭车者，或有假冒军籍伪用军票者，甚至一军人搭车而包揽搭客多人，不受收票员查验者，其他挟持军票，用铅笔任意填写人数、等级，踞坐头二等客位，致令搭客买票反无坐位者，种种情形，比前有加无已，非请设法维持，车利日绌，路务将不堪设想。理合具文呈恳帅座，迅予重申前令，责成驻防军队遵照办理，切实整顿，以肃军纪而维路政"等情。据此，除指令外，合行令仰该部长即转行驻防军队，重申前令，责令切实奉行，以肃军纪而维路务。切切。此令。

（中华民国陆海军大元帅之印）

中华民国十三年一月九日

据《大元帅训令第一一号》，载广州《陆海军大元帅大本营公报》第一号，一九二四年一月十日

批叶恭绰拟筹付各部局经费
变通办法乞示遵呈

（一九二四年一月九日）

大元帅指令第一九号

　　令大本营财政部长叶恭绰

　　呈拟筹付各部局经费变通办法，乞示遵由。

呈悉。应照准。即由该部转咨军政部查照可也。此令。

（中华民国陆海军大元帅之印）

中华民国十三年一月九日

据《大元帅指令第一九号》，载广州《陆海军大
元帅大本营公报》第一号，一九二四年一月十日

批陈宜禧请重申前令责成驻防军队
务须切实奉行军人搭车办法呈

（一九二四年一月九日）

大元帅指令第二一号

　　令新宁铁路总理陈宜禧

　　呈请重申前令，责成驻防军队务须切实奉行军人搭车办法由。

　　呈悉。仰候令饬军政部转行驻防军队重申前令，责令切实奉行可也。此令。

（中华民国陆海军大元帅之印）

中华民国十三年一月九日

据《大元帅指令第二一号》，载广州《陆海军大
元帅大本营公报》第一号，一九二四年一月十日

饬撤去北江商运局分局及停止收费令

（一九二四年一月九日）

　　按照北江商运局开办之始，已经本大元帅面为训戒发起之人，不得侵及粤汉
铁路权利。乃闻该局今胆敢向铁路运商每车勒收费贰元，并设分局于车站之内，
实属不合，着即撤去分局及停止收费，否则严办。切切。此令。北江商运局。

孙文

中华民国十三年一月九日

据谭延闿编：《总理遗墨》第三辑，出版时间不详

饬切实整顿北江电政令

（一九二四年一月十日）

大元帅训令第十三号

　　令广东电政监督何家猷

　　为令行事：案据湘军总司令谭延闿呈称："近日北方电报，迟滞异常，由南雄电达广州，历时须三四日方能递到，关系军情极大。饬据职部电务处长刘竞西查明整顿去后，兹据复称：'我军往来各报迟滞原因，一由韶局电生缺乏，一由广州线路年久失修，每遇风雨，即生阻碍。职前为补救计，特派电务员分赴韶州、源潭两局协同助理，以期迅速。查广韶线路四百余里，分为韶、英、源、广四局管辖，每局不过百里，内外即有阻碍，至迟两日以内当可修复，拟请转呈大元帅，饬令电政监督随时稽察整理'等情，理合呈请察核施行"等情。据此，查北江电政，现值用兵之际，关系极为重要，应由该监督切实整顿。关于电生之勤惰、路线之通塞，尤须认真督察，遇有积压阻隔，应将各电生及工匠从严查究，以维电政而利戎机，毋涉延玩。仍将办理情形迅速呈候考核。此令。

（中华民国陆海军大元帅之印）

中华民国十三年一月十日

据《大元帅训令第十三号》，载广州《陆海军大元帅大本营公报》第二号，一九二四年一月二十日

饬惩治妄报官产令

（一九二四年一月十日）

大元帅训令第十四号

　　令广东省长廖仲恺

　　为令饬事：案据广东地方善后委员会呈称："为议决惩治妄报官产及李文恩等禀陈利弊各案，呈候鉴核指令祗遵。窃自军兴以来，饷需浩繁，政府不得已而有投变官产之举。乃奸徒希图获奖，乘机妄报，全市骚然，委员等有见及此，故

有拟订民业保证条例，以为民业保障，经奉帅座核准颁行有案。现查保证局虽经成立多日，而举报官产者尚源源而来，若非速图救济，实恐有负我大元帅维持民业之本旨。兹据本会伍委员提议惩治妄报官产案意见书并条例十条，并准省长公署发交李文恩等禀呈利弊一案到会，当于本月十八日特别会议，再三讨论，一致表决并案呈请帅座鉴核通令颁行，庶妄报瞒承者不敢再有尝试而遂其奸，本市商民均可各安其业。所有议决缘由，理合连同伍委员提议条例，并李文恩禀呈利弊案四条，具呈睿察，如蒙采择，伏乞通令各机关遵照执行，仍候训令祗遵等情。据此，当经指令'呈及附件均悉。伍委员平一所拟惩治妄报瞒承官产条例是否可行，候将原草案钞交广东省长详加审查，具覆核夺。至李文恩所陈变卖官产机关人员与地方蠹民种种串通舞弊情形，殊堪痛恨，并候令广东省长通令各该管机关严行查禁。如果有此种行为，无论高下级人员，均应尽法惩办，以儆官邪而重业权。市厅所定民产保证条例，前已由该会议决修改呈经核准施行在案，中央银行应否设立及纸币应否发行，应俟保证费收有成数，再行酌量办理。仰即分别知照。附件存。此令"等语。除指令印发外，合行照钞原议案，令仰该省长即行按照原指令内指示各节，分别遵办具覆核夺。切切。此令。

计钞发伍平一提议惩治妄举市产官产及李文恩禀陈利弊议案各一件。

（中华民国陆海军大元帅之印）

中华民国十三年一月十日

据《大元帅训令第十四号》，载广州《陆海军大元帅大本营公报》第二号，一九二四年一月二十日

批谭延闿报告南雄至广州电报迟滞贻误军情关系极大请严饬电政监督极力整顿北江一带电线呈

（一九二四年一月十日）

大元帅指令第二四号

令湘军总司令谭延闿

呈报由南雄至广州电报迟滞，贻误军情，关系极大，请严饬电政监督对于北江一带电线极力整顿由。

呈悉。仰候令行电政监督认真整顿可也。此令。

（中华民国陆海军大元帅之印）

中华民国十三年一月十日

据《大元帅指令第二四号》，载广州《陆海军大元帅大本营公报》第二号，一九二四年一月二十日

批赵士觐议复伍学熀办理盐商预缴现饷及补恤各程船损失一案

（一九二四年一月十日）

大元帅指令第二五号

令两广盐运使赵士觐

呈议复伍运使办理盐商预缴现饷及补恤各程船损失一案由。

呈悉。伍前运使办理盐商预缴现饷，并补恤各程船损失一案，既据该运使暨稽核所宋经理往复研究，窒碍甚多，自属实情。至该商所缴一万三千元有无另发准单，应俟伍前使移交至日，一并查明。仍将此案妥速议结，呈候核夺。盐政为该使专责，无所用其诿避也。此令。

（中华民国陆海军大元帅之印）

中华民国十三年一月十日

据《大元帅指令第二五号》，载广州《陆海军大元帅大本营公报》第二号，一九二四年一月二十日

着财政委员会筹给何雪竹出发费①

（一九二四年一月十日）

着财政委员会筹给何雪竹出发费一万元。

据《广州国民政府档案》，载中国第二历史档
案馆编：《中华民国史档案资料汇编》第四辑，
南京，江苏古籍出版社一九八六年九月出版

着财政委员会筹给邓家彦旅费②

（一九二四年一月十日）

邓家彦自德国来电云：即归国，请汇旅费。着财政委员会筹给二千元换英金汇往。

据《广州国民政府档案》，载中国第二历史档
案馆编：《中华民国史档案资料汇编》第四辑，
南京，江苏古籍出版社一九八六年九月出版

着财政委员会提议筹赔谭细船价③

（一九二四年一月十日）④

着财政委员会提议筹赔谭细船价一千二百元，黎顺船银七百五十元。

据《广州国民政府档案》，载中国第二历史档
案馆编：《中华民国史档案资料汇编》第四辑，
南京，江苏古籍出版社一九八六年九月出版

---

① 时间为财政委员会第五次会议决案日期。
② 时间为财政委员会第五次会议决案日期。
③ 时间为财政委员会第五次会议决案日期。
④ 时间为财政委员会第五次会议决案日期。

饬韦荣熙停收铁路运商费并撤除各车站分局令

（一九二四年一月十一日）

大元帅训令第十六号

令北江商运局局长韦荣熙

为令饬事：查北江商运局开办之初，曾经本大元帅面谕，发起之人不得涉及粤汉铁路范围。乃闻该局现向铁路运商每车收费贰元，并设分局于各车站，殊与原议办法不符，为此令仰该局即行停止收费，并将在各车站所设分局撤去，仍将遵办情形报查。切切。此令。

（中华民国陆海军大元帅之印）

中华民国十三年一月十一日

据《大元帅训令第十六号》①，载广州《陆海军大元帅大本营公报》第二号，一九二四年一月二十日

饬查封变卖中国银行地址物业令

（一九二四年一月十一日）

大元帅训令第十七号

令中国银行监理官陈其瑗

为令行事：据两广盐务稽核所经理宋子文呈称："窃经理日前奉钧令：着将职所存储中国银行税款拾壹万余元拨交军用等因。奉此，经即遵令签就支票一纸，送交陈局长向该银行提取。旋准陈局长面称：该行设辞推诿，抗不支付，除由经理径函该行质问，并促其克日如数支付。讵旋据报告：该行行长凌骥由港密派员来省，令同行员邓公寿、谢文兴二人，将所有重要文件契据挟带逃港。经理当即派出所员温福田，会同公安局侦缉员，驰赴火船码头守候，将该行员邓、谢二人

---

① 另《总理遗墨》第三辑收有手令，日期为一月九日，内容略有差异，今分别据存。

截缉，并将所挟带之文件契据一并解往公安局押候查究。除函致公安局将该邓、谢二人及文件契据妥慎看管审讯，迄今多日，该行行长凌骥久已潜匿在港，对于职所该项存款，漠不为意。伏查该行行长胆敢扣留公款，挟带公物潜逃，实属罪无可逭，理合备文呈报钧座鉴核，令行通缉该行长归案究办，并令饬将该行地址物业查封，交中国银行监理官陈其瑗变卖，以偿公款而济饷源，是否有当，伏乞指令祗遵，实为公便"等情。据此，除指令照准，并令财政部行文通缉外，合行令仰该监理官，即将该行地址物业查封变卖，以偿公款，毋稍延宕。切切。此令。

（中华民国陆海军大元帅之印）

中华民国十三年一月十一日

据《大元帅训令第十七号》，载广州《陆海军大
元帅大本营公报》第二号，一九二四年一月二十日

命叶恭绰通缉挟款潜逃之中国银行行长凌骥令

（一九二四年一月十一日）

大元帅训令第十八号

令大本营财政部长叶恭绰

为令行事：据两广盐务稽核所经理宋子文呈称："窃经理日前奉钧令：着将职所存储中国银行税款拾壹万余元拨交军用等因。奉此，经即遵命签就支票一纸，送交陈局长向该银行提取。旋准陈局长面称：该行设辞推诿，抗不支付，除由经理径函该行质问，并促其克日如数支付。讵旋据报告：该行行长凌骥由港密派员来省，令同行员邓公寿、谢文兴二人，将所有重要文件契据挟带逃港。经理当即派出所员温福田，会同公安局侦缉员，驰赴火船码头守候，将该行员邓、谢二人截缉，并将所挟带之文件契据一并解往公安局押候查究。除函致公安局将该邓、谢二人及文件契据妥慎看管审讯，迄今多日，该行行长凌骥久已潜匿在港，对于职所该项存款，漠不为意。伏查该行行长胆敢扣留公款，挟带公物潜逃，实属罪无可逭，理合备文呈报钧座鉴核，令行通缉该行长归案究办，并令饬将该行地址物业查封，交中国银行监理官陈其瑗变卖，以偿公款而济饷源，是否有当，伏乞指令祗遵，实

为公便"等情。据此，除指令照准，并饬中国银行监理官陈其瑗查封变卖该行地址物业备抵外，合行令仰该部长即便行文通缉凌骥归案究办。切切。此令。

（中华民国陆海军大元帅之印）

中华民国十三年一月十一日

据《大元帅训令第十八号》，载广州《陆海军大元帅大本营公报》第二号，一九二四年一月二十日

批经理宋子文请津贴中央银行代收盐税手续费乞备案呈

（一九二四年一月十一日）

大元帅指令第三〇号

令两广盐务稽核所经理宋子文

呈请津贴中央银行代收盐税手续费，乞备案由。

呈悉。准予备案。此令。

（中华民国陆海军大元帅之印）

中华民国十三年一月十一日

据《大元帅指令第三〇号》，载广州《陆海军大元帅大本营公报》第二号，一九二四年一月二十日

批宋子文请通缉中国银行行长凌骥归案究办并饬陈其瑗将该行地址物业查封变卖以偿公款呈

（一九二四年一月十一日）

大元帅指令第三二号

令两广盐务稽核所经理宋子文

呈请通缉中国银行行长凌骧归案究办，并饬陈其瑗将该行地址物业查封变卖以偿公款由。

呈悉。已令财政部行文通缉，并饬陈其瑗查封变卖该行地址、物业，以偿公款矣。仰即知照。此令。

（中华民国陆海军大元帅之印）

中华民国十三年一月十一日

据《大元帅指令第三二号》，载广州《陆海军大元帅大本营公报》第二号，一九二四年一月二十日

批伍学熿拟先行开办分局权委分局局长呈

（一九二四年一月十一日）

大元帅指令第三五号

令兼广东全省船民自治联防督办伍学熿

呈拟先行开办分局权委分局局长由。

呈悉。准如所拟办理。仰即知照。此令。

（中华民国陆海军大元帅之印）

中华民国十三年一月十一日

据《大元帅指令第三五号》，载广州《陆海军大元帅大本营公报》第二号，一九二四年一月二十日

批廖仲恺复邓宏顺请设立全省
联保治安会一案窒碍难行呈

（一九二四年一月十二日）

大元帅指令第三八号

令广东省长廖仲恺

呈覆邓宏顺呈请设立全省联保治安会一案窒碍难行由。

呈悉。此令。

（中华民国陆海军大元帅之印）

中华民国十三年一月十二日

据《大元帅指令第三八号》，载广州《陆海军大
元帅大本营公报》第二号，一九二四年一月二十日

批叶恭绰廖仲恺报告委员会成立
并启用关防日期请察核备案呈

（一九二四年一月十二日）

大元帅指令第三九号

令财政委员会主席委员叶恭绰、廖仲恺

呈报委员会成立并启用关防日期，请察核备案由。

呈悉。准予备案。此令。

（中华民国陆海军大元帅之印）

中华民国十三年一月十二日

据《大元帅指令第三九号》，载广州《陆海军大
元帅大本营公报》第二号，一九二四年一月二十日

批赵士觐遵令饬知各商及盐务征收机关
解款交由中央银行代收请备案呈

（一九二四年一月十二日）

大元帅指令第四〇号

令两广盐运使赵士觐

呈报遵令饬知各商及盐务征收机关解款交由中央银行代收，请备案由。

呈悉。准予备案。此令。

（中华民国陆海军大元帅之印）

中华民国十三年一月十二日

据《大元帅指令第四〇号》，载广州《陆海军大
元帅大本营公报》第二号，一九二四年一月二十日

批孙科呈送十二年四月十六日起至十二月份筹付大本营军费收支日计表请备案令

（一九二四年一月十二日）

大元帅指令第四二号

令广州市市长孙科

呈送十二年四月十六日起至十二月份筹付大本营军费收支日计表请备案由。

呈悉。如呈备案。表存。此令。

（中华民国陆海军大元帅之印）

中华民国十三年一月十二日

据《大元帅指令第四二号》，载广州《陆海军大
元帅大本营公报》第二号，一九二四年一月二十日

着范石生开回原防努力图功令

（一九二四年一月十二日）

顷令杨总司令希闵

文曰："一月十一日午后十时报告阅悉。治国首重纲常，治军首重纪律，维系整饬，是在各级长官能明斯旨。前师长王秉钧免职查办，咎有应得。该继任师长王汝为等，应如何兢惕图功，力矫前任之非，用立将来之范。乃托故多方，自由移动部曲，虽属该师、旅、团、营长所为，该师长不能先事晓谕，处置殊疏。

且闻该部到省并有残杀第三军司令部官长多员之事。此何等事？直叛乱耳！该总司令为滇军高级长官，想有所闻，着即速查严办，迅令开回前方服务，以维纲纪而重任务。至呈该师饷项、防地，前师长虽经撤免，于其部曲无关，自可继续维持。第三军司令部自有筹维，何须争执？若再托词扰攘，是该师长等有意抗令，则法纪所在，本大元帅惟有依法惩处而已。除分令履行前令外，特此令达，仰即遵照，仍将遵办情形具报查考。此令"等语印发外，闻该师尚有少数部队逗留省城，意图骚扰，着该军即遵照昨令实行制止，协饬开回原防，努力图功。若再抗违，可即呈报候核，令行剿办。此令范军长石生。

孙文（大元帅章）

中华民国十三年一月十二日

据原件，成都、四川省文史研究馆藏

批饶宝书等呈[①]

（一九二四年一月十二日刊载）

呈悉。着交吴铁城查办。此令。

据《赣党员选举代表风潮》，载一九

二四年一月十二日《广州民国日报》

命蒋光亮将某部截留交回主管机关接收

（一九二四年一月十三日）

谕令蒋军长，即将该部截留征收机关，交回主管机关接收。设法整理，以裕饷收。

据《帅令交还征收机关》，载一九二

四年一月十三日《广州民国日报》

---

① 留粤各省党员在广州选举国民党"一大"会议代表，当时有江西办理选举人饶宝书、桂玉麟、周邦宪、刘世芳等呈孙文，为"诈术获登，违反党德，恳乞严究事"，经孙文批复查办。

准湖南省推选代表列席国民党第一次大会

（一九二四年一月十四日）

湖南所选出之毛泽东等三人，照海外分部办理，准其列席，但有发言权。

据会议记录，台北、中国国民党文化传播委员会党史馆藏

饬杨希闵严办师长王汝为自由移动部曲令

（一九二四年一月十四日刊载）

一月十一日午后十时报告阅悉。治国首重纲常，治军首重纪律，维系整饬，是在各军长官能明斯旨。前师长王秉钧免职查办，咎有应得。该继任师长王汝为，应如何兢惕图功，力矫前任之非，用立将来之范。乃托故多方，自由移动部曲，虽属该师、旅、团、营长所为，该师长不能先事晓谕，处置殊疏。且闻该部到省并有残杀第三军司令部官长多员之事。此何等事？直叛乱耳！该总司令为滇军高级官长，想有所闻，着即速查严办，迅令开回前方服务，以维纲纪而重任务。至呈该师饷项、防地，前师长虽经撤免，于其部曲无关，自可继续维持。第三军司令部自有筹维，何须争执？若再托词扰攘，是该师长等有意抗令，则法纪所在，本大元帅惟将依法惩处而已。除分令履行前令外，特此令达，仰即遵照，仍将送办情形具报查考。此令。

据《滇军第三军参谋处来函照录》，载一九二四年一月十四日《广州民国日报》

增加朱培德部每日给养费令

（一九二四年一月十四日）①

大元帅令

　　据朱军长培德要求增加该部给养费每日三百元，着财政委员会设法筹拨。

据《广州国民政府档案》，载中国第二历史档
案馆编：《中华民国史档案资料汇编》第四辑，
南京，江苏古籍出版社一九八六年九月出版

着赠恤潘宝寿令

（一九二四年一月十五日）

大元帅令

　　据中央直辖滇军总司令杨希闵呈称："已故团长潘宝寿从戎十载，转战川粤，历克强寇，忠勇逾恒。前次沈逆袭攻广州，该故团长奋勇先驱，弹中要害，逾日殒命，请援例追赠给恤"等语。潘宝寿着追赠陆军少将，并着由军政部照少将伤亡例，从优议恤，以慰烈魂。此令。

（中华民国陆海军大元帅之印）

中华民国十三年一月十五日

据《大元帅令》，载广州《陆海军大元帅大
本营公报》第二号，一九二四年一月二十日

---

　　①　时间为财政委员会第六次会议决议日期。

批张开儒报十二年十一月份办公各费
并附列清册请备案呈

（一九二四年一月十五日）

大元帅指令第四八号

令大本营参军张开儒

呈报十二年十一月份办公各费并附列清册由。

呈悉。此令。

（中华民国陆海军大元帅之印）

中华民国十三年一月十五日

据《大元帅指令第四八号》，载广州《陆海军大
元帅大本营公报》第二号，一九二四年一月二十日

批张开儒报十二年十二月份各员出差旅费
及弁兵服装等费并附清册呈

（一九二四年一月十五日）

大元帅指令第四九号

令大本营参军长张开儒

呈报十二年十二月份各员出差旅费及弁兵服装等费，并附清册由。

呈悉。此令。

（中华民国陆海军大元帅之印）

中华民国十三年一月十五日

据《大元帅指令第四九号》，载广州《陆海军大
元帅大本营公报》第二号，一九二四年一月二十日

批赵士觐为中央银行代收盐税拟照原案倍支
手续费案前后办理情形候核定令遵呈

（一九二四年一月十五日）

大元帅指令第五五号

令两广盐运使赵士觐

呈中央银行代收盐税，拟照原案倍支手续费，谨将该案前后办理情形呈候核定令遵由。

呈悉。前据两广盐务稽核所经理呈请津贴中央银行，代收盐税手续费，准照一千分之一分核给，业经指令准予备案矣。仰即遵照办理可也。此令。

（中华民国陆海军大元帅之印）

中华民国十三年一月十五日

据《大元帅指令第五五号》，载广州《陆海军大元帅大本营公报》第二号，一九二四年一月二十日

饬北江各军将领严禁部下勒索商人阻留货物令

（一九二四年一月十六日）

着北江各军将领，严禁部下不得勒索商人，阻留货物，致碍盐斤之消路，各货之流通。至要。切切。

文

中华民国十三年一月十六日

据谭延闿编：《总理遗墨》第三辑，出版时间不详

饬大本营参谋处转达前敌将领整军备战令①

（一九二四年一月十六日）

东江逆敌，久稽天讨。当此春风和煦，万物滋生，士饱马腾，正宜续行进剿，早奏肤功。除督促作战、通令即日分行外，仰先转达前敌各军将领：各宜整顿军伍，枕戈待命，无论何项部队不得自离前线，无论何军将领不得颤〔擅〕离职守。其各懔遵，共宏伟业，有厚望焉。

据《大元帅致前敌将领电》，载一九二三年一月十八日广州《现象报》

饬知李济深赣军李明扬部第一梯团长
覃寿乔率部来省应准其通过令

（一九二四年一月十六日刊载）

现据赣军李明扬呈称：有旧部七八百人在平南附近，拟令该部第一梯团长覃寿乔率带来省等情，应即照准。除令转饬该梯团长遵率来省效命疆场共立功业外，所有经过肇庆、梧州等处，应即准其通过。转饬所部一体知照。此令。

据《赣军取道桂省来粤》，载一九二四年一月十六日广州《现象报》

---

① 依大本营参谋处铣日（十六日）转达该令时间，酌定本令为一月十六日。

批杨鹤龄求职函①

（一九二四年一月十六日）

　　真革命党，志在国家，必不屑于升官发财，彼能升官发财者，悉属伪革党，此又何足为怪。现无事可办，无所用于长才。

据原件，台北、中国国民党
文化传播委员会党史馆藏

着赠恤陈飞鹏令

（一九二四年一月十六日）

大元帅令

　　大本营军政部长程潜呈："议复已故湘军第三师五旅十团团长陈飞鹏，请予追赠陆军少将，并照恤赏章程给予恤金"等语。已故湘军团长陈飞鹏，准予追赠陆军少将，并照少将例给予恤金，以慰英灵，而昭忠荩。此令。

（中华民国陆海军大元帅之印）
中华民国十三年一月十六日

据《大元帅令》，载广州《陆海军大元帅大
本营公报》第二号，一九二四年一月二十日

---

　　① 来函日期书一月九日，十六日收到。按一九一九年六月杨鹤龄曾函孙文求职，一九二三年四月四日派杨为港澳特务调查员，此次来函称"前岁予公之力，得一微差，而地小不足以回旋，近观大局，知已大有转机"，似指其获任港澳特务调查员与一九二四年初之大局而言。函内又称"别来忽忽新旧两年矣"，所谓新旧两年似指一九二三、一九二四两年。来函及批示皆当在一九二四年一月。酌定批示时间为收到时间。

暂缓筹备建国政府令

（一九二四年一月十六日）

孙文十六日令秘书厅暂缓筹备建国政府。

据《广东建国政府暂缓筹备》，载一九二四年一月二十四日长沙《大公报》

为优恤潘宝寿给伍朝枢的训令

（一九二四年一月十七日）

大元帅训令第二二号

令大本营外交部长伍朝枢

为令行事：据中央直辖滇军总司令杨希闵呈称："案据云南江川县民人潘宝兴呈称：'为胞兄殉国，身后萧条，恳恩援例给恤，并给照通过事：窃民有胞兄潘宝寿，幼读儒书，壮喜武事，自由讲武学校卒业后，十载从军，援川、援粤诸役均著有微劳，以功擢授中校。去岁追随钧座来粤讨贼，大功告成，胞兄升任滇军第二师步八团长。无何沈军背叛，变生肘腋，白云山之战，胞兄督率所部，奋勇先登，旋扑旋起，再接再励〔厉〕，以致弹中要害，不逾日而殒命于东山公医院中。一切经过，谅在钧座洞鉴中，无须下民唉唉。窃思民兄隶籍戎行，以身死国，亦固其所，可怜者民兄半生奔走，为国宣劳，徒以时命偃蹇，了无余积。现在老母、寡妻、孤儿、弱女，事蓄无着，日怆于怀。闻兹噩耗，弥深怛悼，日夜悲泣，无法解释。民思为国捐躯，例有矜恤之典。飘魂海外，更觉心伤。爰贷资远来，亲临视察，万恳钧座俯念忠魂，恻怜无告。一面照例颁恤，俾有运枢及赡养之资；一面发给护照，并照会外国领事，俾得骸归故土，厝葬祖茔。不但生者衔感，胞兄之灵亦可瞑目地下矣。伏叩上陈，敬仰垂鉴'等情。据此，查已故团长潘宝寿疆场殒命，忠勇可嘉，且其遗属孤贫，尤堪恻悯。据呈前情，理合备文转呈钧座察核，援例给恤，以慰忠魂。并祈发给护照，照会外国领事，俾得运枢通行，骸归故土。所有转请给恤、发照、通行各缘由，是否有当，伏候指令祗遵"等情前来。据此，除指令照准，并交部议恤外，仰该部长即便查照发给护照，并照会沿途外国政府或领事官，以免阻留可也。此令。

（中华民国陆海军大元帅之印）

中华民国十三年一月十七日

据《大元帅训令第二二号》，载广州《陆海军大元帅大本营公报》第二号，一九二四年一月二十日

为优恤潘宝寿给程潜的训令

（一九二四年一月十七日）

大元帅训令第二三号

令大本营军政部长程潜

据中央直辖滇军总司令杨希闵呈称："案据云南江川县民人潘宝兴呈称：'为胞兄殉国，身后萧条，恳恩援例给恤，并给照通过事：窃民有胞兄潘宝寿，幼读儒书，壮喜武事，自由讲武学校卒业后，十载从军，援川、援粤诸役均著有微劳，以功擢授中校。去岁追随钧座来粤讨贼，大功告成，胞兄升任滇军第二师步八团长。无何沈军背叛，变生肘腋，白云山之战，胞兄督率所部，奋勇先登，旋扑旋起，再接再厉，以致弹中要害，不逾日而殒命于东山公医院中。一切经过，谅在钧座洞鉴中，无须下民呶呶。窃思民兄隶籍戎行，以身死国，亦固其所，可怜者民兄半生奔走，为国宣劳，徒以时命偃蹇，了无余积。现存老母、寡妻、孤儿、弱女，事蓄无着，日怆于怀。闻兹噩耗，弥深怛悼，日夜悲泣，无法解释。民思为国捐躯，例有矜恤之典。飘魂海外，更觉心伤。爰贷资远来，亲临视察，万恳钧座俯念忠魂，恻怜无告。一面照例颁恤，俾有运柩及赡养之资；一面发给护照，并照会外国领事，俾得骸归故土，厝葬祖茔。不但生者衔感，胞兄之灵亦可瞑目地下矣。伏叩上陈，敬仰垂鉴'等情。据此，查已故团长潘宝寿疆场殒命，忠勇可嘉，且其遗属孤贫，尤堪恻悯。据呈前情，理合备文转呈请祈钧座鉴核，援例给恤，以慰忠魂。并祈发给护照，照会外国领事，俾得运柩通行，骸归故土。所

有转请给恤、发照、通行各缘由，是否有当，伏候指令祗遵"等情。据此，除指令"已故团长潘宝寿，转战川、粤，忠勇可嘉。殒命疆场，殊深悼惜。应准予交部从优议恤，复候核夺，以慰忠魂。所请发给护照运柩回乡之处，并准令行外交部查照发给，仰即知照并分令"外，仰该部即便查照议复核夺。

（中华民国陆海军大元帅之印）

中华民国十三年一月十七日

据《大元帅训令第二三号》，载广州《陆海军大元帅大本营公报》第二号，一九二四年一月二十日

饬知谭延闿追赠陈飞鹏陆军少将并依例给恤令

（一九二四年一月十七日）

大元帅训令第二四号

令湘军总司令谭延闿

据大本营军政部长程潜呈覆："案奉钧座四零六号训令内开：除原文有案邀免冗叙外，尾开：'除指令"已故团长陈飞鹏为国宣劳，以死勤事，惓怀战绩，悼惜殊深。所请照章从优议恤之处，应予照准，候行军政部议复核夺，以慰忠魂"印发外，仰该部长即便查照议复核夺，此令'等因。奉此，查该故团长陈飞鹏曾充上校参谋，复充梯团长等职，此次转战湘、粤，又著勋劳，不幸病殁戎间，拟请钧座准予追赠陆军少将，并照恤赏章程第四表规定，给予少将恤金，以昭忠荩，而慰英灵。是否有当，理合备文呈复，伏乞鉴核施行"等情。据此，除准予将已故湘军团长陈飞鹏追赠陆军少将，并照少将例给予恤金，以慰英灵而昭忠荩，明令印发并指令外，仰该总司令查照。此令。

（中华民国陆海军大元帅之印）

中华民国十三年一月十七日

据《大元帅训令第二四号》，载广州《陆海军大元帅大本营公报》第二号，一九二四年一月二十日

批程潜议复已故湘军团长陈飞鹏拟请
追赠陆军少将并照少将例给恤呈

（一九二四年一月十七日）

大元帅指令第六五号

令大本营军政部长程潜

呈议覆已故湘军团长陈飞鹏，拟请追赠陆军少校并照少将例给恤由。

呈悉。准如所议，陈飞鹏已明令赠恤矣。此令。

（中华民国陆海军大元帅之印）

中华民国十三年一月十七日

据《大元帅指令第六五号》，载广州《陆海军大元帅大本营公报》第二号，一九二四年一月二十日

批杨希闵请例恤伤亡团长潘宝寿
并饬发护照运柩回乡呈

（一九二四年一月十七日）

大元帅指令第六六号

令中央直辖滇军总司令杨希闵

呈请例恤伤亡团长潘宝寿，并饬发护照运柩回乡由。

呈悉。已故团长潘宝寿，转战川、粤，忠勇可嘉。殒命疆场，殊深悼惜。应准予交部从优议恤，复候核夺，以慰忠魂。所请发给护照运柩回乡之处，并准令行外交部查照发给，仰即知照。此令。

（中华民国陆海军大元帅之印）

中华民国十三年一月十七日

据《大元帅指令第六六号》，载广州《陆海军大元帅大本营公报》第二号，一九二四年一月二十日

批廖仲恺呈香山县长朱卓文请撤销香山田土
业佃保证局碍难照准乞示遵令

（一九二四年一月十七日）

大元帅指令第六七号

　　令广东省长廖仲恺

　　呈为香山县长朱卓文呈请撤销香山田土业佃保证局碍难照准，乞示遵由。呈悉。应如所议办理，仰即转行遵照。此令。

　　　　　　　　　　　　　（中华民国陆海军大元帅之印）

　　　　　　　　　　　　　中华民国十三年一月十七日

　　　　　　　据《大元帅指令第六七号》，载广州《陆海军大
　　　　　　　元帅大本营公报》第二号，一九二四年一月二十日

饬杨希闵将娱乐捐火柴捐横水渡捐
仍归主管机关办理令

（一九二四年一月十八日）

大元帅训令第二六号

　　令滇军总司令兼广州卫戍总司令杨希闵

　　为令行事：据财政委员会呈称："本会本月十四日第六次常会会议奉帅座交议，据滇军总司令函呈：请将市政厅每日拨给宪兵司令部经费贰百元，改归警卫团领收，并请每日加拨三百元一案。经众讨论议决，由会呈请大元帅训令广州卫戍总司令部，即将经收娱乐捐（即影戏捐）、火柴捐、横水渡捐等一律取消，仍归主管机关办理，再议另筹办理在案。理合呈请大元帅鉴核施行"等情。除指令"呈悉。所请将广州卫戍总司令经收娱乐捐、火柴捐、横水渡捐一律取消，仍归主管机关办理。应准照办。仰候令行杨总司令遵照办理可也"印发外，仰该总司

令即便遵照，仍将遵办情形具复考核。此令。

（中华民国陆海军大元帅之印）

中华民国十三年一月十八日

据《大元帅训令第二六号》，载广州《陆海军大元帅大本营公报》第三号，一九二四年一月三十日

饬刘震寰转饬所部严兆丰撤销东莞沙捐员
以统一财政令

（一九二四年一月十八日）

大元帅训令第二九号

令西路讨贼军总司令刘震寰

为令行事：据财政委员会呈称："本会本月十四日第六次常会会议，准广东全省沙田清理处处长许崇灏提出，东莞沙捐兼清佃局前经由处委任谭平前往办理。嗣因莞城被陷，局员暂行退避，旋经我军克复，为西路讨贼军刘总司令震寰所部驻扎，遂由严兆丰师长委员接管。现在正值本处奉命进行筹款，应请大会咨达刘总司令，迅饬严师长将所委之员撤销，以符统一而明权责一案，经众讨论议决，由本会呈请大元帅训令刘总司令转饬严师长，将所委之员撤销在案，理合呈请大元帅鉴核施行"等情。除指令"呈悉，所呈系为统一财政起见，应准照办。仰候令行刘总司令转饬该师长遵照可也。此令"印发外，仰该总司令迅饬该师长即便遵照，仍将遵办情形具复考核。此令。

（中华民国陆海军大元帅之印）

中华民国十三年一月十八日

据《大元帅训令第二九号》，载广州《陆海军大元帅大本营公报》第三号，一九二四年一月三十日

批财政委员会请饬广州卫戍总司令将
经收杂捐撤销仍归主管机关办理呈

（一九二四年一月十八日）

大元帅指令第六九号

令财政委员会

呈请饬广州卫戍总司令将经收杂捐撤销移交主管机关由。

呈悉。所请将广州卫戍总司令经收娱乐捐、火柴捐、横水渡捐一律取消，仍归主管机关办理。应准照办。仰候令行杨总司令遵照办理可也。此令。

（中华民国陆海军大元帅之印）

中华民国十三年一月十八日

据《大元帅指令第六九号》，载广州《陆海军大元帅大本营公报》第三号，一九二四年一月三十日

批叶恭绰廖仲恺请训令刘震寰转饬严兆丰
将东莞沙捐兼清佃局员撤销呈

（一九二四年一月十八日）

大元帅指令第七一号

令财政委员会主席委员叶恭绰、廖仲恺

呈悉。所呈系为统一财政起见，应准照办。仰候令行刘总司令转饬该师长遵照可也。此令。

（中华民国陆海军大元帅之印）

中华民国十三年一月十八日

据《大元帅指令第七一号》，载广州《陆海军大元帅大本营公报》第三号，一九二四年一月三十日

批东三省王秉谦等请划哈尔滨为特别区呈①

（一九二四年一月十八日）

交中央执行委员会办理。

十三年一月十八日

据中国第二历史档案馆：《新发现的中国国民党总理批文（四）》，载《民国档案》二〇〇一年第四期

饬彻究军人封用车辆令

（一九二四年一月十九日）

大元帅训令第三二号

　令大本营军政部长程潜

　据管理粤汉铁路事务陈兴汉呈称："窃即日有自称中央直辖讨贼第三军第一路游击第三梯团司令部副官梁绍贤，手持该部公函并封条四张，到路声称有军柴多辆，已到连江口站，须速封车派赴运省等语。查军人串同奸商，藉口军柴包揽渔利，实属扰乱行车秩序，迭经大本营前兵站总监部暨滇湘两军总司令部分别惩办制止有案。今该部竟更派条勒封，涉及路政，长此滋扰，殊碍要公。理合备文连同该部原函及封条各一纸渎呈钧座，敬恳察核，转令查究，以维路务"等情。并粘呈该团部原函封条前来。据此，查军人封用车辆，经定有限制办法令行在案。据呈前情，除指令外，合行令仰该部长查明，严令该部长官彻究。粘件随发。此令。

（中华民国陆海军大元帅之印）

中华民国十三年一月十九日

据《大元帅训令第三二号》，载广州《陆海军大元帅大本营公报》第三号，一九二四年一月三十日

---

　① 呈内称：请划哈尔滨为特别区，并派秦广学、张识尘为哈尔滨特别区代表，张晋为哈尔滨特别区地方代表，推选何孝忠为吉林省地方代表。

严禁驻军勒索商人阻留货物令

（一九二四年一月十九日）

大元帅训令第三三号

令中央直辖滇军总司令杨希闵、湘军总司令谭延闿

查北江为湘赣入粤孔道，货物运输，商旅往还，胥以此为交通。仰该总司令通饬所属将领，严禁驻扎该处部下军队，不得勒索商人，阻留货物，致碍盐斤之销路，各货之流通，是为至要。切切。此令。

（中华民国陆海军大元帅之印）

中华民国十三年一月十九日

据《大元帅训令第三三号》，载广州《陆海军大元帅大本营公报》第三号，一九二四年一月三十日

批徐绍桢请褒扬寿妇黄赵氏呈

（一九二四年一月十九日）

大元帅指令第七三号

令大本营内政部长徐绍桢

呈请褒扬寿妇黄赵氏由。

呈悉。准予题颁"懿行可风"四字匾额，并给予银质褒章，以示褒扬。仰即转给承领可也。此令。

（中华民国陆海军大元帅之印）

中华民国十三年一月十九日

据《大元帅指令第七三号》，载广州《陆海军大元帅大本营公报》第三号，一九二四年一月三十日

批叶恭绰遴员暂署本部局长科长等职呈

（一九二四年一月十九日）

大元帅指令第七五号

　　令大本营财政部长叶恭绰

　　呈遴员暂署本部局长、科长等职由。

　　呈悉。此令。

（中华民国陆海军大元帅之印）

中华民国十三年一月十九日

据《大元帅指令第七五号》，载广州《陆海军大
元帅大本营公报》第三号，一九二四年一月三十日

批廖仲恺预借新粮办法妨碍滋多乞鉴核呈

（一九二四年一月十九日）

大元帅指令第七六号

　　令广东省长廖仲恺

　　呈复预借新粮办法，妨碍滋多，乞鉴核由。

　　呈悉。准如所拟办理。此令。

（中华民国陆海军大元帅之印）

中华民国十三年一月十九日

据《大元帅指令第七六号》，载广州《陆海军大
元帅大本营公报》第三号，一九二四年一月三十日

批陈兴汉为中央直辖讨贼第三军游击第二梯团部勒封车卡运柴请转令查究以维路务呈

（一九二四年一月十九日）

大元帅指令第七七号

令管理粤汉铁路事务陈兴汉

呈中央直辖讨贼第三军游击第二梯团部勒封车卡运柴，请转令查究，以维路务由。呈悉。已令行军政部查究矣。仰即知照。此令。

（中华民国陆海军大元帅之印）

中华民国十三年一月十九日

据《大元帅指令第七七号》，载广州《陆海军大元帅大本营公报》第三号，一九二四年一月三十日

饬许崇智将派赴各县收粮委员撤销令

（一九二四年一月二十日）

大元帅训令第三四号

令东路讨贼军总司令许崇智

为令饬事：据广东省长廖仲恺呈称："为呈请事：现据南海县县长李宝祥具呈：奉东路讨贼军总司令部令行：奉大元帅令：准将各县所欠旧粮拨归本部经收，以补军食。又奉令行奉大元帅令：着财政厅将各县所欠旧粮，拨归东路讨贼军总司令部派员直接征收，以补该军伙食各等因。查前奉省署令行由县每日额解银一千二百元，此款全恃征收钱粮项下应解，且迭奉筹解军饷，计垫长银十万余元，此项垫款，有向商号息借，有将地方款挪解，专望本年冬征归还，若改拨该军部经收，对于额解省署之款，势不能不先行停止，即借垫挪解，亦无从筹还。况钱粮为国库收入正款，甲军截收旧粮，乙军又截收新粮，更恐接踵而起，财政因而紊乱，固无统一之日，请核示遵等由。又据番禺县县长卫汝基具呈：奉行同前因，

请核示饬遵等由前来。查核李县长等所陈系属实情，钱粮关系正供，若改拨军部经收，则甲军开端，乙军效尤，不特财政无统一可期，即论征收，亦大蒙影响。且现在广属各县指定按日派解省署之款，系奉帅座特令，省署每日收入，悉经指定拨充军饷，如将各县统归东路催收，则省署解款可停，即按日拨支各饷均无着落。窃维东路军饷固应维持，而各县催征新旧钱粮，及省署指定派解各款，亦应统筹兼顾。现东路军队多已移驻香山，计香山县各项征收约计达二十万元左右，拟请将香山一县收入全数划出拨解东路军部，其余各县，仍照前奉帅令派定数目，分饬照解省署核收，其东路派赴各县收粮委员，一律撤销。似此两全，既于东路军糈可资挹注，而于各方办事，均不致受其牵动，经将办法提出政务会议议决，陈明帅座照行。理合录案呈请察核，照案核准指令祗遵，并分行东路讨贼军总司令部遵照”等情。据此，当经指令“呈悉，案经会议议决，自应准如所拟办理。仰即转令广属各县，仍照前次派定数目，按日解交省署核收，以备拨充军饷。并令饬香山县县长，将该县各项收入，全行拨解东路军部，以期兼顾。仍候令饬东路讨贼军总司令，即将派赴各县收粮委员撤销可也。此令”等语。除指令印发外，合行令仰该总司令即便遵照，将派赴各县收粮委员撤销。此令。

（中华民国陆海军大元帅之印）

中华民国十三年一月二十日

据《大元帅训令第三四号》，载广州《陆海军大

元帅大本营公报》第三号，一九二四年一月三十日

批廖仲恺拟将香山一县收入全数拨解东路军部
其余广属各县仍照派定数目解交省署呈

（一九二四年一月二十日）

大元帅指令第七八号

　　令广东省长廖仲恺

　　呈为拟将香山一县收入全数拨解东路军部，其余各县仍照派定数目解交省署，经政务会议议决录案，呈核准由。

　　呈悉。案经会议议决，自应准如所拟办理。仰即转令广属各县，仍照前次派

定数目，按日解交省署核收，以备拨充军饷。并令饬香山县县长，将该县各项收入，全行拨解东路军部，以期兼顾。仍候令饬东路讨贼军总司令，即将派赴各县收粮委员撤销可也。此令。

（中华民国陆海军大元帅之印）

中华民国十三年一月二十日

据《大元帅指令第七八号》，载广州《陆海军大
元帅大本营公报》第三号，一九二四年一月三十日

组织国民政府之必要决议案①

（一九二四年一月二十日）

（一）国民党当依此最小限度政纲②为原则，组织国民政府。

（二）国民党当宣传此义于工商、实业各界及农民、工人、兵士、学生、舆佚一般之群众，使人人知设统一国民政府之必要。

据《组织国民政府之必要决议案》，载《中
国国民党第一次全国代表大会宣言及决议案》，
广州，中央执行委员会一九二四年二月印行

着财政委员会筹发朱培德经费令③

（一九二四年一月二十一日）

大元帅令

朱军长急需一万六千元，着财政委员会设法分筹。

据《广州国民政府档案》，载中国第二历史档
案馆编：《中华民国史档案资料汇编》第四辑，
南京，江苏古籍出版社一九八六年九月出版

---

① 此案由孙文交付临时中央执行委员会向大会提出，该委员会委托林森在会上作说明。
② "最小限度政纲"，当指行将通过的大会宣言中"国民党之政纲"。
③ 时间为财政委员会第九次会议决案日期。

饬严办吉昌庄等私贩盐斤令

（一九二四年一月二十一日）

大元帅训令第三五号

　　令两广盐运使赵士觐

　　为令饬事：查韶关吉昌庄等盐店八间及船户袁兴福等，私买未经缴税领照之盐斤，擅行运销，影响盐税前途甚大。为此，令仰该运使迅即派员前往曲江县，将本案人犯卷宗提解回省，严行讯办，以昭炯戒而儆效尤。此令。

（中华民国陆海军大元帅之印）

中华民国十三年一月二十一日

据《大元帅训令第三五号》，载广州《陆海军大元帅大本营公报》第三号，一九二四年一月三十日

纪律问题决议案①

（一九二四年一月二十二日）

　　大会认为，一切党员皆有服从严格的党内纪律之义务，此乃改组中各种重要问题中之一。

　　吾党同志颇有忠诚服从领袖、努力奋斗始终不懈者，大会认为此乃吾党同人所深引为快慰之事。数十年来，因革命而牺牲死于民事之吾党烈士，更足为恪守纪律之模范。大会敢以全体名义，致其哀悼敬仰之忱。

　　虽然，吾党欲达国民革命之目的，成群众之政党，则亦不能全赖此等党员个人之自律精神。革命的群众政党须有普及的强逼的纪律，此等政党之组织性质本不能离纪律而存在，故纪律实为革命胜利之第一必要条件。

----

　　①　本议案由胡汉民在会上作了说明。

　　大会以为国民党之组织原则，当为民主主义的集权制度。每一党员既有应享之权利，亦有当尽之义务。参与党内一切问题之决议及党外政策之确定，选举各级执行党务之机关，此其权利也。此等全党党员参与共同讨论决议及选举之制度，即所以保证民主主义之实行。讨论既经终了，执行机关既经议决，则凡属党员均有遵守此等决议案或命令并实行之之义务。此即所谓政党的集权制度。

　　吾党夙抱国民革命之宗旨，欲求取得政权，实行三民主义，若无民主集权制之组织及纪律，则必不能胜利。无组织之政党等于无政府主义者之俱乐部，决非民众之先锋队，决不能为民族解放而奋斗，故亦决其不成为政党。

　　大会以为国民党未得政权之处，党与国家有异，既无方法强逼党员服从其自己所决议之法律，又无警察、军队之强制权力执行纪律之法，唯有与党员以道德上、名誉上之制裁，或施行章程上所规定之训练办法。至于国民党已得政权之处，则执行纪律之法又不限于道德上、名誉上之制裁。既得政权之处，党员之行动比之其他地方尤当负责，党之纪律亦当更加严格。此等地方若党员有违纪律，则其影响殊非可以等闲视之者。为保证党之真正指导权起见，为保证党之战斗力起见，在此国内战争期内尤为重要。大会特别规定此等地方执行纪律之法，除道德上、名誉上之制裁外，当加以强制的办法，如免职、调任、暂时的或永久的驱逐出境以及其他方法。监察委员会所拟议，中央当可加以斟酌而执行之也。唯受中央惩戒之党员，亦可要求全国大会重加审察。

　　党员之承认党章，即承认其纪律，与兵士之盟誓无异，故破坏纪律者不啻战时叛兵降将。大会认为纪律问题非常重要，嗣后党中遇有党员破坏纪律或违背主义，当加以最严厉之制裁。

据《纪律问题决议案》，载《中国国民党第一次全国代表大会宣言及决议案》，广州，中央执行委员会一九二四年二月印行

海关问题决议案①

（一九二四年一月二十二日）

自民国六年国会被非法解散以来，北京无依法组织全国公认之政府，海关余款自非非法北京政府所能独有。民国八九年间，我西南护法政府曾取得关余一部分，先后收款六次，共计三百余万两，是其明证。嗣因西南政府内部分争，遂尔停付。北庭于是直接、间接得以西南之关余，作为侵略西南之军费。事之不平，孰有逾于此者。

洎乎十年五月，我孙总理受国民之付托，就任总统。北庭恐我政府名正言顺收取关余，遂为先发制人之计，将全国关余拨作内债基金，我政府当然不能承认。总税务司安格联非不明此理，而竟于其职务之外，复贸然担任内债基金保管之责。近又托词关余为内债基金，不能交付我政府应得之部分，殊所不解。况内债基金原案，除关余外尚有盐余、交通两项收入，实绰绰有余，我政府提取一部分关余，于内债债权人之权利绝无动摇之虞。观于北庭积欠整理公债处盐余、交通两款三千八百万元，可见一斑。安格联果尽其保管之责，则该两项欠款自应使北京政府照付，何至任其积欠至如是之多。

总之，北京政府现为不法武人官僚所盘踞，为我国人所否认。我广州政府辖境内之关余若仍听北庭支配，实无异赍盗以粮，应请我政府迅速收供建设之用。至列强纷派兵舰来粤示威，直不啻助北庭以压迫我政府，干涉我内政，此种举动为我国人所同愤。幸我当局不为所慑，始终坚持，公理所在，事当有济。兹本党一致议决，誓为政府后盾，务使目的达到，正义得伸。

抑更有进者，外人管理海关，其结果不但使保护政策无由实行，且使我国实业不能与外国实业在我国境内为同等之发展，其束缚我国实业之发展以妨碍其生存，为害之大，不可胜言。本党尤当更进一步，主张收回海关，用种种和平正当之手段与准备方法，以求有济。此事于吾国民生前途关系甚大，本党为代表国民

---

① 本议案由汪精卫在会上作说明之后，众谓无异议，不经表决即予通过。

利益计，当于此努力，务期贯彻主张。

据《海关问题决议案》，载《中国国民党
第一次全国代表大会宣言及决议案》，广
州，中央执行委员会，一九二四年二月印行

着财政委员会筹给许卓然办事费令①

（一九二四年一月二十三日）

大元帅令

　　着财政委员会筹给许卓然办事费二币元。

据《广州国民政府档案》，载中国第二历史档
案馆编：《中华民国史档案资料汇编》第四辑，
南京，江苏古籍出版社一九八六年九月出版

着财政委员会筹发陆军军官学校开办费令②

（一九二四年一月二十三日）

大元帅令

　　着财政委员会于十日内筹备一万元，为军官学校开办费，交蒋介石收用。

据《广州国民政府档案》，载中国第二历史档
案馆编：《中华民国史档案资料汇编》第四辑，
南京，江苏古籍出版社一九八六年九月出版

---

　　①　时间为财政委员会第十次会议决案日期。

　　②　时间为财政委员会第十次会议决案日期。财政委员会议决："陆军军官学校开办费由左列各机关担任，限十日内交清。财政部五百元，省长公署一千元，市政厅二千元，公安局一千五百元，财政厅一千五百元，盐运使署一千五百元，沙田清理处五百元，禁烟督办署一千五百元。"

饬杨希闵撤销联和公司承办省河横水渡捐令

（一九二四年一月二十四日）

大元帅训令第三六号

令广州卫戍总司令杨希闵

据广州市市长孙科呈称："窃职厅现据省河全体横水渡埗业公所代表黄元呈称：'窃省河横水渡操业微贱，无权无势，只知自食其力，历来无异。近因附加横水渡捐，卫戍司令部则批准联和公司罗有成承办，财政厅则批准联安公司梁浩然承办，市财局则批准同益公司张伯平承办，以一捐务而有三公司，民全体横水渡埗业不知何去何从，故连日将收得捐饷，代为存贮，以为静候官厅解决。不料迄今数日，仍未见有解决办法，而卫戍司令部批准之联和公司强健有力，索取急如星火，微弱如民横水渡各埗业，何有抗阻能力，故附加之新捐四文，连同警费一文，昨日皆被尽数收去；不特此也，此项捐务，现系开始创办，搭客多有不遵照给，计七日间已短收二百余元，亦要各横水渡涉业赔垫，迫得亦已如数赔垫矣。惨苦情形，真个为人作马牛践踏者不若也，为此公举代表，据实呈明察核'等情前来。查省河横水渡捐，依照公布条例，应属市政管理范围，早经职厅咨由财政厅饬属移交接管在案。兹据该代表呈称：现在卫戍司令部及财政厅均有招商承办，并分立公司名目征收，似此权限纷歧，不惟有妨市库收入，且有碍财权统一，市长为整顿市内捐务以应要需起见，除经另案具呈广东省长公署令饬财政厅撤销承案外，理合备文呈请帅座俯准，令饬卫戍司令部迅将联和公司承案撤销，以清权限，实为公便"等情。据此，除指令照准外，合行令仰该总司令查照，即将联和公司承办省河横水渡捐一案撤销，以符例案。此令。

（中华民国陆海军大元帅之印）

中华民国十三年一月二十四日

据《大元帅训令第三六号》，载广州《陆海军大元帅大本营公报》第三号，一九二四年一月三十日

派汪精卫向第一次全国代表大会
提出宣言补遗手谕①

（一九二四年一月二十四日）

派汪精卫代表提出宣言补遗一条于大会，请表决。

总理孙文

中华民国十三年一月二十四日

于已删之第五项下补充此条：厘定各种考试制度，以救选举制度之穷。②

据亲笔原件，台北、中国国民党文化传播委员会党史馆藏

附：汪精卫发言

主席团汪精卫登坛说明，略谓：今天早上本席接到总理一信，有一临时动议提出，属精卫代表说明。其动议之主旨，即对于宣言上本党政纲"对内政策"尚有一点意见，此动议主旨并不是变更宣言内容。盖"对内政策"应有考试权之规定，总理意思于将来甄用各项官吏均应施行考试制度，以救选举制度之穷。将政纲中"对内政策"已删之第五项，再补充一项，文为"厘订各种考试制度，以救选举制度之穷"。此项考试制度原系五权宪法之一，为本党对于中华民国宪法本来的主张。现在提出此问题，似不必加以多大的讨论，只要决定此刻可否补充加入可也。

据《中国国民党代表大会会议录》第九号（中华民国十三年一月二十四日上稽），大会秘书处编印，铅印原件

---

① 一月二十四日上午，孙文派汪精卫为代表向大会提出一项临时动议，在已于二十三日通过的大会宣言中"国民党之政纲"对内政策第五项补充相关条文，并经大会表决通过。

② 本段文字系汪精卫笔迹。

批孙科请令饬卫戍总司令部
撤销联和公司承案呈

（一九二四年一月二十四日）

大元帅指令第八一号

　　令广州市市长孙科

　　呈请令饬卫戍总司令部撤销联和公司承案由。

　　呈悉。准予令行广州卫戍总司令查照撤销。仰即知照。此令。

　　　　　　　　　　　　　　　（中华民国陆海军大元帅之印）

　　　　　　　　　　　　　中华民国十三年一月二十四日

　　　　　　　　　　据《大元帅指令第八一号》，载广州《陆海军大
　　　　　　　元帅大本营公报》第三号，一九二四年一月三十日

批赵士觐为盐斤每包增抽军饷一元一案
碍难遵行恳请准予取销呈

（一九二四年一月二十四日）

大元帅指令第八二号

　　令两广盐运使赵士觐

　　呈盐斤增抽军饷一元一案，碍难遵行，恳请准予批销由。

　　呈悉。所有前令将盐斤每包增抽军饷一元一案，应准予取消。仰即遵照办理。此令。

　　　　　　　　　　　　　　　（中华民国陆海军大元帅之印）

　　　　　　　　　　　　　中华民国十三年一月二十四日。

　　　　　　　　　　据《大元帅指令第八二号》，载广州《陆海军大
　　　　　　　元帅大本营公报》第三号，一九二四年一月三十日

哀悼列宁提案

（一九二四年一月二十五日）

现提议用大会全体名义发一电报哀悼列宁先生，并延会三日。电文如下：

中华民国十三年一月廿五日，中国国民党全国代表大会致北京苏俄代表加拉罕君：本日国民党全国代表大会通过下列决议案，请转贵党本部及贵政府：列宁同志为新俄之创造人，此时本大会之目的为统一全国，在民治之下，增进国民之幸福，则其事业正为本大会之精神。本大会特休会三日以志哀悼。

中国国民党全国代表大会

据《中国国民党全国代表大会会议录》第十一号，载中国人民政治协商会议广东省委员会文史资料研究会编：《广东文史资料》第四十二辑《中国国民党"一大"史料专辑》，广州，广东人民出版社一九八四年七月出版

着财政委员会筹给马伯麟要件费令

（一九二四年一月二十五日）

大元帅令

着财政委员会筹给马伯麟修理长洲要塞要件费一千元。

据《广州国民政府档案》，载中国第二历史档案馆编：《中华民国史档案资料汇编》第四辑，南京，江苏古籍出版社一九八六年九月出版

饬五邑驻军不得径向征收机关提款令

（一九二四年一月二十五日）

大元帅训令第三七号

令大本营军政部长程潜

据广东财政厅长梅光培呈称："为呈请事：前奉大元帅令：'西江财政仍交回财政厅接收管理'等因。当经派委李榕阶为西江下游恩、开、新、台、赤五邑财政整理处处长，饬令将五邑征收正杂一切官款解厅拨用在案。兹据呈称：'伏思职处并无直接征收税款，其所恃以解济省库者，皆五邑各县局承商等将征收税饷缴处转解，在各征收机关遵奉明令整理，本自无难，而在驻防各军或过境军队饷项伙食之需，其奉准核拨者，固当由职处照拨，其未经准拨有案者，亦应由职处呈明候示核办，不得强迫拨解，乃有统一之可言。现查近日征收机关，非由军队截收，即由各军提取，虽有印据可抵，而财政紊乱，着手殊难。拟请呈明大元帅饬下军政部、省长，令行五邑驻防各军队暨各县长，嗣后军队需支饷项、伙食，必须核准有案，方予拨支，并不得由各征收机关任意提拨，庶可有款解缴，而收整理统一之效'等情。据此，查各属驻防军队，必须军政部、省长核准拨支数目，方得由各征收机关就近拨交，不能任意提拨，庶可收财政统一之效。所呈自属实情，理合据情呈请大元帅令行军政部，转饬西江五邑各属驻防军队，一体遵照办理，实为公便"等情。除指令"呈悉。西江财政业经令交该厅接收，所有五邑驻防军队，自不得径向该处征收机关提拨款项。据呈前情，仰候令行军政部转饬西江五邑驻防军队遵照办理可也。此令"印发外，仰该部长转行西江五邑驻防军队一体遵办。此令。

（中华民国陆海军大元帅之印）

中华民国十三年一月二十五日

据《大元帅训令第三七号》，载广州《陆海军大元帅大本营公报》第三号，一九二四年一月三十日

饬军费须由军政部核定再行交议支配令

（一九二四年一月二十五日）

大元帅训令第三九号

令大本营军政部长程潜

为令行事：据财政委员会主席委员叶恭绰、廖仲恺呈称："为呈请事：本月

十四日本会第六次常会会议，财政部提出，凡一切军费，须由军政部核定，再行交议支配，以昭划一一案，经众讨论，议决呈请大元帅训令军政部，转行各军事机关遵照办理等因。理合呈请大元帅核准施行"等情前来。据此，除指令"呈悉。候令行军政部转行各军事机关遵照办理可也。此令"印发外，合行令仰该部长即便遵照转行各军事机关查照办理为要。此令。

（中华民国陆海军大元帅之印）

中华民国十三年一月二十五日

据《大元帅训令第三九号》，载广州《陆海军大元帅大本营公报》第三号，一九二四年一月三十日

批梅光培请令军政部转饬西江五邑各属驻防军队不得任意提拨税款呈

（一九二四年一月二十五日）

大元帅指令第八三号

令广东财政厅长梅光培

呈请令行军政部转饬西江、五邑各属驻防军队不得任意提拨税款由。

呈悉。西江财政业经令交该厅接收，所有五邑驻防军队，自不得径向该处征收机关提拨款项。据呈前情，仰候令行军政部转饬西江五邑驻防军队遵照办理可也。此令。

（中华民国陆海军大元帅之印）

中华民国十三年一月二十五日

据《大元帅指令第八三号》，载广州《陆海军大元帅大本营公报》第三号，一九二四年一月三十日

批叶恭绰廖仲恺请将该会议决财政部提出
凡一切军费须由军政部核定再行交议
支配以昭划——案核准施行呈

（一九二四年一月二十五日）

大元帅指令第八五号

令财政委员会主席叶恭绰、廖仲恺

呈请将该会议决财政部提出，凡一切军费须由军政部核定，再行交议支配，以昭划——案核准施行由。

呈悉。候令行军政部转行各军事机关遵照办理可也。此令。

（中华民国陆海军大元帅之印）

中华民国十三年一月二十五日

据《大元帅指令第八五号》，载广州《陆海军大元帅大本营公报》第三号，一九二四年一月三十日

准程潜所呈追赠梁寿恺陆军炮兵中校并给恤令

（一九二四年一月二十五日）

大元帅指令第八六号

令大本营军政部长程潜

呈：东路讨贼军营长梁寿恺积劳病故，请援例追赠并给恤由。

呈悉。已故东路讨贼军营长梁寿恺准如所议，着追赠陆军炮兵中校，仍照例给予少校恤金。此令。

（中华民国陆海军大元帅之印）

中华民国十三年一月廿五日

据《大元帅指令第八六号》，载广州《陆海军大元帅大本营公报》第三号，一九二四年一月三十日

饬市政厅长即汇旅费贰千元令①

（一九二四年一月二十五日）

着市政厅长即汇旅费贰千元。文批。

据照片，台北、中国国民党文化传播委员会党史馆藏

饬严禁扶溪地方团防阻抗驻军令

（一九二四年一月二十六日）

大元帅训令第四十号

令广东省长廖仲恺

据湘军总司令谭延闿呈称："据职军第五军司令部主任参谋余泽篯由仁化元代电称：'衔略。顷据第十五旅旅长陈寅报告：一、据第二十九团团附叶良报称：昨十一日职团奉令派第二营开赴百顺、扶溪一带截阻逃兵，特先派副官一员持函赴扶溪通知，以免误会。讵该地团防竟将团兵调齐，于距扶溪六七里之地，登山实行抗拒，并将该副官等及第二营之前站兵数名一律扣留，声称该地不准驻兵，若强欲前来，即行开火，并即将该副官等斩首等语。嗣经该副官等再三解说，始肯放归。适第二营全部到达，与该团防前哨相遇，该团兵等竟亦高呼如前。曾营长因恐一时冲突，不分皂白，故仍一律开回长江静待后命。二、据土人报称：该地团防局长李飞龙，曾在陈炯明部下充当营长云云。三、昨南雄方面逃兵经过该村时，被缴枪五十余枝，故该团防势力澎涨〔膨胀〕，更为刁抗。四、扶溪地为长江、仁化、南雄等处之要道交叉之点，极为重要，由长江至仁化，及由仁化至南雄，皆所必经。当此军事期内，军队调动往来不时，该地人民如此野蛮，动行阻抗，为害匪轻，一旦有事，雷团既处进退维谷之势，定有妨碍。尤恐该团防局

---

① 该款于一九二四年一月二十五日电汇往柏林，除孙文批语外同时存有英文和德文复电，但缺收款人姓名。

长李飞龙既系陈逆旧人，暗与陈逆勾结，我军即应谋解决之法各等情。据此，查扶溪人民野蛮，久成习性，犹或可原，今竟无端阻拒官军，难保其无越轨行动，应如何办理之处，伏祈钧裁施行'等由前来。伏查职所部各军，均驻防粤湘、粤赣两方交界之处，仁化为通南雄达曲江交通孔道，军队往来移动，自系恒情。且闻迩来唐生智遣派奸徒多名，潜入我军防地，勾引鼓惑，以致职部各军日来间有持械潜逃情事发生，百顺、扶溪地方为南始经仁化入湘必由之地，故迭电该军派队驻扎百顺、扶溪一带，堵截在逃士兵。乃该地方人民不察内容，任意阻抗，影响所及，遗害匪浅。且据称李飞龙系陈逆旧部，有无他项危害阴谋，殊难思揣。理合缕叙各情由，呈恳钧座俯赐察核，令饬该县转令该地士绅，不得拒绝防军驻扎及通过，不胜惶悚待命之至"等情。据此，除指令外，合行令仰该省长迅饬县长严令该地士绅团防，不得阻抗防军，致碍戎机。此令。

（中华民国陆海军大元帅之印）

中华民国十三年一月二十六日

据《大元帅训令第四十号》，载广州《陆海军大元帅大本营公报》第四号，一九二四年二月十日

严缉杨少甫朱泽民季树萱归案究办令

（一九二四年一月二十六日）

大元帅训令第四一号

令中央直辖滇军总司令兼广州卫戍总司令杨希闵、湘军总司令谭延闿、桂军总司令刘震寰、豫军讨贼军总司令樊钟秀、粤军总司令许崇智、广东省长廖仲恺、中央直辖第一军军长朱培德、中央直辖第二军军长黄明堂、中央直辖第三军军长卢师谛、中央直辖第七军军长刘玉山

为令饬事：据中央直辖滇军第二军军长范石生呈称："窃职部自入粤而后，即委任杨少甫充江防司令部军需，旋兼第三师部军需处长，所有一切收入，皆由该员经管，统计先后存储收入公款壹百余万元。昨年十一月间军事吃紧之际，该员尽将存储公款席卷而逃，致杨前师长廷培愧对袍泽，投河毕命；又第六旅旅长

朱泽民临阵畏缩，复潜回省垣，将该旅七、八两月薪饷及九、十两月伙食共十余万元，航政局烟酒公卖局收入七万余元，统计二十余万元席卷潜逃；又第十团团长季树萱，于出发石龙时，临阵借病，潜回省垣，私开杂赌，得规约二十余万元，复敢蛊惑队伍，图谋捣乱。查该逃员杨少甫监守自盗，朱泽民、季树萱临阵退缩，均属罪无可逭，亟应严缉归案究办，以维纲纪。理合具该逃犯杨少甫等年貌，备文呈请钧府察核，俯赐通令严缉，务获归案究办，实为公便"等情前来。据此，除指令"呈悉。候令行各军长官严缉究办可也。此令"即发外，合行令仰该总司令、省长、军长即转饬所属一体缉拿，务获究办，以重公款而儆官邪为要。切切。

此令。

（中华民国陆海军大元帅之印）

中华民国十三年一月二十六日

据《大元帅训令第四一号》，载广州《陆海军大元帅大本营公报》第四号，一九二四年二月十日

批谭延闿请令饬仁化县转令扶溪团防
不得拒绝防军驻扎及通过呈

（一九二四年一月二十六日）

大元帅指令第九一号

令湘军总司令谭延闿

呈请令饬仁化县转令扶溪团防不得拒绝防军驻扎及通过由。

呈悉。已令行广东省长转饬该县遵照办理。此令。

（中华民国陆海军大元帅之印）

中华民国十三年一月二十六日

据《大元帅指令第九一号》，载广州《陆海军大元帅大本营公报》第四号，一九二四年二月十日

批范石生为该军第三师军需处长杨少甫等
挟款潜逃请通缉归案究办呈

（一九二四年一月二十六日）

大元帅指令第九二号

令中央直辖滇军第二军军长范石生

呈报该军第三师军需处长杨少甫等挟款潜逃，请通缉归案究办由。

呈悉。候令行各军民长官严缉究办可也。此令。

（中华民国陆海军大元帅之印）

中华民国十三年一月二十六日

据《大元帅指令第九二号》，载广州《陆海军大
元帅大本营公报》第四号，一九二四年二月十日

着盐运使来商各军擅自设局收税盐商罢市对策令

（一九二四年一月二十八日）

于此亟谋财政统一之时，忽闻滇、湘、朱三军又设局于黄沙车站以加收盐税
之事，殊深诧异。盐商今日已罢市，运使明日便无税可收，政府将无从再负给养
各军之责，大事将不可为矣！有无挽救之法，特着运使来商。

据《湘军撤回协饷局委员》，载一九
二四年一月二十八日广州《现象报》

着筹发黄明堂军费谕①

（一九二四年一月二十八日）

大元帅谕

着筹给黄军长明堂旧历过年军费三千元，另每日给养五百元。

据《广州国民政府档案》，载中国第二历史档案馆编：《中华民国史档案资料汇编》第四辑，南京，江苏古籍出版社一九八六年九月出版

命发航空局经费令

（一九二四年一月二十八日）②

大元帅令

着提前发给航空局经费一万元。

据陈旭麓、郝盛潮主编，王耿雄等编：《孙中山集外集》，上海，上海人民出版社一九九〇年七月出版

命发庶务司经费令

（一九二四年一月二十八日）③

大元帅令

着财政委员会筹给杂费一千元交庶务司收用。

据陈旭麓、郝盛潮主编，王耿雄等编：《孙中山集外集》，上海，上海人民出版社一九九〇年七月出版

---

① 时间为财政委员会第十二次会议决案日期。
② 时间为财政委员会第十二此会议决案日期。
③ 时间为财政委员会第十二此会议决案日期。

缉拿卸任香安局长梅放洲归案究办令

（一九二四年一月二十八日）

大元帅训令第四四号

　　令东路讨贼军总司令许崇智

　　为令饬事：据两广盐运使赵士觐呈称："案据新委香安局局长陆志云呈称：'奉到委任，遵即前赴该局接事，讵该卸局长梅放洲挟带关防离职，匿不交代'等情。当经令饬将原日所用关防注销，由职署另刊关防发交该局长前往接办启用，并布告在案。旋复据该局长呈称：'卸局长梅放洲抗不交代，尚潜匿香安境内，继续私发渔票'等情。据此，查该卸局长梅放洲奉令销差，胆敢挟带关防离职，匿不交代，以致新任局长陆志云无从接事，关于公款公物等项不能收存保管。且现值冬销畅旺之际，局务遽尔停顿，于缉私疏销一切事务贻误良多。况复潜匿香安境内，继续私发渔票，舞弊图利，置国家法律于不顾。似此不法行为，若非严拏〔拿〕究办，不足以儆官邪而重公币。用特据情呈明钧座，恳请令行粤军总司令，迅饬驻香行营就地查缉，务将卸香安局长梅放洲拿获归案讯办，以儆官邪而维盐政。除指令该局长陆志云将梅放洲请领渔票按号取销外，所有卸局长抗不交代、私发渔票、恳请令饬拿办各缘由，理合备文呈请鉴核，伏候指令祗遵，实深公便"等情前来。据此，查盐务行政最重统一，该卸香安局长梅放洲抗不交代，并私发渔票侵蚀正税，殊属藐法。仰该总司令即严饬所部密为缉拿，务获归案究办，以儆官邪而维盐政为要。切切。此令。

（中华民国陆海军大元帅之印）

中华民国十三年一月二十八日

据《大元帅训令第四四号》，载广州《陆海军大
元帅大本营公报》第四号，一九二四年二月十日

批赵士觐为卸任香安局长梅放洲抗不交代
私发渔票恳请令饬许总司令拿办呈

（一九二四年一月二十八日）

大元帅指令第九五号

令两广盐运使赵士觐

呈为卸香安局长梅放洲抗不交代私发渔票，恳请令饬许总司令拿办由。

呈悉。已令行许总司令着严密缉拿，务获究办矣。仰即知照。此令。

（中华民国陆海军大元帅之印）

中华民国十三年一月二十八日

据《大元帅指令第九五号》，载广州《陆海军大元帅大本营公报》第四号，一九二四年二月十日

着谭延闿代职令

（一九二四年一月二十九日）

大元帅令

大本营秘书长廖仲恺未到任以前，着谭延闿兼代。此令。

（中华民国陆海军大元帅之印）

中华民国十三年一月廿九日

据《大元帅令》，载广州《陆海军大元帅大本营公报》第四号，一九二四年二月十日

饬赖天球严行淘汰并约束邓跳山部令

（一九二四年一月二十九日）

大元训令第四五号

　　令大本营第七路游击司令赖天球

　　据中央直辖滇军总司令杨希闵呈称："案据职军第一师长赵成梁呈称：案据职师第二旅长韦杵呈称：窃据南始联防游击总局长卢焜呈称：案奉钧部第二五零号训令开：为令饬查办事，案据南雄和安约团董叶允藏等呈称：除原文有案邀免冗叙外，后开除批示外，合行令仰该局长迅速查办，以安闾阎。切切。此令。计钞匪首邓跳山历次劫掳案及匪姓名一纸。等因。奉此，自应遵照办理。惟邓跳山即林杨，现经大本营第七路司令赖天球收编，所有匪徒均编入营伍，其迭次焚杀劫掳，实属罪不容诛。但其挂大本营招牌，欲行查办，似非职局职权势力所能及，自应呈请转呈大元帅严令制止。所有呈请将叶允藏呈称各节转呈大元帅严令赖司令查办并请示祇遵缘由，理合具文呈请察核施行，实为公便等情。据此，旅长覆查属实，除令该局知照外，理合备文呈请钧部衡核，俯赐转请严令制止，实为公便等情。据此，师长覆查该匪首邓跳山，迭次焚杀劫掳，实属不法已极。惟据称该匪现经大本营第七路游击司令赖天球收编，亟应转请严令制止，以安黎庶。理合将转请严令制止各缘由，备文呈请钧座衡核，俯赐转请施行等情。据此，查匪首邓跳山经该师长查明，现归大本营第七路游击司令赖天球收编，应否饬令该司令查办，将该邓部立予解散，或严加约束之处，理合据情转呈前情"。据此，除指令外，合行令仰该司令即将该部严行淘汰，认真约束。如再有不法行为，当严办不贷。仰即遵照。此令。

（中华民国陆海军大元帅之印）

中华民国十三年一月二十九日

据《大元训令第四五号》，载广州《陆海军大元帅大本营公报》第四号，一九二四年二月十日

批杨希闵查办南雄匪首邓跳山历次劫掳一案
该匪现受赖天球收编请示办法呈

（一九二四年一月二十九日）

大元帅指令第九六号

令中央直辖滇军总司令杨希闵

呈查办南雄叶允藏等控匪首邓跳山历次劫掠一案，该匪现受赖天球收编，请示办法由。

呈悉。已令饬赖天球将所部严行淘〔淘〕汰，并加约束。如再有不法行为，当严办不贷。仰即转令知照。此令。

（中华民国陆海军大元帅之印）

中华民国十三年一月二十九日

据《大元帅指令第九六号》，载广州《陆海军大元帅大本营公报》第四号，一九二四年二月十日

饬滇军担任卫戍湘粤边境令

（一九二四年一月二十九日）

肃清东江，曾令大举。会师北伐，并已动员。第二路联军各部移动开拔在即，所有以后湘粤边境卫戍事宜，应即责成滇军分兵担任，用固疆圉。此令。

据《滇军卫戍湘粤边境》，载一九二四年一月三十日《广州民国日报》

批赵士北拟请将琼山罗定等十七厅庭
已决人犯减刑列册请指令遵行呈①

（一九二四年一月二十九日）

大元帅指令第九七号

　　令大理院长兼管司法行政事务赵士北

　　呈为拟请将琼山罗定等十七厅庭已决人犯减刑列册，请指令遵行由。

　　呈及清册均悉。准如所拟办理。清册十七本存。此令。

（中华民国陆海军大元帅之印）

中华民国十三年一月二十九日

据《大元帅指令第九七号》，载广州《陆海军大
元帅大本营公报》第四号，一九二四年二月十日

批张开儒为副官黎工伩于伪造行使印花税票案
确无嫌疑请免予处分呈

（一九二四年一月二十九日）

大元帅指令第九八号

　　令大本营参军长张开儒

　　呈副官黎工伩于伪造行使印花税票案确无嫌疑，请免予处分由。

　　呈悉。照准。此令。

（中华民国陆海军大元帅之印）

中华民国十三年一月二十九日

据《大元帅指令第九八号》，载广州《陆海军大
元帅大本营公报》第四号，一九二四年二月十日

---

　　①　十七厅庭指琼山、罗定、三水、新丰、陆丰、阳春、连平、五华、广宁、钦县、阳山、郁南、徐闻、海丰、兴宁、海康、德庆等厅庭。

批赖天球为所部伙食困迫请即给发
并指拨长期的款呈

（一九二四年一月二十九日）

大元帅指令第一〇一号

令大本营第七路游击司令赖天球

呈所部伙食困迫，请即给发并指拨长期的款由。

呈悉。着先将所部前日滥行收编者严加淘汰，再行呈夺。此令。

（中华民国陆海军大元帅之印）

中华民国十三年一月二十九日

据《大元帅指令第一〇一号》，载广州《陆海军
大元帅大本营公报》第四号，一九二四年二月十日

关于感化游民土匪及殊遇革命军人之决议案①

（一九二四年一月二十九日）

中国为农业的国家，近代受经济的帝国主义之压迫及国内军阀官僚之刮削，遂至失业日多，饥寒所迫，或行劫掠以图苟全，或入行伍以求幸存。良好之农民化而为强暴之兵匪，直接则受军阀之虐待及驱使，间接则为列强所利用，使吾国产业基础日就崩坏。吾中国国民党第一次全国代表大会对于此全国产业基础崩坏、人民生活动摇之惨状，认为封建制度破坏后二千年来吾国历史上之第一重大时代，主张以党之全力宣传并实行下列二项：

（一）国家对于游民、土匪于惩服的方法之外，须设法加以感化及收容，使即能获得从事于社会有益之工作之机会。

---

① 本议案由孙文提出，委托戴季陶在会上作说明。

（二）吾人当努力宣传于一切军队中，使了然于其自身之地位，变反动的兵力为革命的兵力。至革命军揭国民党之旗帜为人民而战，以从事于捍卫国家、克服民敌者，当受国家之殊遇。兵士于革命胜利之后，国家应给与适当之土地，使复归于善良之农民。

在此重大问题上，本大会并认本党总理所主张之兵工政策及实业的建国方略，为最适合于中国改造之政策。本党应本此政策，负努力宣传及实行之责任。

据《关于感化游民土匪及殊遇军人之决议案》，
载《中国国民党第一次代表大会宣言及决议案》，
广州，中央执行委员会一九二四年四月刊行

增补代表大会宣言对外政策
条款之临时动议①

（一九二四年一月三十日）

一百四十号廖仲恺登坛说明提案旨趣：一、租界制度于二十世纪之今日尚任其存在于中国，实为中国人民族之耻辱，应由中国收回管理；二、外国人在中国领土内应服从中华民国之法律；三、庚子赔款当完全画作教育经费。请大众讨论议决。

··················

主席：本案议决加入政纲内，原属甚善。现在咨询本案加入政纲对外政策，有附议者请举手（附议者在十人以上）。尚有无讨论？

··················

主席：本案加入政纲中，本总理非常赞成。当初起草宣言之时，本总理曾嘱于对外政策应列举事项，现在政纲中之对外政策乃将此三件事情忘却，虽有概括

---

① 孙文主持本次会议。根据他事先授意，廖仲恺在会上提出一项增补宣言中"国民党之政纲"对外政策条款的临时动议。因与会者的质疑，孙文便亲自出面说明，终于以授权他本人对宣言"修正文字"的方式获得通过。但有代表坚持反对补入收回租界的条文，孙文对此问题最终作何处理，未悉其详。文中"主席"指孙文；省略段落为各代表在讨论中所发表的意见。

之规定，犹嫌未能明白。本总理以为应将这三件事大书特书。如今虽有说收回主权的话，都是空空洞洞，一无办法，未闻有说收回租界者。我们现在有了办法，实属可喜，亟应加入以补充之。犹忆我在南京解职回到上海之第一天，有十六国之外国人与外交官在尚贤堂开欢迎会，我曾说："你们外国要帮助我们收回租界。"当时有许多外人不敢说话，亦有赞成我此说者，而外国报纸则加以攻击论调。尚有一次，我曾作论主张收回租界。综计我提倡收回租界前后有两次，一在大庭广众之外国人欢迎会中，一则著书立说并发行于租界中。要知租界原是我们的土地，外人则认租界是他们的，此实大错。如上海地方，已认为是他们的殖民地，真是令人痛惜。现在趁大会尚未闭会，赶紧将这个意思加入政纲对外政策中，实为主要。本总理对此提案亦加入附议。

………………

主席：现在不要多费讨论，如大家认为可以加入，即由本总理修正文字可也。众请付表决。

主席：现付表决。赞成本案通过由本总理修正文字者，请举手（全体）。可决。

据《中国国民党代表大会会议录》第
十六号，大会秘书处编印，铅印原件

着财政委员会筹汇上海事务所经费令①

（一九二四年一月三十一日）

大元帅令

着财政委员会筹汇上海事务所经费一万元。

据《广州国民政府档案》，载中国第二历史档
案馆编：《中华民国史档案资料汇编》第四辑，
南京，江苏古籍出版社一九八六年九月出版

---

① 时间为财政委员会第十三次会议决案日期。

着财政委员会筹给李福林所部军毡费令[①]

（一九二四年一月三十一日）

大元帅令

　　着财政委员会筹给李福林所部军毡费一万五千元。

据《广州国民政府档案》，载中国第二历史档
案馆编：《中华民国史档案资料汇编》第四辑，
南京，江苏古籍出版社一九八六年九月出版

批广东地方善后委员会议决惩治妄报官产
及李文恩等禀陈利弊各案呈

（一九二四年一月）

大元帅指令第二八号

　　令广东地方善后委员会

　　呈为议决惩治妄报官产及李文恩等禀陈利弊各案，呈候鉴核由。

　　呈及附件均悉。伍委员平一所拟惩治妄报瞒承官产条例是否可行，候将原草案
钞交广东省长详加审查，具覆核夺。至李文恩所陈变卖官产机关人员与地方蠹民种
种串通舞弊情形，殊堪痛恨，并候令广东省长通令各该管机关严行查禁。如果有此
种行为，无论高下级人员，均应尽法惩办，以儆官邪而重业权。市厅所定民产保证
条例，前已由该会议决修改呈经核准施行在案。中央银行应否设立及纸币应否发行，
应俟保证费收有成数，再行酌量办理。仰即分别知照。附件存。此令。

（中华民国陆海军大元帅之印）

中华民国十三年一月　日

据《大元帅指令第二八号》，载广州《陆海军大
元帅大本营公报》第二号，一九二四年一月二十日

---

　　①　时间为财政委员会第十三次会议决案日期。

批俄大使加拉罕道谢国民党哀悼列宁函

（一九二四年一月）

交中央执行委员会译出发表。

文

据原件，台北、中国国民党文化传播委员会党史馆藏

着财政委员会筹给宋品三旅费令①

（一九二四年二月二日）

大元帅令

着财政委员会筹给宋品三旅费五百元。

据陈旭麓、郝盛潮主编，王耿雄等编：《孙中山集外集》，上海，上海人民出版社一九九〇年七月出版

着财政委员会筹给吴稚觉公费令②

（一九二四年二月二日）

大元帅令

着财政委员会筹给吴稚觉公费五百元。

据陈旭麓、郝盛潮主编，王耿雄等编：《孙中山集外集》，上海，上海人民出版社一九九〇年七月出版

---

① 时间为财政委员会第十四次会议决案日期。
② 时间为财政委员会第十四次会议决案日期。

着财政委员会每日发给北伐讨贼军
第一、二军办公费令^①

（一九二四年二月二日）

大元帅令

北伐讨贼军第一军陈军长光逵、第二军柏军长文蔚，着自二月起，每日由该会各发给办公费毫银一千元。仰即遵照。

据陈旭麓、郝盛潮主编，王耿雄等编：《孙中山集外
集》，上海，上海人民出版社一九九〇年七月出版

批叶恭绰广东省长廖仲恺为发行短期手票
五十万元请予照准并分令各军队一体
遵照毋得借此骚扰呈

（一九二四年二月三日）

呈悉。此项短期手票五十万元，应准发行，并已如呈分令各军队，不得藉此骚扰矣。仰即知照。此令。

（中华民国陆海军大元帅之印）
中华民国十三年二月三日

据《大元帅指令第一零四号》，载广州《陆海军
大元帅大本营公报》第四号，一九二四年二月十日

---

① 时间为财政委员会第十四次会议决案日期。

饬发行短期手票并停办官产市产举报令

（一九二四年二月三日）

大元帅令

　　据大本营财政部部长叶恭绰、广东省长廖仲恺呈称："据广州地方善后委员会、广州总商会、广东善团总所、九善堂院函称：'经各界大集会议议决，由广州地方善后委员会、广州总商会、广东善团总所、九善堂院联合发行善后短期手票五十万元，以各善堂院价值壹百余万元产业为保证，其契照交由广州总商会存储，将广州市民产保证局交法定社团公推委员办理，规定广州市民产保证局概不收受现金，专收此项手票，以偿足五十万元为止'等情。呈请核准施行，明令办理"前来。当此旧历年关紧迫，军饷急需，该善堂院等慨然提出巨产保证手票，该委员会、总商会、善团总所等相与联合发行，藉以应支军饷，鼓励士气，地方赖以乂安，商民同资利便，本大元帅至为嘉慰。关于民产保证局，既交由各法定社团办理，应即妥定便利办法，以期敏捷而资保障。责成广州市长督饬妥迅进行，勿滋扰累，至一切官产市产一律停止举报，其未办结各案，应即速行办结，以苏民困。仰财政部长、广东省长分别转饬遵照。此令。

（中华民国陆海军大元帅之印）

中华民国十三年二月三日

据《大元帅令》，载广州《陆海军大元帅大本营公报》第四号，一九二四年二月十日

饬各军不得骚扰发行短期手票令

（一九二四年二月三日）

令各军总司令及司令、军长、师长

　　现据财政部长叶恭绰、广东省长廖仲恺呈称："年关逼近，军饷亟需，拟发行短期手票五十万元，以资救济"等情。据此，除指令照准发行外，合亟令仰该

总司令、司令、军长、师长即便遵照，严饬所属部队不得藉此骚扰，以利推行，是为至要。此令。

（中华民国陆海军大元帅之印）

中华民国十三年二月三日

据《大元帅训令第四七号》，载广州《陆海军大元帅大本营公报》第四号，一九二四年二月十日

批统一财政委员会接管财政办法呈

（一九二四年二月三日）

统一财政，曾通令遵照在案。兹据统一财政委员会呈复接管财政办法：（一）凡为各军一时权宜派员管理之财政收入机关，概由财政主管机关先行加委；所加委各机关，以后即应禀承各财政主管机关办理。另由财政主管机关或先加派副员一员，于各收入机关襄助调查稽核整理一切事宜，其暂时特别收入款项，另由财政主管机关特设机关管理之。各军管区权委之各财政委员，自加委后，应格外谨慎奉公，以后察看贤否，由各主管机关妥酌之。（二）凡各军驻在管区收入之财政，应由财政主管机关通盘筹画，除奉大元帅核定各该军之饷额遵令指拨外，盈余之款，仍由财政主管机关遵令办理等条前来，详加察阅，事尚可行，特此令达，着即遵照切实办理。

据《孙大元帅通令统一财政令》，载一九二四年二月十三日上海《民国日报》①

着将高师法大农专合并为国立广东大学令

（一九二四年二月四日）

大元帅令

着将国立高等师范、广东法科大学、广东农业专门学校合并，改为国立广东

---

① 据称系三日发出之通令。

大学。此令。

（中华民国陆海军大元帅之印）

中华民国十三年二月四日

据《大元帅令》，载广州《陆海军大元帅
大本营公报》第四号，一九二四年二月十日

饬严缉附逆中央直辖滇军师长王汝为令

（一九二四年二月六日）

大元帅令

前因中央直辖滇军第四师师长王汝为横行畿辅，俶扰纪纲，业经明令免职查办在案。兹据蒋军长光亮呈称：王汝为已率部降敌，实属甘心附逆，罪无可逭。着前敌各军长官暨地方官吏一体严缉，务获惩办，以伸国法而仿效尤。此令。

（中华民国陆海军大元帅之印）

中华民国十三年二月六日

据《大元帅令》，载广州《陆海军大元帅
大本营公报》第四号，一九二四年二月十日

准赠恤潘宝寿令

（一九二四年二月六日）

大元帅令

大本营军政部长程潜呈："议复已故滇军团长潘宝寿请予追赠陆军少将，并照恤赏章程给予恤金"等语。已故滇军团长潘宝寿准予追赠陆军少将，并照少将例给予恤金，以慰英灵。此令。

（中华民国陆海军大元帅之印）

中华民国十三年二月六日

据《大元帅令》，载广州《陆海军大元帅
大本营公报》第四号，一九二四年二月十日

批蒋光亮通缉王汝为呈

（一九二四年二月六日）

大元帅指令第一〇六号

　　令中央直辖滇军第三军军长蒋光亮

　　呈请通缉王汝为由。

　　令大本营财政部长叶恭绰、广东省长廖仲恺

　　呈一件呈为发行短期手票五十万元，请予照准并分令各军队一体遵照，毋得藉此骚扰由。

　　呈悉。王汝为已明令通缉矣。仰即知照。此令。

　　　　　　　　　　　　　　　　　（中华民国陆海军大元帅之印）

　　　　　　　　　　　　　　　　　中华民国十三年二月六日

　　　　　　　　据《大元帅指令第一〇六号》，载广州《陆海军大元帅大本营公报》第四号，一九二四年二月十日

批程潜为西路讨贼军第二师严兆丰拟备价购领兵工厂新制步枪一千杆水机关枪四尊呈乞核示文

（一九二四年二月六日）

大元帅指令第一〇八号

　　令大本营军政部长程潜

　　呈为西路讨贼军第二师严师长拟备价购领兵工厂新制步枪一千杆、水机枪四尊，呈乞核示由。

　　呈悉。查石井兵工厂每日造成枪械无多，严师长①拟备价购领一节，碍难照

---

　　① 即严兆丰。

准。仰即转饬知照。此令。

（中华民国陆海军大元帅之印）

中华民国十三年二月六日

据《大元帅指令第一〇八号》，载广州《陆海军大元帅大本营公报》第四号，一九二四年二月十日

批陈融呈解该厅十二年十一二月各职员提俸充饷文

（一九二四年二月七日）

大元帅指令第一一四号

令广东高等审判厅厅长陈融

呈解该厅十二年十一、十二两月各职员提俸充饷由。

呈及附表均悉。该厅解来十二年十一、十二两月所属职员提俸充饷之款三千三百元，业饬会计司如数核收，并由该司发给收据矣。仰即知照。此令。

（中华民国陆海军大元帅之印）

中华民国十三年二月七日

据《大元帅指令第一一四号》，载广州《陆海军大元帅大本营公报》第四号，一九二四年二月十日

着将上海分部改为上海第一分部手令

（一九二四年二月八日）①

原有上海分部着改为上海第一分部，所有原任该分部各职员，一律照此名称

---

① 原件未署年份。据内容当在一九二四年。

按原职加委，其任期仍合以前当选之日计算。着总务部遵照办理。

孙文

二月八日

据原件，台北、中国国民党
文化传播委员会党史馆藏

着发湘军五军长旅费令

（一九二四年二月八日）①

大元帅令

　　着财政厅长发给湘军五军长各旅费一千元，共五千元。

据陈旭麓、郝盛潮主编，王耿雄等编：《孙中山集外
集》，上海，上海人民出版社一九九〇年七月出版

着发陆军军官学校开办经费令

（一九二四年二月八日）②

大元帅令

　　着财政委员会提前发给军官学校开办经费六万元。

据陈旭麓、郝盛潮主编，王耿雄等编：《孙中山集外
集》，上海，上海人民出版社一九九〇年七月出版

---

①　时间为财政委员会第十五次会议决案日期。
②　财政委员会议决："陆军军官学校开办经费六万元，由本会函禁烟督办署提拨。"日期
为财政委员会第十五次会议决案时间。

着发上海议员旅费令

（一九二四年二月八日）①

大元帅令

着财政委员会筹拨上海议员旅费五千元，交谢惠生等分配。

据陈旭麓、郝盛潮主编，王耿雄等编：《孙中山集外
集》，上海，上海人民出版社一九九〇年七月出版

饬查究商团枪杀持用短期手票之滇军排长班长令

（一九二四年二月八日）

大元帅训令第四八号

令广东省长廖仲恺

为令遵事：据中央直辖滇军总司令兼广州卫戍总司令杨〈希〉闵呈称："案据职部警卫二团团长刘廷珍于二月四日午后八时呈称：'为呈报事：窃职团于本日请领薪饷，领获短期手票八百元，深虑此项纸票初次发行，市面尚未周知，骤然发给士兵行使，难免不无冲突，乃先派一排长李忍持票试用能否通行。既据该排长归报：初至小市街口英美烟公司分销处购物，该铺始则拒绝，嗣经该处商团开导，晓以此票系经财政委员会、商会及各善堂议决，政府核准，市面一律通用，言明后该铺即已收受。职团又再三审慎，仍恐发交士兵致生他虑，令各士兵将欲购物品报请本属长官代为出外购取，防患未然，不为不周。乃以二连三排长蔡海清、三班长张升平两人，于本日午后六时徒手持票同至双门底品南茶店三元钱铺兑换银钱，以资采买各物。讵该店主坚持不收，声称此系滇军伪造，彼此互相口角。该店主遽鸣笛召团，是时商团巡街者络绎不绝，一闻笛声，蜂拥而来，不问是非，不明皂白，遽开枪屠射，竟将该排长蔡海清、班长张升平登时当场击毙。

---

① 时间为财政委员会第十五次会议决案日期。

时也一排长李忍亦徒手出街购物，道经该处，该商团丁见其身着军服，又率尔开枪乱射，该排长回首便跑，以至头部仅受重伤。职团闻警，当即派员前往调查，但见该排长及军士死尸横陈，血肉狼藉，惨不忍言。随检该尸，袋中尚有血渍原票二张。于是全团官兵睹此现像，愤不欲生，佥谓我等军人为国战死，死固其宜，今以行使政府颁发纸票之故，遂被该团丁击毙，自斯以往，团丁益横行，吾辈其危矣，兔死狐悲，物伤其类，愿得一拼死命以报手足冤仇等语。职团见其愤激如此，极力制止，喻以凡事自有长官作主，静待解决，万勿躁动。职团自蒙委任，其于军纪、风纪，罔不极力讲求，乃不意祸从天降，竟至于此。惟有叩恳钧长向彼商团严重交涉，非将该凶犯归案抵罪，万不足以得其平而安将士，理合呈请衡核施行。计附呈血渍原票二张'等情。据此，同时又据职部副官长报称：'职处闻警时，即派上尉差遣伍继曾速往调查。该差遣还称：职至永汉马路，岗警引职到警察第五区署面会鲍区员，询其详情。据云，午后六时有徒手军人二名，未有表示属于何军，持纸票在品南饼铺购物，声称除应给购价外，下余之敷，应找还现金，该铺不允，彼此口角，该铺遂鸣笛召团丁，一时枪声四起，竟击毙军人二名，又击伤路上行人二名。职又亲至发生地点调查，亦同前由等语。又据卫生队军士郑光宗报称：本晚过年，长官派职到维新路高地街十三号购买火炮，该铺商人先不允卖，继以生银示之，乃答以卖而要银十二元，职遂以毫银十二元与之，又不给火炮，暗地使人唤团警。乃不多时，竟有商团百余人蜂拥聚集，情势汹汹，将欲动武。经职等婉为说明，不卖火炮，须还钱来，该商乃退还毫洋七元六角，其余四元四角，卒以商团过多，不准分辩，遂至损失，且几吃亏。又谍查报告：本晚西关及城市各处商团与湘、滇、粤、桂各军滋闹事件，实有七八起之多等语。职处覆查无异，理合据情报请钧核'等情。据此，职部查商团巡街维持市面，固属天职，然若非真有聚众抢劫，或持械拒捕，与不法滋事者，万不可轻率开枪，致酿人命。况该排长蔡海清、班长张升平执政府颁发手票出街购物，属于正当行为，既系徒手，自然无能为力，又值查街警团往来如林，万目所视，该排长等虽欲违法捣乱，势必不敢。即使该排长等果有违法举动，而手无武器，该商团亦易会警捕交职部办理。乃计不出此，竟尔孟浪若是。反复推察，若非寻私报仇，必系受敌运动，故意捣乱。诚如近来各方谍查侦探所报告：陈逆炯明极力运动商团，意图在省捣乱，不然桑梓地方，何致草菅人命，任意妄为，不顾治安有如此者？当此战事未息，正尔用兵，万一激生变故，影响大局，此种责任，其谁负之？职部奉命兼卫戍斯土，原有保护军民、维持地方之责，对于此等事件，亟宜公平处理，严密防范，以镇军心而安闾阎。大局前途，关系匪浅，除严令该商团速将犯法团丁解送职部讯办，并令严密约束防范，勿为逆敌所愚外，理合具情呈请鉴核，饬令有司严密防范，以杜奸谋，实为公便"等情。据此，除指令"呈悉。已令行广东省长认真查究矣。仰即知照。此令"外，合亟令仰该省长即便遵照办理。切切。此令。

（中华民国陆海军大元帅之印）

中华民国十三年二月八日

据《大元帅训令第四八号》，载广州《陆海军大元帅大本营公报》第五号，一九二四年二月二十日

饬速修广韶电线令

（一九二四年二月八日）

大元帅训令第四九号

令广东电政监督何家猷

为令遵事：据湘军总司令谭延闿呈称："查广韶电线损坏已久，曾经呈请钧座令行广州电政监督修理。旋奉第二十四号指令开：'仰候令行电政监督认真整顿可也。此令'等因在案。兹据职部驻韶陶副官制安艳电称：'广韶电局月余未通，致我军电报积压至七拾余件之多。消息梗阻，遗误戎机，诚非浅鲜。恳饬赶紧修理为祷'等情。据此，合再备文呈请钧座，恳予严令该电政监督从速修理，以利戎机，实为公便"等情。据此，除指令照准外，合行令仰该监督即便从速修理，毋稍贻误。切切。此令。

（中华民国陆海军大元帅之印）

中华民国十三年二月八日

据《大元帅训令第四九号》，载广州《陆海军大元帅大本营公报》第五号，一九二四年二月二十日

饬将司法收入平均摊发厅院职员令

（一九二四年二月八日）

大元帅训令第五十号

令大理院长赵士北

为令饬事：照得大理院与总检察厅彼此职务相辅而行，院厅人员同受院委，尤应平等待遇。前据总检察长卢兴原将经费支绌办事困难情形具呈缕陈前来，当经令饬该院长就司法收入项下酌予分拨，俾维现状在案。兹复据该总检察长呈称："职厅经费积欠业逾四月，职员势将解体，而查大理院薪俸，则已发至去年十一月份，借支有已借至一月份者，职厅各职员以为同奉院委，何以待遇显有轩轾？至以大理院司法收入而言，若讼费、若状面费、若律师证书费、若律师小章费，综此四项，月入约五六千元，苟以四五分之一拨给职厅，尚非势所难能"等情。据此，除指令外，合行令仰该院长遵照，先令饬按月务将司法收入尽数平均摊发厅院职员，俾资办公，勿得稍分厚薄。仍将遵办情形报查。切切。此令。

（中华民国陆海军大元帅之印）

中华民国十三年二月八日

据《大元帅训令第五十号》，载广州《陆海军大元帅大本营公报》第五号，一九二四年二月二十日

饬各军不得派员至桂境收编匪类令

（一九二四年二月八日）

大元帅训令第五一号

令大本营军政部长程潜

据广西讨贼军第一军总指挥黄绍雄〔竑〕支电称："窃查桂省连年兵燹迭生，变乱无定，溃军土匪，啸聚山林，焚杀劫掳，民不堪命。数月以来，职军分路进

剿，每因各友军藉收编散军为名，入境收抚，致令势穷力竭之土匪藉为护符，相率受编。卒之匪情难驯，变本加厉，外恃军队之名，肆行劫掠之实，较之未收编之匪为害尤烈，以之御敌，闻风先溃，虚糜国帑，重害人民。兹为整顿地方起见，伏恳察核通令现驻粤桂两省各军长官，勿再派员入梧、郁、浔各属境收编匪类，俾职部得以实行剿办匪盗，安辑善良。从此伏莽全消，民登衽席，悉出我大元帅生成之德也。临电屏营，伏乞电示"等情。据此，应予照准，仰该部长即便转知各军长官一体遵照可也。此令。

（中华民国陆海军大元帅之印）

中华民国十三年二月八日

据《大元帅训令第五一号》，载广州《陆海军大元帅大本营公报》第五号，一九二四年二月二十日

批杨希闵为广州市商团因行使手票击毙所部排长蔡海清等情形乞令有司严密防范呈

（一九二四年二月八日）

大元帅指令第一一五号

令中央直辖滇军总司令兼广州卫戍总司令杨希闵

呈报广州市商团因行使手票击毙所部排长蔡海清等情形，乞令有司严密防范由。

呈悉。已令行广东省长认真查究矣。仰即知照。此令。

（中华民国陆海军大元帅之印）

中华民国十三年二月八日

据《大元帅指令第一一五号》，载广州《陆海军大元帅大本营公报》第五号，一九二四年二月二十日

批樊钟秀请设法维持票币呈

（一九二四年二月八日）

大元帅指令第一一六号

令前兵站总监罗翼群

呈请发给兵站第一支部员兵欠饷及商款由。

呈悉。已饬主管机关设法维持矣。仰即知照。此令。

（中华民国陆海军大元帅之印）

中华民国十三年二月八日

据《大元帅指令第一一六号》，载广州《陆海军大
元帅大本营公报》第五号，一九二四年二月二十日

批谭延闿请严令广东电政监督从速修理
广韶电线以利戎机呈

（一九二四年二月八日）

大元帅指令第一一八号

令湘军总司令谭延闿

呈请严令广东电政监督从速修理广韶电线，以利戎机由。

呈悉。已令行广东电政监督从速修理矣。仰即知照。此令。

（中华民国陆海军大元帅之印）

中华民国十三年二月八日

据《大元帅指令第一一八号》，载广州《陆海军大
元帅大本营公报》第五号，一九二四年二月二十日

批罗翼群请发给兵站第一支部员兵欠饷及商款呈

（一九二四年二月八日）

大元帅指令第一一九号

令豫军讨贼军总司令樊钟秀

呈请设法维持票币由。

呈悉。该部所欠发各薪饷欠款，应俟该部报销案核准后，再行分别缓急酌发。

仰即遵照。此令。

（中华民国陆海军大元帅之印）

中华民国十三年二月八日

据《大元帅指令第一一九号》，载广州《陆海军大元帅大本营公报》第五号，一九二四年二月二十日

批伍学熀呈报十二年十二月下半月及十三年
一月上半月预垫经费数目情形文

（一九二四年二月八日）

大元帅指令第一二〇号

令兼广东全省船民自治联防督办伍学熀

呈报十二年十二月下半月及十三年一月上半月垫经费数目情形由。

呈悉。仰即造具清册呈候核销。此令。

（中华民国陆海军大元帅之印）

中华民国十三年二月八日

据《大元帅指令第一二〇号》，载广州《陆海军大元帅大本营公报》第五号，一九二四年二月二十日

批梅光培为原办江门东口会河厘厂商人冯耀南
呈请收回成命应如何办理呈乞示遵呈

（一九二四年二月八日）

大元帅指令第一二三号

　　令广东财政厅厅长梅光培

　　呈为原办江门东口会河厘厂商人冯耀南呈请收回成命，应如何办理，呈乞示遵由。

　　呈悉。案经核定，万难变更，所有该商冯耀南呈请收回成命之处，应仍由该厅照案批驳可也。此令。

（中华民国陆海军大元帅之印）

中华民国十三年二月八日

据《大元帅指令第一二三号》，载广州《陆海军大元帅大本营公报》第五号，一九二四年二月二十日

批梅光培为湘军总司令谭延闿等于黄沙地方设立
盐务局等情一案应否分饬各税厂遵照办理呈

（一九二四年二月八日）

大元帅指令第一二四号

　　令广东财政厅长梅光培

　　呈为湘军总司令谭延闿等，于黄沙地方设立盐务局等情一案，应否分饬各税厂遵照办理，乞示遵由。

　　呈悉。前据杨希闵等呈请，已指令着毋庸议矣。仰即知照。此令。

（中华民国陆海军大元帅之印）

中华民国十三年二月八日

据《大元帅指令第一二四号》，载广州《陆海军大元帅大本营公报》第五号，一九二四年二月二十日

批叶恭绰点交宁波会馆契件情形
乞备案并附清折呈

（一九二四年二月八日）

大元帅指令第一二五号

令大本营财政部长叶恭绰

呈复点交宁波会馆契件情形，乞备案并附清折由。

呈、折均悉。清折存。此令。

（中华民国陆海军大元帅之印）

中华民国十三年二月八日

据《大元帅指令第一二五号》，载广州《陆海军大元帅大本营公报》第五号，一九二四年二月二十日

复程潜呈告已赠恤潘宝寿令

（一九二四年二月八日）

大元帅指令第一二六号

令大本营军政部长程潜

呈：议复，滇军团长潘宝寿拟请追赠陆军少将，并照例给恤由。

呈悉。准如所拟，潘宝寿已明令赠恤矣。此令。

（中华民国陆海军大元帅之印）

中华民国十三年二月八日

据《大元帅指令第一二六号》，载广州《陆海军大元帅大本营公报》第五号，一九二四年二月二十日

命筹给上海烈士家属每月特别费和每年学费谕[①]

（一九二四年二月八日）

上海每月支出烈士家属特别费及每年支出家属学费，二共七千五百四十元沪洋，着财政委员会筹给。

据陈旭麓、郝盛潮主编，王耿雄等编：《孙中山集外集》，上海，上海人民出版社一九九○年七月出版

饬国立高师等校所有用人行政悉由广东大学筹备处办理令

（一九二四年二月九日）

大元帅训令第五二号

令广东省长廖仲恺

为令饬事：照得国立高等师范、广东法科大学、广东农业专门学校三校，业明令合并，改为国立广东大学，并派邹鲁为国立广东大学筹备主任在案。除训令该筹备主任即日将各该校接管从速筹备成立外，仰该省长即分别转饬各该校遵照，嗣后所有用人、行政，悉由该筹备处主管办理，以归划一而促进行。此令。

（中华民国陆海军大元帅之印）

中华民国十三年二月九日

据《大元帅训令第五二号》，载广州《陆海军大元帅大本营公报》第五号，一九二四年二月二十日

---

① 财政委员会议决："由财政厅担任拨付。"此件所标时间为财政委员会第十五次会议决案日期。

饬邹鲁从速筹备成立广东大学令

（一九二四年二月九日）

大元帅训令第五三号

　　令国立广东大学筹备主任邹鲁

　　为令饬事：照得国立高等师范、广东法科大学、广东农业专门学校三校，业明令合并，改为国立广东大学，兼派该员为国立广东大学筹备主任在案。除训令广东省长分别转饬各该校遵照，嗣后所有用人、行政，悉由该筹备处主管办理，以归划一而促进行外，仰该主任即日将各该校接管，从速筹备成立具报。此令。

（中华民国陆海军大元帅之印）

中华民国十三年二月九日

据《大元帅训令第五三号》，载广州《陆海军大元帅大本营公报》第五号，一九二四年二月二十日

饬妥筹应付商团干涉行使手票办法令

（一九二四年二月九日）

大元帅训令第五四号

　　令大本营军政部长程潜

　　为训令事：案据中央直辖滇军总司令兼广州卫戍总司令杨希闵呈：以商团因行使手票，击毙所部排长蔡海清等情形，乞令有司严密防范等情。又据豫军讨贼军总司令樊钟秀呈：以商团因干涉行使手票，扯烂票纸，绑毁部属，乞迅设法维持各等情前来，除分别指令暨饬主管机关查究维持外，合亟抄发原呈，令仰该部长即便遵照办理，并会同各主管机关妥筹办法，是为至要。此令。

　　计抄发原呈二件。

（中华民国陆海军大元帅之印）

中华民国十三年二月九日

据《大元帅训令第五四号》，载广州《陆海军大元帅大本营公报》第五号，一九二四年二月二十日

饬滇军勿擅提粤汉路附加军费令

（一九二四年二月九日）

大元帅训令第五五号

　　令中央直辖滇军总司令杨希闵

　　为令饬事：案据管理粤汉铁路事务陈兴汉呈称："为呈请事：窃职路附加军费，前经呈奉钧座核准分别拨交滇、湘两军总司令在案。乃昨据韶州站电称：'奉滇军第一师司令部令，略以该附加军费须缴驻韶师部，勿得抗延，致干未便。等因。如何办理，乞复示遵'等情。据此，当经面谒钧座请示办理，并奉面令准令饬该师长毋得干预路政有案。即日又据韶州站电称：'现滇军第一师高副官带队到站，声称奉赵师长命令，附加军费须即解缴师部，无论如何，不得抗阻。敝站无力再争，迫得将韶站所收之附加军费陆百柒拾肆元壹毫陆仙强被提去。并高副官声称，此后每日韶站所收之附加军费，仍须每日缴交师部，无得玩视等语。谨电奉闻'等情。据此，理合呈恳钧座察核，迅赐将办法指令祗遵"等情。据此，当经指令："呈悉。查粤汉路附加军费，前经本大元帅于该管理呈内明白指令指定用途在案。据呈各情，仰候令饬滇军杨总司令转饬第一师勿得违令擅提，致紊财政。此令"除指令印发外，合行令仰该总司令即便遵照办理，仍将遵办情形报查。此令。

　　　　　　　　　　　　　　　　（中华民国陆海军大元帅之印）

　　　　　　　　　　　　　　　　中华民国十三年二月九日

　　　　　　据《大元帅训令第五五号》，载广州《陆海军大元帅大本营公报》第五号，一九二四年二月二十日

批赵士觐请令饬取消黄沙设立临时
附加协饷总局以维盐政呈

（一九二四年二月九日）

大元帅指令第一二七号

令两广盐运使赵士觐

呈请令饬取销黄沙设立临时附加协饷总局，以维盐政由。

呈悉。查黄沙设立临时附加协饷总局一案，前据杨希闵等呈请，已指令着毋庸议矣。仰即知照。此令。

（中华民国陆海军大元帅之印）

中华民国十三年二月九日

据《大元帅指令第一二七号》，载广州《陆海军大元帅大本营公报》第五号，一九二四年二月二十日

批中央财政委员会筹备员郑德铭等
请结束中央财政委员会请示指遵呈①

（一九二四年二月九日）

大元帅指令第一二八号

令中央财政委员会筹备员郑德铭等

呈请结束中央财政委员会请示指遵由。

呈悉。中央财政委员会应照所请收束归并办理。此令。

（中华民国陆海军大元帅之印）

中华民国十三年二月九日

据《大元帅指令第一二八号》，载广州《陆海军大元帅大本营公报》第五号，一九二四年二月二十日

---

① 郑德铭等系指郑德铭、邝明宽、黄旭升、罗雪甫。

批杨西岩拟定本署与各机关
来往公文程式乞令遵呈

（一九二四年二月九日）

大元帅指令第一二九号

　　令禁烟督办杨西岩

　　呈拟定本署与各机关来往公文程式，乞令遵由。

　　呈悉。应照公文程式，对于属特任职者，用咨属简任职以下不隶属该署者，均用公函，以符例章。仰即遵照。此令。

（中华民国陆海军大元帅之印）

中华民国十三年二月九日

据《大元帅指令第一二九号》，载广州《陆海军大元帅大本营公报》第五号，一九二四年二月二十日

批陈兴汉为滇军第一师在韶逼缴
粤汉路附加军费请示办法呈

（一九二四年二月九日）

大元帅指令第一三一号

　　令管理粤汉铁路事务陈兴汉

　　呈为滇军第一师在军费韶逼缴粤汉路附加军费，请示办法由。

　　呈悉。查粤汉路附加军费，前经本大元帅于该管理呈内明白指令指定用途在案。据呈各情，仰候令饬滇军杨总司令①转饬该第一师勿得违令擅提，致紊财政。

————————

　　①　即杨希闵。

此令。

　　　　　　　　　　　　　　（中华民国陆海军大元帅之印）

　　　　　　　　　　　　　　中华民国十三年二月九日

　　　　　　　　据《大元帅指令第一三一号》，载广州《陆海军大
　　　　　　　　元帅大本营公报》第五号，一九二四年二月二十日

命每日暂发海防舰队伙食公费令①

（一九二四年二月十一日）

大元帅令

　　着财政委员会于海防舰队未改编以前，每日暂发伙食、公费等六百元。

　　　　　　　　据陈旭麓、郝盛潮主编，王耿雄等编：《孙中山集外
　　　　　　　　集》，上海，上海人民出版社一九九〇年七月出版

饬各军毋得借词截留禁烟收入款项令

（一九二四年二月十一日）

大元帅训令第五六号

　　令中央直辖滇军总司令杨希闵、湘军总司令谭延闿、豫军讨贼军总司令樊钟秀、桂军总司令刘震寰、粤军总司令许崇智、中央直辖第一军军长朱培德、中央直辖第二军军长黄明堂、中央直辖第三军军长卢师谛、中央直辖第七军军长刘玉山、西江善后督办李济深

　　为训令事：据禁烟督办杨西岩呈称："窃职署开办以来，业将各属分所陆续投承，并委员前赴各属赶紧开办，以期早裕饷源。惟查各属军队异常庞杂，窃恐间有将收入款项截留之事发生，似于财政统一前途不无窒碍，督办窃以为虑。经即提出署务会议，与各会帮办公同讨论，佥以应呈请大元帅明令各属各军长官，

于职署所属各属分局所收入款项，毋得借词截留，俾早收财政统一之效，业经一致赞同通过在案。理合备文呈请察核，伏乞俯准施行"等情。据此，除指令照准并分令外，合行仰该军长、总司令、督办查照办理，并转饬所属一体遵照。此令。

（中华民国陆海军大元帅之印）

中华民国十三年二月十一日

据《大元帅训令第五六号》，载广州《陆海军大元帅大本营公报》第五号，一九二四年二月二十日

批程潜遵令议复南雄筹措军米出力绅商曾攀荣等应得奖章乞予核准施行呈

（一九二四年二月十一日）

大元帅指令第一三二号

令大本营军政部长程潜

呈为遵令议覆南雄筹措军米出力绅商曾攀荣等应得奖章，乞予核准施行由。

呈、单均悉。应准如议给与各等奖章，以昭激劝。仰即由部制发，并咨湘军总司令知照。清单存。此令。

（中华民国陆海军大元帅之印）

中华民国十三年二月十一日

据《大元帅指令第一三二号》，载广州《陆海军大元帅大本营公报》第五号，一九二四年二月二十日

批林森为广三铁路因滇军第四师风潮被毁派员调查暨滇军蒋军长具报各情形恳鉴核呈①

（一九二四年二月十一日）

大元帅指令第一三三号

令大本营建设部长林森

呈报前日广三铁路因滇军第四师风潮被毁，派员调查暨滇军蒋军长具报各情形，恳鉴核由。

呈悉。整顿路政是该部长应有权责，仰悉心筹划，随时整理，勿任令该路办理腐败，致营业、交通两受妨碍，可也。此令。

（中华民国陆海军大元帅之印）

中华民国十三年二月十一日

据《大元帅指令第一三三号》，载广州《陆海军大元帅大本营公报》第五号，一九二四年二月二十日

批杨西岩请通令各军毋得藉词截留收入款项呈

（一九二四年二月十一日）

大元帅指令第一三四号

令禁烟督办杨西岩

呈请通令各军毋得藉词截留收入款项由。

呈悉。照准。已令行各军一体遵照矣。此令。

（中华民国陆海军大元帅之印）

中华民国十三年二月十一日

据《大元帅指令第一三四号》，载广州《陆海军大元帅大本营公报》第五号，一九二四年二月二十日

---

① 蒋军长即蒋光亮。

批樊钟秀为该部兵士董福昌因行使手票失踪情形
暨布告该军暂不行用手票以维秩序呈

（一九二四年二月十一日）

大元帅指令第一三五号

　　令豫军总司令樊钟秀

　　呈报该部兵士董福昌因行使手票失踪情形暨布告该军暂不行用手票，以维持秩序等情由。

　　呈悉。此令。

（中华民国陆海军大元帅之印）

中华民国十三年二月十一日

据《大元帅指令第一三五号》，载广州《陆海军大元帅大本营公报》第五号，一九二四年二月二十日

批交焦易堂印刷费函

（一九二四年二月十一日）①

　　请在京印刷《三民五权演说词》四万册，用款二千一百元。此款系由商家借来，现债主催迫甚急，请核准拨交会议办案。②

据陈旭麓、郝盛潮主编，王耿雄等编：《孙中山集外集》，上海，上海人民出版社一九九〇年七月出版

---

① 　时间为财政委员会第十六次会议决案日期。
② 　会议，指财政委员会常会会议。

批赵士觐遵令组织两广盐政会议
成立日期及讨论宗旨呈^①

（一九二四年二月十二日）

大元帅指令第一三七号

令两广盐运使赵觐士

呈报遵令组织两广盐政会议成立日期及讨议宗旨由。

呈悉。此令。

（中华民国陆海军大元帅之印）

中华民国十三年二月十二日

据《大元帅指令第一三七号》，载广州《陆海军大
元帅大本营公报》第五号，一九二四年二月二十日

设筹饷总局之通令

（一九二四年二月十三日）

义军云集，需饷自繁。原有收入及特别收入机关，统应及时整顿，用裕饷源，而资展布。兹着设立筹饷总局，管理特别收入各款。即由统一财政委员会、军政部、财政委员会、各军总司令部、各军司令部共同组织，公开处理，秉承妥办。此为维系各军、用宏局势起见，各有司、各军务当共济时艰，协求进步。特此令达，并着转饬所属一体遵照。切切。此令。

据《设筹饷总局之通令》，载一九二四年二月二十日《广州民国日报》

①　两广盐政会议成立于一九二四年一月二十八日。

饬军人不得干涉司法令

（一九二四年二月十三日）

大元帅训令第五七号

令中央直辖滇军总司令杨希闵、湘军总司令谭延闿、豫军讨贼军总司令樊钟秀、桂军总司令刘震寰、粤军总司令许崇智、中央直辖第一军军长朱培德、中央直辖第二军军长黄明堂、中央直辖第三军军长卢师谛、中央直辖第七军军长刘玉山、西江善后督办李济深

为令遵事：案据广东高等审判厅厅长陈融鱼日①代电称："据广州地审厅呈报：'张开儒与天顺祥王仪因债务涉讼一案，原告人张开儒声请假扣押，经三审决定照准，由职厅派员前赴该店调查账目，抗不受理。旋经原告张开儒将该店司理人潘少亭扭解到厅，当庭谕令觅店取保，未据遵办。讵于支日②下午七时，突有滇军第三军第七师武装军队数十人闯入职厅，指名索交潘少亭，声势汹汹，殴警滋闹，时已散值，复率队转往职厅长住宅围困。时职厅长在外，闻报当即分电卫戍司令部、公安局第三警区派队制止，一面将潘少亭一名交由该被告律师保出候讯。时已十二时，该军队始行散去'等情。据此，伏查民事诉讼，迭遵功令，向不拘留被告，虽经扭解，仍准保释，该潘少亭既经该厅饬令取保，自应遵照，乃不循法定手续，竟以武力干与，殊属妨碍法权"等情。呈请令饬禁止前来。查军人干与司法，迭经令禁，据呈前情，不独妨碍法权，抑亦有干军纪，合亟严令禁止，通饬遵照。嗣后各军对于法庭处理诉讼事件，毋得干涉，以维司法而肃军纪。除分令外，仰该军长、总司令、督办即便转饬所属一体遵照。切切。此令。

（中华民国陆海军大元帅之印）

中华民国十三年二月十三日

据《大元帅训令第五七号》，载广州《陆海军大元帅大本营公报》第五号，一九二四年二月二十日

---

① 即六日。

② 即四日。

批程潜遵令议复已故滇军中校参谋白正洗应得恤典呈

（一九二四年二月十五日）

大元帅指令第一四三号

令大本营军政部部长程潜

呈为遵令议覆已故滇军中校参谋白正洗应得恤典由。

呈悉。准如所议给恤。此令。

（中华民国陆海军大元帅之印）
中华民国十三年二月十五日

据《大元帅指令第一四三号》，载广州《陆海军大
元帅大本营公报》第五号，一九二四年二月二十日

饬程潜通缉叛降敌军之余立奎令①

（一九二四年二月十三至十六日间）

为令行事：据东路讨贼军总司令许崇智呈："为呈请通缉事：据职暂编第一统领宋世科密呈称：'转据该统部副官长，各营营长，连、排长金禀称：前次降充伪团长余立奎，现已公然来省利诱闲散官兵，借名贩卖货物，纷来前方煽惑军队。日来我部兵士颇有被其蛊动潜行串逃者。间有携械逃亡，实属愍不畏死。查余逆立奎，先年原充我军营长，心术不端，贪利忘义。去夏为虎作伥，甘受洪逆兆麟指使，收编在闽我军队伍，乞充伪团长职。事人不忠，又私效忠林虎，变节背洪。比时李逆云复已将置之于法，因碍林虎庇护，是以仅予褫职。自此以后，余遂认贼作父，又一变而为林逆之鹰犬矣。迩来该逆潜迹省港，党羽四出。当去冬我军退守石牌，该逆以为时机已熟，竟步在闽故智，直接煽惑我军队伍，并以重利诱引中下官佐，冀图扰乱东路根本。嗣因逆军败退，计乃未逞，亦云险矣。

---

① 据报载，此令为《大元帅训令第五十八号》。按《大元帅训令第五十七号》及《第六十号》，发令日期分别为二月十三日与十六日，今酌定本件时间为二月十三日至十六日间。

现该逆自知不容于我，又复巧施诡计，哄骗新来湘军，饰词收编民军，耸动湘军将领，竟被该逆骗一旅长名义资为护身符。实则存心叵测，希冀煽动军队，以备内应林虎，为倒戈内向之张本耳。查该逆现在省城设有机关，专备间谍遁迹，刺探机密，传递军情。在北江地方居然设立旅部，委任一班闲员，先后指派到增城、正果方面，专事煽动军队。逆迹昭著，无可讳饰。似此破坏军本，若不早为剪除，窃恐将来战云再开。万一该逆党羽果从后骚扰，亦将何以维持？事关重大，不可漠视。恳密呈通缉，以弭后患等情。据此，查余立奎前在我军服务，历蒙擢充营长要职，乃既不思报效，竟反助桀为虐，潜肆破坏。大逆不道，罪无可逭。且科等追随护法，八年于兹，牺牲千百同志头颅，始获此一团锐气。倘不严于防范，设遭该逆翻覆，于心亦殊不忍。况事关全局利害，牵一发而全身动，关系何等重大！非故作危词，实属事出确凿。人心不古，陈炯明之前车可鉴；阳奉阴违，余立奎之后覆堪危。科职责所在，难容缄默。除饬所部官兵一体严密查缉煽惑奸宄治罪以儆其余外，理合具文密呈。乞即派员特缉并通令各部队暨咨友军协缉，明正典刑，以昭炯戒'等情前来。据此，查该逆余立奎前年充职部第七旅营长，因事免职。近乃胆敢背叛降逆，又复朦耸湘军，骗取名义，公然运动职部，到处煽惑。若不严行拿办，何足以遏祸萌。拟请迅赐令饬军政部转知通缉，并令湘军查明解送钧府讯办，以肃军纪。理合据情转呈等语"前来。据此，除指令照准外，合行令仰该部长即便通行各军将余立奎严密缉拿，获案讯办，以肃军纪。切切。此令。

据《通缉余立奎之原因》，载一九二
四年二月二十八日《广州民国日报》

着秘书处函约谢英伯等辩护手谕

（一九二四年二月十五日）

　　提出下期会议，拟革除党员四人：谢英伯、徐清和、冯自由、刘禺生。着秘书通信传来会场，自行辩护。

文

据史委会藏原件，载《国父全集补编》，台北，中国
国民党中央委员会党史委员会一九八五年六月出版

赠恤夏重民王贯忱令

（一九二四年二月十六日）

大元帅令

　　查前在广州遇害之华侨义勇团团长兼飞行队队长夏重民，又在济南遇害之第一师第三团团长王贯忱，为国为党，尽厥忠贞，遇难身亡，良堪悼惋。夏重民着追赠陆军少将并加中将衔，王贯忱着追赠陆军少将。均由军政部照章议恤，而慰英灵。此令。

（中华民国陆海军大元帅之印）

中华民国十三年二月十六日

　　据《大元帅令》，载广州《陆海军大元帅大本营公报》第五号，一九二四年二月二十日

饬知统一财政委员会虎门要塞向未经管民财两政令

（一九二四年二月十六日）

大元帅训令第六十号

　　令统一财政委员会

　　为令行事：据虎门要塞司令廖湘芸呈复：虎门区内民财两政向未经管情形一案，除指令外，合行钞发原呈，仰该委员会查照办理。此令。

　　计钞发原呈一件。

（中华民国陆海军大元帅之印）

中华民国十三年二月十六日

　　据《大元帅训令第六十号》，载广州《陆海军大元帅大本营公报》第五号，一九二四年二月二十日

批廖湘芸为虎门区内民财两政向未经管情形呈

（一九二四年二月十六日）

大元帅指令第一四四号

令虎门要塞司令廖湘芸

呈复虎门区内民、财两政向未经管情形由。

呈悉。已将原呈钞发统一财政委员会查照办理矣。此令。

（中华民国陆海军大元帅之印）

中华民国十三年二月十六日

据《大元帅指令第一四四号》，载广州《陆海军大
元帅大本营公报》第五号，一九二四年二月二十日

批李济深为所辖西江财政已于一月十五日
完全交还广东财政厅派员接管呈

（一九二四年二月十六日）

大元帅指令第一四六号

令西江善后督办李济深

呈复所辖西江财政已于一月十五日完全交还广东财政厅派员接管由。

呈悉。该督办深明大义，业于一月十五日将所辖财政完全交还广东财政厅派员接管，殊堪嘉尚。候令行广东省长转饬广东财政厅将接管情形具报查核可也。此令。

（中华民国陆海军大元帅之印）

中华民国十三年二月十六日

据《大元帅指令第一四六号》，载广州《陆海军大
元帅大本营公报》第五号，一九二四年二月二十日

批徐绍桢为广州市公安局侦缉课长吴国英
缉匪有功请晋给一等五星奖章呈

（一九二四年二月十六日）

大元帅指令第一四七号

令大本营内政部长徐绍桢

呈为广州市公安局侦缉课长吴国英缉匪有功，请晋给一等五星奖章由。

呈悉。吴国英准予晋给一等五星奖章。仰即转给具领。此令。

（中华民国陆海军大元帅之印）

中华民国十三年二月十六日

据《大元帅指令第一四七号》，载广州《陆海军大元帅大本营公报》第五号，一九二四年二月二十日

着统一财政委员会据大本营财政部呈报
遵批办理广三路附近财政统一情形令

（一九二四年二月十八日）

大元帅训令第六二号

令统一财政委员会

为令行事：据大本营财政部长叶恭绰呈报：遵批办理广三路附近财政统一情形一案。除指令外，合行钞发原呈，仰该委员会即查照办理。此令。

计钞发原呈一件。

（中华民国陆海军大元帅之印）

中华民国十三年二月十八日

据《大元帅训令第六二号》，载广州《陆海军大元帅大本营公报》第五号，一九二四年二月二十日

饬朱培德筵席捐仍由市政厅办理令

（一九二四年二月十八日）

大元帅训令第六三号

　　令中央直辖第一军军长朱培德

　　为令行事：据财政委员会主席委员叶恭绰、廖仲恺呈称："本会本月八日第十五次特别会议，准市政厅提议另行指拨军费以维原案意见书内称：省河筵席捐变更办理，经奉省令依照财政委员会议决，拨由教育厅、市政厅会同办理，捐额定为加一抽收，所有收入指定为省市教育经费在案。昨由朱军长培德来厅面商，伊前所批准承办之裕源公司，系征收六厘，以二十二万为省教育费，四十二万为第一军费年饷，合计为六十四万元，今若由市政厅批办，该公司（现改称为永春公司）愿认缴教育费年加至六十万，仍认缴第一军费三十万，合计年饷九十万，请即通融照办等语。查该项捐务，经指定专拨教育经费，若仍分缴军费，不特与原案抵触，且当此励〔厉〕行财政统一之时，尤恐破例一开，难以善后，应否由财政委员会另指定别项收入，每月照拨付朱军长费二万五千元（即全年三十万元），俾教育经费不致减少，财政统一不致有紊乱之虞，仍候公决呈请大元帅核准办理等因。佥以现值厉行财政统一，而此项收入又关乎省市教育经费，本会自应维持。至原认朱军长军费三十万元，应由本会另行妥筹办法，以期双方兼顾，经众议决，理合呈请大元帅核准施行，并令朱军长培德遵照，将筵席捐一案完全由市政厅办理，省市教育同资利赖，是否有当，伏祈钧示祗遵"等情。据此，除指令照准外，合行令仰该军长即便遵照办理。此令。

（中华民国陆海军大元帅之印）

中华民国十三年二月十八日

据《大元帅训令第六三号》，载广州《陆海军大
元帅大本营公报》第五号，一九二四年二月二十日

批叶恭绰遵批办理广三路附近财政统一情形呈

（一九二四年二月十八日）

大元帅指令第一四八号

令大本营财政部长叶恭绰

呈报遵批办理广三路附近财政统一情形由。

呈悉。已将原呈钞发统一财政委员会查照办理矣。此令。

（中华民国陆海军大元帅之印）

中华民国十三年二月十八日

据《大元帅指令第一四八号》，载广州《陆海军大
元帅大本营公报》第五号，一九二四年二月二十日

批叶恭绰廖仲恺请令饬朱军长培德将筵席捐一案
完全由市政厅办理以充省市教育经费呈

（一九二四年二月十八日）

大元帅指令第一四九号

令财政委员会主席委员叶恭绰、廖仲恺

呈请令饬朱军长培德将筵席捐一案完全由市政厅办理，以充省市教育经费由。

呈悉。照准。已令饬朱军长遵照办理矣。此令。

（中华民国陆海军大元帅之印）

中华民国十三年二月十八日

据《大元帅指令第一四九号》，载广州《陆海军大
元帅大本营公报》第五号，一九二四年二月二十日

给郑洪年等命令

（一九二四年二月十九日）

　　饬令广东财政厅长郑洪年、广州市政厅长孙科、禁烟督办杨西岩，着限三天内筹集巨款，拨支湘军饷需，以利出发东江作战。

据《帅令筹拨湘军出发费》，载一九二四年二月二十日《广州民国日报》

谕饬广州商团枪枝弹药受广州市公安局检查令

（一九二四年二月十九日）

大元帅训令第六四号

　　令广东省长廖仲恺

　　为训令事：案据粤省商团正团长陈廉伯、副团长李颂韶、区克明等呈称："为呈请事：前准广州卫戍总司令函开，以查验枪枝给折征费，经呈奉大元帅核准通行在案。商团枪枝照案应由敝部给证查验，如款项充裕，即请照章缴纳等由。当经本团召集全体同人开会会议，佥以本团为自卫机关，由全省商人所组织，均系力守自卫范围，向无流弊。既属地方维持公安之机关，不能以私有论，自应照章免予查验缴费。经于二月一日将本团万难领折缘由，呈请钧座察核在案。惟未奉批示，用再渎陈清听，伏乞准照前呈所请，迅赐明令广州卫戍总司令即将商团枪枝领折一案取销，并乞批示祗遵"等情。据此，当经令饬广州卫戍总司令免予查验收费，以顺商情。并谕饬该正副团长等，将所有枪枝种类、号码、枝数暨子弹数目造册，呈由广州市公安局存案给照，并随时受公安局检查以防流弊。除径令公安局遵办外，合行令仰该省长即便知照。此令。

（中华民国陆海军大元帅之印）

中华民国十三年二月十九日

据《大元帅训令第六四号》，载广州《陆海军大元帅大本营公报》第五号，一九二四年二月二十日

饬知杨希闵商团枪枝弹药应呈
由广州市公安局存案给证令

（一九二四年二月十九日）

大元帅训令第六五号

　　令广州卫戍总司令杨希闵

　　为令饬事：案据粤省商团正团长陈廉伯、副团长李颂韶、区克明等呈称："为呈请事：前准广州卫戍总司令函开，以查验枪枝给折征费，经呈奉大元帅核准通行在案。商团枪枝照案应由敝部给证查验，如款项充裕，即请照章缴纳等由。当经本团召集全体同人开会会议，佥以本团为自卫机关，由全省商人所组织，均系力守自卫范围，向无流弊。既属地方维持公安之机关，不能以私有论，自应照章免予查验缴费。经于二月一日将本团万难领折缘由，呈请钧座察核在案。惟未奉批示，用再渎陈清听，伏乞准照前呈所请，迅赐明令广州卫戍总司令即将商团枪枝领折一案取销，并乞批示祗遵"等情。据此，除令饬该正副团长等将所有枪枝种类、号码、枝数暨子弹粒数造册，呈由广州市公安局存案给证，仍随时受公安局检查以防流弊外，合行令仰该总司令即便遵照，免予查验收费，以顺商情。此令。

（中华民国陆海军大元帅之印）

中华民国十三年二月十九日

据《大元帅训令第六五号》，载广州《陆海军大元帅大本营公报》第五号，一九二四年二月二十日

饬知吴铁城随时检查商团枪枝弹药以防流弊令

（一九二四年二月十九日）

大元帅训令第六六号

　　令广州市公安局局长吴铁城

为令饬事：案据粤省商团正团长陈廉伯、副团长李颂韶、区克明等呈称："为呈请事：前准广州卫戍总司令函开，以查验枪枝给折征费，经呈奉大元帅核准通行在案。商团枪枝照案应由敝部给证查验，如款项充裕，即请照章缴纳等由。当经本团召集全体同人开会会议，佥以本团为自卫机关，由全省商人所组织，均系力守自卫范围，向无流弊。既属地方维持公安之机关，不能以私有论，自应照章免予查验缴费。经于二月一日将本团万难领折缘由，呈请钧座察核在案。惟未奉批示，用再渎陈清听，伏乞准照前呈所请，迅赐明令广州卫戍总司令即将商团枪支领折一案取消，并乞批示祗遵"等情。据此，查此案前据该团长等呈请，已将原呈交由该局办理。兹复据呈前情，除令饬广州卫戍总司令免予查验收费，并谕令该正副团长等即将所有枪枝种类、号码、枝数暨子弹数目造册，呈由该局长存案给证，并随时受该局长检查以防流弊外，合行令仰该局长即便遵照办理，仍将遵办情形报查。此令。

（中华民国陆海军大元帅之印）

中华民国十三年二月十九日

据《大元帅训令第六六号》，载广州《陆海军大元帅大本营公报》第五号，一九二四年二月二十日

批陈其瑗等请准予委托广州市财政局
代办测绘及发照事宜呈

（一九二四年二月十九日）

大元帅指令第一五五号

　　令大清银行清理处委员陈其瑗等

　　呈请准予委托广州市财政局代办测绘及发照事宜由。

　　呈悉。应照准。此令。

（中华民国陆海军大元帅之印）

中华民国十三年二月三十日

据《大元帅指令第一五五号》，载广州《陆海军大元帅大本营公报》第六号，一九二四年二月三十日

批杨西岩拟违犯烟禁人犯所科罚金以六成
充公二成赏给线人以二成奖励
出力人员乞予核示遵办呈

（一九二四年二月十九日）

大元帅指令第一五六号

令禁烟督办杨西岩

呈为拟违犯烟禁人犯所科罚金，以六成充公，二成赏给线人，以二成奖励出力人员，乞予核示遵办由。

呈悉。准如所拟办理。此令。

（中华民国陆海军大元帅之印）

中华民国十三年二月十九日

据《大元帅指令第一五六号》，载广州《陆海军大元帅大本营公报》第六号，一九二四年二月三十日

裁撤大本营筹饷总局令

（一九二四年二月二十日）

大元帅令

大本营筹饷总局着即裁撤。此令。

（中华民国陆海军大元帅之印）

中华民国十三年二月廿日

据《大元帅令》，载广州《陆海军大元帅大本营公报》第五号，一九二四年二月三十日

饬划黄花冈一带为坟园并禁附葬令

（一九二四年二月二十日）

大元帅训令第六七号

令大本营军政部长程潜、广东省长廖仲恺

为令行事：据林森、邓泽如、邹鲁、汪兆铭、林直勉呈称："窃辛亥三月二十九日广州之役失败，党人死事者其数不可稽，得尸骸葬之黄花冈者七十有二，是为黄花冈七十二烈士坟墓。民国元年，胡展堂先生督粤时，曾经省议会议决，咨请省政府筹备十万元为营造坟场经费，只因国变屡作，迄今未及进行。去年间有地利公司向市政厅承领烈士墓道区内之地建筑民房，该地有百年古树，殊关坟场风景，建屋与坟场杂居，亦属有亵庄严。当经函请孙市长收回该地，专供种植林木，以为永远坟林之用。兹拟照坟场形势，将该冈一带地方东至二望冈、西至广州模范监狱及永泰村、南至东沙马路、北至墓后田塘，划为七十二烈士坟园。广植树木，以资荫蔽，而中外人士来坟瞻仰者，亦得有休息容与之地。且于每年三月二十九日公祭之时，各界赴祭者不下数万人，赤日当空，每苦炎曝，一经遍植坟林，则广壤之中，林下花间，随处可坐可立，尤足以慰景仰之诚，此应规设之必要也。至黄花冈之地，系因先烈而起名，自应崇为先烈纪念之所。惟国人因倾仰先烈之心，并艳羡黄花之地，遇有前敌阵亡将士，其袍泽俦侣追念战功，辄欲附葬该地。查有功将士，国家本有褒扬之典，原不必借附葬该地以为荣光。该地既为先烈纪念之所，推凡崇敬之心，皆有珍护之责，即军界同人苟加细思，当亦不忍因爱死友之故，与先烈争此片土。况既划为坟园，属于烈士崇有，尤未便任听附葬，使庄严之地沦为丛冢之场。应由军民长官会同出示禁止，嗣后无论何项有功之人，其遗骨概不得附葬烈士坟园界内，其在于界内之民间旧坟，亦限定三个月内另行择地迁葬，以壮观瞻而表敬礼。所有拟将黄花冈一带地方划为坟园并请禁止附葬各缘由，理合备文连同绘图祗请察核，伏乞训令祗遵"等情。据此，除指令照准外，合行令仰该部长、省长即便会同广东省长、大本营军政部长遵照办理，出示禁止附葬，以崇先烈，并分行各军、各机关一体知照为要。此令。

（中华民国陆海军大元帅之印）

中华民国十三年二月廿日

据《大元帅训令第六七号》，载广州《陆海军大
元帅大本营公报》第五号，一九二四年二月二十日

饬范石生克日设局办理抽收防务经费令

（一九二四年二月二十日）

大元帅训令第六八号

　　令广东筹饷总局督办范石生

　　为令遵事：前据统一财政委员会呈请设立筹饷总局，并呈核所拟章程，业经核准令行在案。查年来抽收广东全省防务经费，原为不得已之举，现在大军云集，需饷更巨，不有切实整顿，平均分配，无以裕饷源而济时艰。除明令该员为广东筹饷总局督办外，合行令仰该督办即便遵照，克日设局办理抽收广东全省防务经费事宜，务须切实规画，力剔弊窦，增多正饷，以期毋负委任。切切。此令。

（中华民国陆海军大元帅之印）

中华民国十三年二月廿日

据《大元帅训令第六八号》，载广州《陆海军大
元帅大本营公报》第五号，一九二四年二月二十日

批林森等拟将黄花冈一带地方划为七十二
烈士坟园并请谕令军民长官会同
出示禁止附葬以崇先烈呈

（一九二四年二月二十日）

大元帅指令第一五八号

　　令大本营建设部长林森等

呈为拟将黄花冈一带地方划为七十二烈士坟园，并请谕令军民长官会同出示禁止附葬以崇先烈由。

呈悉。照准。已令饬军政部、广东省长会同出示禁止附葬，并转行各军、各机关一体知照矣。此令。

（中华民国陆海军大元帅之印）

中华民国十三年二月廿日

据《大元帅指令第一五八号》，载广州《陆海军大元帅大本营公报》第六号，一九二四年二月三十日

批廖仲恺为改组国立广东大学一案
业经分行各该校遵照呈

（一九二四年二月二十日）

大元帅指令第一六○号

令广东省长廖仲恺

呈复改组国立广东大学一案业经分行各该校遵照由。

呈悉。此令。

（中华民国陆海军大元帅之印）

中华民国十三年二月廿日

据《大元帅指令第一六○号》，载广州《陆海军大元帅大本营公报》第六号，一九二四年二月二十九日

批廖仲恺为各属盗匪滋炽拟请准援用军令办理呈

（一九二四年二月二十日）

大元帅指令第一六一号

令广东省长廖仲恺

呈各属盗匪滋炽拟请准援用军令办理由。

呈悉。所有关于广东各属强盗案犯，准予暂行援用十二年四月二日五十九号训令，依军法办理，以戢匪风。余如所请办理。仰即遵照。此令。

（中华民国陆海军大元帅之印）

中华民国十三年二月廿日

据《大元帅指令第一六一号》，载广州《陆海军大元帅大本营公报》第六号，一九二四年二月三十日

批杨希闵为美国教会在石龙车站附近设学校被匪掳去数人奉令查缉遵办情形呈

（一九二四年二月二十日）

大元帅指令第一六三号

令滇粤桂联军前敌总指挥杨希闵

呈复美国教会在石龙车站附近设学校被匪掳去数人，奉令查起缉拿遵办情形由。

呈悉。此令。

（中华民国陆海军大元帅之印）

中华民国十三年二月廿日

据《大元帅指令第一六三号》，载广州《陆海军大元帅大本营公报》第六号，一九二四年二月三十日

饬杨希闵拿办石龙土匪令①

（一九二四年二月二十日）

顷据外交部长伍朝枢面称：美国教会人员到部报告，该会在石龙车站附近所

---

① 原令未署日期。按与此令同一内容的《大元帅指令第一六三号》，发令日期为二月二十日，故定本令时间为二月二十日。

设学校，日前忽被土匪掳去数人，请予令饬查起拿办等语。石龙为交通孔道，军队林立，竟有匪徒恣行不法，殊属不成事体。应责成该总指挥立驻饬①在部队，迅即派兵购线踩缉匪踪，分别起掳拿办，以申法纪而保治安，仍将遵办情形具报。

据《杨希闵奉命缉掳匪》，载一九二四年二月二十三日《广州民国日报》

批马伯麟请添筑炮垒并投变鱼雷排废铁轨以作修理建筑经费呈

（一九二四年二月二十日）

大元帅指令第一六四号

令长洲要塞司令马伯麟

呈请添筑炮垒，并投变鱼雷、排废铁轨以作修理建筑经费由。

呈悉。准如所请办理。此令。

（中华民国陆海军大元帅之印）

中华民国十三年二月廿日

据《大元帅指令第一六四号》，载广州《陆海军大元帅大本营公报》第六号，一九二四年二月三十日

批梁鸿楷为遵办统一财政情形呈

（一九二四年二月二十日）

大元帅指令第一六五号

令中央直辖广东讨贼军第四军长梁鸿楷

呈复遵办统一财政情形由。

---

① 应为"饬驻在部队"。

呈悉。此令。

（中华民国陆海军大元帅之印）

中华民国十三年二月廿日

据《大元帅指令第一六五号》，载广州《陆海军大元帅大本营公报》第六号，一九二四年二月三十日

准虎门太平要塞派员协助征收令

（一九二四年二月二十一日）

大元帅训令第六九号

　　令广东省长廖仲恺

　　据广东财政厅长郑洪年呈称："案查接管卷内据委办东、增、宝三属加建上盖补税专员伍公赤呈称：'职属各地方均遭兵燹，元气未复，办理殊难。惟虎门、太平一隅，虽不直接受敌蹂躏之害，然影响所及，亦非易办之区。当此军糈紧急，接济刻不容缓，苟非假以强制之力，亦难奏效。查虎门、太平系属要塞司令范围，专员再四思维，拟请虎门要塞司令部就近随时派兵协助征收，方或有起色。至将来于收入项下，拨缴五成接济要塞司令部伙食，给回印收抵解。因其伙食亦支绌异常，一举两善。是否有当，理合备文呈请察核，伏乞批示祗遵'等情到厅。据此，查契税为国家正供，各属征收此项税款，向章解缴省库核收，该专员拟在莞属太平墟设立办事处，将收入上盖补税，拨缴五成接济要塞司令部伙食，取回印收抵解，其余五成仍饬解缴省库，以济军用，系为协助征收起见。应否照准，理合呈请察核批示祗遵，实为公便"等情。据此，查所呈事属可行，仰该省长即便转饬该厅长遵照办理可也。此令。

（中华民国陆海军大元帅之印）

中华民国十三年二月廿一日

据《大元帅训令第六九号》，载广州《陆海军大元帅大本营公报》第六号，一九二四年二月三十日

设立筹饷总局抽收全省防务经费令

（一九二四年二月二十一日）

大元帅训令第七〇号

　　令广东省长廖仲恺、大本营财政部部长叶恭绰、军政部部长程潜

　　为令知事：前据统一财政委员会呈请设立筹饷总局，并呈核所拟章程，业经核准令行在案。查年来抽收广东全省防务经费，原为不得已之举，现在大军云集，需饷更巨，不有切实整理，平均分配，无以裕饷源而济时艰。除明令范石生为广东筹饷总局督办，并令行该督办即便遵照，克日设局办理抽收广东全省防务经费事宜，务须切实规画，力剔弊窦，增多正饷，以期毋负委任。除训令该督办暨分行外，合行令仰该省长、部长即便知照。特行各军一体知照。此令。

（中华民国陆海军大元帅之印）

中华民国十三年二月廿一日

据《大元帅训令第七〇号》，载广州《陆海军大元
帅大本营公报》第六号，一九二四年二月三十日

各军未奉核准名目之部队一并
裁汰不得扩充军队令

（一九二四年二月二十一日）

　　自军兴以来，各兵自行扩充兵额之事所在多有，如游击、别动、挺进、梯团、支队以及各路司令之类，名目繁多。核其人数枪枝，家具不足。其原因虽由各军因战事两急，为一时权宜之计，然实与国家预算及军政统一有重大之妨碍。现值统一财政进行时期，凡未奉核准前列各种名目之部队，统着一并裁汰，照枪枝数目归并正式编制军队，以资整饬。又在统一财政进行时期内，无论何军不得扩充军队。仰各军一体知照。切切。此令。

据《帅令整理军队》，载一九二四
年二月二十一日上海《民国日报》

勉励孔庚的指令

（一九二四年二月二十一日刊载）

现在川战方急，寇焰滋张。该总司令报国情殷，同仇敌忾。务即淬励部属，会合川军，早定川局，进窥武汉，尽军人之天职，期革命之成功。本大元帅有厚望焉！此令。

据《大元帅勉励孔庚》，载一九二四年二月二十一日《广州民国日报》

饬转烟酒公卖局停抽火酒取缔费令

（一九二四年二月二十二日）

大元帅训令第七一号

令大本营财政部部长叶恭绰

为令饬事：据兼代广东财政厅厅长呈称："为呈请事：现据承办全省奥加可捐永裕公司商人李伯年呈称：'窃总商前因酒类税费合济公司总商高大成刊发布告声称：奉广东全省烟酒公卖局令，委带抽火酒（即奥加可）取缔费，每百斤抽银贰元一案，当经飞报钧厅察核。旋奉第八九三号指令开：支日邮电及布告均悉。已据情转请大元帅饬令烟酒公卖局撤销矣。仰即知照。此令。布告存等因。奉此，查此事尚未蒙撤销，以致各贩卖奥加可店铺观望不前，全体停业，于饷源大生窒碍，理合赓渎呈察核，迅赐转请大元帅令行烟酒公卖局，立将原案撤销，以符统一而顾饷源，实为公便'等情。据此，查此事昨据该商具呈，即经转请令饬撤销在案。兹复据呈前情，除指令外，理合呈请察核，俯赐迅令烟酒公卖局遵照停抽，以免复叠，而符统一"等情。据此，当经指令"呈悉。查此案昨据该厅呈请前来，当将原呈发交财政部核办去讫。兹复据呈各情，仰候令饬财政部迅予明饬遵可也。此令"等语。除指令印发外，合行令仰该部即便遵照，迅予核明饬遵，仍具报查考。切切。此令。

（中华民国陆海军大元帅之印）

中华民国十三年二月廿二日

据《大元帅训令第七一号》，载广州《陆海军大元帅大本营公报》第五号，一九二四年二月二十日

饬分段梭巡莲花山狮子洋河面令

（一九二四年二月二十二日）

大元帅训令第七二号

令代理广东海防司令冯肇铭

为令遵事：据广东全省警务处长吴铁城呈称："近来迭接报称：莲花山狮子洋一带河面，常有股匪出没，截劫外国商轮，国家体面，关系至巨。当以李军长熟悉该处情形，已专函请其速派大队福军前往剿捕。理合呈请下令海防司令，克日恢复该处段舰，并加派巡舰梭巡河面，以护航行而维国体"等情前来。据此，查莲花山狮子洋等处，系航线往来要道，自宜切实分段梭巡，以资保护。仰该司令即便遵照，将该处段舰克日恢复，并加派巡舰常川梭巡，以护航行而利交通。切切。此令。

（中华民国陆海军大元帅之印）

中华民国十三年二月廿二日

据《大元帅训令第七二号》，载广州《陆海军大元帅大本营公报》第五号，一九二四年二月二十日

批郑洪年请迅予烟酒公卖局遵照停抽火酒取缔费呈

（一九二四年二月二十二日）

大元帅指令第一六六号

令两广盐运使赵士觐

呈报租输巡缉暨支拨该输经费及租项等情，乞察核备案由。

呈悉。查此案昨据该厅呈请前来，当将原呈发交财政部核办去讫。兹复据呈各情，仰候令饬财政部迅予核明饬遵可也。此令。

（中华民国陆海军大元帅之印）

中华民国十三年二月廿二日

据《大元帅指令第一六六号》，载广州《陆海军大元帅大本营公报》第六号，一九二四年二月三十日

核赵士觐为租轮巡缉暨支拨该轮经费及租项等情乞察核备案呈

（一九二四年二月二十三日）

大元帅指令第一六七号

令两广盐运使赵士觐

呈报租输巡缉暨支拨该输经费及租项等情，乞察核备案由。

呈悉。准予备案。此令。

（中华民国陆海军大元帅之印）

中华民国十三年二月廿三日

据《大元帅指令第一六七号》，载广州《陆海军大元帅大本营公报》第六号，一九二四年二月三十日

批赵士觐为误报余存巨款确非事实据实呈明呈

（一九二四年二月二十三日）

大元帅指令第一六八号

令两广盐运使赵士觐

呈为误报余存巨款确非事实，据实呈明，乞鉴察指令祇遵由。

呈悉。准予备案。此令。

（中华民国陆海军大元帅之印）

中华民国十三年二月廿三日

据《大元帅指令第一六八号》，载广州《陆海军大元帅大本营公报》第六号，一九二四年二月三十日

批童理璋请愿北伐请赐训诲函①

（一九二四年二月二十四日）

交中央执行部代答，奖勉之。

附：童理璋原函

（一九二四年二月二十四日）

大元帅钧鉴：

春开献节，律中初阳，谨颂钧座雄镇岭表，威加海内。为民为国，贯彻三民主义；率师讨贼，维持一线生机。引领南望，曷胜欢忭。惟国是日非，贼势方炽，全国人民日盼义师早发，军阀之速倒，一鼓作气，直捣幽燕。乃钧座作战东江，迄未大举北伐，时机坐失，民情惶惑。敝会目击时艰，非速兴义师大张挞伐，不足以奠邦基而维人心。爰公推张君炳荣趋谒崇阶，请愿北伐。他若敝会民党区分部之如何发展，失业调查委员会之如何进行，敢请钧座赐以训诲，俾资遵循。尚此呈达，敬请勋安，并祝胜利。

上海工商友谊会主任童理璋谨启

十三年二月二十四日

据原件，载台北、中国国民党文化传播委员会党史馆藏

---

① 童理璋系上海工商友谊会成员。该会派代表张炳荣赴粤请示，孙文故有此批。

制止滇军撤退令

（一九二四年二月二十四日）

该军不俟具报核准，又不俟别军接防，擅离防次，倘前线有失，该军能当此重咎否？

据《粤省东江战机又迫》，载一九二四年二月二十四日北京《晨报》

饬勿在市内马路交通地点处决人犯令

（一九二四年二月二十五日）

大元帅训令第七三号

令各军事长官

为训令事：据广州市市长孙科呈称："窃查市长所辖广州市有区域内，自军兴以来，军队林立，每有在马路交通地方处决人犯情事。前因有军人在禺山市场附近处决犯兵，当经卫生局呈报，并由市长函准卫戍总司令部分饬各师，以后须提往郊外执行在案。现以日久玩生，各军队仍不免重蹈前辙，似此陈尸道左，惊扰行人，殊与近世行刑通例背驰。市长为保持观瞻，并重人道起见，理合备文呈请帅座鉴核，俯准通令各军，嗣后处决人犯，勿得仍在市内马路交通地点，以重市政，实为公便"等情。据此，除指令照准外，合行令该各军事长官即便遵照，并转饬所属一体遵照。此令。

（中华民国陆海军大元帅之印）

中华民国十三年二月廿五日

据《大元帅训令第七三号》，载广州《陆海军大元帅大本营公报》第五号，一九二四年二月二十日

批孙科请通令各军嗣后处决人犯勿得在市内
马路交通地点执行以重市政呈

（一九二四年二月二十五日）

大元帅指令第一七一号

呈悉。照准。已令行各军长官转饬所属一体遵照矣。此令。

（中华民国陆海军大元帅之印）

中华民国十三年二月廿五日

据《大元帅指令第一七一号》，载广州《陆海军大
元帅大本营公报》第六号，一九二四年二月三十日

饬将香山酒税交还有兴公司办理令

（一九二四年二月二十六日）

大元帅训令第七四号

令东路讨贼军总司令许崇智

为令饬事：案据广东财政厅厅长郑洪年呈称："为呈请事：窃照香山县属酒
税，前据有兴公司商人梁萱呈请承办，每年认饷额大洋捌万伍千元，两年为期，
并先缴按饷一月。业经前厅长批准承办，发给示谕，定于本年一月一日开办。嗣
据该商呈报，一月十八日有利益公司刊登告示称：向东路讨贼军香山筹饷局承办
香山全属酒税，设局开收，呈请维持等情。前厅长当查东路讨贼军前赴香山之时，
曾奉订明只将钱粮拨充军饷，其余正杂各税，仍概归职厅经收。呈请钧座训令现
驻香山之东路讨贼军部，迅将香山全属酒税，交还有兴公司商人梁萱办理在案。
兹复据该商呈称：香山筹饷局不允交回，将伊斥退，呈请察夺等情前来。理合将
该商原呈抄缮清折再呈钧座察核，伏乞训令该军部转饬香山筹饷局，迅将香山酒
税交还原商梁萱办理，以符原案"等情。据此，当经指令"呈悉。东路讨贼军开

赴香山之时，既经指定专以该县田赋充饷，自不得动及其他税款。况现当统一财政之际，各属税捐尤不能任听驻军擅行截留。仰候令饬东路讨贼军总司令，迅即转饬香山筹饷局，将香山全属酒税交还有兴公司商人梁萱办理，不得另招新商承办可也。折存，此令"等语。除指令印发外，合行照钞原折。令仰该总司令即便遵照办理，仍将遵办情形报查。此令。

计钞发票原折一件。

（中华民国陆海军大元帅之印）

中华民国十三年二月廿六日

据《大元帅训令第七四号》，载广州《陆海军大元帅大本营公报》第五号，一九二四年二月二十日

批郑洪年请饬东路讨贼军将香山全属
酒税交还有兴公司办理呈

（一九二四年二月二十六日）

大元帅指令第一七二号

令兼代广东财政厅厅长郑洪年

呈请令饬东路讨贼军将香山全属酒税交还有兴公司办理由。

呈悉。东路讨贼军开赴香山之时，既经指定专以该县田赋充饷，自不得动及其他税款。况现当统一财政之际，各属税捐尤不能任听驻军擅行截留。仰候令饬东路讨贼军总司令，迅即转饬香山筹饷局，将香山全属酒税交还有兴公司商人梁萱办理，不得另招新商承办可也。折存。此令。

（中华民国陆海军大元帅之印）

中华民国十三年二月廿六日

据《大元帅指令第一七二号》，载广州《陆海军大元帅大本营公报》第六号，一九二四年二月三十日

批叶恭绰拟将市桥口白蔗税
减为每百把征银六钱呈

（一九二四年二月二十六日）

大元帅指令第一七三号

令大本营财政部长叶恭绰

呈为拟将市桥口白蔗税减为每百把征银六钱，乞予核示由。

呈悉。准如所拟减收。此令。

（中华民国陆海军大元帅之印）

中华民国十三年二月廿六日。

据《大元帅指令第一七三号》，载广州《陆海军大
元帅大本营公报》第六号，一九二四年二月三十日

饬伍朝枢保护照料美国人由沪来粤参观手令

（一九二四年二月二十六日）

据美国人奇叻由上海来函内称：三月六日偕同游历团七百人到港，分数日每
日分班二百三十二人搭省港船来省，分日于下午两点钟往游华林寺、长寿寺、花
塔及大新街玉器等工场、织线等工场。请饬保护照料。

据《美国游历团将到粤》，载一九二
四年二月二十六日《广州民国日报》

追赠杜龄昌令

（一九二四年二月二十七日）

大元帅令

据大本营军政部长程潜呈：议复中央直辖滇军总司令杨希闵呈称："故团长

杜龄昌于去春进剿沈逆之役，力战捐躯，死事甚烈。拟请追赠陆军少将，照《陆军战时恤赏章程》阵亡例，给予少将恤金"等情。杜龄昌着追赠陆军少将，亦照少将阵亡例给予恤金，以彰忠烈。此令。

（中华民国陆海军大元帅之印）

中华民国十三年二月廿七日

据《大元帅令》，载广州《陆海军大元帅大本营公报》第六号，一九二四年二月三十日

饬转撤销合济公司试办火酒取缔费案令

（一九二四年二月二十七日）

大元帅训令第七五号

令大本营财政部部长叶恭绰

为令饬事：案据广东财政厅厅长郑洪年呈称："为呈请事：现准全省烟酒公卖局浦局长在廷咨开：现据全省酒税合济公司总商高大成呈称：窃照火酒一物，其性最烈，以搀和成酒饮之，足以害人，故承办酒税章程，向有取缔火酒之条，奈历届承商俱因稽查手续交涉繁难，逼得放弃，遂成为一虚例。近查此物销流日广，搀酒日多，以致酒税收入大受影响，自非严加取缔，不足以资补救。惟是徒托空言，难收实效，必须酌收取缔费，以期容禁于征。但取缔此项火酒有连带关系，其所定费率及稽查手续，必须妥订完善，酒税方不受其影响。现拟根据商公司带办，以便实行取缔。至所收款项，请酌提三成给商公司备充经费，其余抽得之款，尽数照缴，以济饷需。固可借取缔以护饷源，而政府亦可增收入以资补助。谨拟具办理简章呈请钧鉴，如蒙照准，伏乞即行给谕开办，庶早开抽一日，饷需得一日之益。除俟批准后再将详细章程妥拟呈核外，所有拟请带办取缔火酒缘由，理合备文连同简章呈请钧局察核，俯赐照准施行，批示祗遵，实为公便等情，并呈缴简章一扣到局。据此，查火酒一物，以之搀入酒内，实属有碍卫生，故酒税定章，本有取缔火酒之条，现该商所拟严加取缔，酌收费用，系容禁于征之意，而于公家收入亦不无少补，所请带办，尚属可行。惟未据认定饷额，只可作为试

办，一俟试办期满，再行体察情形，核定饷额，责令包收包缴。当经核明准予试办三月，并饬克日缴纳保证金二千元来局，再行给发示谕开办。批饬遵照去后，旋据该商呈缴保证金二千元前来，并定期二月一日开抽，自应准予带办，除给示谕开办外，相应将取缔火酒简章一纸，咨送贵厅查照等由。准此，查此项火酒捐，前经职厅核准永裕公司商人李伯年认缴，第一年饷银陆万六千元，递加至第三年饷银九万元，包征包解，原以火酒一物本属燃料，其性最烈，内地奸商往往有挽合土酒发售，于卫生最有妨碍，自应严加取缔，订定捐章令发遵守，核与来咨所见大致相同。至谓酒税定章，本有取缔火酒条文不知酒税条文，原由职厅订定，虽暂时划交浦局长经办，究不能越出主管范围，及该商合济公司借词连带关系，恐受影响瞒局带收费用，取巧提成，其影响于酒类税费者小，影响于额定捐饷者大。且既经包商取缔，自与征抽酒税有增无损。乃近日职厅兴办一捐，而各奸商必欲从中破坏，利用其他机关出头挽夺，岂不与统一财政，交回主管机关通案大相背驰。准咨前由，理合据实陈明帅座，恳乞查照节次厅呈，迅饬撤销带收费用，交回永裕公司照案办理，以免纷歧而明统系"等情。据此，当经指示"呈悉。查现值统一财政之时，火酒捐既经该厅核准永裕公司商人李伯年承办，自不能听他商向其他机关借名挽夺，致碍税收。仰候令行财政部转饬广东全省烟酒公卖局，即将批准合济公司试办火酒取缔费之案撤销，仍交还永裕公司办理可也。此令"等语。除指令印发外，合行令仰该部即行转饬遵照办理，仍将遵办情形报查。切切。此令。

（中华民国陆海军大元帅之印）

中华民国十三年二月廿七日

据《大元帅训令第七五号》，载广州《陆海军大元帅大本营公报》第六号，一九二四年二月三十日

严禁各军私运烟土令

（一九二四年二月二十七日）

饬令各军总司令转令各将领，毋得私运烟土，阻碍禁烟进行。如违定行重究。

据《严禁私运烟土》，载一九二四年二月二十七日《广州民国日报》

饬各军迅赴前敌令

（一九二四年二月二十七日）

速即分令所部按照担任作战计画克日开往前线，其三罗两阳方面尤关系四邑西江治安，亦应赶速率队前往布置，庶不致顾此失彼之虑。

据《帅令各军速赴前敌》，载一九二四年二月二十七日《广州民国日报》

饬湘军迅速出发东江令

（一九二四年二月二十七日）

赶紧催促驻省湘军出发东江。如有因领款未齐以致延滞者，应饬令军需处提先筹发，俾利戎行。

据《大元帅催促湘军出发》，载一九二四年二月二十八日《广州民国日报》

为查验各军实数事致军政部令

（一九二四年二月二十七日刊载）

着军政部通令各军，将各军现有枪械、兵额据实呈报。即将统一财政之后，所收人之款，按枪枝比例支配，以符军制而利预算。如有虚报，于点验查实后，以凭惩罚。此令。

据《粤省统一财政之进行》，载一九二四年二月二十七日天津《大公报》

批郑洪年请迅饬烟酒公卖局将批准合济公司试办火酒取缔费案撤销呈

（一九二四年二月二十七日）

大元帅指令第一七六号

　　令广东财政厅厅长郑洪年

　　呈请迅饬烟酒公卖局，将批准合济公司试办火酒取缔费之案撤销，仍由永裕公司照案办理由。

　　呈悉。查现值统一财政之时，火酒捐既经该厅核准永裕公司商人李伯年承办，自不能听他商向其他机关借名揽夺，致碍税收。仰候令行财政部转饬广东全省烟酒公卖局，即将批准合济公司试办火酒取缔费之案撤销，仍交还永裕公司办理可也。此令。

（中华民国陆海军大元帅之印）

中华民国十三年二月廿七日

据《大元帅指令第一七六号》，载广州《陆海军大元帅大本营公报》第六号，一九二四年二月三十日

批程潜为议复杜龄昌李文彩拟请分别追赠给恤呈[①]

（一九二四年二月二十七日）

大元帅指令第一七八号

　　令大本营军政部长程潜

　　呈为议覆滇军团长杜龄昌力战捐躯，滇军第三旅参谋长李文彩病殁，戎间拟请分别追赠给恤由。

---

①　杜龄昌为滇军团长。李文彩为滇军第三旅参谋长。

呈悉。杜龄昌已明令追赠陆军少将，并按少将阵亡例给恤；李文彩应准如拟给予上校恤金。仰即知照。此令。

（中华民国陆海军大元帅之印）

中华民国十三年二月廿七日

据《大元帅指令第一七八号》，载广州《陆海军大元帅大本营公报》第六号，一九二四年二月三十日

批何成濬函

（一九二四年二月二十七日收到来稿）

组安代答，告以备战详情。

附：何成濬原函

（一九二四年二月二十四日）

大元帅钧鉴

敬呈者，成濬去年返厦后，即力商和斋，即时反攻。和斋当下决心，一面派员赴杭请求子弹，运到即动。讵迟至数月，弹仍未到。后经成濬派员赴杭探查，始知杭州不主速动，意在候我联军攻下潮汕，较为安全也。和斋前次援潮汕，未得杭州同意，颇受烦言。此次杭州不主速动，和斋坐是亦不敢自主。成濬虑因循日久，后祸堪虞；且我联军大举肃清，我部亦应势出犄角，以收夹击之效。刻已托方子樵前往同安，劝导张毅共同合作；万一毅主张缓动，成濬即将所部移之安溪漳平，曾合闽南各军之强有力者，与苏世安全部直捣潮汕。此成濬单独行动之计拟大概情形也。至方子樵接洽情形如何，似容得信后再陈。专肃，敬叩钧安。何成濬谨呈。

二月廿四日

据原件，台北、中国国民党文化传播委员会党史馆藏

着筹给简让之恤费令

（一九二四年二月二十八日）①

大元帅令

着财政委员会筹给简让之恤费一千元。

据陈旭麓、郝盛潮主编，王耿雄等编：《孙中山集外集》，上海，上海人民出版社一九九〇年七月出版

着发朱培德部饷糈令

（一九二四年二月二十八日）②

大元帅令

着财政委员会筹给朱军长培德军队饷糈，以资接济。

据陈旭麓、郝盛潮主编，王耿雄等编：《孙中山集外集》，上海，上海人民出版社一九九〇年七月出版

着发张兆基旅费令

（一九二四年二月二十八日）③

大元帅令

着财政委员会发给张兆基旅费三百元。

据陈旭麓、郝盛潮主编，王耿雄等编：《孙中山集外集》，上海，上海人民出版社一九九〇年七月出版

---

① 时间为财政委员会第十九次会议决案日期。
② 时间为财政委员会第十九次会议决案日期。
③ 时间为财政委员会第十九次会议决案日期。

批林森拟将权度法及一切附属法令
内农商部三字一律改为建设部禀字
一律改为呈字乞明令核准呈

（一九二四年二月二十八日）

大元帅指令第一八一号

令大本营建设部部长林森

呈为拟将《权度法》及一切附属法令内"农商部"三字一律改为"建设部"，"禀"字一律改为"呈"字，乞予明令核准由。

呈悉。准如所拟修改。此令。

（中华民国陆海军大元帅之印）

中华民国十三年二月二十八日

据《大元帅指令第一八一号》，载广州《陆海军大元帅大本营公报》第六号，一九二四年二月三十日

批陈兴汉请将临时附加军费续办三月呈

（一九二四年二月二十八日）

大元帅指令第一八三号

令管理粤汉铁路事务陈兴汉

呈请将临时附加军费续办三月由。

呈悉。照准。此令。

（中华民国陆海军大元帅之印）

中华民国十三年二月二十八日

据《大元帅指令第一八三号》，载广州《陆海军大元帅大本营公报》第六号，一九二四年二月三十日

给驻粤滇湘军的训令

（一九二四年二月二十八日刊载）

奠定大局已及时机，肃清东江更宜速进。已令第一路联军总指挥杨希闵督率各军即时进剿，先行扫荡北岸之敌，规复惠州、河源之线，进军潮、梅。作战要领并已由参谋处函达联军总指挥部总参谋长周自得转报分达。频年戎马，大元帅暨诸将领所以始终靡懈者，为救人民于水火，奠国基于磐石也。现对外布告，对内肃清，时机两好，正吾人达此目的之时。时势造英雄，而吾辈则应造时势也，惟诸将领勉焉！特此令达，仰即遵照，奋勉图功，勿疏勿懈。此令。

据《孙文调解滇湘军暗潮之手段》，载一九二四年二月二十八日长沙《大公报》

追赠简让之陆军少将令

（一九二四年二月二十九日）

大元帅令

已故前广州铁路局长简让之，廿年革命，百折不挠，赞勷共和，不遗余力。讨袁、护法两役，既毁家纾难，再造邦家，复身历行间，执戈杀贼，公尔忘私，国尔忘家。嗣以陈逆叛国，负隅东江，忧愤致疾，遂以不起，言念畴昔，嗟悼实深。简让之着追赠陆军少将，并给治丧费一千元，以奖义烈，而示来兹。此令。

（中华民国陆海军大元帅之印）

中华民国十三年二月廿九日

据《大元帅令》，载广州《陆海军大元帅大本营公报》第六号，一九二四年二月三十日

饬彻查兵站总监所属报销有无浮冒令

（一九二四年二月二十九日）

大元帅训令第七八号

令东路讨贼军总司令许崇智

为令饬事：查前因前兵站总监罗翼群供给军需受人指摘，曾经明令该总司令查办。嗣后罗前总监造送所属各部、局、站、所、院、队各月份报销，均经发交该总司令查算各在案。兹复据呈缴所属交通局十二年九月份第三支部第三分站第一派出所十二年九、十两月份，第三支部第三分站十二年九月二十二日至十一月五日，第三支部第三分站第一运输站十二年十月份报销表册暨单据等件，请予核销前来。除指令外，合行钞录原呈并检同原件，令仰该总司令并案彻底查算明确有无浮冒，据实呈复核夺，勿稍徇隐。切切。此令。

计发抄呈四件：交通局十二年九月份收支款项报销总册二本，单据粘存簿二本；第三支部第三分站第一派出所十二年九月支出计算书二份，收发粮食表二本，单据粘存簿二本，十月份支出计算书二份，收发粮食军品表二本，单据粘存簿二本；第三支部第三分站十二年九月二十二日至十一月五日支出计算书二份，单据粘存簿三本，领款收据一本，输卒饷册一本；第三支部第三分站第一派出所十二年十月份支出计算书二份，单据粘存簿一本，领款收据一本。

（中华民国陆海军大元帅之印）

中华民国十三年二月廿九日

据《大元帅训令第七八号》，载广州《陆海军大元帅大本营公报》第六号，一九二四年二月三十日

批罗翼群缴交通局十二年九月份
报销暨单据粘存簿呈

（一九二四年二月二十九日）

大元帅指令第一八四号

　　令前兵站总监罗翼群

　　呈缴交通局十二年九月份报销暨单据粘存簿，请予核销由。

　　呈悉。查此案前据该前总监造送所属各部、局、站、所、院、队各月份计算书暨附表单据等件，当经发交许总司令查算在案。兹复据呈缴交通局十二年九月份报销总册暨单据粘存簿请予核销前来，仰候将原件发交许总司令并案彻底查算，呈复核夺可也。此令。

（中华民国陆海军大元帅之印）

中华民国十三年二月廿九日

据《大元帅指令第一八四号》，载广州《陆海军大元帅大本营公报》第六号，一九二四年二月三十日

批罗翼群缴所属第三支部第三分站
第一运输站十二年十月份支出
计算书暨单据等件呈

（一九二四年二月二十九日）

大元帅指令第一八五号

　　令前兵站总监罗翼群

　　呈缴所属第三支部第三分站第一运输站十二年十月份支出计算书暨单据等件，请予核销由。

呈悉。查此案迭据该前总监造送所属各部、局、站、所报销，均经发交许总司令查算在案。兹复据呈缴第三支部第三分站第一运输站十二年十月份支出计算书暨单据粘存簿、领款收据请予核销前来，仰候将原件发交许总司令并案彻底查算，呈覆核夺可也。此令。

（中华民国陆海军大元帅之印）

中华民国十三年二月廿九日

据《大元帅指令第一八五号》，载广州《陆海军大元帅大本营公报》第六号，一九二四年二月三十日

批罗翼群为缴所属第三支部第三分站
第一派出所十二年九十两月份计算书
暨收发粮食表单据呈

（一九二四年二月二十九日）

大元帅指令第一八六号

令前兵站总监罗翼群

呈缴所属第三支部第三分站第一派出所十二年九、十两月份计算书暨收发粮食表单据粘存簿，乞予核销由。

呈悉。查此案迭据该前总监造送所属各部、局、站、所报销，均经发交许总司令查算在案。兹复据呈缴第三支部第三分站第一派出所十二年九、十两月份支出计算书暨收发粮食表、单据粘存簿请予核销前来，仰候将原件发交许总司令并案彻底查算。呈复核夺可也。此令。

（中华民国陆海军大元帅之印）

中华民国十三年二月廿九日

据《大元帅指令第一八六号》，载广州《陆海军大元帅大本营公报》第七号，一九二四年三月十日

批罗翼群为缴第三支部第三分站十二年
九月二十二日至十一月五日支出
计算书暨单据等件呈

（一九二四年二月二十九日）

大元帅指令第一八七号

令前兵站总监罗翼群

呈缴第三支部第三分站十二年九月廿二日至十一月五日支出计算书暨单据等件，请予核销由。

呈悉。查此案迭据该前总监造送所属各部、局、站、所报销，均经发交许总司令查算在案。兹复据呈缴第三支部第三分站十二年九月二十二日至十一月五日支出计算书暨单据粘存簿、领款收据、输卒饷册请予核销前来，仰候将原件发交许总司令并案彻底查算，呈复核夺可也。此令。

（中华民国陆海军大元帅之印）

中华民国十三年二月廿九日

据《大元帅指令第一八七号》，载广州《陆海军
大元帅大本营公报》第七号，一九二四年三月十日

批徐绍桢请褒扬节妇杨朱氏呈

（一九二四年二月二十九日）

大元帅指令第一八八号

令大本营内政部长徐绍桢

呈请褒扬节妇杨朱氏由。

呈悉。准予题颁"节媲松筠"四字匾额，并给予银质褒章，以示褒扬。仰即

转给承领可也。此令。

（中华民国陆海军大元帅之印）

中华民国十三年二月廿九日

据《大元帅指令第一八八号》，载广州《陆海军
大元帅大本营公报》第七号，一九二四年三月十日

饬知廖仲恺西江善后督办
已将财权交还财厅接管令

（一九二四年二月）

大元帅训令第六一号

　　令广东省长廖仲恺

　　为令遵事：据西江善后督办李济深呈称："案奉二月一日帅令内开：整军理财，首在统一，甘苦与共，是在群贤。本省以丰富之区，养十万之众，众擎易举，经营大计，事本非难，统一财政，正所以纳各军于正轨而维系之也。选据杨总司令希闵、范军长石生、蒋军长光亮并周总参谋自得、赵廖两师长代表等函电呈请统一财政，尊重政令，情词恳挚，殊堪嘉尚。本大元帅为国育贤，为民除害，本爱护军人之旨，亟应及时实行，用整庶政，所有各军驻在管区，其因一时权宜管理之各项财政收入机关，着限于二月六日一律由政府主管各机关分别接管妥办。至各该军靖难贤劳，前途倚畀且重，应需饷项自可由政府核定指发，以慰有功也。除分令外，特此令遵，仍将遵办情形具报察核"等情前来。据此，除指令"呈悉。该督办深明大义，业于一月十五日将所辖财政完全交还广东财政厅派员接管，殊堪嘉尚。候令行广东省长转饬广东财政厅将接管情形具报查核可也。此令"印发外，合行令仰该省长即转饬财政厅，迅速遵照办理具报查核为要。此令。

（中华民国陆海军大元帅之印）

中华民国十三年二月

据《大元帅训令第六一号》，载广州《陆海军大
元帅大本营公报》第五号，一九二四年二月二十日

批杨西岩请组织水陆侦缉队荐任队长呈

（一九二四年二月）

大元帅指令第一三八号

　　令禁烟督办杨西岩

　　呈为组织水陆侦缉联合队荐任队长并拟具章程，祈予核准由。

　　呈悉。该督办署应设侦缉队，拟由各军拨派兵士联合组织办法，甚是。所拟章程，亦尚妥协，应准如拟施行。查现在各军旅团长多尚未正式任命，王继武既系堪胜队长之任，可即由该督办先行委用可也。仰即分别遵照。章程存。此令。

（中华民国陆海军大元帅之印）

中华民国十三年二月。

据《大元帅指令第一三八号》，载广州《陆海军大元帅大本营公报》第五号，一九二四年二月二十日

批续西峰述先取山西为宜函

（一九二四年二月）

　　要件，待王用宾到后始答。着组安问王用宾北方详情。拟答奖励，并约须待北伐时同力合力，以收最后之胜利。

附：续西峰函摘抄

　　……一二年来密聚同人谋为大举，拟自成基本兵三千，则陕军中可用者约万人，直军中可用者亦万人，合此二万余人，猛扑洛阳，推〔摧〕枯拉朽耳。洛阳既溃，北京已在掌握之中，奉请先生来北主持，殊不必由粤发展旷日持久也，此种计划确有把握，非托空谈。但此三千基本兵，现在虽略有布置，尚未筹划完全，一则器械问题，一则地点问题，三千枪械用款在二十余万，现虽筹得十余万，相差者尚在十万左右。练兵地点直军防查甚严，不能占据一方即无集合之地，临时虽也可号召，然不教之兵路无把握，阎锡山病民已久，兵备苦窳，取消易，且晋

省当直省之肘腋，得之可制直军之死命。拟以先取山西为宜，此两问题西峰与同人研究已久，不敢自决，应请先生指示扶导方可有成。

据原件，台北、国民党中央文化传播委员会党史馆藏

批程潜呈①

（一九二四年三月一日）

着核实以后，每月多少，一并要财政委员会酌发。文批。

据陈旭麓、郝盛潮主编，王耿雄等编：《孙中山集
外集》，上海，上海人民出版社一九九〇年七月出版

批徐绍桢请褒扬寿民彭才德及妻韦氏呈

（一九二四年三月一日）

大元帅指令第一九一号

　　令大本营内政部长徐绍桢

　　呈请褒杨〔扬〕寿民彭才德及妻韦氏由。

　　呈悉。准予题颁"寿域同登"四字，并给予银质褒章。仰即转给承领。

（中华民国陆海军大元帅之印）

中华民国十三年三月一日

据《大元帅指令第一九一号》，载广州《陆海军
大元帅大本营公报》第七号，一九二四年三月十日

---

　　①　二月二十九日大本营军政部部长程潜呈请命令他种军事机关和地方官接办邮电检查，并请拨付所欠经费事。

着湘军准备出发迅行攻击令

（一九二四年三月三日）

　　克日准备出发，迅行攻击。至后方饷需接济，当饬军需处源源筹发，不使缺乏。

据《谭延闿将赴东江督战》，载一九二四年三月四日《广州民国日报》

批廖仲恺为遵令办理林森等请禁止
黄花冈附葬一案情形呈

（一九二四年三月三日）

大元帅指令第一九三号

　　令广东省长廖仲恺

　　呈复遵令办理林森等呈请禁止黄花岗附葬一案情形由。

　　呈悉。此令。

（中华民国陆海军大元帅之印）

中华民国十三年三月三日

据《大元帅指令第一九三号》，载广州《陆海军大元帅大本营公报》第七号，一九二四年三月十日

批程潜请仍由各该部派员续办邮电报纸
检查事宜并拨款清垫呈

（一九二四年三月四日）

大元帅指令第一九四号

令大本营军政部长程潜

呈请令他种机关接办检查事宜，并拨款清垫由。

呈悉。现在军事尚未结束，所有检查邮电、报纸事宜，未便停止，应仍由该部派员赓续办理，以一事权而重军情。至以前垫支各款及以后每月应支经费，着核实一并开列，呈候核明，交财政委员会拨给可也。此令。

（中华民国陆海军大元帅之印）

中华民国十三年三月四日

据《大元帅指令第一九四号》，载广州《陆海军大元帅大本营公报》第七号，一九二四年三月十日

饬军政部将后方勤务各交通机关
交参谋处管辖令

（一九二四年三月四日）①

将本部②所办后方勤务各交通机关，交由大本营参谋处管辖。

据《军车运输之管辖》，载一九二四年三月八日《广州民国日报》

---

①　原令未署日期。三月八日《广州民国日报》载：程潜奉令后，"当即移交接管，并于支日电达在案"。而程潜微日（五日）呈文称："昨奉帅令。"据此判断，发令日期应为四日。

②　应指大本营军政部。

批赵士觐为拿获包庇走私人犯陈兆兰
罚款除照章一半充赏外余数
拟悉拨充盐政会议经费呈

（一九二四年三月四日）

大元帅指令第一九五号

　　令两广盐运使赵士觐

　　呈报拿获包庇走私人犯陈兆兰罚款除照章一半充赏外，余数拟悉拨充盐政会议经费，请核示祗遵由。

　　呈悉。准如所拟办理。此令。

（中华民国陆海军大元帅之印）

中华民国十三年三月四日

据《大元帅指令第一九五号》，载广州《陆海军
大元帅大本营公报》第七号，一九二四年三月十日

着秘书处等议订办法即行撤销西江
督办处另设广西善后处令

（一九二四年三月五日）

　　着秘书处、参谋处、军政部会同议令，即行撤销西江督办处，着将所管广东民政、财政交回广东省长与财政厅办理，以归统一。其梧州及上游各地，另设广西善后处办理，着军政、参谋两部处议订办法。此令。

孙文

中华民国十三年三月五日

据原件，台北、中国国民党文化传播委员会党史馆藏

饬各军不得擅征捐税令

（一九二四年三月五日）

大元帅令

军兴以来，需饷浩繁。政府为讨除国贼计，不得不借资民力。端赖稽核有方，庶免诛求无厌。刻正力谋财政统一，以后各军长官，不得擅行征收各种杂捐，紊乱纲纪。自此次通令之后，有敢犯者，军官免职治罪；奸商承办者，除没收产业外，应一体严行治罪，以儆贪顽，而肃法纪，言出法随，决不姑贷。此令。

（中华民国陆海军大元帅之印）

中华民国十三年三月五日

据《大元帅令》，载广州《陆海军大元帅大本营公报》第七号，一九二四年三月十日

裁撤西江善后督办令

（一九二四年三月五日）

大元帅令

前因逆军构乱，傲扰西江，肇庆、梧州等处，胥沦于敌。克复之始，满目疮痍；善后事宜，百端待举。特派广东讨贼军第一师师长李济深兼任西江善后督办。委政权于驻军，期办事之敏捷，原为战后权宜办法。刻下地方渐就谧平，财政方谋统一，西江善后督办一职，应即裁撤，所有民政、财政概由广东省长督饬所属分别办理，以明统系而一事权。此令。

（中华民国陆海军大元帅之印）

中华民国十三年三月五日

据《大元帅令》，载广州《陆海军大元帅大本营公报》第七号，一九二四年三月十日

饬秉公查算兵站总监经理局收支款项令

（一九二四年三月五日）

大元帅训令第八〇号

　　令东路讨贼军总司令许崇智

　　为令饬事：案据前兵站总监罗翼群呈称："为呈报事：案据职部经理局局长徐伟呈称：'窃查职局奉令收束，业将经办四月至十月份支出计算书表、单据及收发粮食、军品、煤炭表据，按月份别编办呈核在案。兹将经办各月汇编收支款项数目及负欠各部、局、院、队、站、所、商号各薪饷、经费、医药、货项等费暨借出款项长领未报、计算核减各款，列具结束总册三份，备文呈请察核，伏乞转呈帅座察核办理，恳将负欠各项迅赐核明清发，以完手续'等情。并总册三份前来。职经复核无异，除检册一本存查外，理合具文连同总册二本转呈钧帅察核，伏乞俯赐分别存发核明，即将欠项发还，以完手续"等情。据此，当经指令"呈悉。查此案前据该前总监造送经理局十二年四月至十月支出计算书，当经发交许总司令查算在案，兹复据呈缴收支款项暨负欠债项数目总册，及第二支部呈缴煤单，请予发还欠项前来，是否核实，仰候将原件发交许总司令并案查算明确，呈覆核夺，此令"等语。除指令印发外，合行令仰该总司令即便遵照，秉公查算，据实呈覆核夺。此令。

　　计发经理局十二年四月至十月份收支款项及负欠债项数目总册二本、第二支部呈一件、煤单一纸。

　　　　　　　　　　　　　　（中华民国陆海军大元帅之印）

　　　　　　　　　　　　　中华民国十三年三月五日

　　　　　　据《大元帅训令第八〇号》，载广州《陆海军大元帅大本营公报》第七号，一九二四年三月十日

批罗翼群为缴经理局十二年四月至十月
收支款项及负欠债项数目总册暨
第二支部缴煤单请予发还欠项呈

（一九二四年三月五日）

大元帅指令第一九九号

令前兵站总监罗翼群

呈缴经理局十二年四月至十月收支款项及负欠债项数目总册暨第二支部呈缴煤单，请予发还欠项由。

呈悉。查此案前据该前总监造送经理局十二年四月至十月支出计算书，当经发交许总司令查算在案。兹复据呈缴收支款项暨负欠债项数目总册及第二支部呈缴煤单，请予发还欠项前来。是否核实，仰候将原件发交许总司令并案查算明确，呈覆核夺。此令。

（中华民国陆海军大元帅之印）

中华民国十三年三月五日

据《大元帅指令第一九九号》，载广州《陆海军大元帅大本营公报》第七号，一九二四年三月十日

饬广州市公安局拘传温雄飞到案令①

（一九二四年三月五日刊载）

饬公安局拘传温雄飞到案，听候查办。

据《温雄飞无足轻重》，载一九二四年三月五日《广州民国日报》

---

① 此乃孙文得悉国民党党员温雄飞附和北廷觊觎颜事敌情事后，予公安局之命令。

饬广州市公安局宽赦温雄飞令

（一九二四年三月五日刊载）

以温雄飞此次来省，系奉有某方附义来归之使命。春秋之义，不杀来使。方今筹备北伐，自宜先安反侧，以纾南顾之忧。区区一无足轻重之温雄飞，赦之无伤师出之名，杀之反失怀柔之策。仍可宽其既往，策其将来。

据《温雄飞无足轻重》，载一九二
四年三月五日《广州民国日报》

着后方卫生勤务仍由军政部管理军车管理处
及运输处改隶中央军需处管理令

（一九二四年三月五日）

军需独立及关于后方勤务各机关隶属管理整顿方法，迭经令行遵办在案，兹先后复据大本营参谋长李烈钧、军政部长程潜、军需总监蒋尊簋面陈各节，自属和衷共济时艰之旨，所有后方卫生勤务，应着仍由军政部管理，其军车管理处及运输处，着即改隶中央军需处管理。其有应兴应革事宜，统着妥为处置呈报。至各该部、处权限及办事手续，仰各查照曾经核定各该部、处章程办理可也。特此令达，仰各转行遵照具报查考。此令。

据《军车运输之管辖》，载一九二
四年三月八日《广州民国日报》

着调刘玉山部先赴三罗协同肃清南路令

（一九二四年三月五日）①

三罗地方不靖。查中央直辖第七军，除现在东江部队仍应听受杨总指挥希闵指挥、协同各军作战外，其在省部队着刘军长玉山先行调赴三罗，协同肃清南路。

据《刘玉山部队分别调驻》，载一九二四年三月八日《广州民国日报》

着筹解湘军开拔费令

（一九二四年三月五日）

即日筹解五万元，以便拨给湘军而促戎行。

据《帅令筹解湘军开拔费》，载一九二四年三月五日《广州民国日报》

着发广西总司令临时费令

（一九二四年三月六日）

大元帅令

着财政委员会发给广西总司令临时费二千元。

据陈旭麓、郝盛潮主编，王耿雄等编：《孙中山集外集》，上海，上海人民出版社一九九〇年七月出版

---

① 原令未署日期。《广州民国日报》三月二十二日《刘玉山拔队赴都城》称，刘本月五日奉大元帅令饬"本军开赴三罗，协同肃清南路匪患"，故定为三月五日。

饬确定筵席捐为中上七校及市教育经费令

（一九二四年三月六日）

大元帅训令第八二号

令财政委员会、广东省长

为令遵事：查财政委员会议决：省河筵席捐变更办理，指定全数拨充省市教育经费一案，经指令照准在案。兹据国立广东大学筹备主任兼管理广州中上七校经费委员会主席邹鲁呈称：此项筵席捐款，前经广东省长核准，全数拨定为广州中上七校经费，并由广州中上七校经费委员会直接管理在案。现奉令变更，划由市政厅招商承办，并拨该款三分之一收入为市教育经费，其余三分之二收入应请明令准照成案拨为七校经费，由七校经费委员会收管，以符原案。并请令行财政委员会、省长公署，定明以后所有省河筵席捐项下收入，不论承捐多少，收数若干，均照拨三分之二为中上七校经费，拨三分之一为市教育经费，著为定案，永远不予变更，以维教育等情前来，系为确定教育基金起见，应予照准。除分令外，仰该委员会、省长即便遵照办理。此令。

（中华民国陆海军大元帅之印）

中华民国十三年三月六日

据《大元帅训令第八二号》，载广州《陆海军大元帅大本营公报》第七号，一九二四年三月十日

批范石生请特派专员莅局稽查以示大公
并通令各军不得直接到局索款呈

（一九二四年三月六日）

大元帅指令第二〇四号

令广东筹饬饷总局督办范石生

呈请特派专员莅局稽查，以示大公，并通令各军不得直接到局索款由。

呈悉。准如所请遴派专员莅局稽查，并令军政部转行各军不得直接向该局索款矣。仰即知照。此令。

（中华民国陆海军大元帅之印）

中华民国十三年三月六日

据《大元帅指令第二〇四号》，载广州《陆海军大元帅大本营公报》第七号，一九二四年三月十日

批叶恭绰请令饬北江商运局暨小北江护商事务所停抽柴艇费用呈

（一九二四年三月六日）

大元帅指令第二〇五号

令大本营财政部长叶恭绰

呈请令饬北江商运局暨小北江事务所停抽柴税由。

呈悉。柴薪为民生日用所必需，岂容苛取病民？除令饬北江商运局停收柴艇费用外，仰即由部转令小北江护商事务所一律停抽。仍谕知原具人，并告商民周知可也。拟稿存销。此令。

（中华民国陆海军大元帅之印）

中华民国十三年三月六日

据《大元帅指令第二〇五号》，载广州《陆海军大元帅大本营公报》第七号，一九二四年三月十日

饬北江商运局及财政部转令小北江护商事务所停抽柴艇费用令

（一九二四年三月六日）

令北江商运局长韦荣熙

为令饬事：案据广州市柴行同福堂代表区毅呈：以本市各柴店到行报称：

"本市泮塘口内及黄沙河面，除小北江护商事务所依旧勒抽柴艇费用外，更多一北江商运局同在此两处河面重抽，恳请严行禁止"等情。据此，查柴薪为民生日用所必需，岂容苛取病民？据呈前情，除饬财政部转令小北江护商事务所停抽外，合行令仰该局长即行遵照停抽，勿稍违玩。仍将遵办情形报查。此令。

（中华民国陆海军大元帅之印）

中华民国十三年三月六日

据《大元帅训令第八三号》，载广州《陆海军大元帅大本营公报》第七号，一九二四年三月十日

批罗翼群请发给兵站第二支部欠款呈

（一九二四年三月六日）

大元帅指令第二〇七号

令前大本营兵站总监罗翼群

呈请发给兵站第二支部欠款由。

呈悉。该部所欠发各款，应俟该部报销案审算核准后，再行分别缓急酌发，仰即遵照。此令。

（中华民国陆海军大元帅之印）

中华民国十三年三月六日

据《大元帅指令第二〇七号》，载广州《陆海军大元帅大本营公报》第七号，一九二四年三月十日

批程潜为中央直辖广东讨贼第四军团长
蔡炳南积劳病故请准予给恤呈

（一九二四年三月六日）

大元帅指令第二〇八号

令大本营军政部长程潜

呈中央直辖广东讨贼第四军团长蔡炳南积劳病故，请准予给恤由。

呈悉。已故团长蔡炳南准照上校积劳病故例给恤，仰即转令知照。此令。

（中华民国陆海军大元帅之印）

中华民国十王年三月六日

据《大元帅指令第二〇八号》，广州《陆海军大元帅大本营公报》第七号，一九二四年三月十日

批王棠为前在大本营会计司任内
支付命令已送审计局呈

（一九二四年三月六日）

大元帅指令第二〇九号

令卸大本营会计司长王棠

呈报前在大本营会计司在内支付命令，已送审计局由。

呈悉。此令。

（中华民国陆海军大元帅之印）

中华民国十三年三月六日

据《大元帅指令第二〇九号》，载广州《陆海军大元帅大本营公报》第七号，一九二四年三月十日

咨参议院请议决统一政府办法文①

（一九二四年三月六日）

昨日蔡专使等长电，报告北方现状及现在对付之法，其要求有四：

---

① 此件重要咨文，《临时政府公报》未载，据《临时政府公报》第三十四号载《参议院咨复议决统一政府办法文》谓："本日（三月六日）准大总统咨开蔡专使电拟统一政府组织办法四条，又政府所开办法四条，当经本院开会详细讨论。……"又据三月七日孙文复蔡元培等电谓"昨提出参议院，经院决议"。

一、宣布新选大总统袁世凯不心〔必〕南行就职；

二、临时政府地点暂设北京；

三、袁在北京行就职式，与南京、武昌商定内阁总理，即电传所拟任内阁总理之人，请参议院承认后，由总理在南京组织政府，与南京现在之临时政府办交代后组织完备，乃偕参议院迁往北京；

四、参议院及内阁全部迁北京时用重兵护送，以巩固政府弹压地方。

按照来电及各处报告北方现在目〔自〕有为难之实情。今拟办法如后：

一、电请黎副总统来南京代表受事；

二、以同意委任总理得参议院之承认，在南京组织政府与现在政府交代；

三、如黎副总统不能来南京，则拟交代于武昌；

四、袁世凯君可否就北京行正式就职礼，与临时政府地点暂设北京一节，请由参议院决定。

据《南京政府之大决议》，载一
九一二年三月九日上海《申报》

饬程潜核明前兵站总监罗翼群转呈收发弹械
报销表册等件呈复核夺令

（一九二四年三月七日）

大元帅训令第八四号

令大本营军政部长程潜

为令饬事：案据前兵站总监罗翼群呈称："为呈报事：案据职部经理局长徐伟呈称：'窃职局十二年四月至九月《收入发出军械子弹月报表册》，业经呈缴在案。兹续将十二年十月份《收入发出军械子弹月报表册》各三份、《总对照表》三份及《单据粘存簿》一本，备文呈缴钧部察核。伏乞分别存转，实为公便'等情。并册簿前来。职经复核无异，除指令并各抽存一本备查外，理合备文连同原缴月报表册共四本、总对照表二本、单据粘簿一本转呈钧帅察核。伏乞俯赐分别存发核销"等情。据此，当经指令"呈悉。查此案前据造送十二年四月至九月

《收发弹械报销表册》，当经发交军政部核覆在案。兹复据呈缴十月份《收发械弹月报表》暨对照表、单据等件请予核销前来。仍候将原件令发军政部，并案核明覆夺可也。此令"。除指令即发外，合行检同原件，令仰该部长遵照，逐一核明，呈覆核夺。此令。

计发兵站部经理局十二年十月份《收入发出军械子弹月报表》各二本、《总对照表》二份、《单据粘存簿》一本。

（中华民国陆海军大元帅之印）

中华民国十三年三月七日

据《大元帅训令第八四号》，载广州《陆海军大元帅大本营公报》第七号，一九二四年三月十日

饬知程潜转知各军由大元帅派员随时莅临筹饷总局稽核收支以示大公各军不得直接向该局索取饷需令

（一九二四年三月七日）

大元帅训令第八五号

令大本营军政部长程潜

为令饬事：据广东筹饷总局督办范石生呈称："为呈请事：本月二十二日奉钧令开：任命范石生为广东筹饷总局督办等因。奉此，遵经议具组织大纲、概算经费，备文呈请鉴核训示，并另文呈报就职视事、该局开办日期各在案。伏念凡事贵重之于始，乃可观厥程功，查禁烟督办署开办历时，成绩尚未大见，而军队到署索饷者纷至沓来，几有应接不暇之势，对于进行发展，诸多窒碍。石生备员该署，深悉源委，实由设署之始，即采取合议制度，以致议厅杂，动多牵掣；又未经明定拨付用途，以致予取予求，是与整理初意大相背驰。兹为慎重将事，预防流弊起见，唯有仰恳帅座特派专员，或常川驻局，或随时莅局稽核，以示大公，此应声请者一也；至局中收入，除遵照历次会议结果，保全固有应得者照旧拨付以免纷更外，其新增收入，应扫数解缴钧座支配，各军不得直接向职局索取，庶

能切实整顿，增加收入，此应声请者二也。理合备文呈请鉴核，俯赐通令各军知照"等情。据此，除指令照准并派专员随时到局稽核外，合行令仰该部长转行各军一体遵照。此令。

（中华民国陆海军大元帅之印）

中华民国十三年三月七日

据《大元帅训令第八五号》，载广州《陆海军大
元帅大本营公报》第七号，一九二四年三月十日

批罗翼群为缴经理局十二年十月份收发械弹月报表暨对照表单据请予核销呈

（一九二四年三月七日）

大元帅指令第二一〇号

令前兵站总监罗翼群

呈缴经理局十二年十月份收发械弹月报表暨对照表单据，请予核销由。

呈悉。查此案前据造送十二年四月至九月《收发械弹报销表册》，当经发交军政部核覆在案。兹复据呈缴十月份《收发械弹月报表》暨对照表、单据等件请予核销前来。仍候将原件令发军政部，并案核明覆夺可也。此令。

（中华民国陆海军大元帅之印）

中华民国十三年三月七日

据《大元帅指令第二一〇号》，载广州《陆海军
大元帅大本营公报》第七号，一九二四年三月十日

批克兴额履历函

（一九二四年三月七日）

交中央执行委员会审查。文批。

据原件，台北、中国国民党文化传播委员会党史馆藏

饬东路讨贼军听候出发令

（一九二四年三月八日）

集中江门，听候出发。

据《大军云集之新会现状》，载一九
二四年三月八日《广州民国日报》

饬樊钟秀等准备入赣令[①]

（一九二四年三月八日刊载）

筹划北伐，陈师鞠旅，准备入赣。

据《柏高两部兵额之扩充》，载一九
二四年三月八日《广州民国日报》

饬花地地方税捐应由广州市公安局经办令

（一九二四年三月八日）

代为征收业主租捐两个月，接济前敌军饷。该花地地方所有关于征收租捐事
宜，自应由市公安局经办，以一事权而免混淆，实为公便。

据《军队竟欲抽取租捐耶》，载一九
二四年三月八日《广州民国日报》

---

① 此令分送陈光逺、柏文蔚、曲同丰、高凤桂等。

饬许崇智查算前兵站总监罗翼群呈缴
所属交通局等报销单据等令

（一九二四年三月八日）

大元帅训令第八七号

令东路讨贼军总司令许崇智

为令知事：案据前兵站总监罗翼群呈缴所属交通局十二年十月份，经理局十二年十月份，第一支部第一分站十二年四、五、六、七、八等月份，第一支部第四分站龙冈办事处十二年十月份，电信大队部十二年五、六、七、八等月份报销表册暨单据；又交通局十二年四、五、六、七、八、九、十等月份收发煤炭表暨单据；又交通局储藏所十二年四月至十月收发物品日报表暨单据，请予核销前来。当经指令"呈悉。查此案前因该前总监经理军需受人指摘，当经明令东路讨贼军许总司令查办。嗣据迭次造送所属各部、局、站、所各月份报销表册，均经发交许总司令查算，呈覆各在案。兹复据呈缴交通局十二年十月份，经理局十二年十月份，第一支部第一分站十二年四、五、六、七、八等月份，第一支部第四分站龙冈办事处十二年十月份，电信大队部十二年五、六、七、八等月份报销表册暨单据；又交通局储藏所十二年四月至十月收发物品日报表暨单据，请予核销前来。应将原件一并开单发还，仰即照单点收清楚，径送许总司合查算明确，呈覆核夺。仍将送达日期报查。该前总监经理款项应造各种报销，如尚未造报完竣，应即督饬所属克日造齐，径缴许总司令，听候查算。一面呈报查考，仍候行许总司令知照。此令"。除指令印发外，合行钞录原呈，令仰该总司令即便知照。此令。

计钞发原呈七件。

（中华民国陆海军大元帅之印）

中华民国十三年三月八日

据《大元帅训令第八七号》，载广州《陆海军大元帅大本营公报》第七号，一九二四年三月十日

批罗翼群缴交通部经理局龙冈办事处电信大队部
报销表册暨单据又交通局收发煤炭表暨
单据储藏所收发物品日报表暨单据呈

（一九二四年三月八日）

大元帅指令第二一四号

令前兵站总监罗翼群

呈七件呈缴交通部十二年十月份，经理局十二年十月份，第一支部第一份站十二年四、五、六、七、八等月份，第一支部第四分站龙冈办事处十二年十月份，电信大队部十二年五、六、七、八等月份报销表册暨单据，又交通局十二年四、五、六、七、八、九、十等月份收发煤炭表暨单据，又交通局储藏所十二年四月至十月收发物品日报表暨单据，请予核销由。

呈悉。查此案前因该前总监经理军需受人指摘，当经明令东路讨贼军许总司令查办。嗣据迭次造送所属各部、局、站、所各月份报销表册，均经发交许总司令查算，呈覆各在案。兹复据呈缴交通局十二年十月份，经理局十二年十月份，第一支部第一分站十二年四、五、六、七、八等月份，第一支部第四分站龙冈办事处十二年十月份，电信大队部十二年五、六、七、八等月份报销表册暨单据；又交通局储藏所十二年四月至十月收发物品日报表暨单据，请予核销前来。应将原件一并开单发还，仰即照单点收清楚，径送许总司令查算明确，呈覆核夺。仍将送达日期报查。该前总监经理款项应造各种报销，如尚未造报完竣，应即督饬所属克日造齐，径缴许总司令，听候查算。一面呈报查考，仍候行许总司令知照。此令。

（中华民国陆海军大元帅之印）

中华民国十三年三月八日

据《大元帅指令第二一四号》，载广州《陆海军大元帅大本营公报》第七号，一九二四年三月十日

饬各军长官毋得借词截留禁烟收入款项令

（一九二四年三月八日刊载）

为训令事：据禁烟督办杨西岩呈称："窃职署开办以来，业将各属分所陆续投承，并委员前赴各属赶紧开办，以期早裕饷源。惟查各属军队异常庞杂，窃恐间有将收入款项截留之事发生，似于财政统一前途不无窒碍，督办窃以为虑，经即提出署务会议，与各会帮办公同讨论，金以应呈请大元帅明令各属各军长官，于职署所属各属分局所收入款项，毋得借词截留，俾早收财政统一之效。业经一致赞同，通过在案，理合备文呈请察核，伏乞俯准施行"等情。据此，除指令照准并分令外，合行仰该查照办理，并转饬所属一体遵照。此令。

据《帅令不得截留禁烟款》，载一九
二四年三月八日《广州民国日报》

特许试办台山自治批

（一九二四年三月八日）①

特许试办台山自治事宜，着省长照此折所拟各条，咨照各军司令长官、各财政机关，查照协助施行为要。文批。

据原件，台北、中国国民党文化传播委员会党史馆藏

---

① 原文未署日期。按《广州民国日报》一九二四年三月八日《特许台山试办自治》一文，载有孙文关于台山自治办法之批文，据此暂定为三月八日。另据一九二四年十二月十一日大元帅训令第六一八号所引广东省长公署第二号训令，应在三月九日前。

饬粤军总司令部驻防肇庆令

（一九二四年三月九日）①

以东江军事已由湘、滇各军担任肃平，行将解决。南路各军亦经次第出发。惟查西江肇庆地方重要，特令粤军总司令许崇智克日就职②，即将该总司令部驻防肇庆，巩固西江，以便指挥。

据《粤军总司令驻防肇庆》，载一九二四年三月十一日《广州民国日报》

派朱晋经胡威临赶速筹办民国学校令

（一九二四年三月十日）

派朱晋经、胡威临赶速筹办民国学校。此令。

孙文

中华民国十三年三月十日

据原件，台北、中国国民党文化传播委员会党史馆藏

饬知赵士北嗣后所有发行状纸状面
准由总检察厅办理令

（一九二四年三月十日）

大元帅训令第八八号

令大理院长赵士北

---

① 日期据三月十一日《广州民国日报》"昨九日该总部奉到大元帅命令"酌定。
② 许崇智时在上海。

为令知事：据总检察厅检察长卢兴原呈称："厅费无着，拟请将发行各省厅庭状纸仍归职厅办理，暂救目前之急。查发行状纸，年前本归职厅办理，此次大理院重组，即由院发行。职厅规复后曾具呈请大理院援照上次办法，将发行状纸仍归职厅办理。未奉指令。现在大理院既有讼费、律师证书、小章等费收入不赀，而职厅则并无分毫收入。虽状纸收入每月不过四五百元，然得此尚可酌给职员薪水，以资办公。恳准明令饬将发行状纸、状面之权归职厅办理，由厅通令各厅、庭，饬嗣后赴厅领用，该款拨充厅费，并请令饬大理院停止发行状纸、状面，以归划一"等情前来。除指令"所请事属可行，应予照准。嗣后所有发行状纸、状面，即由该厅办理，该款并准拨充该厅经费，以资维持"外，仰该院长即便遵照办理。此令。

（中华民国陆海军大元帅之印）

中华民国十三年三月十日

据《大元帅训令第八八号》，载广州《陆海军大元帅大本营公报》第七号，一九二四年三月十日

饬叶恭绰派员审查清理并公布军政部经手各机关伙食给养收支事项令

（一九二四年三月十日）

大元帅训令第九〇号

令大本营财政部长叶恭绰

为训令事：据大本营军政部长程潜呈称："窃职部军需局奉令改组后，所有以前经手收支事项，业经饬前军需局长限期清理并呈报在案。惟职部经手发给各军、各机关伙食给养，自去年十月十六日起至本年二月十九日止约四月有奇，其中收支情形，若不彻底清理，明白宣布，不足以昭大信而释责任。兹为特别慎重起见，拟请帅座指派财政部重要专员审查清理，俟清理完竣即将收支总数刊册公布。事关军需要政，伏乞俯赐察核，批准施行"等情。据此，除指令照准外，合行令仰该部

长遵照，即便遴派专员前往审核清理，以昭核实。仍将遵办情形报查。此令。

（中华民国陆海军大元帅之印）

中华民国十三年三月十日

据《大元帅训令第九〇号》，载广州《陆海军大
元帅大本营公报》第七号，一九二四年三月十日

批程潜请指派财政部专员审查清理
军需局以前收支事项呈

（一九二四年三月十日）

大元帅指令第二一五号

令大本营军政部长程潜

呈请指派财政部专员审查清理军需局以前收支事项由。

呈悉。已令行财政部遴派专员审查清理矣。仰即知照。此令。

（中华民国陆海军大元帅之印）

中华民国十三年三月十日

据《大元帅指令第二一五号》，载广州《陆海军
大元帅大本营公报》第七号，一九二四年三月十日

批卢兴原请将发行状纸状面权划归该厅
办理并将该款拨充厅费呈

（一九二四年三月十日）

大元帅指令第二一六号

令总检察厅检察长卢兴原

呈请将发行状纸、状面权划归该厅办理，并将该款拨充厅费由。

呈悉。据称该厅经费无着，拟请援照上次办法将发行各省厅庭状纸权仍归该

厅办理，以维现状等情。事属可行，应予照准。嗣后所有发行状纸、状面，即由该厅办理，该款并准拨充该厅经费，以资维持。已另令大理院知照矣。仰即遵照可也。此令。

（中华民国陆海军大元帅之印）

中华民国十三年三月十日

据《大元帅指令第二一六号》，载广州《陆海军大元帅大本营公报》第七号，一九二四年三月十日

批林森为查明广东电政监督何家猷
被控各节乞鉴核示遵呈①

（一九二四年三月十、十一日）

大元帅指令第二二〇号

令大本营建设部长林森

呈为查明广东电政监督何家猷被控各节，呈乞鉴核示遵由。

呈悉。既据查明何监督家猷任用之人确非逆党，撤〔裁〕撤各员又属咎有应得，自应免予置议。仰即转饬该监督，以后对于电务固当认真整顿，然亦不宜失之操切，用人尤应一秉大公，诚信既孚则怨谤自息矣。附件存。此令。

（中华民国陆海军大元帅之印）

中华民国十三年三月　　日

据《大元帅指令第二二〇号》，载广州《陆海军大元帅大本营公报》第七号，一九二四年三月十日

---

① 原令未署日期。据《大元帅指令第二一六号》及《大元帅指令第二二一号》发令日期分别为三月十日和十一日，酌定时间为十日或十一日。

着冯肇铭即率江固等舰来省候命令

（一九二四年三月十一日）

着代理海防司令冯肇铭，即率"江固"并同式各舰来省候命。此令。

孙文

民国十三年三月十一日

据原件，台北、中国国民党文化传播委员会党史馆藏

优恤林震令

（一九二四年三月十一日）

大元帅令

据大本营军政部部长程潜呈称："已故大本营高级参谋、陆军中将林震，为国宣劳，迭著勋绩，积劳逝世，良堪悼惜。拟照中将积劳病故例给恤"等语。林震准照陆军中将积劳病故例给恤，以彰忠勤。此令。

（中华民国陆海军大元帅之印）

中华民国十三年三月十一日

据《大元帅令》，载广州《陆海军大元帅大本营公报》第八号，一九二四年三月二十日

饬王棠禁止勒收程船保护费令

（一九二四年三月十一日）

大元帅训令第九三号

令东江商运局长王棠

为令饬事：据两广盐运使赵士觐呈称："现据运商济安公堂研究公会禀称：

顷接本堂会各程船报称：各船入口驶至黄埔河面附近，有东江商运局兵舰喝令停船，勒缴保护费三五十元不等，始准放行通过，殊于运务大有窒碍等情。查商运局定章，原为保商而设，若拦途勒收保护费，拟与原定宗旨不符。况程船为饷项所关，更与百货不能同日而语，理合据情禀请钧署察核，恳即咨令商运局转饬所属，嗣后对于程船出入，准予豁免征收，勿再留难，俾恤商艰等情。据此，除转咨东江商运局禁止勒收外，理合据情呈请钧座察核，俯赐令行东江商运局禁止勒收，以维程运而恤商艰，实为公便"等情前来。除指令"呈悉。候令饬东江商运局严行禁止可也。此令"印发外，合行令仰该局长即便遵照办理，勿稍玩忽。切切。此令。

（中华民国陆海军大元帅之印）

中华民国十三年三月十一日

据《大元帅训令第九三号》，载广州《陆海军大元帅大本营公报》第七号，一九二四年三月十日

批赵士觐请令行东江商运局
禁止勒收程船保护费呈

（一九二四年三月十一日）

大元帅指令第二三四号

令两广盐运使赵士觐

呈请令行东江商运局禁止勒收程船保护费由。

呈悉。候令饬东江商运局严行禁止可也。此令。

（中华民国陆海军大元帅之印）

中华民国十三年三月十一日

据《大元帅指令第二三四号》，载广州《陆海军大元帅大本营公报》第七号，一九二四年三月十日

着筹设禁烟人犯裁判所并拟具条例令

（一九二四年三月十二日）

着秘书长、大理院长、各部长、省长、市政厅长、公安局长筹议设立专一禁烟人犯裁判所，并拟条例。此令。

孙文

十三、三、十二

据原件，台北、中国国民党文化传播委员会党史馆藏

裁撤东江北江商运局令

（一九二四年三月十二日）

大元帅令

东江、北江商运局均着裁撤。此令。

（中华民国陆海军大元帅之印）

中华民国十三年三月十二日

据《大元帅令》，载广州《陆海军大元帅大本营公报》第八号，一九二四年三月二十日

饬杨希闵撤销交商抽收广州粪溺出口捐令

（一九二四年三月十二日）

大元帅训令第九四号

令中央直辖滇军总司令杨希闵

为令饬事：案据财政会呈称："为呈请事：本会二月二十八日第十九次特别会议，市政厅提议：现接滇军第一师赵师长来咨称：'由该部批准鸿源公司抽收

广州市粪溺出口捐，请厅备案保护'等由。未经财政委员会议决，金以为此项田料所关，未可加征，由会呈请大元帅明令撤销案由。本会呈大元帅令行滇军总司令部转饬将此项捐务撤销，以维统一等因，理合录案呈请钧座鉴核施行"等情。据此，查现在正谋财政统一，昨经明令不许各军长官擅行征收各项杂捐，致紊纲纪在案。据呈前情，除指令外，合行令仰该总司令即行转饬赵师长遵照，将批准鸿源公司承抽广州粪溺出口捐之案撤销，仍将遵办情形报查。此令。

（中华民国陆海军大元帅之印）

中华民国十三年三月十二日

据《大元帅训令第九四号》，载广州《陆海军大元帅大本营公报》第八号，一九二四年三月二十日

饬开办省外筵席捐拨充国立广东大学经费令

（一九二四年三月十二日）

大元帅训令第九六号

令广东省长杨庶堪、中央直辖滇军总司令杨希闵、湘军总司令谭延闿、豫军讨贼军总司令樊钟秀、桂军总司令刘震寰、东路讨贼军总司令许崇智、中央直辖广东讨贼军第四军军长梁鸿楷、中央直辖第一军军长朱培德、中央直辖第二军军长黄明堂、中央直辖第七军军长刘玉山、中央直辖第三军军长卢师谛、代理海防司令冯肇铭、中央直辖赣军司令李明扬、北伐讨贼军第一军军长陈光远、北伐讨贼军第二军军长柏文蔚、北伐讨贼军第三军军长胡谦、山陕讨贼军司令路孝忱

为训令事：据国立广东大学筹备主任邹鲁呈称："窃维教育为神圣事业，人才为立国大本，故国家设立大学，实振兴教育之总键，陶冶人才之巨炉，东西各国，莫不注重大学。其在该本国无论已，即近来在吾国设立者，几无不接踵而起，所以不惜竞投巨资，莫非为国家奠定基础。我大元帅有鉴及此，将本省高师、法大、农专三校合并，改为国立广东大学。现当筹备期内，首须顾及经费为第一入手办法。大学为最高学府，经费尤应充裕，原来之费既少，新拨之费无多，盼厥成功，相差尚远。查省城筵席捐开办已有成绩，并专拨为七校经费，省外各属筵

席捐自可援案办理，并请省外各属开办之筵席捐以三分之二拨为国立广东大学经费，以三分之一拨为各该地教育经费。抽收消费之税，以作教育基金。省河既已开办于前，各属自可推行于后。业由处函请省署查照转行财政厅遵照办理，并由国立广东大学遴选妥员荐请财政厅委任，随时分赴各属监提在案。现准省署公函开：径覆者，除原文照前邀免冗叙外，后开查国立广东大学为最高学府，自应及时筹备经费以利进行。现拟开办省外各属筵席捐，并将该捐项以三分之二拨为国立广东大学经费，以三分之一拨为各该地教育经费，并由大学荐人由财政厅委任，随时分赴各属监提，自可照办。准函前由，除行财政厅遵照办理并函财政委员会查照外，相应函复查照等由。准此，特行呈报并请大元帅察核，将此项省外各县筵席捐三分之二拨为国立广东大学经费，三分之一拨为各该地教育经费，作为定案，永久不得变更。并通令广东省长及各军长官转饬所属，此项筵席捐拨作教育经费，无论各机关、各军队如何困难，不准截留，以符钧座振兴教育之宏图，不胜急切待命之至，仍候指令祗遵"等情。据此，除指令照准并分令外，合行令仰该军长、总司令、省长、司令知照，即便转饬所属一体遵照，对于此项筵席捐永远不得截留挪用，以重学款而维教育。此令。

（中华民国陆海军大元帅之印）

中华民国十三年三月十二日

据《大元帅训令第九六号》，载广州《陆海军大元帅大本营公报》第八号，一九二四年三月二十日

批财政委员会请令行滇军总司令转饬赵师长撤销批准鸿源公司承收粪溺出口捐案呈

（一九二四年三月十二日）

大元帅指令第二三七号

令财政委员会

呈请令行滇军总司令转饬赵师长将批准鸿源公司承收粪溺出口捐之案撤销由。

呈悉。候即如请令行滇军总司令转饬撤销可也。此令。

（中华民国陆海军大元帅之印）

中华民国十三年三月十二日

据《大元帅指令第二三七号》，载广州《陆海军大
元帅大本营公报》第八号，一九二四年三月二十日

批财政委员会请令行中央军需处
照拨警卫团应领军费呈

（一九二四年三月十二日）

大元帅指令第二三八号

令财政委员会

呈请令行中央军需处照拨医卫团应领军费由。

呈悉。候令行中央军需总监查照办理可也。此令。

（中华民国陆海军大元帅之印）

中华民国十三年三月十二日

据《大元帅指令第二三八号》，载广州《陆海军大
元帅大本营公报》第八号，一九二四年三月二十日

饬知蒋尊簋拨付警卫团军费令

（一九二四年三月十二日）

令中央军需总监蒋尊簋

为令遵事：据财政委员会主席委员叶恭绰等呈称："案准军政部第八六一号
公函内开：现准贵会第一、二号公函请照案将该警卫团每日应领军费二百元分配
拨付，以符议案等由。查此项摊款业已移请中央军需处查照办理，相应函复查照
等由。准此，查警卫团每日应领经费二百元，前准市政厅提议，经本会议决从二
月十一日起另由各机关分担，并交军政部办理，于第十五次特别会议决案第十项

报告有案，准函前由，理合呈请帅座察核，俯赐令行中央军需处遵照办理"等情。据此，除指令照准外，仰该总监即便查照办理。此令。

（中华民国陆海军大元帅之印）

中华民国十三年三月十二日

据《大元帅训令第九五号》，载广州《陆海军大元帅大本营公报》第八号，一九二四年三月二十日

批邹鲁请将省外各县筵席捐永远作为教育经费并请通令军民各机关不准截留呈

（一九二四年三月十二日）

大元帅指令第二三九号

令国立广东大学筹备主任邹鲁

呈请将省外各县筵席捐永远作为教育经费，并请通令军民各机关不准截留由。呈悉。照准。已令行军民各机关一体遵照矣。此令。

（中华民国陆海军大元帅之印）

中华民国十三年三月十二日

据《大元帅指令第二三九号》，载广州《陆海军大元帅大本营公报》第八号，一九二四年三月二十日

着发姚雨平部队解散费令

（一九二四年三月十三日）①

大元帅令

着财政委员会筹给姚雨平部队解散费五千元。

据陈旭麓、郝盛潮主编，王耿雄等编：《孙中山集外集》，上海，上海人民出版社一九九〇年七月出版

---

① 时间为财政委员会第二十一次会议决案日期。

着发何雪竹伙食费令

（一九二四年三月十三日）①

大元帅令

着财政委员会筹拨接济何雪竹伙食费六千元。

据陈旭麓、郝盛潮主编，王耿雄等编：《孙中山集外集》，上海，上海人民出版社一九九〇年七月出版

饬杨希闵转知师长赵成梁克日撤销鸿源公司抽收粪溺捐以维市政令

（一九二四年三月十三日）

大元帅训令第九七号

令滇军总司令杨希闵

据广州市市长孙科呈称：“窃市长现据卫生局呈称：承办提抽全市粪溺埠租穗义公所呈称：窃奉中央直辖滇军第一师长赵成梁布告略谓：现据鸿源公司陈华具呈：请承办省河粪溺出口捐以助军饷，并附公函、章程等件交来。据此，当即召集全行会议。据各埠商陈述：自滇军布告发生，各乡农民哗然，业经定下粪溺者，纷纷函来停止交易。正拟具呈钧局设法维持，乃不旋踵纷纷来报，四面河道截留艇只。窃思粪溺生意，其业至贱，其利至微，尤与农工相依为命。查此项出口捐买客负担，粪东垫缴云云，名为农民负担，实则埠商受害。近年兵燹侵寻，盗贼蹂躏，江河梗阻，商农交窘，十室十空。查其章程内载：如有埠商违令抗捐及牵动风潮情事，定即严拿罚办等词。此等剧烈手段，实予人以难堪，彼农民岂无别项田料膏耕植者？而必昂其值以强为销受〔售〕，人虽至愚，亦断不出此。况粪溺

---

① 时间为财政委员会第二十一次会议决案日期。

生意，赊出者十居七八，已成习惯，今风声一播，将来停止交易，则艇只不能接续运输，运输滞窒，势必至清倒停工，而全市之住户粪桶满溢堪虞，将秽气薰蒸发而为疠，埠商固牺牲血本，对于提款无着其事犹少，而卫生前途障害实巨。尔时求全责备，埠商宁愿别谋生计，亦不甘负责矣。筹商再四，实可寒心，迫得据情呈恳钧局，迅予设法维持，以消隐患。现已设船在东西濠口及握要河道开始勒捐，经扣留粪溺艇数十艘不准放行，即恳转详广州市市政厅、广东省长，迅将该船解散，立令捐案撤销，以安民心，则洁净经费，商农生业，胥利赖矣。并附抄中央直辖滇军第一师原函一纸，鸿源公司传单一纸。复据承抽全市厕租保安公所呈称：现奉中央直辖滇军第一师司令部布告：据称，现准鸿源公司陈华拟具章程，抽收粪溺出口捐，以助军饷等因。又据鸿源公司派人持传单到商等各店称说：务须遵章缴纳军饷，方得出口等情。查其抽捐办法，大致粪船每儎重二万斤以下抽三元，猪粪、水粪、便溺各有等差，派员常川分踞省河东、西、南三处水面要道，拦截抽收。所谓瞒捐走漏，且有连船充公外，并拿究罚办之条，手段严辣，群情惶恐。伏思田料一门种类甚多，尤以粪溺一项关系各方面为最大，在省市方面而言，向由钧局督饬各店，将所有市内粪溺随时趁潮清运离省，方为得当，无如近来水道梗阻，凡有货船往来，遇时为土匪打单及勒收行水等事，间或全船掳去，以致阻碍接替，无从清运，上干严处。乃今欲运离城市，亦反加以出口抽捐，殊背钧局向来督饬清洁以重卫生之旨。在用途方面言之，凡购买此项货物者，均属四乡安分农人，近年里闬不靖，水陆梗塞，凡业耕种者，无不叠受摧残，到处田土荒芜，挺而走险，民不得安其业。间有饮苦经营操末耜以从役于畎亩之中者，无不筋穷力竭，始克购取各种肥料，以粪除田土，此在稍明事理者，亦知安集奖翼之不暇。若更加重其负担而窒其生息之机，以妨碍其事业之发达，似亦于保卫民生之旨不无相左。在营业方面而言之，商等虽系经营商事，然究竟负有多少清洁义务，与别种生意不同。考此类货物日有来源，不能存贮，即存贮亦变坏无用，故平时不问销路旺淡，总以立即脱货，以便回环接替而利清洁为必要，既无投机可乘，又弗能候价而沽？虽营商业兼顾公益，倘遇滞市，则上受钧局干涉而下无销路，迫得运去市外投之浊流，牺牲血本，勉尽清洁义务，近年固屡试不鲜，此则自计未遑。今又强以间接负担纳捐之责，在平时固难邀买客之加给，遇滞市又何能问诸水滨？况揆之转嫁法中，亦大违捐税正义之旨。且一有加捐，买客避重就轻，可以别购肥料，则敝行生意实在直蒙其损害。况省城司令部林立，筹措军饷责有专司，若相率效尤，借口军费各别抽捐，不明统系，无所秉承，此风一开，粤省商场何堪应命？总之此项抽捐，有损无益，不成体统，妨碍农业，阻害卫生。贻害公益，损害商务，违反税法，徒滋骚扰而已。更查前裕农公司认饷承办田料捐，业蒙大元帅批准取销在案，现在事同一律，恳请迅予上详市长察核，并转详省长立颁明令取销，并勒令将省河东、西、南水面分局刻即解散，以便运输，而免骚扰，并粘呈鸿源公司传单一纸各等情到局。据此，查核所称各节尚属实情，事关妨碍公共卫生，应如何酌予维持，以弭隐患之处，理合检同抄单，据情转请察核指令饬遵等情前来。据此，查此事前准赵师长来咨，当经咨复请将此项承捐案撤销，并经呈报帅座令饬撤销在案。现据前情，该公司业已开抽，积极进行，理合备文再呈帅座鉴核，迅赐令行滇军总司令转饬赵师长，立将批准鸿源公司承捐案撤销，以免酿出风潮，致碍全市卫生，仍候指令祗遵，实为公便"等情前来。据此，查此案前据该市长以赵师长成梁批准鸿源公司承抽粪溺出口捐以助军饷，有碍市政等情，呈请令行撤销，经交军政部核办在案。兹复据呈前情，应予照准，除指令外，合行令仰该总司令即便转饬赵师长成梁，迅将批准鸿源公司承捐案克日撤销，似维市政。此令。

（中华民国陆海军大元帅之印）

中华民国十三年三月十三日

据《大元帅训令第九七号》，载广州《陆海军大元帅大本营公报》第八号，一九二四年三月二十日

饬知蒋光亮佛山房捐应由南海县公署征收报解令

（一九二四年三月十三日）

大元帅训令第九八号

令滇军第三军军长蒋光亮

为训令事：案据兼代广东财政厅长郑洪年呈：据南海县长呈报，该军军需筹

备处在佛山地方布告征收房捐等情，钞呈布告一纸，请示办法前来。查财政统一，现方积极进行。该军长深明大义，力为提倡。佛山房捐自应照章由南海县公署征收报解，以清手续而明统紊。除令覆该兼厅知照外，合行训令该军长令饬该筹备处遵办，并将办理情形报查。此令。

（中华民国陆海军大元帅之印）

中华民国十三年三月十三日

据《大元帅训令第九八号》，载广州《陆海军大
元帅大本营公报》第八号，一九二四年三月二十日

批孙科请令行滇军总司令饬赵师长
撤销鸿源公司承捐案呈①

（一九二四年三月十三日）

大元帅指令第二四〇号

　　令广州市市长孙科

　　呈请令行滇军总司令饬赵师长撤销鸿源公司承捐案由。

　　呈悉。准予令行滇军总司令转饬撤销，仰即知照。此令。

（中华民国陆海军大元帅之印）

中华民国十三年三月十三日

据《大元帅指令第二四〇号》，载广州《陆海军大
元帅大本营公报》第八号，一九二四年三月二十日

---

① 滇军总司令为杨希闵。赵师长为赵成梁。

饬杨庶堪严办滥承捐务之奸商
查明滥批捐务之军队令

（一九二四年三月十三日）

饬省长除将滥承捐务之奸商惩办外，并将滥批捐务之军队查明，以凭究办。

据《严办滥承捐务之奸商》，载一九
二四年三月十三日《广州民国日报》

批程潜为大本营高级参谋陆军中将林震
拟照中将积劳病故例给恤呈

（一九二四年三月十三日）

大元帅指令第二四一号

令大本营军政部长程潜

呈复已故大本营高级参谋、陆军中将林震，拟照中将积劳病故例给恤由。

呈悉。林震准照陆军中将积劳病故例给恤，以彰忠勤，已予明令发表矣。仰即知照。此令。

（中华民国陆海军大元帅之印）

中华民国十三年三月十三日

据《大元帅指令第二四一号》，载广州《陆海军大
元帅大本营公报》第八号，一九二四年三月二十日

批郑洪年为滇军第三军军需筹备处
在佛山征收房捐请示办法呈

（一九二四年三月十三日）

大元帅指令第二四二号

令兼代广东财政厅长郑洪年

呈一件滇军第三军军需筹备处在佛山征收房捐请示办法由。

呈及钞件均悉。财政统一，现方积极进行。佛山房捐自应照章由南海县公署征收报解。仰候训令该军长遵照办理也。此令。附件钞发。

（中华民国陆海军大元帅之印）

中华民国十三年三月十三日

据《大元帅指令第二四二号》，载广州《陆海军大元帅大本营公报》第八号，一九二四年三月二十日

给东江左右两翼各军手令

（一九二四年三月十三日）

惠州古称天险，此次军事会议，变更作战计划，三路进兵，利用左右翼包抄。故人数比中路较多，责亦较重，破城杀贼，在此一举，勘定南疆，从事北伐。

据《快信摘要》，载一九二四年三月二十一日长沙《大公报》（二）

追赠洪锡龄令

（一九二四年三月十四日）

大元帅令

据大本营军政部长程潜呈称："已故广州卫戍总司令部副官长洪锡龄，上年

随征东江，迭著勋勤，博罗之役，不幸惨死。据杨总司令希闵呈请给恤，交部核议，拟予追赠陆军中将，照阵亡例给恤"等语。洪锡龄着追赠陆军中将，并照中将阵亡例给恤，以彰忠烈。此令。

（中华民国陆海军大元帅之印）

中华民国十三年三月十四日

据《大元帅令》，载广州《陆海军大元帅大本营公报》第八号，一九二四年三月二十日

饬各军严禁征收船只各种捐费令

（一九二四年三月十四日）

大元帅训令第九九号

令中央直辖滇军总司令兼广州卫戍总司令杨希闵、中央直辖滇军第二军军长范石生、中央直辖滇军第三军军长蒋光亮、湘军总司令谭延闿、桂军总司令刘震寰、豫军总司令樊钟秀、粤军总司令许崇智、中央直辖第一军军长朱培德、中央直辖第三军军长卢师谛、中央直辖第四军军长梁鸿楷、中央直辖第七军军长刘玉山、东路讨贼军第三军军长李福林、东路讨贼军第四军军长张国桢、山陕讨贼军司令路孝忱、赣军司令李明扬、大本营军政部长程潜、大本营财政部长叶恭绰、广东省长杨庶堪、广州市公安局长吴铁城、虎门要塞司令廖湘芸

为令饬事：近闻各军人员有假托长官命令，在河面到处设立机关，征收往来船只各种捐费，巧立名目，借端苛索，非法扰民，莫此为甚。着各军总司令暨各统兵官长严行禁止，并着公安局长饬水上警察严密查办。自接到命令三日后，所有省河及各属河面，除船民自治督办所属机关外，一律勒令取销，如敢违犯，军法从事。仰该部长、司令、省长、总司令、军长、局长迅饬所部一体遵办。仍将办理情形呈复查考，并由省长署录令出示晓谕，俾众周知。其余省城内外各独立军队，由军政部通行遵照。此令。

（中华民国陆海军大元帅之印）

中华民国十三年三月十四日

据《大元帅训令第九九号》，载广州《陆海军大元帅大本营公报》第八号，一九二四年三月二十日

饬一律撤销有奖义会令

（一九二四年三月十四日）

大元帅训令第一〇〇号

令广东省长杨庶堪、广东筹饷总局总办范石生、湘军总司令谭延闿、滇军总司令杨希闵

为令饬事：据报告，广州八十字有奖义会，前经滇军第一师师长赵成梁批准宝恒公司商人承办，现湘军第一军军长宋鹤庚、湘军第五军第十六旅旅长张以祥等，复先后各批准利源、天利等商人同时布告开办，一捐三公司，恐滋纷扰等情。并据滇军第一军旅长曾万钟等灰电称：一师伙食向恃省垣八十字有奖义会接济，近有湘军另招商承办，原商束手，伙食断绝等词前来。各据此，查广东筹饷总局业经成立，所有与防务经费性质相近各种收入，自应由该总局办理，以专责成而资统一。所有各军先后批准广州八十字有奖义会承商宝恒、利源、天利各公司，着即一律撤销。至此项义会应否开办，并各该军原在该义会饷项内固有收入应如何划拨之处，仰该总办、筹饷总局总办统筹兼顾，妥慎办理，呈候核夺。除分令外，合行令仰该总办遵照、总司令转饬遵照、省长遵照。切切。此令。

（中华民国陆海军大元帅之印）

中华民国十三年三月十四日

据《大元帅训令第一〇〇号》，载广州《陆海军大元帅大本营公报》第八号，一九二四年三月二十日

批赵士觐称香安督缉局专为查缉私盐屏蔽省配而设并非征收机关应由运署直接派员经管除咨复许总司令外乞察核备案呈

（一九二四年三月十四日）

大元帅指令第二四四号

令两广盐运使赵士觐

呈称香安督缉局专为查缉私盐屏蔽省配而设井，非征收机关应由运署直接派员经管，除咨复许总司令外，乞察核备案由。

呈悉。此令。

（中华民国陆海军大元帅之印）

中华民国十三年三月十四日

据《大元帅指令第二四四号》，载广州《陆海军大元帅大本营公报》第八号，一九二四年三月二十日

饬招抚使不得设署令

（一九二四年三月十四日）

谕大本营秘书处，转饬招抚使不得在省垣设署。除有以招抚使署名义来呈，概不置批外，并转知各招抚人员，立将机关裁撤，即日赴当地实行办理招抚事宜。

据《招抚使不得在省设署》，载一九二四年三月十四日《广州民国日报》

批广东财政厅加二征缴粤省厘税并着无论何项军政要需概不得截留拨用令

（一九二四年三月十四日）①

案据广东财政厅呈报：将本省厘税加二征缴，现定省河各厂局卡，由三月十六〈日〉实行，省外各厂局，一律于五日内先缴预饷一次，大洋解缴，恳分别批行通令遵照。应准照办，无论何项军政要需，概不得截留拨用。仍将遵办情形，迅速呈报。

据《各军勿截留加二厘税》，载一九二四年三月十五日《广州民国日报》

饬吴铁城严办黄大汉等令②

（一九二四年三月十五日刊载）

立令公安局吴铁城，将黄大汉、谢德臣、朱文伯三人拘留严办。

据《黄谢拘留后之究竟》，载一九二四年三月十五日《广州民国日报》

派舰扫清河道不准再有巧立名目擅收保护费令

（一九二四年三月十五日）

派出"江汉"、"江固"、"宝安"、"新安"四舰，会同大本营特派之军队扫

---

① 日期据《广州民国日报》一九二四年三月十五日"昨各军部接到大元帅命令"酌定。

② 黄、谢、朱三人"借党员名义而有暴行"，又"干涉新闻纪载，殊非守法行为"，孙文因此令公安局立予严办。

清河道。无论何军，如有勒收"保护费"情事，一律拘捕严办。自此次扫清之后，永远不准再有巧立护商名目、擅收护费。

据《大元帅派舰肃清河道》，载一九二四年三月十五日《广州民国日报》

批杨希闵请撤销北江商运局呈

（一九二四年三月十五日）

大元帅指令第二四六号

令中央直辖滇军总司令杨希闵

呈为据情转请撤销北江商运局由。

呈悉。查此案昨据赵师长径呈前来，业经明令将北江商运局裁撤矣。仰即知照。此令。

（中华民国陆海军大元帅之印）

中华民国十三年三月十五日

据《大元帅指令第二四六号》，载广州《陆海军大元帅大本营公报》第八号，一九二四年三月二十日

批王棠请展限一月暂缓撤局呈

（一九二四年三月十五日）

大元帅指令第二四八号

令东江商运局长王棠

呈请展限一月暂缓撤局由。

呈悉。仰仍遵照前令即行裁撤，所请展限之处，着毋庸议。此令。

（中华民国陆海军大元帅之印）

中华民国十三年三月十五日

据《大元帅指令第二四八号》，载广州《陆海军大元帅大本营公报》第八号，一九二四年三月二十日

批程潜议复已故广州卫戍总司令部
副官长洪锡龄应得恤典呈

（一九二四年三月十五日）

大元帅指令第二五一号

令大本营军政部长程潜

呈为议覆已故广州卫戍司令部副官长洪锡龄应得恤典由。

呈悉。洪锡龄已明令追赠陆军中将，并准照中将阵亡例给恤矣。仰即知照。此令。

（中华民国陆海军大元帅之印）

中华民国十三年三月十五日

据《大元帅指令第二五一号》，载广州《陆海军大元帅大本营公报》第八号，一九二四年三月二十日

饬详查船民自治联防事宜成效令

（一九二四年三月十七日）

大元帅训令第一〇二号

令广东省长杨庶堪、海防司令林若时、广东地方善后委员会

广东全省船民自治联防事宜开办以来，尚无成效，所定办法有无流弊，应由广东省长、海防司令会同广东地方善后委员会详细调查呈复，以资整顿。除分令外，合行令仰遵照。此令。

（中华民国陆海军大元帅之印）

中华民国十三年三月十七日

据《大元帅训令第一〇二号》，载广州《陆海军大元帅大本营公报》第八号，一九二四年三月二十日

饬新任禁烟督办邓泽如剔除弊端切实办理令

（一九二四年三月十七日）

大元帅训令第一○三号

令禁烟督办邓泽如

前以广东烟禁废弛，流弊日多，特设禁烟督办，原期寓禁于征，以图整理。乃数月以来，办理毫无成绩，外间啧有烦言，亟应大加改革。着该督办即日前往视事，认真考查，剔除弊端，切实办理。所有章程未尽妥善之处，并着分别修正呈候核夺。此令。

（中华民国陆海军大元帅之印）

中华民国十三年三月十七日

据《大元帅训令第一○三号》，载广州《陆海军大元帅大本营公报》第八号，一九二四年三月二十日

饬知韶关与民冲突之弁兵已分别惩处令

（一九二四年三月十七日）

大元帅训令第一○四号

令大本营军政部长程潜

为令知事：据豫军讨贼军总司令樊钟秀呈："为呈报事：查韶关兵士肇事伤毙店伴一案，经将肇事大概情形并派参谋长朝敬铭驰往查办呈报在案。兹据该参谋长文电报称：灰晓丑时抵韶，即调查肇事原因，本早传齐各旅所部长官集议，咸称三旅六团二营所部副兵王文彬一名，因往同乐酒楼借笼炊饽，该店坚不应允，致起口角，副兵不甘受辱，回棚报知班长，邀同数人复往，遂致争闹不休。附近卫兵恐酿事端，驰至劝解，店伴误为帮助，致更误会。时适有二旅旅部马弁李书

纪闻声赶至，手携短枪，与店伴互相纠缠，卒因夺枪失慎，误毙店伴一名，负伤一人，因是各商店多起恐慌等由。当即抚慰该店，并将带枪酿祸马弁李书纪、肇事副兵王文彬二名看押，请示办法前来。据此，当即电示马弁李书纪就地枪决，副兵王文彬寄押县署，查明惩办。查此次韶城因借笼炊饽，致肇事端，所部长官对于士兵平日不能严加约束，临时又未到场弹压，咎有应得，除将该管各长官免职留任图功赎罪外，合将肇事情形并枪决马弁李书纪、惩办副兵王文彬、免职该管长官情形，合并呈报鉴核"等情。据此，除指令"呈悉。该部兵士因与商民误会冲突，致伤毙人命。据称已将肇事弁兵分别枪决、惩办，并将该管长官免职留任。办法甚是，已交军政部查照矣"印发外，合行令仰该部长查照。此令。

（中华民国陆海军大元帅之印）

中华民国十三年三月十七日

据《大元帅训令第一〇四号》，载广州《陆海军大元帅大本营公报》第八号，一九二四年三月二十日

饬核议警监学校校长应否由高等检察厅任免令

（一九二四年三月十七日）

大元帅训令第一〇六号

令广东省长杨庶堪

为令饬事：现据广东高等检察厅检察长林云陔呈称："为呈请事：窃查广东公立警监专门学校，原由广东公立监狱学校改组，案关于监狱教育事项。民国二年，经司法部令饬归高等检察厅办理在案，是以该校向归职厅直接管辖，该校校长亦由职厅任免。去年五月，大理院兼管司法行政事务处，始改委潘元谅为该校长。查潘元谅任事以来，办理不善，啧有烦言，培植人才苟非得当，警狱两政安望改良，职厅职责所在，缄默既所难安，权限攸关，处理亦有未便，倘长此迁延，于粤警狱前途，实大阻碍。拟请准予查照成例，该校校长仍由职厅任免，以清权责而利进行。所有广东公立警监专门学校校长仍归职厅任免缘由，理合备文呈请察核，是否有当，伏乞指令祗遵"等情。据此，查此案昨据总检察厅呈请将广东

公立警监专门学校拨归该厅直接管理，当将原呈发交该省长核办去讫。兹复据呈前情，除指令合行令仰该省长即行并案核议具复酌夺。此令。

（中华民国陆海军大元帅之印）

中华民国十三年三月十七日

据《大元帅训令第一〇六号》，载广州《陆海军大元帅大本营公报》第八号，一九二四年三月二十日

批樊钟秀为驻韶兵士肇事已将肇事
马弁李书纪依法枪决副兵王文彬
押办暨各该管长官免职留任呈

（一九二四年三月十七日）

大元帅指令第二五三号

令豫军讨贼军总司令樊钟秀

呈报驻韶兵士肇事，已将肇事马弁李书纪依法枪决，副兵王文彬押办暨各该管长官免职留任由。

呈悉。该部兵士因与商民误会冲突，致伤毙人命。据称已将肇事弁兵分别枪决、惩办，并将该管长官免职留任。办法甚是，已交军政部查照矣。此令。

（中华民国陆海军大元帅之印）

中华民国十三年三月十七日

据《大元帅指令第二五三号》，载广州《陆海军大元帅大本营公报》第八号，一九二四年三月二十日

饬各军长官派员会同公安局长等立即
解散各军在河面所设勒收机关令

（一九二四年三月十七日刊载）①

大元帅令

选据商民呈称："省河河面勒收保护费之兵船，如沙基、涌口之江防司令、北江护商队，每船经过勒收领旗费二元有奇。泮塘、涌口之滇军第二师保商队月收西、北江来往船，每船六元余。泮塘、涌口之卫戍司令部护商监理分处，勒收省河各船保护费。十二区三分署前之湘军第五路第四游击统领部、如意坊附近河面之滇军西江保商队等，烦征苛敛，商民不堪。请撤销以安地方"等情前来。据此，当饬派员查明确有其事。当此财政统一正在实行之际，所有拦河收费机关，自应一律停止。着各该军长官即日派员协同公安局长、海防司令，将上列各机关立即解散，以一政令而利人民。特此令达，仰即遵照。仍将遵照情形具报查考。此令。

据《帅令解散勒收机关》，载一九二四年三月十七日《广州民国日报》

批韦荣熙遵令撤局日期呈

（一九二四年三月十七日）

大元帅指令第二五五号

令北江商运局长韦荣熙

呈报遵令撤局日期由。

① 同月二十七日《广州民国日报》重刊此令。

呈悉。此令。

（中华民国陆海军大元帅之印）

中华民国十三年三月十七日

据《大元帅指令第二五五号》，载广州《陆海军大元帅大本营公报》第八号，一九二四年三月二十日

批林云陔请广东公立警监专门学校校长归该厅任免呈

（一九二四年三月十七日）

大元帅指令第二五六号

令广东高等检察厅检察长林云陔

呈请将广东公立警监专门学校校长归该厅任免由。

呈悉。仰候令行广东省长核议复夺。此令。

（中华民国陆海军大元帅之印）

中华民国十三年三月十七日

据《大元帅指令第二五六号》，载广州《陆海军大元帅大本营公报》第八号，一九二四年三月二十日

着财政部长制印统一收条分发使用以便稽查令

（一九二四年三月十八日）

着财政部长制印统一收条，并通令各财政机关及各县长、各关卡，凡对人民收款，应发给一律收条，以便稽查而杜流弊。

据《统一财政之统一收条》，载一九二四年三月十八日《广州民国日报》

着发湘军给养费令二件

（一九二四年三月十八日）①

一

大元帅令

着财政委员会将湘军每日给养六千元，由三月十九日起至四月七日止共二十日之款，提前分作一、二次交足，以便湘军出发。

二

大元帅令

预测一起发湘军给养费一案，应改为从三月二十七日起算，着财政委员会遵照办理。

据陈旭麓、郝盛潮主编，王耿雄等编：《孙中山集外集》，上海，上海人民出版社一九九〇年七月出版

着发许崇智紧急费令

（一九二四年三月十八日）②

大元帅令

着财政委员会筹拨紧急费二万元③，交许总司令接济闽南各部队。

据陈旭麓、郝盛潮主编，王耿雄等编：《孙中山集外集》，上海，上海人民出版社一九九〇年七月出版

---

① 时间为财政委员会第二十二次会议决案日期。
② 时间为财政委员会第二十二次会议决案日期。
③ 孙文面谕："闽南各部队改为给一万元。"

着速拨何雪竹伙食费令

（一九二四年三月十八日）①

大元帅令

　　着财政委员会另设他法，速筹拨何雪竹之六千元。②

据陈旭麓、郝盛潮主编，王耿雄等编：《孙中山集
外集》，上海，上海人民出版社一九九〇年七月出版

饬程潜分令各军不得封用盐船令

（一九二四年三月十八日）

大元帅训令第一〇七号

　　令大本营军政部长程潜

　　为令饬事：据两广盐运使赵士觐呈称："现据北江车运盐业同和堂陈致诚等禀称：'窃船户等向业盐船运驳，各江饷盐转运车卡，或由省运至各江，向不装傤别货及受别行雇用，或充当官差，原系指定专为运驳饷盐之用，故每报秤之后，亦不能片刻留难，若一旦乏船运驳，不特有碍标配，即因而损害饷源。现盐业日定，筹饷军需所关，刻不容缓，若无船运驳，饷无所出。月来每有借军骑封盐船，或借词开差，或无地驻扎，强将驳船封用，不知凡几，以至一经报秤，无船标配，已屡见不鲜。省河军队众多，名目庞杂，或借军骑封，故意留难，或冒军强封，希图讹索，是军是匪，辨别无从，若长此相率效尤，不独损害盐业，复害饷源。况查省河前运盐驳船，共有四百余艘，近月来或因被封扣留，或因改图别业，现在省河共计专运饷盐驳船，仅百艘有奇，以致秤多不敷输运，若再从而效尤，各船户等一旦相率奔避，以致无船接运，其害底于无穷，势必至有停秤之患。船户等心所

---

　　①　时间为财政委员会第二十二次会议决案日期。
　　②　孙文面谕："何雪竹改为给一万元。"

谓危，故特联同吁恳钧使俯赐维持，给照保护，并乞转呈大元帅咨会各军总司令部饬属一体保护，免予封用，以维盐业而固饷源，实为公德两便'等情。据此，查该船户等现请给照保护，流弊滋多，未便照准。惟所称军队封用盐船，妨饷碍运，自属实情，亟应据情转请通饬免予封用，以示维持。除批示外，理合具文呈请钧座鉴核，俯赐通令各军转饬所属一体保护，免予封用，以维盐业，而顾饷源，仍乞指令祗遵，实为公便"等情前来。据此，除指令"呈悉，候令行军政部分令各军遵照办理可也。此令"印发外，合行令仰该部长迅即遵照办理。此令。

（中华民国陆海军大元帅之印）

中华民国十三年三月十八日

据《大元帅训令第一〇七号》，载广州《陆海军大元帅大本营公报》第八号，一九二四年三月二十日

着李福林克期扑灭东莞番禺一带匪患令

（一九二四年三月十八日）①

大元帅训令

迭据华洋各方报告，东莞、番禺交界及莲花山、黄浦一带地区，时有匪踪出没，为患闾阎，殊堪痛恨。兹派李军长福林为东莞、番禺、顺德三邑临时剿匪司令，克期扑灭，绥靖地方。剿匪区域内军民人等，如查有通匪确据，着该司令随时究办。其现驻该区域内之刘军长玉山、卢军长师谛、徐司令树荣各部，早经明令调遣，各有任务，应即遵照前令，分别开拔。徐部并着归剿匪司令统辖，至现驻陈村濠滘、韦涌一带之周师长之贞所部，着即移驻顺德县城，训练待命。斗门附近及虎门至大产关一带，统责成剿匪司令分别会同张指挥国桢、廖司令湘芸协力兜剿，务绝根株，以清余孽，而靖地方。除分令印发外，特此令遵。此令。

据《剿匪司令之权限》，载一九二四年三月十九日《广州民国日报》

---

① 据《广州民国日报》一九二四年三月十九日《剿匪司令之权限》"昨日发布"酌定为三月十八日。

批卢振柳缴卫士姓名清册呈

（一九二四年三月十八日）

大元帅指令第二六〇号

令卫士队长卢振柳

呈缴卫士姓名清册由。

呈悉。册存。此令。

（中华民国陆海军大元帅之印）

中华民国十三年三月十八日

据《大元帅指令第二六〇号》，载广州《陆海军大元帅大本营公报》第八号，一九二四年三月二十日

批李福林为该军所驻防地向无在河面到处设立机关征收各种捐费情事呈

（一九二四年三月十八日）

大元帅指令第二六一号

令东路讨贼军第三军军长李福林

呈复该军所驻防地，向无在河面到处设立机关征收各种捐费情事由。

呈悉。此令。

（中华民国陆海军大元帅之印）

中华民国十三年三月十八日

据《大元帅指令第二六一号》，载广州《陆海军大元帅大本营公报》第八号，一九二四年三月二十日

批赵士觐请通令各军禁封盐船
以维盐业而顾饷源呈

（一九二四年三月十八日）

大元帅指令第二六二号

令两广盐运使赵士觐

呈请通令各军禁封盐船以维盐业而顾饷源由。

呈悉。候令行军政部分令各军遵照办理可也。此令。

（中华民国陆海军大元帅之印）

中华民国十三年三月十八日

据《大元帅指令第二六二号》，载广州《陆海军大元帅大本营公报》第八号，一九二四年三月二十日

批石托勒敦来函[①]

（一九二四年三月十八日）[②]

着发给工费五千元。

据陈旭麓、郝盛潮主编，王耿雄等编：《孙中山集外集》，上海，上海人民出版社一九九〇年七月出版

---

① 石托勒敦系广九铁路代理总工程师。
② 时间为财政委员会第二十二次会议决案日期。

批黄焕记煤炭费收据

（一九二四年三月十八日）①

着财政委员会提前筹给黄焕记煤炭费三千七百余元。

据陈旭麓、郝盛潮主编，王耿雄等编：《孙中山集外集》，上海，上海人民出版社一九九〇年七月出版

饬查拿假冒各军名义滥事收费不肖之徒令

（一九二四年三月十九日）

大元帅训令第一〇八号

令广州市公安局局长吴铁城

为令饬事：查近有不肖之徒，借各军名义，在省河拦河滥事收费，业经令行解散在案。前谕广州市公安局局长查拏所获各犯，着该局长迅予讯明，即将为首人犯严行惩办，其余胁从之辈，应即按律处置。仰该局长会同海防司令随时巡察，如遇此等行为，立即查拏究办具报。切切。此令。

（中华民国陆海军大元帅之印）

中华民国十三年三月十九日

据《大元帅训令第一〇八号》，载广州《陆海军大元帅大本营公报》第八号，一九二四年三月二十日

---

① 时间为财政委员会第二十二次会议决案日期。

饬解散私立机关勒收保护费令

（一九二四年三月十九日）

大元帅训令第一〇九号

　　令东路讨贼军第三军军长李福林

　　查由新塘至大缆尾一带，近竟有军队私立机关勒收保护费，实属胆大妄为。仰东路讨贼军第三军军长，迅行解散该项机关，并严办首要，以儆不法。此令。

（中华民国陆海军大元帅之印）

中华民国十三年三月十九日

据《大元帅训令第一〇九号》，载广州《陆海军大元帅大本营公报》第八号，一九二四年三月二十日

批赵士北奉令停止发行状纸碍难遵办并拟变更办法呈

（一九二四年三月十九日）

大元帅指令第二六六号

　　令大理院院长兼管司法行政事务赵士北

　　呈为奉令停止发行状纸碍难遵办，并拟变更办法，乞予核示由。

　　呈悉。查诉讼状纸，从前虽由司法部制造，而发售则向归检厅经理。昨据总检察厅卢检察长，以该院迭次奉命分拨之款，迄未遵照拨付，以致厅费无着，呈请将状纸改由该厅发行，藉资挹注前来。本大元帅以其于权限并无大素，而于该厅经费则甚有裨，故暂允其请。案经核定，碍难变更。该院应仍遵前令，将民刑各项状纸，一律停止发行，暂由总检厅制发，以归划一。一俟财政稍裕，总检厅经费有着，再行另议办法可也。此令。

（中华民国陆海军大元帅之印）

中华民国十三年三月十九日

据《大元帅指令第二六六号》，载广州《陆海军大元帅大本营公报》第八号，一九二四年三月二十日

下达东江总攻击令①

（一九二四年三月十九日）

着令三路同时开始扑攻。

据《总攻击东江命令已下》，载一九二四年三月二十二日《广州民国日报》

批徐绍桢请褒扬寿民王开清呈

（一九二四年三月十九日）

大元帅指令第二六七号

令大本营内政部长徐绍桢

呈请褒扬寿民王开清由。

呈悉。准予题颁“共和人瑞”四字匾额，并给予银质褒章，由该部转发承领。此令。

（中华民国陆海军大元帅之印）

中华民国十三年三月十九日

据《大元帅指令第二六七号》，载广州《陆海军大元帅大本营公报》第八号，一九二四年三月二十日

---

① 原令未署日期。据《广州民国日报》三月二十五日《催促滇军出击东江》“元首甚盼贵军遵照三月十九日命令，迅速进剿云云”酌定时间为三月十九日。

着成立广东省警卫军以吴铁城为司令
所呈编制薪饷表册指令照准令

（一九二四年三月二十日）

大元帅令

　　为令行事：案据广东警卫军司令吴铁城呈称："呈为遵令编配呈请核示事：窃铁城昨奉钧座面谕：'现在陈逆负固，群丑未平，所有军队均经调赴前方担任作战，致地方军备顿形空虚。各属贼匪每乘此时机图谋窃发，于作战军极感不利。况广州市为帅府驻地、行政首都，极应规复地方军，专司巩卫及保护各属治安，使前敌各军无后顾之忧，庶国事足以发展。着即将东路讨贼军第一路司令所部军队改编为广东省警卫军，即任该员为警卫军司令，由粤军总司令节制指挥。地方有事故时，得由省长调遣之。并派德国陆军少校穆赖尔担任训练，期成劲旅。仰即拟具编制饷章、呈条核示'等因。奉此，遵即与穆少校妥为规划，拟组织步兵六团、炮兵一营、工兵一营、机关枪一连，将原有步队先行改组，由穆少校担任训练。惟是现际库藏拮据，审度经济状况，暂先成立步兵三团、炮兵一营、机关枪一连，所缺三团及工兵一营，容俟经济稍纾再行成立。奉令前因，理合拟具编制表一纸、饷章表一纸，备文呈请察核。是否有当，伏候批示祗遵"等情。并附呈编制、薪饷表一册。据此，除指令照准，并饬将编制、薪饷表分别呈报外，合亟令行。仰即知照。此令。

据《广东省警卫军之规复》，载一九
二四年三月二十日《广州民国日报》

饬规画商民呈拟附加军费以济饷需办法令

（一九二四年三月二十日）

大元帅训令第一一〇号

　　令广东省长杨庶堪

为令行事：据李丽生等呈拟："整顿江防，愿附加军费，以济饷需办法。并请饬由筹饷总局会同该省长筹议施行"等情。据此，查各军沿江设卡，抽收船捐，以及保商护运种种名目，节经严令一律取销。此后整理水陆各项税捐，事属财政范围，筹饷总局权限所及，该商等所呈各节，是否可行，应由该省长悉心规画，呈候核夺。原呈附发，并仰转饬知照。此令。

（中华民国陆海军大元帅之印）

中华民国十三年三月二十日

据《大元帅训令第一一〇号》，载广州《陆海军大元帅大本营公报》第九号，一九二四年三月三十日

在广州市征收租捐一月及拨交国立广东大学充开办费令

（一九二四年三月二十日）

为训令事：现在各军云集，杂居市廛，教练管理诸多困难，亟应移驻郊外，以资整理。而立国至计，端肇树人。建设伊始，需才尤众。设立大学，需款正殷。着广东省长于四月一日起，在该市征收租捐一月，以该款之半在市外建筑兵房、俾居军队；以其他半数拨交国立广东大学，充开办、设备两费。事关整军兴学，仰即迅速遵照办理。此令。

据《建筑兵房与筹备大学》，载一九二四年三月二十日《广州民国日报》

批叶恭绰整理纸币奖券结束情形及由部派员兼管委员会事务呈

（一九二四年三月二十日）

大元帅指令第二六八号

令大本营财政部长叶恭绰

呈报整理纸币奖券结束情形及由部派员兼管委员会事务由。

呈悉。此令。

（中华民国陆海军大元帅之印）

中华民国十三年三月二十日

据《大元帅指令第二六八号》，载广州《陆海军大
元帅大本营公报》第九号，一九二四年三月三十日

严禁各军擅抽柴捐令

（一九二四年三月二十日刊载）

大元帅令

近日选据木柴行商呈称："商等贩卖木柴供给民用，本少利微，经营困苦。自军事发生后，军事机关随地设卡，任意抽税。计自黎洞运柴至省，船运者每船须缴费三百余元；火车自英德运省，每车又须缴费五十余元；由黎洞运往三水，每船亦须缴费三百余元。横征暴敛，商民何堪！特抄粘单据，吁恳撤销"等情前来。本大元帅披阅之下，不胜骇悯。旋派员密查，据报属实，并查获各种旗帜收单。查木柴为民生必需之品，柴商系小额资本之商，自受军队勒索，柴价飞腾，每元仅购得三十余斤，几与从前米价相等。若不从速撤销，贻害何底？况财政统一，早经三令五申，似此无艺征求，不独妨碍商民，抑且藐玩政令。着各军立即转饬所部，限文到之日，将后开各费一律撤销。倘敢违抗，除派队毁销机关，准将收税人就地正法外，并将各该主管长官惩戒，以肃纪纲，而重政令。特此令达，仰即遵照。并着军政部布告周知，申令禁止。此令。

据《大元帅令禁擅抽柴捐》，载一九二
四年三月二十日《广州民国日报》（三）

饬广州市政厅续征租捐一月令

（一九二四年三月二十一日）

大元帅训令第一一二号

令广东省长杨庶堪

为令饬事：现在各军云集，需款孔殷。着广东省长迅令广州市政厅长，于四月一日起，在该市续征租捐一月，听候指拨用途。仰即遵照办理。此令。

（中华民国陆海军大元帅之印）

中华民国十三年三月二十一日

据《大元帅训令第一一二号》，载广州《陆海军大元帅大本营公报》第九号，一九二四年三月三十日

着财政厅拨款接济闽南讨贼军令

（一九二四年三月二十一日）

令广东省财政厅，迅即拨款接济闽南讨贼军何成濬部，以利军行，而迅戎机。

据《帅令拨款接济何成濬》，载一九二四年三月二十四日《广州民国日报》

饬严办私卖枪械图利令

（一九二四年三月二十一日）

令各军总司令、高级军官

如查确有私卖枪械图利等情，严行究办，以肃军纪。

据《严究军官领枪图利》，载一九二四年三月二十一日《广州民国日报》

着取消一切抽剥商船名目令

（一九二四年三月二十一日）

着将海防种种事务极力整顿，所有向来抽剥商船各种名目，一概立刻取消。自后商船在西江一带，无论经过何军防地，如有人勒收经费者，当由海防司令部呈报帅府，以便察核办理。

据《大元帅关心民瘼》，载一九二四年三月二十四日《广州民国日报》

饬杨庶堪并案核议警监学校归属及改办令

（一九二四年三月二十一日）

大元帅训令第一一三号

令广东省长杨庶堪

为令饬事：案据广东全省警务处处长吴铁城呈称："呈为呈请将警监学校拨归职处管辖，改办高等警察学校以养成警务人材事。窃查警察行政，原属内务行政之最重要部分，所有维持地方公安、保护人民生命财产，关系至巨，而办理能否妥善，胥视警务人材之多寡以为衡。光绪末年专为养成警务人材，经设高等警察学堂一所，向归巡警道管辖。民国成立，由警察厅照旧接管，十年以来，熟悉警务人员，半由该校出身，足见具有成绩。惟自龙济光寇粤，事事摧残，遽令停办，只因当时仍有多数学生未毕业，遂移归高等检察厅接收，改办监狱学校。但监狱一科用途甚狭，每次招生均难足额，因复易名为警监学校，自大理院成立，又移归大理院直接管理。查该校因陋就简，毫无精神，一切经费全恃征收学费支持，因循至今，迄无起色。日前奉令规复全省警务处，仰见我大元帅注重警政之深意，铁城菲材，忝膺重任，日久筹画，计非推广警察区域，不足以策全省治安。且大元帅以党治国，现值改组伊始，尤非使警政人员晓然于吾党三民主义、五权宪法之精神，不足以发扬民治，一有缓急，并收指臂之功。铁城为整顿警政、发扬党义起见，需用有主义的警务人材较前尤亟，而细察警监学校现时办理情形，断难应时势之要求，故特拟请大元帅令将警监学校拨归职处管辖，改办广东高等警察学校，规复警察教育，养成有主义的警务人材，于警政前途、于党务前途均不无微补。并拟由职处派委筹备主任一员规画一切，以便从速改组。所有拟请改办高等警察学校缘由，理合呈请训令祗遵"等情。据此，查此案前据总检察厅、广东高等检察厅呈请将警监学校拨归管辖，均经令行该省长议覆在案。兹复据呈前情，除指令外，合行令仰该省长遵照并案核议，具覆酌夺。此令。

（中华民国陆海军大元帅之印）

中华民国十三年三月二十一日

据《大元帅训令第一一三号》，载广州《陆海军大元帅大本营公报》第九号，一九二四年三月三十日

批许崇智复已遵谕转饬各部队对于税厘加二之款不得截留呈

（一九二四年三月二十一日）

大元帅指令第二七五号

令东路讨贼军总司令许崇智

呈复已遵谕转饬各部队对于税厘加二之款不得截留由。

呈悉。此令。

（中华民国陆海军大元帅之印）

中华民国十三年三月二十一日

据《大元帅指令第二七五号》，载广州《陆海军大元帅大本营公报》第九号，一九二四年三月三十日

批陈兴汉办理广东地方善后委员会等暨柴行代表
赖星池等呈请救济柴荒一案情形呈①

（一九二四年三月二十一日）

大元帅指令第二七六号

令管理粤汉铁路事务陈兴汉

呈复办理广东地方善后委员会等暨柴行代表赖星池等呈请救济柴荒一案情形由。
呈悉。原件存。此令。

（中华民国陆海军大元帅之印）

中华民国十三年三月二十一日

据《大元帅指令第二七六号》，载广州《陆海军大
元帅大本营公报》第九号，一九二四年三月三十日

批吴铁城请将警监学校拨归该处管辖
改办高等警察学校呈

（一九二四年三月二十一日）

大元帅指令第二七七号

令广东全省警务处处长吴铁城

呈请将警监学校拨归该处管辖改办高等警察学校由。
呈悉。仰候令行广东省长核议覆夺。此令。

（中华民国陆海军大元帅之印）

中华民国十三年三月二十一日

据《大元帅指令第二七七号》，载广州《陆海军大
元帅大本营公报》第九号，一九二四年三月三十日

---

① 三月十九日陈兴汉呈：为救济柴荒，已将运柴车费准减三分之一。此外，仍请严令驻防各军不得借保护为名重迭索费，以收成效。

饬详查广州市内驻军地点人数兵房筑好
即移驻郊外他处部队禁止来省令

（一九二四年三月二十二日）

将市内驻军地点及人数详为调查，以便计划。一俟租捐征收有着，即行开始建筑，悉将市内军队移出郊外。其原驻各处者，则概行禁止开拔来省。

据《军队移驻郊外之准备》，载一九二四年三月二十二日《广州民国日报》

批叶恭绰杨庶堪请迅令刘总司令转饬严师长取消
征收东莞护沙费并将沙捐清佃局收入划拨五成
为严部军费余五成实行解交沙田清理处呈[①]

（一九二四年三月二十二日）

大元帅指令第二七九号

令财政委员会主席委员叶恭绰、杨庶堪

呈请迅令刘总司令转饬严师长取消征收东莞护沙费，并将沙捐清佃局收入拨五成为严部军费，余五成实行解交沙田清理处由。

呈悉。照准。已令行刘总司令分别转饬遵照办理矣。此令。

（中华民国陆海军大元帅之印）

中华民国十三年三月二十二日

据《大元帅指令第二七九号》，载广州《陆海军大元帅大本营公报》第九号，一九二四年三月三十日

---

① 刘总司令、严师长即指刘震寰、严兆丰。

为西江防务事致粤军总司令部令

（一九二四年三月二十三日）

南路匪患，亟待肃清，惟迭据西江报告，陆逆荣廷亦有蠢动狡谋，亟应妥为防范。业经饬令在梧各处将领，预为筹策。并令设立梧州善后处，任李济琛兼处长移驻梧州，妥为部署。各在案。防务繁重，策应宜周，着粤军总司令部克日移驻肇庆，统筹促进，用希宏图。特此令达。仰即遵照。

据《粤桂形势之变迁》，载一九二四年三月二十三日天津《大公报》

着补给林树巍部伙食费令

（一九二四年三月二十四日）①

着财政委员会酌量补给林树巍所部伙食每日七十元。

据陈旭麓、郝盛潮主编，王耿雄等编：《孙中山集外集》，上海，上海人民出版社一九九〇年七月出版

命发潘正道公费令

（一九二四年三月二十四日）②

大元帅令

着财政委员会筹拨潘正道公费一千元。

据陈旭麓、郝盛潮主编，王耿雄等编：《孙中山集外集》，上海，上海人民出版社一九九〇年七月出版

---

① 时间为财政委员会第二十三次会议决案日期。
② 时间为财政委员会第二十三次会议决案日期。

着财政委员会迅拨款湘军令

（一九二四年三月二十四日）①

据湘军谭总司令呈：为财政委员会议决缓发职部各款，恳予转饬即日指拨，以利军行等情。着〈该〉会迅将请拨各款尽先拨交。

据陈旭麓、郝盛潮主编，王耿雄等编：《孙中山集外集》，上海，上海人民出版社一九九〇年七月出版

批李福林遵令剿匪谨将获犯
起掳情形报请察核呈

（一九二四年三月二十四日）

大元帅指令第二八二号

令番东顺三邑临时剿匪司令李福林

呈为遵令剿匪，谨将获犯起掳情形报请察核由。

呈悉。该司令奉令剿匪，督队进攻，获犯起掳多名，并夺获枪械甚夥，实属奋勇得力，深堪嘉许。所请将所获枪弹留部备用之处，应予照准。仰即知照。此令。

（中华民国陆海军大元帅之印）

中华民国十三年三月廿四日

据《大元帅指令第二八二号》，载广州《陆海军大元帅大本营公报》第九号，一九二四年三月三十日

---

① 时间为财政委员会第二十三次会议决案日期。

饬刘震寰转饬严师长兆丰取消征收东莞各属护沙费令

（一九二四年三月二十一至二十六日）①

大元帅训令第一一五号

　　令西路讨贼军总司令刘震寰

　　为令行事：据财政委员会主席委员叶恭绰、杨庶堪呈称："本会本月十三日第二十一次特别会议，准广东全省沙田清理处函：以严师长等征收东莞县各属护沙费，有越权限，恳会转呈帅座，迅令刘总司令转饬该军立即取消，东莞沙捐清佃局收入划拨五成为严部军费，余五成实行解处，请会查议一案。经议决照办，理合录案呈请帅座鉴核施行，实为公便"等情。据此，除指令照准外，合行令仰该总司令遵照，便即转饬严师长兆丰，立将该军征收东莞各属护沙费取清，并饬卢总办民魁将东莞沙捐清佃局收入划拨五成为严部军费，余五成仍实行解交广东全省沙田清理处，毋违。此令。

（中华民国陆海军大元帅之印）

中华民国十三年十三年三月

据《大元帅训令第一一五号》，载广州《陆海军大元帅大本营公报》第九号，一九二四年三月三十日

饬知东路第一路司令所部改编为省警卫兵军令

（一九二四年三月二十六日）

大元帅训令第一一九号

　　令广东省长杨庶堪、粤军总司令许崇智、广东省警卫军司令吴铁城

　　为令行事：现在东路第一路司令所部，业经改编为广东省警卫军，应归广东

---

　　①　时间据《大元帅训令第一一三号》、《大元帅训令第一二〇号》定。叶、杨原呈之令为三月二十二日所发，此令亦可能在同日发布。

省长节制调遣，以资统驭。除分令外，仰即遵照。此令。

（中华民国陆海军大元帅之印）

中华民国十三年三月廿六日

据《大元帅训令第一一九号》，载广州《陆海军大
元帅大本营公报》第九号，一九二四年三月三十日

饬裁撤禁烟会办帮办令

（一九二四年三月二十六日）

大元帅训令第一二〇号

令禁烟督办鲁涤平

查禁烟督办之设，原期寓禁于征，渐祛痼疾。前督办杨西岩徒事铺张，毫无成效，办理两月，时议纷起，业经免职查办在案。该督办受任伊始，应将署中诸部及分局根本改组，积极减政，庶几职无倖位，帑不虚糜。致于办理手续，尤宜切实整顿，藉清积弊，所有原设会办帮办名目，应即裁撤，仰即遵照办理，具报候核。此令。

（中华民国陆海军大元帅之印）

中华民国十三年三月廿六日。

据《大元帅训令第一二〇号》，载广州《陆海军大
元帅大本营公报》第九号，一九二四年三月三十日

着赶制军服拨给张贞所部令

（一九二四年三月二十六日）①

特令赶制军服数千套，拨给张贞所部领用。

据《帅令接济张贞军装》，载一九二
四年三月二十七日《广州民国日报》

---

① 据三月二十七日《广州民国日报》"昨大元帅以其（张贞部）战功卓著，特令……"等字样酌定时间。

批程潜为湘军少校参谋梁达道
拟请追赠陆军步兵中校呈

（一九二四年三月二十六日）

大元帅指令第二八三号

令大本营军政部长程潜

呈为湘军因伤殒命少校参谋梁达道，拟请准予追赠陆军步兵中校，并给中校恤金由。

呈悉。梁达道准予追赠陆军步兵中校，并照中校阵亡例给予恤金。仰即遵照办理。此令。

中华民国十三年三月廿六日

据《大元帅指令第二八三号》，载广州《陆海军大元帅大本营公报》第九号，一九二四年三月三十日

批程潜为遵令议复夏重民等
应得恤典乞予示遵呈

（一九二四年三月二十六日）

大元帅指令第二八四号

令大本营军政部长程潜

呈为遵令议复夏重民、王贤忱应得恤典，乞予示遵由。

呈悉。准如所议给恤。此令。

（中华民国陆海军大元帅之印）

中华民国十三年三月廿六日

据《大元帅指令第二八四号》，载广州《陆海军大元帅大本营公报》第九号，一九二四年三月三十日

着筹拨军乐队服装费令

（一九二四年三月二十七日）

大元帅令

　　着财政委员会迅即筹拨毫洋一千零八元，由军乐队长吕定国具领，制发该队服装六十套，仰即遵照给领具报。

据陈旭麓、郝盛潮主编，王耿雄等编：《孙中山集外集》，上海，上海人民出版社一九九〇年七月出版

饬并案确查省河船民应否免收自治联防经费令

（一九二四年三月二十七日）

大元帅训令第一二一号

　　令海防司令林若时、广东省长杨庶堪、广东地方善后委员会

　　为令行事：案据广州公安局局长吴铁城呈称："窃据职局警察第十二区一分署长高中禹呈称：'现奉钧局训令开，现准督办广东全省船民自治联防公署函开：敝署所辖船民省河分局，近日照章征收船民各费，闻贵局所辖十二区正分署尚多不甚了解，时有误会之虞，相应函请贵局长速即转饬十二区正分署，嗣后对于船民省河分局职员在省河执行职务时，须鼎力协助，以利进行。至或船民无知，亦请代为宣晓，实纫公谊等由。准此，查此案前经将该船民自治联防章程一本分发该署遵照在案，准函前由，合行令仰该署查照所开事理，切实协照办理，以利进行，毋得敷衍塞责。切切。此令。等因。奉此，查船民自治联防举办伊始，船民多不知其利，反生疑虑，且对于输纳自治联防经费一层，多存观望。省河分局以其有意抗缴，强制执行，将船只扣留。即本年二月二十八日，该分局因船民延纳联防经费，将该船只五艘扣留，后有船民三百余人到分署请求转请该分局将船艇放行，率由职署派员商准一律放行，事始寝息，否则几酿风潮，不知如何结果。兹奉令前因，除饬长警向船民剀切劝导及切实协照办理外，倘辖内船民有延纳联

防经费情事，省河分局请派警协同将其船只扣留时，职署应否即行派警会同办理？事关创举，分署长未敢专擅，理合呈请察核指令祗遵'等情前来。查此案职局前准船民自治公署来函，当即令行遵照协照在案。惟现据该分署呈覆各节，抽收联防经费一事，似属确有窒碍难行。复查省河船户，职局以向有征收警费，而市公用局又有抽收牌照费，该船户等以既经缴纳警费、牌费，保护治安已有专责，其对于联防经费一层，不宜再令缴纳，免再增加负担。核情实有可原，况职局现正奉行钧令，制止解散各军队抽收船只费用机关，若独任船民自治联防省河分局抽收经费，各军队观听所及，必至援为借口，拟请由帅座令行船民自治联防公署，对于省河船艇之曾纳警费及牌照费者，概免再收自治联防经费，以免酿成风潮，滋生纷扰。据呈前情，所有拟请免收船艇自治经费缘由，理合呈报钧座察核，是否有当，伏候指令祗遵"等情。据此，当经指令"呈悉。查《抽收广东全省船民自治联防经费章程》，虽经呈奉核准，但前因其开办已久，尚无成效，恐所定办法不免滋弊，业经令行广东省长会同海防司令、广东地方善后委员会详细调查呈覆在案。兹据呈称：省河各船艇向已在该局暨市公用局缴纳警费及牌照费，若再令负担自治联防经费，办理自多滞碍。究竟此种情形是否仅限于省河为然，及应否免收之处，仍候令行广东省长会同海防司令、广东地方善后委员会并案确查，妥议呈覆核夺可也。此令"。除指令印发外，合行令仰该司令、省长、会遵照会同并案确查，妥议从速具覆核夺。此令。

（中华民国陆海军大元帅之印）

中华民国十三年三月二十七日

据《大元帅训令第一二一号》，载广州《陆海军大元帅大本营公报》第九号，一九二四年三月三十日

饬广州市政厅拨款湘军手令

（一九二四年三月二十七日）

即日筹拨现款二万元，交湘军领收。

据《湘军请发作战费》，载一九二四年三月二十八日《广州民国日报》

饬海防司令迅即撤销甘竹容奇拦河收费令①

（一九二四年三月二十七日刊载）

财政统一，为当今求治要图，迭经三令五申，分饬遵办在案。乃据广东全省内河商船总公会张耀名等呈，内称："省内各埠军队，沿江勒收之保护费，自奉明令，多已停止，惟海防司令部，仍复于甘竹、容奇等处，每渡每日勒收银三十元，恳令饬撤销，以苏民困"等情。据此，查省城拦河收费机关，前据商民吁请，业经令饬各军分别解散，以一政令而安商民在案，甘竹、容奇事同一律，即着海防司令迅即撤销，以顺舆情，毋得抗延，致干未便，特此令达。仰即遵照办理具报。

据《禁收船只护费之省令》，载一九二四年三月二十七日《广州民国日报》（三）

批国民党华侨联合办事处等呈②

（一九二四年三月二十七日）

着公安局长从慎说明详报，并着国民党中央执行委员会饬令以上各团体取销各种名目，统一于国民党各区党部、区分部，以便进行而免分歧。此批。

据《国民党第一届中央执行委员会第十七次会议录》，载《近代史资料》总第七十六号

---

① 报载此为大元帅第六十九号令。
② 此件全称为"中国国民党华侨联合办事处刘炎新等联合各团体呈请令行省释黄大汉、谢德臣等情呈"。奉孙文指示，中央监察委员会移交公安局长吴铁城弹劾朱文柏、黄大汉、谢德臣三人审查案，经中央执行委员会第十八次会议议决永久革除上述三人党籍。

批吴铁城为省河船艇应否免收自治联防经费呈

（一九二四年三月二十七日）

大元帅指令第二八七号

　　令广州公安局局长吴铁城

　　呈请免收省河船艇自治联防经费由。

　　呈悉。查《抽收广东全省船民自治联防经费章程》，虽经呈奉核准，但前因其开办已久，尚无成效，恐所定办法不免滋弊，业经令行广东省长、海防司令、广东地方善后委员会详细调查呈覆在案。兹据呈称：省河各船艇向已在该局暨市公用局缴纳警费及牌照费，若再令负担自治联防经费，办理自多滞碍。究竟此种情形是否仅限于省河为然，及应否免收之处，仍候令行广东省长会同海防司令、广东地方善后委员会并案确查，妥议呈覆核夺可也。此令。

（中华民国陆海军大元帅之印）

中华民国十三年三月二十七日

据《大元帅指令第二八七号》，载广州《陆海军大元帅大本营公报》第九号，一九二四年三月三十日

饬解散禁烟督办署原设之水陆侦缉联合队令

（一九二四年三月二十八日）

大元帅训令第一二二号

　　令财政委员会

　　为令饬事：查禁烟督办署现在应行改组，所有原设之水陆侦缉联合队，应由该委员会将其即日解散，其原由各军选送士兵，一律送还各该本军归队。为此，令仰即遵照妥办，仍将遵办情形报查。此令。

（中华民国陆海军大元帅之印）

中华民国十三年三月二十八日

据《大元帅训令第一二二号》，载广州《陆海军大元帅大本营公报》第九号，一九二四年三月三十日

批蒋尊簋请示恤金葬埋费办法呈

（一九二四年三月二十八日）

大元帅指令第二八九号

令中央军需总监蒋尊簋

呈为请示恤金葬埋费办法由。

呈悉。军政部军乐队积劳病故中士梁炳全，应得恤金、葬埋费为数无多，应由该总监即照军政部来咨，速予支发。至称现当战事时期，此项支出必多，若无专款，难资应付各节，尚属实情，究应如何筹拨的款及规定支付手续之处，候酌定后，另行饬遵可也。此令。

（中华民国陆海军大元帅之印）

中华民国十三年三月二十八日

据《大元帅指令第二八九号》，载广州《陆海军大元帅大本营公报》第九号，一九二四年三月三十日

饬石龙各驻军认真保护无线电站令

（一九二四年三月二十八日）

特令驻石龙各军认真保护该站①及该站职员，以利戎机。

据《帅令保护无线电站》，载一九二四年三月二十九日《广州民国日报》

---

① 该站指设置于石龙的滇桂联军总指挥部无线电话站。该站曾发生职员被杀情事。

着无线电局在大南洋轮装置无线电令

（一九二四年三月二十八日）

特着无线电局在该轮①装置无线电，以便出巡前敌时，传授各军机宜。

据《大南洋装置无线电》，载一九二
四年三月二十八日《广州民国日报》

驻新塘湘军克日开赴前线令

（一九二四年三月二十八日）

特令驻扎新塘之湘军克日开赴前线，以厚兵力。

据《帅令湘军开赴前敌》，载一九二
四年三月二十九日《广州民国日报》

大本营秘书处将全省民团条例呈候察核施行令

（一九二四年三月二十八日）

令秘书处将全省民团条例呈候察核施行。

据《举办全省民团之条例》，载一九二
四年三月二十八日《广州民国日报》

---

① 该轮指孙文出巡前敌专用之座船"大南洋"浅水电轮。

批陈兴汉请转饬各军勿拉该路
工役充伕免碍运输呈

（一九二四年三月二十九日）

大元帅指令第二九一号

令管理粤汉铁路事务陈兴汉

呈请转饬各军勿拉该路工役充伕，免碍运输由。

呈悉。候令行各军长官遵照办理可也。此令。

（中华民国陆海军大元帅之印）

中华民国十三年三月二十九日

据《大元帅指令第二九一号》，载广州《陆海军大元帅大本营公报》第九号，一九二四年三月三十日

批程潜遵令饬海防司令撤销
甘竹容奇等处抽费机关呈

（一九二四年三月二十九日）

大元帅指令第二九二号

令大本营军政部长程潜

呈覆遵令饬海防司令撤销甘竹、容奇等处抽费机关由。

呈悉。此令。

（中华民国陆海军大元帅之印）

中华民国十三年三月廿九日

据《大元帅指令第二九二号》，载广州《陆海军大元帅大本营公报》第九号，一九二四年三月三十日

批卢兴原遵令发行状纸日期并附呈
改用民刑状面样式乞备案呈

（一九二四年三月二十九日）

大元帅指令第二九三号

　　令总检察厅检察长卢兴原

　　呈报遵令发行状纸日期，并附呈改用民刑状面样式，乞备案由。

　　呈及状面均悉。准予备案。此令。

（中华民国陆海军大元帅之印）

中华民国十三年三月廿九日

据《大元帅指令第二九三号》，载广州《陆海军大
元帅大本营公报》第九号，一九二四年三月三十日

支配各军饷费办法令

（一九二四年三月二十九日刊载）

　　军需浩繁，入不敷出，迭经多方筹措，备形支拙。前曾令设筹饷总局，已逾多日，成绩自有可观。所有联军总指挥每日应领银一千元、滇军给养每日应领银四千二百三十元、联军军医处每日应领银八百八十元、直辖第七军每日应领银七百元、豫军总司令部每日应领银二千四百六十元，以上五项共银九千二百七十三元，自本月廿四日起，着筹饷总局按日直接拨付。沙田清理处此后收数较旺，所有东路总部每日应领银一千九百二十元、直辖第三军每日应领银二百廿七元、东路第三军每日应领银四百元、直辖第一军每日应领银八百六十元，以上四项共银三千四百零七元，自本月廿四日起，着沙田清理处按日直接拨付。其余饷由中央军需处发款，而未款归筹饷总局及沙田清理处领款之各机关，仍由中央军需处会商财政委员会妥筹的款，分别支应，以维现状。除分令外，特此令达，仰即遵照办理。并由联军总指挥部转饬滇军兵站部、联军军医处遵照。此令。

据《支配各军饷费办法》，载一九二
四年三月二十九日《广州民国日报》

核复程潜着追赠杜龄昌陆军少将并发恤金令

（一九二四年三月二十九日刊载）

据大本营军政部长程潜呈复，中央直辖滇军总司令杨希闵呈称："故团长杜龄昌于去春进剿沈逆之役，力战捐躯，死事甚烈，拟请追赠陆军少将，照《陆军战时恤赏章程》阵亡例给予恤金"等情。杜龄昌着追赠陆军少将，并照陆军少将阵亡例给予恤金，以彰忠烈。此令。

据《大元帅令》，载一九二四年三月二十九日《广州民国日报》（二）

饬各军勿将铁路员工拉充伕役令

（一九二四年三月二十八至三十一日）①

大元帅训令第二一四号

令中央直辖滇军总司令杨希闵、湘军总司令谭延闿、桂军总司令刘震寰、豫军讨贼军总司令樊钟秀、粤军总司令许崇智、中央直辖第一军军长朱培德、中央直辖第二军军长黄明堂、中央直辖第三军军长卢师谛、中央直辖第七军军长刘玉山、中央直辖赣军司令李明扬、北伐讨贼军第二军军长柏文蔚、北伐讨贼军第三军军长胡谦、山陕讨贼军司令路孝忱

为令行事：据管理粤汉铁路事务陈兴汉呈称："窃职路地当北江要冲，为军队往还必经之区，而员司工役人数不少，前恐误被拉充伕役，致碍行车，节经将证章式样分送，并请如佩有粤汉铁路证章者，幸勿误拉各在案。乃近日又复发生拉伕情事，职路工役竟有被湘滇军拉充伕役者，几费唇舌，方始释回，长此纠纷，殊碍路务。兹特再恳钧座转饬各军机关一体遵照，嗣后如遇职路证章之员司工役，

---

① 时间据《大元帅训令第一二二号》、《大元帅训令第一二六号》定。另核覆陈兴汉原呈之令于三月二十九日发布，则此令可能亦于同日发布。

请勿误拉，俾得安心服务，免碍运输。倘或误被拉去，亦请查明准予释放，实为公便"等情前来。除指令"呈悉。候令行各军长官遵照办理可也。此令"印发外，合行令仰该军长、总司令、司令即转饬所属一体遵照，毋稍玩忽至要。切切。此令。

（中华民国陆海军大元帅之印）

中华民国十三年三月　日

据《大元帅训令第二一四号》，载广州《陆海军大元帅大本营公报》第九号，一九二四年三月三十日

批广东地方善后委员会请严令各军不得强行保释暴徒呈

（一九二四年三月三十一日）

令广东地方善后委员会

呈请严令各军不得强保暴徒等情由。

呈悉。应照准。候令行军民长官通饬办理可也。此令。

（中华民国陆海军大元帅之印）

中华民国十三年三月卅一日

据《大元帅指令第二九八号》，载广州《陆海军大元帅大本营公报》第九号，一九二四年三月三十日

饬指定切实机关按日拨付滇军兵站经费令

（一九二四年三月三十一日）①

大元帅令

饬财政委员会筹商滇军兵站每日应领之四千元，指定切实机关按日拨付。

据陈旭麓、郝盛潮主编，王耿雄等编：《孙中山集外集》，上海，上海人民出版社一九九〇年七月出版

---

① 时间为财政委员会第二十五次会议决案日期。

饬财政委员会解散原有水陆侦缉联合队令

（一九二四年三月三十一日）①

大元帅令

饬财政委员会将禁烟督办署原有水陆侦缉联合队即日解散，原由各军选送兵士送归队。

据陈旭麓、郝盛潮主编，王耿雄等编：《孙中山集外集》，上海，上海人民出版社一九九○年七月出版

撤销查办杨西岩案令

（一九二四年三月三十一日）

大元帅令

前禁烟督办杨西岩，被控办理不善，流弊滋多，业经免职查办在案。兹据财政委员会查明，尚无实据，应予撤销，毋庸置识〔议〕。此令。

（中华民国陆海军大元帅之印）

中华民国十三年三月卅一日

据《大元帅令》，载广州《陆海军大元帅大本营公报》第九号，一九二四年三月三十日

裁撤禁烟署会办帮办各职令

（一九二四年三月三十一日）

大元帅令

禁烟督办署会办、帮办各职，着一律裁撤。此令。

---

① 时间为财政委员会第二十五次会议决案日期。

（中华民国陆海军大元帅之印）

中华民国十三年三月卅一日

据《大元帅令》，载广州《陆海军大元帅大本营公报》第九号，一九二四年三月三十日

饬各军不得强行保释暴徒令

（一九二四年三月三十一日）

大元帅训令第一二六号

令大本营军政部长程潜、广东省长杨庶堪

为令行事：据广东地方善后委员会当值委员黎泽闿等呈："为沿途勒索阻绝交通吁请严令各军长官所获暴徒不得强行保释事。窃维治安之要，首在交通，勒索取财，显干法纪。近查假冒军队勒收行水之案，到处皆是，以至百货停滞，商旅戒途。前经广州市公安局严行查办，并拿获暴徒多人，讵各军长官受人欺蒙，任意保释，似此长奸纵恶，殊足妨碍治安。委员等既有所闻，不敢缄默，经于三月二十日第三十五次常会提出讨论，众议呈请帅座令行地方官吏，将此等横行匪类尽法惩治，并严令各军队不得受人蒙蔽，强行保释，庶使交通恢复而治绩可期，实为德便"等情。据此，除指令照准并分令外，合行令仰该部长、省长即便通令各军饬所属遵照办理。此令。

（中华民国陆海军大元帅之印）

中华民国十三年三月卅一日

据《大元帅训令第一二六号》，载广州《陆海军大元帅大本营公报》第九号，一九二四年三月三十日

令军政部财政委员会为卫饷源事
通行各军一体保护

（一九二四年三月三十一日）

大元帅训令第一三〇号

令大本营军政部部长程潜、财政委员会

为令饬事、知事。案据广东筹饷总局督办范石生呈称：呈为呈报事云云，以卫饷源等情。据此，当经指令呈悉云云。此令。除指令即发，并分令外，合行令仰该部即便遵照、委员会即便知照，通行各军一体保护。此令。

民国十三年三月卅一日

据陈旭麓、郝盛潮主编，王耿雄等编：《孙中山集外集》，上海，上海人民出版社一九九〇年七月出版

批杨庶堪遵令转饬所属解散征收
来往船只捐费各机关情形呈

（一九二四年三月三十一日）

大元帅指令第二九七号

令广东省长杨庶堪

呈覆遵令转饬所属解散征收来往船只捐费各机关情形由。

呈悉。此令。

（中华民国陆海军大元帅之印）

中华民国十三年三月卅一日

据《大元帅指令第二九七号》，载广州《陆海军大元帅大本营公报》第九号，一九二四年三月三十日